大英年鉴

DAYING NIANJIAN

2012—2013

大英县人民政府　主办

大英县地方志办公室　编

中国文史出版社

大英县行政区划图

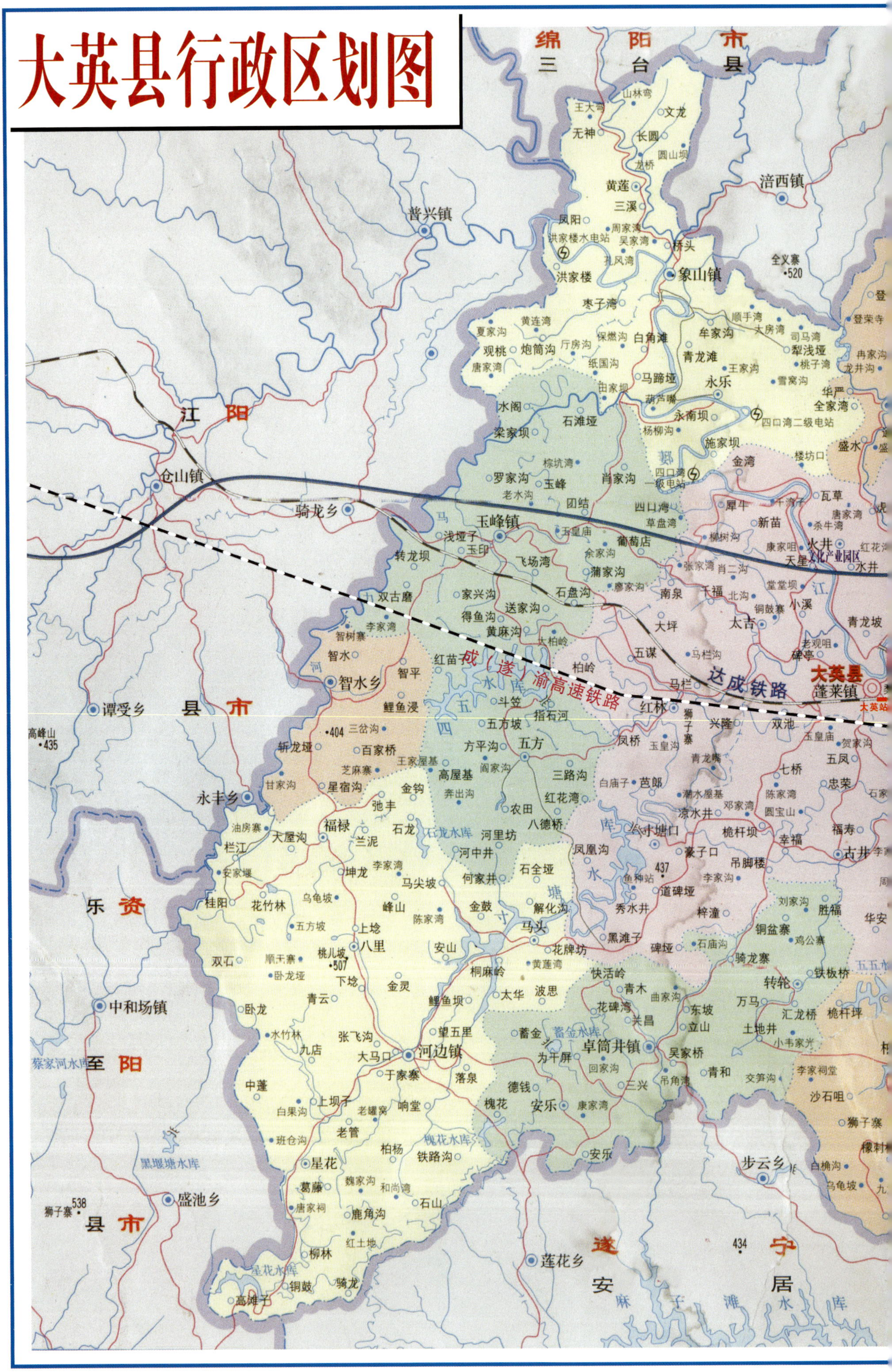

绵 阳 市
三 台 县
山林弯
王大弯
文龙
无神
长圆
圆山坝
龙桥
黄莲
三溪
涪西镇
普兴镇
凤阳
周家湾
洪家楼水电站
吴家湾
桥头
孔凤湾
洪家楼
象山镇
全义寨
520
枣子湾
登荣寺
夏家沟
黄连湾
保燃沟
白角滩
牟家沟
顺手湾
大房湾
司马湾
观桃
炮筒沟
厅房沟
青龙滩
犁浅垭
冉家沟
唐家湾
纸国沟
王家沟
桃子湾
龙井沟
马路垭
永乐
雪窝沟
田家坝
华严
全家湾
江 阳
水阁
石滩垭
葫芦嘴
永南坝
四口湾二级电站
梁家坝
杨柳沟
盛水
施家坝
仓山镇
罗家沟
棕坑湾
肖家沟
金湾
楼坊口
玉峰
四口湾一级电站
老木沟
团结
瓦草
骑龙乡
四口湾
犀牛
唐家湾
玉峰镇
草盘湾
新苗
杀牛湾
浅垭子
玉皇庙
葡萄店
槐树沟
康家咀
火井
玉印
余家沟
天星
文化产业园区
红花沟
转龙坝
飞场湾
蒲家沟
张家湾
肖二沟
水井
廖家沟
南泉
千福
北沟
堂堂坝
小溪
家兴沟
石盘沟
双古磨
送家沟
得鱼沟
大坪
铜鼓寨
李家湾
太吉
青龙坡
黄麻沟
大柏岭
智树寨
老观咀
五谋
马栏沟
碑亭
智水
红苗
柏岭
智平
成（遂）渝高速铁路
达成铁路
大英县
智水乡
马栏
蓬莱镇
大英站
谭受乡
县 市
鲤鱼浸
斗笠
红林
兴隆
双池
指石河
高峰山
435
404
三岔沟
五方坡
凤桥
狮子寨
玉皇沟
玉皇庙
贺家沟
斩龙垭
百家桥
方平沟
五方
青龙嘴
五凤
王家屋基
阎家沟
七桥
芝麻寨
高屋基
三路沟
白庙子
芭郎
忠荣
甘家沟
星宿沟
陈家湾
石家
金钩
奔出沟
红花湾
潮水屋基
邓家湾
圆宝山
永丰乡
池丰
农田
凉水井
八德桥
油房寨
福禄
石龙
石龙水库
河里坊
松村塘口
桅杆坝
幸福
福寿
大屋沟
兰泥
豪子口
古井
栏江
河中井
凤凰沟
吊脚楼
李家湾
安家堰
坤龙
马尖坡
石全垭
437
道碑垭
李家沟
何家井
乐 资
桂阳
花竹林
乌龟坡
峰山
金鼓
解化沟
秀水井
刘家沟
胜福
梓潼
华安
五方坡
上埝
陈家湾
马头
铜盆寨
鸡公寨
八里
黑滩子
石庙沟
安山
花牌坊
碑垭
骑龙寨
双石
顺天寨
桃儿坡
507
黄莲湾
卧龙垭
桐麻岭
快活岭
转轮
铁板桥
下埝
金灵
青木
太华
波思
曲家沟
中和场镇
青云
鲤鱼坝
花碑湾
东坡
万马
卧龙
关昌
汇龙桥
桅杆垭
水竹林
望五里
立山
张飞沟
蓄金
蓄金水库
土地井
九店
卓筒井镇
小韦家光
河边镇
大马口
吴家桥
蔡家河水库
至 阳
为千屏
李家祠堂
于家寨
回家沟
青和
交笋沟
中蓬
落泉
吊角湾
三兴
沙石咀
德钱
上坝子
白果沟
响堂
槐花
安乐
康家湾
狮子寨
老罐窝
班仓沟
老管
槐花水库
铁路沟
安乐
步云乡
白桷沟
黑堰塘水库
柏杨
星花
乌龟坡
葛藤
魏家沟
和尚湾
狮子寨
538
盛池乡
唐家祠
县 市
鹿角沟
石山
红土地
遂 宁
434
柳林
莲花乡
星花水库
安 居
铜鼓
骑龙
高滩子
麻 子 滩 水 库

遂宁市洪县
柳树镇
天福镇
遂宁市蓬溪县
明星镇
群力乡
红江镇
康家渡
回马镇
临江
金竹
新龙桥
永和
文武
涪江
郪江
民主
唐家乡
桂花镇
沪蓉高速
遂回高速
隆盛镇
黄腊溪
长滩寺
五家桥
同心
会龙桥
普陀
石门
石长
宝石岩
永金
黎明
永明
寨子坝
后坝
双界
九岭岗
老虎坡
月祥垱
五龙寨
三家店
黄土岭
白强寺水库
常理乡
遂宁市船山区
横山镇
永镇桥
龙塘湾
江平
金元乡
河定海
河包田
高笋垱
金竹湾
峡码口
松林沟
天保镇
观音乡
白马镇
八方碑
花天坝
图例
县政府驻地
乡、镇驻地
办事处
行政村驻地
自然村驻地
铁路
高速公路
主要公路
次要公路
乡村路、机耕路
市(地、州)界
区、县界
乡(镇)界
比例尺 1：163 000
图上一厘米等于实地1.63公里

领导关怀

2013年8月15日，中共四川省委常委、省纪委书记王怀臣（左二）在中共遂宁市委书记杨洪波（前排右二）的陪同下深入大英县调研，与基层干部、群众亲切交流，实地查看大英经济社会发展和基层党风廉政建设情况（衡海生摄）

2013年9月11日，中共遂宁市委书记杨洪波（前排左一）在中共遂宁市委常委、市人民政府常务副市长朱兵（前排右一）等市级领导陪同下率参加遂宁市加快新型城镇化暨产业园发展工作会议人员，到大英县调研新型城镇化和产业园建设工作（衡海生摄）

2013年4月27日，中共大英县委副书记、县人民政府县长刘辉（前右）组织召开大英县安全创新管理工作流动现场会议（李文祥摄）

2012年12月24日，大英县人大常委会主任唐先培（前排中）在县人民政府副县长朱俊华（前排左）的陪同下带领市县人大代表视察大英新农村建设（张玉华摄）

大英县政协主席张继明（右二）深入回马镇看望慰问困难群众（李文祥摄）

2012 年 4 月 25 日，召开大英县"创省六争国四"万人誓师大会（管静摄）

2012 年 8 月 28 日，举行大英县电子产业园标准厂房建设项目开工仪式（衡海生摄）

2013 年 12 月 27 日，中国共产党大英县第四届代表大会第三次会议在县城开幕。大会由县委全委会主持（李双全摄）

2013 年 1 月 23 日，大英县第四届人民代表大会第二次会议在新落成的演艺中心隆重召开。中共大英县委副书记、县长刘辉代表大英县人民政府向大会报告工作（衡海生摄）

2014 年 1 月 14 日，中国人民政治协商会议第四届大英县委员会第三次会议召开（李文祥摄）

2012 年 11 月 29 日上午，举行沪蓉高速遂宁服务拓展区暨 GOGOMALL 开工仪式（李双全摄）

圣海科技包装生产车间（管静摄）

2012年当年引进当年投产的四川中腾能源科技有限公司厂区局部（管静摄）

四川盛马化工股份有限公司厂区局部（管静摄）

大英县文化建设十大工程系列文化活动（张玉华摄）

四川省曲艺家协会送欢笑到大英（张玉华摄）

升级改造后的中国死海室内冲浪池（管静摄）

大英县现代农业园区一角（管静摄）

卓筒井镇东坡村蔬菜基地

隆盛镇冉家坝村油菜基地

蓬莱镇吊脚楼村新村综合体（管静摄）

城市交通

大英县城局部

大英县城一角（管静摄）

2012 年改造后的沪蓉高速公路大英出入口环城路

大英新村聚居点（管静摄）

大英县体育馆、射击馆

大英县人大常委会

2012年12月24日，县人大常委会主任唐先培（右二）率市县人大代表视察新农村建设

2012年1月15日，县四届人大常委会领导班子合影（左起依次为钟英、易天全、唐先培、任茂勤、艾裕庆）

2012年5月3日，省人大常委会副主任王宇坤（前排左一）带领参加全省人大农业工作座谈会的与会人员参观考察大英现代农业发展和新农村建设情况

县人大常委会主任唐先培（前排中）在县人民政府副县长、县公安局局长申长兴（前排右一）陪同下带领市县人大代表视察重点行业安全生产监管工作

2013年6月27日，县人大常委会主任唐先培（右二）深入联系村了解养鱼大户牧草种植情况

2013年6月28日，县人大常委会主任唐先培率市县人大代表视察林业重点工程建设

政协大英县委员会

县政协主席张继明（左三）组织相关部门慰问贫困户

县政协副主席陈德诗（右一）下基层调研

县政协副主席陈德诗送农用物资到联系村社

县政协副主席彭哲志（正面中）到天保中学调研教育教学工作

县政协副主席唐志红（正面中）到联系村指导群教活动

中共大英县委办公室

中共大英县委常委、县委办主任、县总工会主席杨文彬在全县办公室工作会议上讲话并对全县办公室工作提出要求和希望

中共大英县委常委、县委办主任、县总工会主席杨文彬（前右）慰问一线工人

中共大英县委常委、县委办主任、县总工会主席杨文彬（左二）到天保镇走基层

县委办领导班子召开民主生活会

在开展党的群众路线教育实践活动中，县委办班子到回马镇临江村调研，与群众座谈

县委办副主任、县委政研室主任黄艳（右）看望慰问回马镇临江村老人

中共大英县纪律检查委员会

中共大英县委常委、县纪委书记赵捷

务实团结的县纪委监察局领导班子

县纪委监察局组织召开纪检监察系统“三项建设活动”动员部署工作会

县委常委、县纪委书记赵捷对全县新提拔科级领导干部开展集体廉政谈话

乡镇纪委牵头在便民服务中心设立维权护农“文件超市”，收集涉及群众切身利益的文件资料集中摆放，供群众免费查阅、摘录、复印

在县纪委“开放日”活动中，“两代表一委员”、市县党风巡视员、政府工作监督员、社区干部、基层群众及媒体记者参观纪检监察有关业务工作流程

中共大英县委组织部

2013年5月29日，中共大英县委常委、县委组织部部长田碧华（左一）陪同中共遂宁市委常委、市委组织部部长刘晓晨（右三）调研大英基层党建工作

2012年10月19日，中共大英县委副书记、县人民政府县长刘辉（左六），中共大英县委常委、县委组织部部长田碧华（左五）带领县级相关部门负责人到通仙乡指导灾后恢复重建工作（衡海生摄）

大英县开展“党员义工日”。图为中共大英县委副书记、县人民政府县长刘辉在活动启动仪式上讲话

大英县主题教育文艺小分队在乡村巡演

县委组织部开展新任科级干部培训。图为新任科级领导干部参观全县新农村建设成果

县委组织部开展组工干部十八大专题培训班

中共大英县委宣传部

2013年11月7日，大英举行中国记者节座谈会，图为县委常委、县委宣传部部长刘博（中），县人民政府副县长温清莉（右），县委宣传部副部长、县文明办主任钱为民（左）出席会议（衡海生摄）

2012年12月19日，文化建设十大工程启动仪式（管静摄）

2012年12月19日，文化建设十大工程文艺演出

2013年6月26日，在新区人民广场举行“中国梦”展览

2013年3月22日，县委中心组学习会

2013年10月14日，在新区人民广场举行“道德——我们的脊梁”展览

中共大英县委政法委员会

2013年12月，召开全市网格化服务管理工作现场会，中共遂宁市委常委、政法委书记刘德福（右二），中共遂宁市委政法委副书记李劲（左二）参加会议，中共大英县委常委、政法委书记熊杰（左一）作工作汇报

中共大英县委常委、政法委书记熊杰（中）带队督查城市风貌整治工作

中共大英县委常委、政法委书记熊杰（右二）组织政法部门进行“法律宣传月”活动，大英县人大常委会副主任易天金（右三）陪同参加

中共大英县委常委、政法委书记熊杰（前排中）带队深入联系镇乡实地调研场镇建设情况

中共大英县委常委、政法委书记熊杰（左二），县人民政府副县长、县公安局局长申长兴（左三）主持召开全县社区矫正工作联席会议

大英县公安局

大英县人民政府副县长、县公安局局长申长兴（左）为群众发还追回的赃款赃物

政委谢兴东（右二）深入基层调研指导工作

党委班子成员

副县长、县公安局局长申长兴慰问留守老人

2013 年 10 月 16 日，县公安局进行县看守所搬迁工作，并于 18 日圆满完成

公安干警深入学校进行“110”知识宣传

2014年8月14日上午，四川省人民政府副省长、省公安厅厅长侍俊（右二）到大英督导基层公安工作

2014年5月8日，四川省公安厅党委委员、纪委书记李邵林（前左二）到大英县调研反恐工作

2014年6月27日，遂宁市人民政府副市长、市公安局局长何洪（左三）到大英调研农村道路交通管理工作

2013年10月17日，中共大英县委副书记、县人民政府县长刘辉（左三）调研指导大英县新竣工刚投入使用的看守所管理发展工作

严厉打击刑事犯罪，维护社会平安稳定，社区、居委会、群众等送锦旗到县公安局和派出所表示感谢

2013年10月30日，遂宁市"一标三实"现场会在大英召开

大英县人民检察院

党组书记、检察长段雄

四川省检察院抽样评估县检察院规范化建设

省、市院领导来院指导反渎、反贪工作

省检察院领导巡察“办案工作区”的建设情况

遂宁市检察院检察长杨辉来院指导工作

院总支委员到社区“双报到”

大英县人民法院

党组书记、院长刘继文

院长刘继文深入困难群众家庭嘘寒问暖

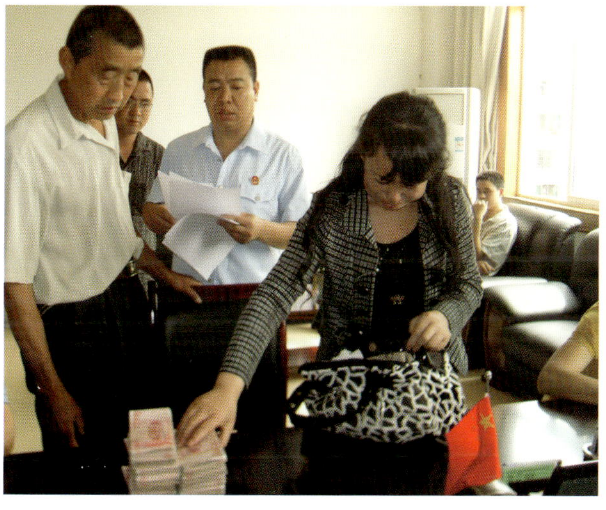

调解兑现时当事人感动落泪

培训人民陪审员

庭审考评

巡回审判

大英县工业集中发展区

党工委书记、管委会主任刘志强

2013 年春节慰问困难群众

送文化进企业活动晚会

组织企业家代表参观学习四川沱牌和飞虹轴瓦公司

大英县工业集中发展区召开庆“七一”表彰大会

2012 年 11 月 23 日，中共遂宁市委书记杨洪波（前）视察工业园区建设

2012 年 11 月 15 日，中共遂宁市委常委、市委组织部部长刘晓晨（左）视察园区企业

2013 年 4 月 21 日，中共大英县委副书记、县长刘辉（前排左二）到盛马化工指导安全生产工作

2013 年 4 月 8 日，党工委书记、管委会主任刘志强（前排右二）在企业建设工地现场办公

企业消防演练

“中国梦”演讲比赛获奖选手合影

党工委书记、管委会主任刘志强（前）深入企业调研

2013年12月19日，大英县工业集中发展区供气工程启动会召开

纺织企业车间一角（管静摄）

飞洁洗涤公司、佳世特公司向大英县中心敬老院捐赠洗涤设备

新建党组织集中授牌

盛马公司全景图

大英县工业服务中心办公楼　　　　园区充足的供电能力

园区道路完善，总里程达 58 公里　　　　绿化园区路

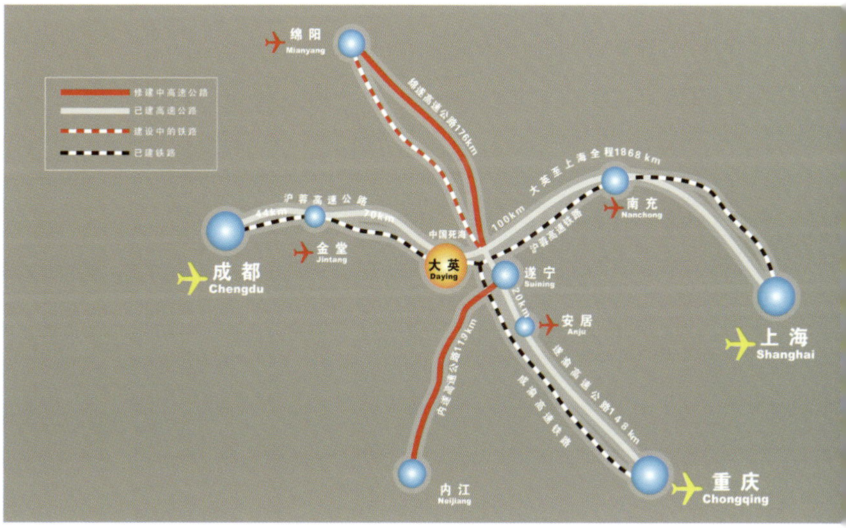

园区新建的 2 亿立方米配气站满足供气　　　　大英县突出的区位优势

大英县回马工业园区

大英县人民政府副县长、园区党工委书记朱丹（右二）检查园区工作

大英县人民政府副县长、园区党工委书记朱丹（中）主持召开园区工作会议

大英县人民政府副县长、园区党工委书记朱丹主持召开“中国梦”教育活动动员会

园区滨江景观规划效果图

2013年9月11日，中共遂宁市委书记杨洪波（前左一）在中共大英县委副书记、县人民政府县长刘辉（前左二）的陪同下率队考察参观大英回马工业园区

2013年7月9日，中共大英县委副书记、县人民政府县长刘辉（前中），县政协主席张继明（前右一）视察回马工业园区项目建设

中共大英县委副书记、县人民政府县长刘辉调研回马工业园区

2013年10月8日，大英县第四季度项目攻坚工作流动现场会与会人员在园区参观

大英县文化产业园区

党工委书记熊成武

大英县体育中心夜景

建设中的大英县体育中心

建设中的光华学院

遂宁市人大常委会领导视察文化产业园区

遂宁市政协领导视察文化产业园区

丹麦考察团考察园区建设

安置房建设

中共大英县委副书记、县人民政府县长刘辉（左一）视察园区场馆建设

中共大英县委副书记段勇（右一），县人民政府副县长温清莉（右二）视察园区

北路规划效果图

南路规划效果图

文化产业园区之体育中心规划图

文化产业园区之安置房规划图

文化产业园区之梦幻谷规划图

文化产业园区之滨江南北路规划图

文化产业园区之金融中心规划图

滨江河堤整治及提升工程规划图

大英县现代农业园区

团结奋进、开拓实干的园区管委会领导班子：管委会主任吕长华（中）、党工委副书记肖明（右二）、管委会副主任周建仁（左二）、管委会副主任丁阊（右一）、管委会副主任唐小凤（左一）

丰侨科技中药材白芷种植基地

农业园区定苗白芷（衡海生摄）

中药材白芷种植基地（衡海生摄）

2013年8月27日，中共大英县委副书记、县人民政府县长刘辉（前左一），在园区管委会主任吕长华（前右一）陪同下视察园区建设情况

2013年11月11日，中共大英县委副书记、县人民政府县长刘辉，副县长朱俊华在农业园区现场办公

2013年11月13日蓝梦庄园开工

2013年11月24日永逸药香小镇开工

大英县人大常委会副主任易天金（右二）率队调研农业园区工作

市县政协委员调研农业园区

市县政协委员视察农业园区工作会

赵坝安置点

百草园鸡冠花

如火如荼的园区建设场面（衡海生摄）

如火如荼的园区建设场面（衡海生摄）

如火如荼的园区生产场面（衡海生摄）

如火如荼的园区生产场面（衡海生摄）

现代农业园区局部图

大英县人民政府办公室

县政府办党组书记、主任黄杰林（左）走访慰问联系社区群众

黄杰林带领机关干部职工参与责任街区清扫保洁

积极开展“我为大英做什么”大讨论

组织开展全县办公室系统业务培训会

召开县政府办支部党员大会

大英县安全生产监督管理局

党组书记、局长王平

2012—2013 年，大英县安全生产监督管理局牢固树立“科学发展、安全发展”理念，始终坚持“安全第一、预防为主、综合治理”方针，狠抓安全监管、隐患排查治理、打非治违、宣传教育培训、职业卫生监管、安全机制创新工作，工矿商贸、消防及其他行业均未发生生产安全事故，确保了全县安全生产形势持续稳定好转。2012 年，大英县被遂宁市人民政府评为安全隐患排查治理三等奖；2013 年，大英县被遂宁市人民政府评为安全隐患排查治理一等奖；2013 年，大英县和成都市锦江区被列为全国安全生产隐患治理示范县。县安监局 2013 年 4 月被遂宁市人民政府评为“2012 年度隐患排查治理工作先进单位”，2013 年 3 月，被遂宁市安监局评为“2012 年度安全生产监察执法先进单位”，2013 年 2 月，被四川省政府安委办评为“2012 年度安全生产政务信息先进集体”，2013 年 8 月，被四川省政府安委办评为“2013 年度四川省安全生产月活动优秀单位”。

2013 年 6 月 29 日，中共大英县委副书记、县人民政府县长刘辉（右二）暗访建筑行业安全生产工作

大英县人大常委会党组书记、主任唐先培（前右一）带领县人大常委会组成人员在县人民政府副县长申长兴（前右二）的陪同下调研全县安全生产工作

局长王平（中）深入企业检查安全生产工作

局长王平向大英县人民政府汇报安全生产工作

大英县人力资源和社会保障局

党组书记、局长胡志勇（中）主持学习中国共产党十八届三中全会精神，副局长查仕坤（左一）、雷云（右一）等局领导班子成员和全体干部职工参加会议

县人社系统作风效能和劳动纪律工作会议

2013 年 2 月 16 日，大英县开展春季企业用工招聘会现场

2012 年大英县人力资源和社会保障工作会议

2013年4月，县农合局、县医保局整合成立大英县医疗保险事业管理局，为县人社局下属事业单位

2013年10月14日，以色列柑橘专家大卫·沙尼来大英作万亩绿色柑橘基地建设技术指导和服务

2013年以色列专家来大英指导

切实保障劳动者合法权益，群众给劳动监察工作送锦旗表示感谢

大英县民政局

2012年8月23日，县民政局局长郭彬（右一）深入象山镇长圆村慰问火灾受灾群众

2012年7月9日，全市民政宣传信息工作培训会议在大英县召开

2013年6月15日，大英县新建成的烈士陵园

2012年大英县民政局被市委市政府表彰为先进集体

2013年7月15日，四川省民政厅救助处副处长康金河一行在大英县人民政府副县长温清莉等陪同下，对大英县申报的星级敬老院进行验收

2013年6月3日，中共大英县委副书记段勇（正面右三）带领县民政局局长郭彬等一道，深入县民政局“挂包帮”联系村蓬莱镇七桥村开展“中国梦”主题教育宣讲活动

2013年5月6日，县人民政府副县长温清莉（左三）带领民政局相关人员为雅安雨城区捐款

2013年1月18日，召开全县民政工作暨敬老院星级创建工作会

大英县残疾人联合会

理事长聂书平

2013年7月，大英县残联到联系帮扶村慰问贫困户

县残联组织职工学习

2013年大英县残疾人就业招聘会在县残联举行

中共大英县委副书记、县人民政府县长刘辉在大英县首届残疾人特殊艺术大赛上致辞

2012 年 3 月 28 日，大英县 2012 年残疾人工作会议召开

大英县人民政府副县长温清莉到大英县特殊教育学校参加“六一”庆祝活动

2012 年 9 月，召开大英县残疾人联合会第三次代表大会

2013 年 3 月 20 日，四川省残联副理事长李红（左三）督查指导大英县量服工作

2012 年 10 月 18 日，遂宁市残联理事长薛思琦到大英视察为残疾人更换假肢工作情况并慰问残疾人

2012 年 5 月 4 日，召开大英县为残疾人提供“量体裁衣”式个性化服务工作业务培训会

县残联班子成员到残疾人家庭调研残疾人需求

县残联春节期间下乡入户慰问贫困残疾人

"让爱心再延续"启动仪式在大英县中医院举行

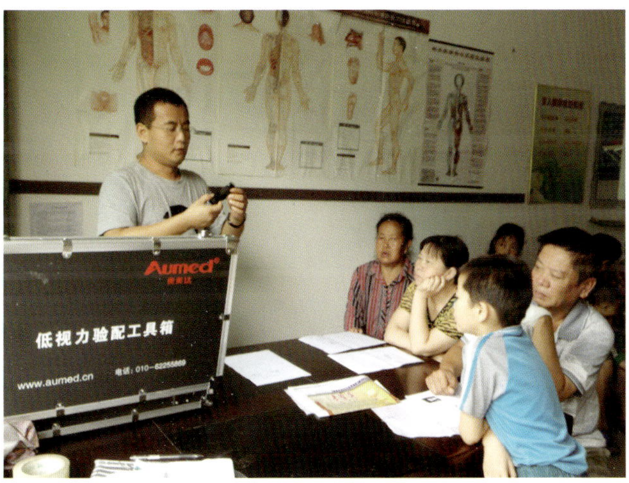

开展低视力康复知识宣讲

大英县残联为全县农村贫困残疾人家庭进行无障碍改造

大英县旅游局

县旅游局党组书记、局长何均（右二）陪同四川省旅游局局长郝康理（前排左一）等领导视察大英旅游工作

大英旅游发展推介会

大英县创建旅游标准化示范试点县验收工作会

大英县旅游从业人员技能培训会

大英县旅游行业中高级管理人员培训会

大英县重点旅游项目建设座谈会

大英组团参加峨眉高峰论坛会

县旅游局协调东方公司制作蓬莱仙山国际旅游度假区策划工作

国家 AA 级风景区蓬莱公园

第六届中国死海黑泥狂欢节

东方生态园

东方国际酒店开业

中国死海外景

中国死海火爆热漂

天保湖

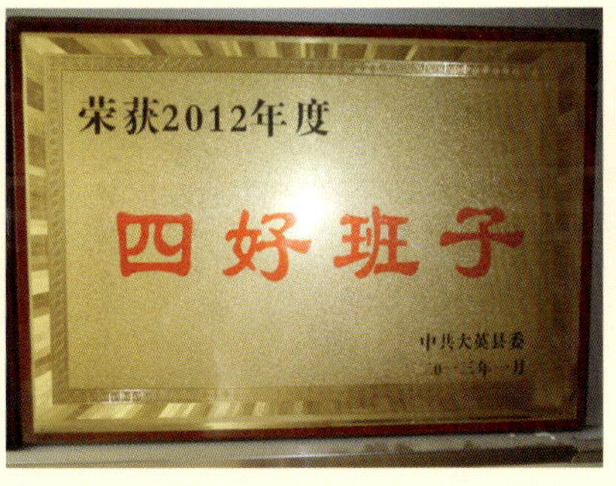

大英县招商局

党组书记、局长王海波

党组书记、局长王海波（中），招商信息服务中心主任梁红梅（左）等班子成员到企业调研

局班子成员开展交心谈心

局班子成员深入企业调研企业生产情况

县招商局开展“实践伟大中国梦、建设美丽繁荣和谐四川”专题教育会

中共大英县委副书记、县长刘辉（左三）在大英赴外地举行的招商引资说明会上介绍大英情况

中共大英县委副书记、县长刘辉（左二）率队到石化产业园解决具体困难和问题

赴经济发达地区举行大英招商洽谈会

项目签约仪式

2012年4月14日，中共大英县委副书记黄远新（左一）在县招商局局长王海波（左二）的陪同下到项目建设现场调研

召开现场办公会，为企业排忧解难

客商到园区实地考察

2013年1月30日，大英县2013年经济发展暨招商引资工作会议召开，全体县级领导出席会议

中共大英县委常委、县人民政府副县长石新宇（左）指导招商局民主生活会

中共大英县委常委、县人民政府副县长石新宇（右三）率队到企业调研

中共大英县委常委、县人民政府副县长石新宇指导招商信息服务中心、招商服务督办中心、招商引资考核中心“三中心”联席会议

局长王海波带队开展党员到社区双报到工作

大英县水务局

大英县人民政府副县长朱俊华（左二）在县水务局局长夏军（左一）的陪同下检查指导祥凤寨水库前期工作

蓬莱镇郪江防洪治理工程

五五集中供水站全景图

星花水库集中供水站全景图

大英县人民政府副县长朱俊华（右）在县水务局局长夏军（中）的陪同下调研城市保障供水工作

乡镇集中供水站

小农水工程

小农水渠道整治

大英县祥凤寨水库移民大纲审查会

小农水工程

小农水渠道

整治后的水库除险加固工程

涪江河道全面停止沙石开采工作现场会

整治后的大英县江关嘴水库

山平塘整治

小农水工程

大英县中医医院

2013年县中医医院组织学习中共十八大精神。从左至右人员：工会主席唐伟，总支副书记代兰珍，副院长敬雪梅，总支书记、院长龚大伦，副院长欧阳广

2013年县中医医院领导及职工参加县卫生局运动会

重点中医专科评审

原四川省政协副主席、省卫生厅厅长谢明道来院调研

知名专家邵章祥到院讲学

中共大英县委副书记、县长刘辉（前右一）到县中医医院检查指导安全工作

2013 年 2 月 19 日，中共大英县委副书记黄远新（中）到院调研

大英县人民政府副县长温清莉（左二）慰问困难党员

2012 年，县卫生局来院视察工作

大英县政协主席张继明率领县政协机关、医保局人员到医院调研

县政协主席张继明率领县政协机关、医保局人员到医院调研

泸定县人民医院来院参观、学习

大英县“四川贫困家庭脑瘫儿童康复救助工程”启动仪式

四川福美来新型建筑材料有限公司

总裁王德占

新型墙体材料车间的全自动保温一体板生产线

办工大楼

厂区大门

“福美来杯”助残活动

鸟瞰福美来大英生产基地

FB3200 文化砖

FB6102-1 面包石

FB6311 风景石

FB6704 原野石

城堡石 FA7013

断层石 FA7202

水洗石 FB7322-1

漂流石 FB6613

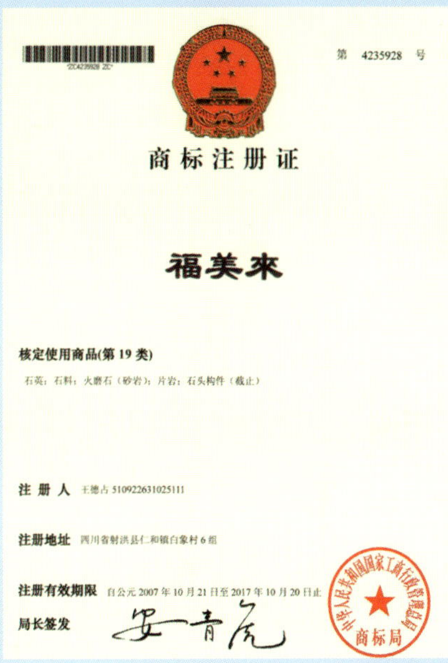

福美来商标注册证

营业执照

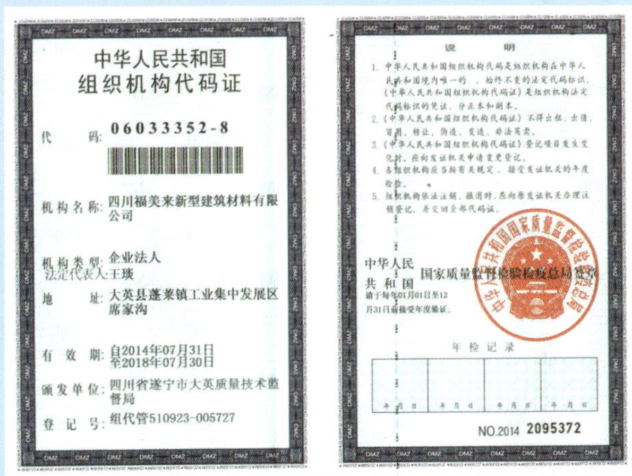

组织机构代码正本

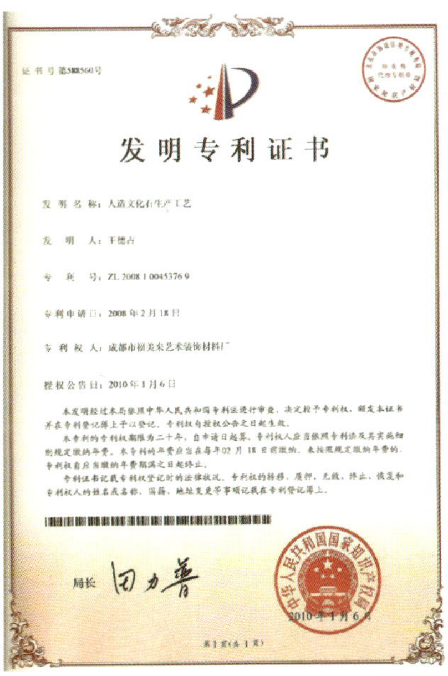

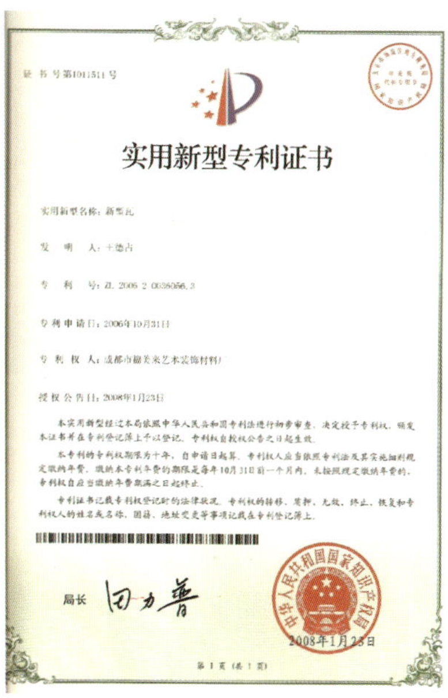

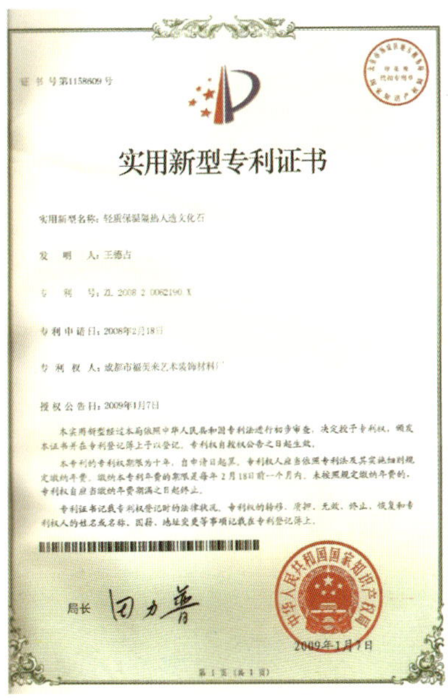

产品专利证书

大英县审计局

党组书记、局长覃光荣（中）组织全体干部职工学习

党组书记、局长覃光荣带队慰问困难职工

局机关干部职工集体学习审计业务知识

四川省审计厅副厅长唐萍、内审处处长铁英，调研大英县审计局审计工作情况

四川省审计厅副厅长唐萍（前排右）调研大英县工程审计情况。遂宁市审计局局长蔡立春（二排右二）、县审计局局长覃光荣（二排左一）等陪同调研

中共大英县委副书记、县人民政府县长刘辉指导县审计局领导班子开展专题民主生活会

中共大英县委副书记段勇与审计局班子成员交心谈心

中共大英县委常委、县纪委书记赵捷指导县审计局工作

大英县国土资源局

2012年5月8日，县国土资源局党组书记、局长蒲友炳（左三）带领相关人员，与回马镇党委政府一道，深入“挂包帮”联系村涪江村开展“挂包帮”活动

大英县国土资源局领导班子合影

县国土资源局召开千名干部下灾区动员会

2012年2月15日，大英县国土资源局党组书记、局长蒲友炳（左一）带领局有关领导和人员一行到大英粮食物流园、文化产业园调研用地情况

2012年11月22日上午，县国土资源局党组书记、局长蒲友炳带领分管项目的领导、土地整理中心、局办公室人员，深入蓬莱镇桅杆坝村，调查了解桅杆坝村新农村建设基本情况

2012年9月20日上午，县国土资源局党组书记、局长蒲友炳带领局办公室、规划与耕地保护股、土地开发整理中心、地质地矿股和蓬莱国土所等股室负责人会同通仙乡村干部，深入全县受灾最严重乡镇之一的通仙乡井湾村指导灾后恢复重建工作，并现场研究帮扶措施，制定帮扶计划，倒排工期，确保受灾群众早日恢复重建家园

2013年2月5日，中共大英县委副书记黄远新（前左）查看卓筒井镇土地整理项目

2013年3月29日，中共大英县委常委、县人民政府常务副县长柯辉（前右）以及相关部门查看卓筒井镇三兴村等六个村土地整理项目现场

县国土资源局党组书记、局长蒲友炳（左三）陪同县人民政府常务副县长柯辉（右二）调研指导大英县地灾防治工作

2013年11月12日，县国土资源局为河边镇幼儿园捐赠图书500余册，价值5000余元

大英县城市公用事业管理局

党组书记、局长李永顺（左）检查景家湾苗圃建设情况

党组书记、局长李永顺（前右三）检查指导卓筒大道树木移栽工作

小溪河景观工程

开展城乡环境治理文明劝导

滨河路公厕

2013 年 7 月 18 日，党组书记、局长李永顺（右）检查中海大道雨水管道排水情况

党组书记、局长李永顺（右）检查文化产业园树木栽植情况

大英县中海大道上段公厕

县城区垃圾压缩站

新建的城市公厕

大英县城东社区管理委员会

中共大英县城东社区党工委书记但成贵在庆祝中国共产党建党92周年活动上讲话

大英县城东社区管委会主任贾玉清监督社区换届考试

大英县城东片区社会组织联合会成立

大英县城东片区社会组织联合会成立暨文艺演出

社区文艺演出现场。图为县委常委、县委政法委书记熊杰（左一），城东社区党工委书记但成贵（左二）观看文艺演出

美丽的舞姿——丰富多彩的社区文化建设

社区文艺演出

大英县城东社区党工委、管委会举行庆祝中国共产党建党92周年活动

大英县城西社区管理委员会

党工委书记邓青云

朴素、简洁的领导班子成员

2012 年 12 月 15 日，大英县城西党工委驻成都流动党支部在成都成立

2013 年 4 月 16 日，转轮街社区居民黄某为表示感谢赠予城西管委会“为民办事、尽心尽职”锦旗

2013 年 11 月 30 日，城西管委会送文化进小区系列活动之新天地篇

2013年12月11日，中共大英县委副书记、县人民政府县长刘辉（前右一）到棚户区现场解决问题

2013年12月10日，全市创新社会管理两化互动现场会在城西管委会成功召开

2013年1月26日，城西管委会开展2012年度工作干部及社区考核大会

2013年5月26日，城西管委会开展“实现伟大中国梦、建设美丽繁荣和谐四川”主题教育活动动员大会

2013年9月18日，城西管委会开展城乡医保工作暨第三次全国经济普查动员会

大英县发展和改革局

党组书记、局长陈立国

团结务实的县发改局领导班子

2013年10月8日，局党组书记、局长陈立国（右二）陪同中共大英县委常委、常务副县长柯辉（左二）到联系社区开展“走基层、解难题、办实事、惠民生”专题调研

2013年9月16日，局党组书记、局长陈立国带领局分管领导和相关股室人员到企业开展新兴战略产业项目推进专项督查调研

2013年3月22日，遂宁市发改委主任雷云（右二）在中共大英县委常委、常务副县长柯辉（右一），县发改局党组书记、局长陈立国（右三）陪同下，到大英县文化产业园调研工作

2012年3月15日，四川省发改委重点办调研员兰文剑在县委常委、常务副县长柯辉（右二），县发改局党组书记、局长陈立国（右一）的陪同下，到大英县开展调研

2013年3月5日，四川省发改委综合处副处长周杰到大英县重点工业企业调研工作

中共大英县委常委、常务副县长柯辉（左一）在县发改局党组书记、局长陈立国（左二），县金融办主任王友鑫的陪同下，到联系村玉峰镇得鱼沟村现场督查指导村道建设

大英县住房和城乡建设局

党组书记、局长陶虎

2012年8月30日，住建部领导在省住建厅、市住建局、市住保办相关领导的陪同下，到大英县巡查住房保障工作

局长陶虎（右一）带领相关分管领导督查梁家坝场平

局长陶虎视察公租房建设

开展“大英美，我为大英做什么”大讨论活动

中共大英县委副书记、县人民政府县长刘辉（右二）在县人民政府副县长邓云（右一）陪同下调研项目进展

2013 年 11 月，市县人大代表视察城市道路建设

2013 年 11 月，市县人大代表视察柑子园公租房建设

2012 年改造后的沪蓉高速路大英出入口处

大英县三馆二中心全景

大英县城乡规划管理局

党组书记、局长袁春

副局长刘聪（右五）组织调查信访事件

大英县城乡规划管理局工作人员上街向群众讲解普及城乡规划法

大英县城乡规划管理局工作人员在朝阳广场发放规划法律法规宣传资料

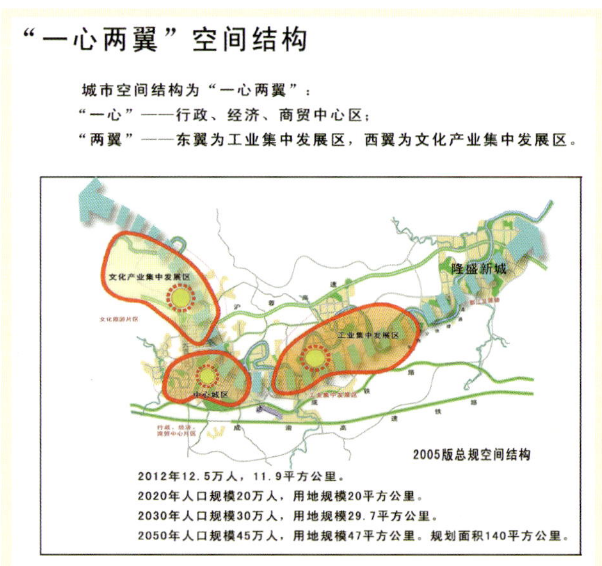

大英县城区“一心两翼”空间结构图

遂宁市城乡规划综合执法组督查大英规划执法工作

中共大英县委副书记、县长刘辉（左一）视察卓筒井镇新村建设工作

中共大英县委常委、常务副县长柯辉（前左二）视察大英县安置房建设工作

中共大英县委常委、县委办主任、县总工会主席杨文彬（前排中），副县长邓云（前排左）视察象山镇长圆村新农村建设工作

大英县人民政府副县长邓云主持召开大英县新村规划建设工作会

大英县交通运输局

局党组书记、局长王友明（前左）深入基层调查研究

局长王友明（前左）到河边镇慰问贫困群众

局长王友明、交战办主任黄晓玲深入帮扶户了解生产生活情况

县运输管理所完成行政执法“四统一”

升级改造后的蓬伏路

大英县人大常委会党组书记、主任唐先培（右一）带领县人大常委会组成人员视察大英交通工作

局领导陪同四川省安监局领导检查大英县交通系统安全工作

大英县人民政府副县长邓云（前右二）陪同四川省、遂宁市领导调研大英县交通工程

大英县人民政府副县长申长兴（持文件者）检查客运企业安全生产工作

大英县经济和信息化局

党组书记、局长任乐福

组织全县工业企业负责人赴上海财经大学参加综合能力提升班培训

经贸系统干部职工踊跃参加无偿献血

局党组班子组织召开“中国梦”主题教育活动动员会

慰问枯井村困难群众

四川省经信委领导在中共大英县委常委、县人民政府副县长石新宇（右二）的陪同下，现场核查四川雷得云母有限公司新兴产业项目

美国专家组 Robert Prescott、Kim Brown、Richard Hart 一行在中腾能源举行能效促进项目示范项目企业培训会

遂宁市经信委组织举行企业节能监察现场考评会

攀枝花学院生化学院一行考察盛马化工洽谈校企合作事宜

局领导一行深入联系村（枯井村）与群众座谈

宣传无线电管理相关知识

四川省大英县国家税务局

党组书记、局长黄源东

局长黄源东前往智水乡看望退休职工杨俊

举行“税收与书法”宣传比赛

走访纳税人

税收宣传月活动

中共大英县委常委、常务副县长柯辉（前右二）在局长黄源东的陪同下为群众发放税收宣传单

局长黄源东在办公室接待纳税人并为纳税人解决难题

结对帮扶，为桅杆坝村民送资金送科技

县国税局纪律检查改造获纪委表彰领奖

大英县食品药品监督管理局

党组书记、局长李天乾

局长李天乾带队到隆昌县食药监局考察学习

班子成员到玉峰镇石滩垭村开展帮扶工作

大英县食药监局食品快检室一角

政风行风测评工作会

县食药监局在县城朝阳广场设立宣传站举办“寻找笑脸就餐”餐饮服务食品安全主题活动

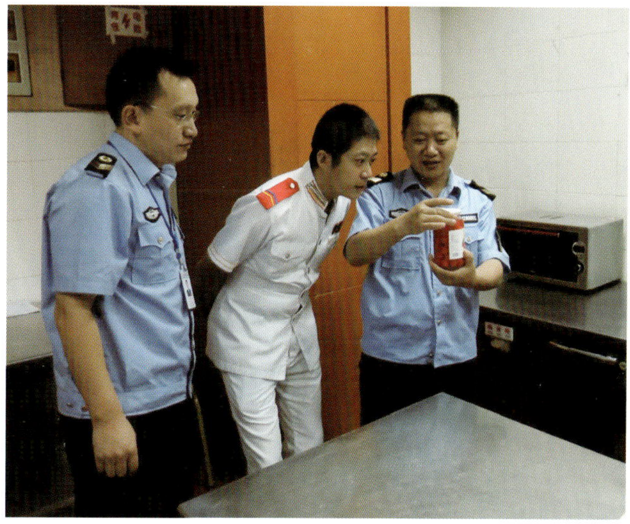
县食药监局局长李天乾带领执法人员检查餐饮企业食品安全情况

开展药品从业人员培训

检查某食品店干杂仓库

深入大英县玉峰镇石滩垭村慰问调研

国网四川大英县供电有限责任公司

遂宁公司总经理陈强（前排右一）与党委书记苏旭燕（左一）陪同省电力公司党委书记葛兆军（前排右二）到大英公司回马供电所调研

遂宁公司总经理陈强（前右）陪同四川省电力公司副总经理陈云辉（前左）到大英公司指导公司包片进村工作

遂宁公司总经理陈强（前排左一）与大英公司总经理陈泽宇向四川省电力公司副总经理张伟（右四）汇报大英电网规划

大英供电公司领导班子安全承诺签名

大英公司总经理陈泽宇（右一）向中共大英县委副书记、县人民政府县长刘辉（右二）、县委副书记段勇（右三）汇报体育赛事电力保障情况

中共大英县委副书记、县人民政府县长刘辉（右三）、副县长邓云（右二）调研大英电力公司工作

大英县 110kV 温家坪变电站

大英县 220kV 石门变电站

大英县农村工作办公室

2014年5月16日，县政府办副主任、县农办主任郭骋（正面右一）带领有关人员深入农村调研

大英县蓬乐路乡村旅游示范区

特色农产品系列

大英美丽乡村

全省畜牧工作会议与会人员视察大英县畜牧业龙头科技示范企业

大英县新民居

隆盛镇三家店村康禾蔬菜基地

大英县省级肉牛标准化养殖场之一蜀鑫肉牛养殖专业合作社

大英县林业局

党组书记、局长杨鹏飞（左二）组织开展森林防火宣传

县人民政府副县长、县公安局局长申长兴（左二）主持召开大英县集中打击破坏森林资源违法犯罪“亮剑行动”专题会

局长杨鹏飞检查指导核桃高接换优

2012 年遂宁市林业局领导调研木材经营加工企业

四川省林业厅厅长尧斯丹（前左二）一行在大英视察林业产业发展

大英县召开创建全国绿化模范县工作推进会

2012年12月14日，召开大英今冬明春森林防火工作会

大英县畜牧食品局

四川省畜牧食品局副局长兰明建指导温氏种猪场建设

四川省规模安全监管现场会在大英召开

遂宁市动物防疫技术培训会在大英县召开

开展民主评议，提升干部素质

干部职工认真开展学习讨论

市级最佳文明单位迎检

开展饲料兽药市场专项整治

润丰禽业蛋鸡场一角

温氏集团回马 8000 头种猪园一角

卓筒公司工厂化种猪繁育基地

大英县公安局交通警察大队

县公安局党委副书记、县公安局交警大队大队长李前霈（左二）参加遂宁市农村交通现场管理会

大队长李前霈（中）主持大队领导班子谈心谈话工作会

大队长李前霈指导安保工作

大队领导带队检查客运工作

大队长李前霈慰问援藏交警

大英县人民政府副县长、县公安局局长申长兴（前中）视察交警工作

大队长李前霈（前左）带领大队民警参加反腐倡廉暨队伍建设视频会

大队长李前霈到象山所交警中队检查工作

大队领导带队检查整治机动车工作

开展双超治理工作

大英县司法局

党组书记、局长廖福金（前右）带领志愿者服务队走进福利院为福利院打扫卫生

局长廖福金等领导为“挂包帮”联系村送去鸭苗

局领导到天保镇开展送法下乡活动

2013年8月6日，举行四川省大英监狱建设工程开工典礼

2013年4月17日，四川省委政法委副书记陈明国（右持文件者）在遂宁市委常委、政法委书记刘德福（左持文件者）等领导陪同下调研大英县依法执政情况

四川省司法厅副厅长姚正奇（左二）带队视察大英县公证处工作

局领导陪同大英县相关领导视察监狱建设工地

2013年7月17日，中共大英县委常委、政法委书记熊杰，县人民政府副县长、县公安局局长申长兴主持召开大英县社区矫正工作联席会

大英县文化体育广播电影电视局

党组书记、局长周松林组织职工开会学习

局长周松林检查文广系统安全工作

群众文化普及工程之大家唱

2013 年国庆文艺演出

大英县群众文化普及工程之老年健身活动

2013年11月，北京文物学会专家到卓筒井进行考察

2012年11月，文物讲解员为同学们讲解

遂宁市各区县文化交流活动在大英开展文艺演出

大英县群众文化普及工程之创建文明城市文艺晚会

大英县群众文化普及工程之创建文明城市文艺晚会

文化遗产日系列活动之文化遗产进校园

大英县人口和计划生育局

2013年6月19日，大英县人口计生局党组书记、局长骆跃华（右二）带队深入到“挂包帮”帮扶联系点河边镇大马口村，开展“访民情、问民计、解民忧、助民富”活动

2013年5月16日上午，大英县人口和计划生育局召开“实现伟大中国梦、建设美丽繁荣和谐四川”主题教育活动动员大会，会上局长骆跃华传达了省、市、县的会议精神

2012年10月25日，大英县首家企业计划生育协会成立大会在四川久大蓬莱盐化有限公司隆重召开

2013年3月8日，为全面推进“幸福工程——救助贫困母亲行动”的开展，大英县人口计生局、县计生协会在局长骆跃华的带领下，到卓筒井镇走访慰问了5户计划生育患病及贫困家庭，详细了解了他们的生产生活状况和存在的问题，并为每户发放了300元的救助金及礼品，帮助他们解决实际困难，受到了广大干部群众的好评

2012年5月30日，县人口计生局副局长、县计划生育协会常务副会长袁玉带领县计生协会、局妇儿关工委工作人员到卓筒井镇开展关爱女孩行动，为28位留守女孩带去了学习用品和慰问金，为孩子们送去节日的温暖

2013 年 6 月 3 日，四川省人口计生委主任姚义贤（前排右二）一行到大英县调研指导工作

2012 年 10 月 17 日，中国人民大学劳动人事学院教授、博士生导师兼人才资源开发与评价中心主任孙健敏，国家人口计生委人才交流中心干部金真在四川省人口计生委人事处处长樊伟、副处长熊建华、遂宁市人口计生委主任兰瑛等陪同下，到大英专题调研人口计生人才队伍建设工作，中共大英县委常委、副县长康朝晖参加调研座谈会

2012 年 3 月 20 日，四川省计划生育优质服务工作经验交流会议在大英县召开。四川省人口计生委副主任张波、巡视员韩保元、科技处副处长王平权、杨莉及各地市州计生委分管人口计生科技工作副主任、科技科科长、计生指导所所长和遂宁市人口计生委主任兰瑛、遂宁市各区县计生局分管科技领导、科技股股长、服务站站长等参加了会议

2013 年 3 月 14 日，中共大英县委常委、副县长康朝晖率领县人口计生局局长骆跃华等一行 11 人到阿坝州黑水县开展“手拉手”联系帮扶活动

2013 年 3 月 5 日，大英县人民政府组织召开计划生育家庭意外伤害保险工作推进会议，该项工作的推进标志着大英县计划生育家庭意外伤害保险实现全县覆盖

大英县卫生局

党委书记、局长苏朝安

2012年县卫生局领导班子成员：党委书记、局长苏朝安（中）、党委副书记李怀林（右四）、副局长刘中艾（左四）、副局长肖坤烈（左三）、纪委书记唐清平（右二）、疾控中心主任吕仕银（左二）、新农合中心主任王俊（右三）、县爱卫办主任熊慧（右一）、县红十字会副会长王文洪（左一）

局长苏朝安（右三）带队慰问五保户

2012年3月30日，局党委书记、局长苏朝安在基层组织建设年动员会上讲话

2012年9月8日，重庆第三军医大学专家到大英县人民医院考察

2012 年 7 月 5 日，四川省财政厅副厅长张其昌督导大英医改工作

2012 年 8 月 7 日，中共大英县委副书记、县长刘辉（左一）调研医改工作

2012 年 12 月 19 日，遂宁慈善日大英县慈善救助现场发放仪式

2012 年 2 月 16 日，2012 年全县卫生工作会召开

大英县教育局

党委书记、局长李宗岭（右二）在学校检查工作

大英县第一所乡镇公办建制幼儿园开园庆典

大英县学校管理干部赴重庆名校蹲点学习汇报会

大英县幼儿教师《指南》培训

中共大英县委副书记、县长刘辉慰问高三教师

四川省教育厅体艺处处长索波（右二）到大英视察工作

中共四川省委统战部副部长董玉梅（前右一）到大英视察科学发展观学习实践活动

四川省大英中学

大英中学校长徐如坤在西南大学作专题讲座

遂宁中学校长许玉权到大英中学调研

大英中学党的群众路线班子民主生活会

获西南交通大学优秀生源基地

大英中学领导班子民主生活会

中共大英县委副书记、县长刘辉（前右二）视察大英中学

2013年3月13日，中共大英县委副书记黄远新（左三）到学校调研

大英中学到四川外国语大学考察交流

大英中学与全国优秀学校山东昌乐二中合作

安居一中教学观摩团到大英中学考察交流

第29个教师节离退休教师座谈会

四川省大英县育才中学

中共大英县委副书记、县人民政府县长刘辉（正面右三）、副县长温清莉（正面右二）检查学校工作

放飞梦想，腾飞育才——美丽壮观的学校教学大楼

美丽的校园一角

课间操

大英县蓬莱中学

学校党支部书记、校长吴学林（前排左二）组织开展支部活动

2012年11月19日，50周年校庆开幕式

精彩纷呈的课堂活动

大课间操活动

文艺汇演

精彩纷呈的课堂活动

系列教育活动

系列教育活动

精彩纷呈的课堂活动

大英县蓬莱镇小学校

2012年12月14日，学校召开“防反弹、重巩固、再提升”环境专项整治动员大会

2012年5月4日，成都市知名教授到蓬莱小学送课

2012年5月28日，学校资助贫困生

2012年12月18日，学校开展“讲文明、爱卫生”城乡环境综合治理活动

2013年3月13日，四年级开展文明礼仪展示

2013年3月22日，学校召开春季运动会

第十三届"华人少年征文"组织奖

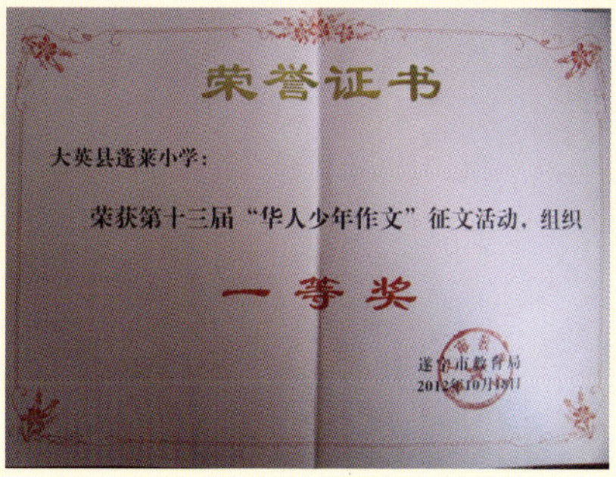

第十三届"华人少年作文"一等奖

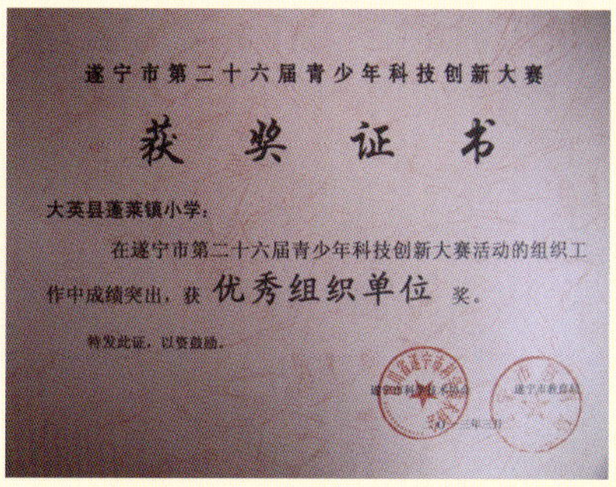

科技创新大赛优秀组织奖

全国阅读教育先进集体

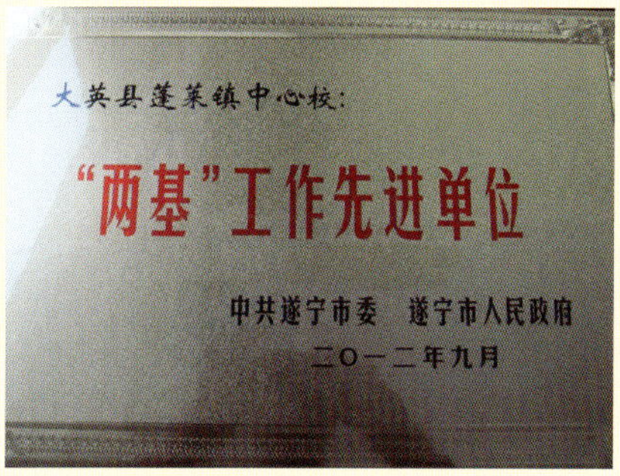

"两基"工作先进单位

2013 年 5 月 20 日，三年级开展"诵读中华经典，营造书香校园"活动

2013 年 5 月 23 日，学校召开毕业班工作会

2013 年 5 月 31 日，学校开展"六一"庆祝活动

大英县实验学校

中共大英县委副书记、县人民政府县长刘辉（右三）在学校校长漆英（右一）等的陪同下指导学校工作

大英县教育局局长李宗岭（中）视察学校工作

校园一角

学校荣誉室

遂宁市教育局局长张永福（左二）到校指导工作

学生队高亢诵读《爱之咏》

隆重的出旗仪式

教师队激情演绎《龙的故乡，诗的国度》

大英县蓬莱镇幼儿园

和谐的班子团队（中为书记、园长钱贤莉）

留守儿童和园长妈妈说句悄悄话

秋季运动会

防震安全演练

孩子们喜爱的攀爬活动

升旗仪式上的小小升旗手和护旗手

户外课堂，亲近大自然

快乐的亲子运动会

建园六十周年庆典活动

庆祝第 30 个教师节文艺演出剧照

毕业典礼

大英县天星幼儿园

天星幼儿园首届领导班子成员

园长王红梅在大英县《3—6岁儿童学习与发展指南》实施现场会上作工作交流

天星幼儿园开园首批全体教职工

孩子们在老师的带领下进行防火消防演练

教室区域一角

大英县人大常委会领导到园视察工作

大英县政协领导视察工作

大英县人民政府副县长温清莉（左）、县教育局局长李宗岭（右）到园检查、指导工作

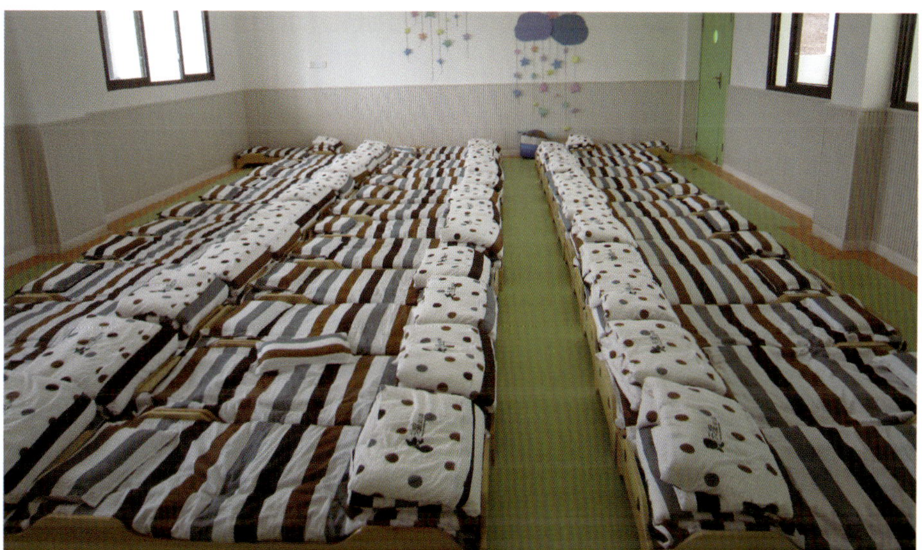

温馨、整洁、干净的午休室

大英县凉亭幼儿园

领导班子

教师团队

防火安全演练

动感早操

体育运动

幼儿园一角

庄严的升旗仪式

快乐游戏

幼儿自主进餐

温馨的午休室

中国共产党大英县委员会党校

常务副校长冉邱

党校教师宣讲到乡镇

优秀年轻干部培训

遂宁市县级党校改革调研会在大英召开

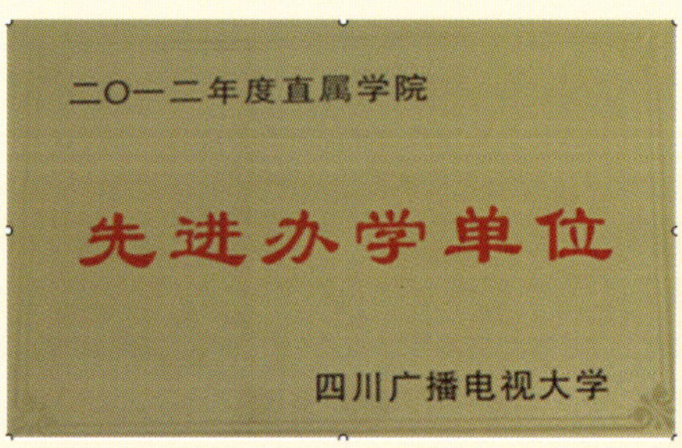

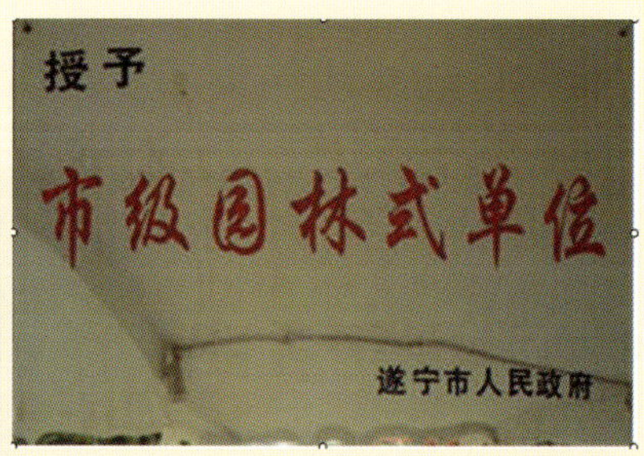

学校荣誉

大英县人民政府政务服务中心管理委员会

县政务中心管委会主任蒋伟在“实现伟大中国梦、建设美丽繁荣和谐四川”主题教育活动动员会上讲话

中共大英县委副书记、县人民政府县长刘辉到中心办证大厅检查指导工作

中共大英县委副书记、县人民政府县长刘辉组织召开政务服务工作会

中共大英县委常委、县人民政府常务副县长柯辉组织召开政务服务工作会

县政务服务中心办证大厅标准化建设成果

新落成的县政务服务中心大楼外观

大英县惠民帮扶中心

主任蒋天志

2013年8月17日，遂宁市效能办、政府服务热线办副主任向成等17人一行到大英县政府服务热线办检查指导工作，县惠民帮扶中心主任蒋天志（左三）陪同

2013年1月31日，县惠民帮扶中心主任蒋天志带领中心3人一行到联系村卓筒井镇吴家桥村慰问贫困党员和困难群众

2012年5月，县惠民帮扶中心荣获四川省总工会颁发的“先进单位”

大英县城市管理行政执法局

局党组书记、局长彭述武

县委副书记段勇（前排右二）检查指导城市管理执法工作

局领导班子成员：党组书记、局长彭述武（中），副局长张雄（左二）、黄春生（右二），纪检组长黄俊淞（左一），特勤大队大队长高殿龙（右一）

城市管理行政执法大队、城市管理特勤大队成立大会

开展法律知识培训

大英县城乡居民社会养老保险事业管理局

局长邹宏伟

县人社局副局长查仕坤（中排左一）在居保局检查半年工作总结

居保局职工正紧张忙碌地工作

新农保启动会

新政策及相关文件的学习会议

大英县机关事业单位社会保险局

局长鲍英剑（前右）、副局长向波（前左）检查工作

办理养老保险交费

绵阳支部开展活动

成都支部庆“七一”活动

为方便退休同志参加年审，每年定期赴成都、重庆、绵阳等地进行年审工作，图为在重庆进行年审工作

大英县统计局

党组书记、局长李志平

局领导班子：李志平（中）、黄霁阳（左二）、岳爱华（右二）、但志军（右一）、陈军（左一）

2013年3月5日，四川省统计局局长范秋美（前中）在中共大英县委副书记、县长刘辉（前左一），中共大英县委常委、常务副县长柯辉（前左三）的陪同下视察大英县经济社会发展现状

2012年3月20日，遂宁市统计局局长刘晓锋（前右三）到大英核查项目现场

2013年9月11日，中共大英县委常委、县委组织部部长田碧华（右二）一行到县统计局调研党建工作

大英县环境保护局

党组书记、局长刘建

领导班子召开会议，研讨决定重要事项

环保部专家组一行调研遂宁市创国模工作，图为大英接受检查调研现场

大英县环境执法人员监督检查污染企业拆除工作

大英县商务局

中共大英县委副书记、县人民政府县长刘辉（前排中）检查商贸流通企业经营情况

党组书记、局长陈平（左二）带领股室人员检查商贸流通企业安全生产工作

班子成员及股室人员督促重点商贸项目推进情况

组织召开全局干部职工大会

遂宁市大英县工商行政管理局

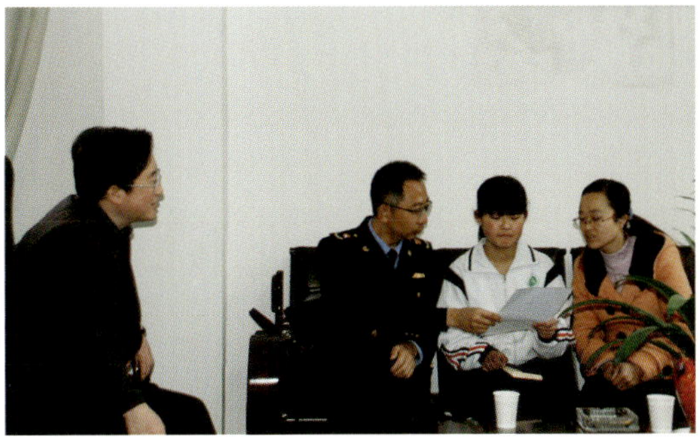

党组书记、局长李山（左二）帮扶困难学生

局长李山（中）主持召开工作会议

局领导班子成员组织召开会议

“3·15”宣传站点

工作人员现场接受消费者投诉

四川省遂宁市大英质量技术监督局

党组书记、局长蒋明

党组成员照片（从左至右依次为：高中、付华兴、蒋明、李代田、陈金龙）

大英县人民政府副县长朱丹参加大英县国家级生猪养殖标准化示范区验收会

县质监局协调石化企业到中腾能源开展特种设备应急演练

局纪检组长高中一行到联系村金元乡高笋堰村慰问群众

大英县扶贫和移民工作局

局长何克昌

大英县扶贫移民局于 2013 年 2 月正式成立，为大英县人民政府直属事业单位。内设综合股、扶贫开发股、移民后期扶持股，全局共有职工 10 人。

大英县扶贫移民局成立以来，紧紧围绕“新型工业县、优秀旅游城、生态示范区”战略定位，突出“规划实施年”、“项目落地年”工作主题，按照“扶贫攻坚、富裕农民、安居乐业、造福移民”的工作思路，切实抓好扶贫开发、移民迁建安置和后期扶持等工作，共争取到位中省项目资金 4957.93 万元，完成扶贫解困 20581 人，直发直补及项目扶持 13439 人，核减移民 52 人。大英县代表遂宁市接受四川省扶贫开发领导小组对 2012 年扶贫开发工作进行了全面考核，考核结果为 A 级，名列全省第一。

2013 年 11 月 6 日，局长何克昌（左一）慰问智水乡星宿沟村贫困人员

2013 年 12 月 26 日，局长何克昌（左一），副局长李兴友（右二）调研贫困村贫困人口生产生活情况

大英县气象局

局长黄建

四川省气象局局长彭广（前排左三）在大英县人民政府副县长朱俊华（前排左二）的陪同下视察项目建设

遂宁市气象局局长游泳陪同中国气象局领导视察大英项目建设

慰问老党员

2013年大英县遭遇严重冬春连旱，县气象局积极进行实地调查

大英县科学技术局

党组书记、局长钱敏

2013 年 1 月 10 日，县科技局党组书记、局长雷宇科（左一）陪同四川省科技厅计划处处长张雄（右一）到大英视察企业科技工作

局长钱敏（中）主持召开全局干部职工会，学习中共十八大会议精神

2012 年四川省科技统计年报工作会在大英县召开

2013 年 3 月 6 日，县科技局局长雷宇科（右一）陪同遂宁市科知局副局长蒋政法（右二）调研企业科技工作

大英县疾病预防控制中心

中心主任、党支部书记吕仕银（中）组织召开疾控中心党的群众路线教育实践活动工作推进会

2013 年 4 月 15 日，市卫生局副局长刘中华带领市卫生局、市卫生监督支队、市疾控中心相关工作人员在县卫生局副局长刘中艾等陪同下到中心督查人感染 H7N9 型禽流感防控工作

2012 年 12 月 4 日，遂宁市委宣传部副部长、市文明办主任严敏智带领市检查验收组一行 4 人在中共大英县委常委、宣传部部长刘博及县文明办相关人员的陪同下对中心创建市级文明单位工作进行了现场检查验收

2013 年 6 月 14 日，中心通过四川省质量技术审查评价中心委派的专家组对中心实验室资质认定（复评 + 扩项）现场评审。现场确认六大类 154 个项目

2013 年 4 月 26 日，中心积极组队参加全县卫生系统职工运动会，共有 28 人参加了 10 个项目的比赛

大英县妇幼保健院

2012年2月9日，四川省卫生厅副厅长赵晓光（左一）、四川省妇幼保健院院长熊庆一行，在大英县人民政府副县长温清莉和县卫生局局长苏朝安的陪同下，到县妇幼保健院视察工作。图为院长刘红梅（前右）汇报工作

院长刘红梅为艾滋病孕妇发放补助

2013年1月24日，遂宁市第五届妇幼保健机构院长例会在大英召开，会议由大英县妇幼保健院承办

2012年3月7—12日，中国初级卫生保健基金会、健康扶贫工程组委会妇科首席专家、妇科项目副主任、主任医师王静芳（左二）到大英县妇幼保健院就大英县“宫颈癌”及“乳腺癌”筛查项目事宜进行调研及授课

2013年6月8日，大英县妇幼保健院迎来了参加全县实施基本公共卫生服务项目工作会议的参会人员，并现场做经验交流介绍

2013年5月29日下午，大英县妇幼保健院到金元乡关心、慰问8名农村留守儿童，送去近2000元的关爱礼物

大英县郪江外国语学校

2012年2月23日，四川省教育厅副厅长一行来校视察工作

2013年4月15日，校长徐景慧（前排左二）陪同中共大英县委副书记黄远新（前排左三）检查学校工作

2013年9月校长讲坛

2013年10月30日，大英县素质教育督导评估组来校检查工作

2013年11月25日，县教育局副局长徐景慧（持资料者）来校检查安全工作

2013年12月16日，学校进行廉政文化学习

四川大英农村商业银行股份有限公司

大英农商银行
董事长何家斌

大英农商银行
行长王勇

中共遂宁市委常委、遂宁市人民政府副市长刘云(左一)为银行授牌

大英农商银行(筹)征集发起人推介会

遂宁银监分局局长刘巧玲在大英联社调研

遂宁市商业银行股份有限公司大英支行

行长蒋旭

副行长张正行

深入企业搞调研

支行工会活动——拔河比赛

支持小微企业宣传活动

中国建设银行股份有限公司大英支行

行长谭霄

个贷中心

开展金融知识宣传

开展中小企业宣传月活动

网点召开晨会

中国农业银行股份有限公司大英县支行

2013 年 12 月 31 日银行决算日，大英支行党委书记、行长徐瑛（左二）带领全体班子成员及相关部室负责人前往各机构看望慰问参加决算的基层员工

党委书记、行长徐瑛（左二）组织班子成员召开党委民主生活会

2012 年，党委书记、行长罗瑞森（左二）组织班子成员召开党委民主生活会

2012 年 11 月 29 日，大英县支行加强银保合作，召开保安表彰暨培训会，对坚守岗位、认真履职的安保人员进行表彰

2012 年，党委书记、行长罗瑞森组织工作人员大力开展“普及金融知识万里行”活动，向来往市民发放宣传资料

中国农业银行大英县支行党委班子成员组织召开 2012 年工作会暨一季度党委中心组学习会议

中国邮政储蓄银行股份有限公司大英县支行

遂宁市分行行长昝小春（右一）深入大英走访调研“三农”服务

开展巾帼志愿者服务活动

深入社区开展打击“非法集资”宣传活动

大英县支行行长唐莉（中）主持2013年工作会议

运动会拔河比赛

支行荣誉

大英县粮食局

党组书记、局长秦殿英（右一）到金元乡慰问困难群众

县粮食局慰问驻大英武警部队官兵

县粮食局深入天保镇慰问困难群众

中国农业发展银行大英县支行

行长陈晓德

副行长皮伦辉

召开职代会

遂宁市分行行长任邦勇（右一），中共大英县委副书记、县人民政府县长刘辉（左一）到支行调研

中国人寿保险股份有限公司大英支公司

经理杜朝杰

副经理黄小梅

四川省公司副总经理魏家祥（右三）在遂宁市分公司副总经理谭亚林（右二）的陪同下到大英调研时与客户服务中心部分员工交谈

城区部分销售人员合影

欢送公司原副经理漆明远(前排右四)光荣退休，公司员工和销售人员代表合影(前排左四为经理杜朝杰、左三为副经理黄小梅)

四川丰侨科技有限责任公司

董事长刘玉军

道地中药材全球交易中心规划图

药材加工厂规划图

药香小镇鸟瞰图

中药材万亩种植示范基地鸟瞰图

金 元 乡

中共大英县委副书记、县人民政府县长刘辉（右二）在乡党委书记夏拥军（左一）的陪同下到金元乡河定海村调研工作

中共大英县委常委、县委组织部部长田碧华（右二）在乡长谭恢军（左一）的陪同下到河定海村调研

乡党委、政府一行到村慰问贫困党员

金元乡为转角楼村贫困学子募捐

乡长谭恢军为宝沟村党员群众上党课

蓬莱镇

2013年4月25日，镇党委书记张华安（右二）陪同中共大英县委副书记、县人民政府县长刘辉（左二），县政协主席张继明（右一），副县长邓云（左一）到蓬莱镇余粮村现场办公（衡海生摄）

镇党委书记张华安在吊脚楼村作党课宣讲

吊脚楼新村小区

环境优美的新农村

发展以澎湖新村为代表的农家旅游产业

建立农村实用技术学用基地

2013年5月29日，镇党委书记张华安（右一）、镇长陈强（右二）陪同中共遂宁市委常委、市委组织部部长刘晓晨（前左一），中共大英县委常委、县委组织部部长田碧华调研蓬莱镇党建工作

农村文艺表演队

美丽的新农村小区

新农村建设

新农村建设

蓬莱镇梓潼村甜橙基地

隆 盛 镇

中共大英县委副书记、县人民政府县长刘辉（前中），在镇党委书记何涛（前左一）陪同下视察现代农业园区项目建设情况（衡海生摄）

中共大英县委副书记、县人民政府县长刘辉（中），在镇长熊安全（左）陪同下到隆盛镇慰问困难群众

环境优美、设施齐全、服务温馨的隆盛中心敬老院

快速建设中的大英至遂宁快捷通道

2013年5月28日，中共大英县委副书记、县人民政府县长刘辉（中）到隆盛镇调研（衡海生摄）

为群众提供一站式服务的便民服务中心

永明村新村风貌塑造点

隆盛镇犀牛石新村总体鸟瞰图

回 马 镇

党委书记文林

镇长陈勇

2013 年“6·30”洪灾发生后，镇党委书记文林（左三）指导抗洪抢险

2012 年 5 月 17 日，在遂宁市美术馆成功举办“长江之水天上来——回马镇新农村文化建设书画展”

组织文艺宣传队用群众喜闻乐见的方式宣传党的十八大精神

2013 年 10 月，回马镇政府办公楼正式投入使用

2012 年 9 月 10 日，强降雨导致回马镇一炼油厂厂区内的一空置油罐车被洪水卷走，被冲到下游约 1 公里处的树林里卡住。回马镇党委政府高度重视，派出工作干部与当地群众一道将油罐车固定住并派人盯守。广大干群经过一天一夜的努力，终于将油罐车拉起，解除了安全隐患

2012 年“9·10”洪灾中，回马镇广大干群齐心协力，共抗洪灾，将灾害损失降到了最低

河 边 镇

中共大英县委副书记、县人民政府县长刘辉（前右）在镇长杨洪林（前左）陪同下到河边镇人工湿地调研（衡海生摄）

镇党委书记刘春燕（左二）、镇长杨洪林（右一）走访无房户

2013 年 9 月竣工投用的河边镇中心幼儿园。该园是 2013 年遂宁市民生工程项目，是使用中央幼儿园专项资金修建的公办幼儿园，也是河边镇唯一一所公办幼儿园

2013 年全面建成并投入使用的河边中心卫生院门诊综合楼

四川省三星级敬老院——河边镇中心敬老院。该院是 2013 年创建成功的，是一座具有“生态文明，生机勃勃，菜园文化，因地制宜，以种、养殖为副业”特色的敬老院

镇农技推广中心。位于镇政府大院内，占地面积 194.74m^2，建筑面积 997.1m^2，于 2013 年 3 月开工建设，2014 年 1 月底正式投入使用，总投资达 430 万元

英伦风情小镇规划图。项目位于进入河边场镇的主入口区域，规划总用地面积 58873.9m^2、总建筑面积 105141.1m^2、住宅面积 88992m^2、商铺面积 16149m^2，小区居住户数 847 户，拥有停车位 120 个

河边镇双低油菜

河边柠檬基地。自 2009 年以来，改造老柠檬基地近 10000 亩，发展新柠檬基地 5000 余亩。2013 年，新发展柠檬 3000 亩，平整道路 2.8 公里，完成耕作便道 8000 米

道路建设。2013 年，全镇共修建农村公路 37.45 公里，总投资 1198.4 万元，其中争取项目资金 479.6 万元、发动群众集资 718.8 万元

土地整理。2013 年，全镇完成 46 个村共 1400 公里的水沟清淤工作，改造屯水田 3 块 9 亩，埋设饮水管道 3 个村 4800 米，维修垮渠 40 处 600 米，整治堰塘 20 口、山坪塘 5 口、提灌站 18 座

铜鼓新村聚居点建设项目。新村位于铜鼓村 6 社，紧邻星花水库，依山抱水，环境优美，由重庆三里城市规划设计院规划设计，建设总用地面积 46 亩，计划新建房屋 54 户

玉 峰 镇

党委书记李小龙

镇长吴鹏

2013 年 9 月 20 日，玉峰场镇新区开工仪式

2012 年 6 月 29 日，玉峰镇举行中国共产党成立 91 周年庆祝大会

2013 年 10 月 14 日，中共大英县委副书记、县人民政府县长刘辉（中）到玉峰镇调研工作（衡海生摄）

2013 年 7 月 1 日，大英县人大常委会主任唐先培（右二），中共大英县委常委、县人民政府常务副县长柯辉（前左二）到玉峰镇慰问困难党员

2012 年 9 月 5 日，大英县人大常委会副主任易天金（左一）到玉峰镇调研畜牧工作

2012 年 6 月 19 日，县人民政府副县长、县公安局局长申长兴（左一）到玉峰镇视察精品司法所

象 山 镇

党委书记张乐

镇长陈建平

"9·10" 抗洪抢险

"9·10" 抗灾自救

2012年"9·10"洪灾灾后重建项目。图为建成后的象山镇长圆新村全景

象山场镇建设

象山辣椒基地采收青椒

象山棉花高产片

象山养鹅基地

象山柚子高产片

卓筒井镇

镇党委书记王国华（左一）到骑龙寨村视察“挂包帮”活动

核心区修建性规划

项目建设有力推进

卓筒井镇桃类销售现场

中共大英县委副书记段勇（中）在镇党委书记王国华（右）、镇长彭海明（左）陪同下检查卓筒井镇依法治县宣传工作

镇油桃产业推进会

新农村建设

新栽植 3000 亩桃区

天保镇

党委书记熊琳（右二）到书房湾村走访困难群众

镇长王涛（正面左一）深入农户家中作宣讲动员

党委书记熊琳、镇长王涛、人大主席钱基辉视察温氏养猪基地建设情况

领导班子开展群众座谈会

2013年11月16日，中共大英县委副书记、县人民政府县长刘辉（左二）到天保调研（李文祥摄）

中共大英县委常委、县委办主任、县总工会主席杨文彬（左二），县政协主席彭哲志（右二）到天保镇调研

2013年12月10日，县人民政府副县长朱俊华到天保镇调研新农村建设工作

天保镇开展关爱留守学生圆梦公益行动

智 水 乡

2013 年 6 月 25 日，乡党委书记许六星（右）陪同中共大英县委常委、组织部部长田碧华（中）在智水乡慰问贫困党员

2012 年 9 月 12 日，大英县人民政府副县长、公安局局长申长兴（左三）在乡党委书记许六星陪同下查看“9·10”灾情

2013 年 9 月 11 日，智水乡猕猴桃基地建设项目签约

2013 年 10 月 12 日，大英县人民法院院长刘继文（前右一）到智水乡慰问五保老人

2012 年 11 月 19 日，智水乡启用新行政服务中心

《大英年鉴》（2012—2013）编纂委员会

主　任：朱俊华　大英县人民政府副县长

副主任：黄　艳　县委办副主任、县委政研室主任

郭　骋　县政府办副主任、县农办主任

唐元林　县志办主任

委　员：石　磊　县人大常委会办公室主任

成麒麟　县政协秘书长

陈立国　县发改局局长

任乐福　县经信局局长

李志平　县统计局局长

陈兴学　县农业局局长

岳建宏　县财政局局长

郭　彬　县民政局局长

蒲友炳　县国土资源局局长

陈　强　蓬莱镇人民政府镇长

熊安全　隆盛镇人民政府镇长

陈　勇　回马镇人民政府镇长

吴　鹏　玉峰镇人民政府镇长

杨洪林　河边镇人民政府镇长

陈建平　象山镇人民政府镇长

彭海明　卓筒井镇人民政府镇长

王　涛　天保镇人民政府镇长

谭恢军　金元乡人民政府乡长

胡世永　通仙乡人民政府乡长

李　磊　智水乡人民政府乡长

《大英年鉴》（2012—2013）编辑部

主　编：唐元林

编　辑：唐元林　邹贵兰　邹昆伦

资料员：邹贵兰　邹昆伦

《大英年鉴》（2012—2013）撰稿人员名单

中共大英县委办公室　蒋志强　张　磊

大英县人民政府办公室　李　超

大英县人大常委会　杨卫国

政协大英县委员会　王世坤

大英县人民武装部　王　路

中共大英县纪律检查委员会　王　蓉

中共大英县委组织部　陈　磊

中共大英县委宣传部　黄　鑫

中共大英县委政法委员会　杨　俊

中共大英县委统战部　熊雄雄

大英县民族宗教事务局　杨春蓉

中共大英县委老干局　刘　春

大英县总工会　冯　彪

大英县城乡环境综合治理办公室　刘治辉　彭　勇

中共大英县委编制委员会办公室　徐青玲

共青团大英县委　杨　帆

大英县妇女联合会　覃　艳

大英县科学技术协会　邱　沉

大英县工商业联合会　杨艳玲

中共大英县委党校　唐立志

大英县机关事务管理局　曾　艳

大英县金融工作办公室　马勤学

大英县人民政府台湾事务办公室　李前锋

大英县地方志办公室　唐元林

中共大英县委群众工作局　皮永江

大英县人民政府政务服务中心管委会　舒雯雯

大英县惠民帮扶中心　胡　麟

大英县审计局　王　波

大英县人力资源和社会保障局　曾　石

大英县国土资源局　邓亚林

大英县民政局　彭　志

大英县安全生产监督管理局　　宋　羽

大英县档案局　　岳盛梅

大英县残疾人联合会　　陈德清

大英县城市管理行政执法局　　文杰林

大英县城市公用事业管理局　　廖晓树

大英县工业集中发展区　　何迎春

大英县文化产业园区　　熊鑫月

大英县现代农业园区　　黄英武

大英县回马工业园区　　罗　明

大英县旅游局　　高永富

大英县城东社区管委会　　宋　敏

大英县城西社区管委会　　黄　琳　彭　超

大英县发展和改革局　　何荣志

大英县铁路建设办公室　　代祚春

大英县统计局　　代春林　舒　超

大英县住房和城乡建设局　　胡　梅

大英县城乡规划管理局　　武　敏

大英县交通运输局　　白　冰

大英县环境保护局　　王小丽

大英县招商局　　彭科国

大英县经济和信息化局　　齐　波

大英县财政局　　文　坤

大英县商务局　　肖　圳

大英县国家税务局　　蒋佳良

大英县地方税务局　　陈词文

大英县工商行政管理局　　李红柳

大英县食品药品监督管理局　　李天乾　李　舟

大英县质量技术监督局　　高　中　杨清德

大英县粮食局　　唐光银

大英县烟草专卖局　　李东辉

大英县邮政局　　颜　珊

四川大英县供电有限责任公司　　彭建荣

中国电信股份有限公司大英分公司　　易　涛

中国移动通信集团四川有限公司大英分公司　　魏永喜

中国联合网络通信有限公司大英县分公司　　王　星

大英县农村工作办公室　　郭　娟

大英县农业局　　张家权

大英县林业局　　孔华珍

大英县水务局　　白　波

大英县畜牧食品局　　李　勇
大英县供销合作社联合社　　赵晓林
大英县气象局　　林　红
大英县扶贫移民局　　向　军
大英县公安局　　李　娟
大英县人民检察院　　蒋国荣　陈　凯
大英县人民法院　　何永华
大英县司法局　　孙　贵
大英县文化体育广播电影电视局　　唐虹玲
大英县人口和计划生育局　　曾清乐
大英县卫生局　　熊济民
大英县科技局　　李顺勇
大英县文学艺术界联合会　　刘安平
大英县教育局　　罗红君
中国人民财产保险股份有限公司大英支公司　　蔡春艳
中国人寿保险股份有限公司大英县支公司　　曾玉霞
中国民主同盟大英县总支委员会　　任常荣
中国民主促进会大英县总支部委员会　　彭哲志
中国农工民主党大英县支部委员会　　梁继学
中国民主建国会大英县支部委员会　　蒋灿辉
蓬莱镇　　刘　江　胡　贻
隆盛镇　　刘　胜
回马镇　　李婷婷
河边镇　　蒋智斌
玉峰镇　　唐壁坤
象山镇　　岳桐颐
卓筒井镇　李兴明
天保镇　　陈丽娟
金元乡　　胡子书
通仙乡　　刘恒卓
智水乡　　张　欣

编辑说明

一、《大英年鉴》是由大英县人民政府主办、大英县地方志办公室组织编纂的一部综合性年刊，是继《大英年鉴（2006—2011）》之后的第四部年鉴。本鉴为两年综合卷，全面、翔实、系统地记载了大英县2012—2013年的发展成就。编辑宗旨是准确、全方位地提供更多更新的县情信息，为县委、县政府及县内各级各部门进行科学决策和制定发展规划提供参考依据，为来到大英进行投资考察的客商和在大英进行各种投资经营活动中提供权威资讯，为县内外各界人士了解、认识、研究大英提供参考。

二、《大英年鉴（2012—2013）》设图照、特载、大事记、大英概况、中国共产党大英县委员会、政权、政协・群团・民主党派、军事・政法、工业经济、产业园区、项目和投资、城建・环保・交通・通信、贸易・旅游、财税・金融、管理与监督、教育・文化・卫生・科技、农业、镇乡概况、附录等栏目，按类目、分目、条目三个层次进行梯级设置，内容尽可能条目化。所收录的内容上限起自2012年1月1日，下限至2013年12月31日。图照、少数回顾性内容不受此限。

三、本年鉴所属的条目内容，通常是条目所对应的事项、事物在年度内的最新情况，鉴于新增个别事物、事项连贯性、整体性较强，故采用了适当的追述和背景介绍等记述方法，以此体现其完整性。

四、为了更直观展现大英"新型工业县、优秀旅游城、生态示范区"的最新成就，特别是"规划实施年、项目落地年"成果，本刊特辟彩色插页刊载全县部分行业、战线的成就、成果图片。图片除部分来源于大英县新闻中心外，其余均来源于县级部门或单位，刊用时不再一一署名其摄影作者，编排亦不分先后。文字稿件撰稿人署名按各部门或单位提供情况汇总，并在正文末署之。

五、本年鉴在编辑过程中，力求精选材料和年度典型，把宏观和微观结合起来，做到用事实和数据说话。对各部门、各相关单位提供的稿件，一般不作史实上的修改。

六、本年鉴大部分内容由各部门、各乡镇指定专人撰写，并由领导审核签字、单位盖章，其资料翔实、准确、可靠。统计数据大多以统计公报为准，但由于个别单位统计口径、角度不同，仍有互不一致之处，如同一指标出现差异，请以县统计局提供的数据为准。

七、本年鉴得到大英县级各部门、各乡镇党政及各驻大英单位的大力支持和关心，参编单位积极主动撰写稿件。正是由于参编人员的辛勤劳动，才使得本鉴成功付梓。在此，编辑部一并致谢！

八、本年鉴篇幅长、内容广，难免存在疏漏和错误，请批评指正，以便今后改进。

《大英年鉴》编辑部

2014年10月15日

目　录

特　载

大事记

大英概况

中国共产党大英县委员会

政 权

政协·群团·民主党派

军事·政法

工业经济

产业园区

项目和投资

城建·环保·交通·通信

贸易·旅游

财税·金融

管理与监督

教育·文化·卫生·科技

农 业

镇乡概况

附 录

彩页目录

特 载

政府工作报告

——在大英县第四届人民代表大会第二次会议上

县长 刘 辉

（2013年1月22日）

各位代表：

现在，我代表县人民政府，向大会报告工作，请予审查，并请县政协委员提出意见。

2012年政府工作回顾

2012年是新一届政府的开局之年。一年来，在市委、市政府和县委的正确领导下，在县人大、县政协的监督支持下，县政府坚持以科学发展观为统领，紧紧围绕"新型工业县、优秀旅游城、生态示范区"的发展战略，团结带领全县人民，克难求进，奋力拼搏，全县经济社会呈现持续快速发展的良好态势。县域经济实现"八大突破"：地区生产总值突破100亿元、达到102亿元，增长14.3%；公共财政预算收入突破3亿元、达到3.12亿元，增长20%；全社会固定资产投资突破100亿元、达到110.1亿元，增长17.7%；社会消费品零售总额突破40亿元、达到40.5亿元，增长15.9%；外贸出口额突破5000万美元、达到5100万美元，增长16%；实际利用市外资金突破50亿元、达到52.1亿元，增长27.1%；旅游总收入突破30亿元、达到30.2亿元，增长26.2%；城乡居民储蓄余额突破60亿元、达到62.75亿元，增长20.7%。三次产业结构由2011年的22.8∶57.3∶19.9调整到了21.5∶58∶20.5。在此，我郑重向大会报告：新一届政府工作实现了良好开局，完成了县四届一次人代会确定的目标任务。

一、突出发展抓产业，经济实力不断提升

新型工业升级扩张。新增规模工业企业7户，规模工业增加值增长17.6%；完成工业投资52.3亿元，占全县固定资产投资的48%；淘汰落后产能企业4家、工艺2套，万元工业增加值综合能耗下降6.5%。新增国家级高新技术企业2家，省级创新型试点企业1家，县工业集中发展区创建为省级知识产权试点园区。专业园区加快建设，石化产业园、盐化产业园强势提升，机电产业园快速推进，回马建材产业园挂牌成立。

现代农业提质增效。战胜特大洪灾，粮油喜获丰收，实现粮食总产27.6万吨，增长1.3%。新建优质甜橙1.65万亩，薄壳核桃和九叶青花椒8000亩，巩固绿色蔬菜基地3.38万亩。发展规模养殖户229户，出栏生猪81万头，森福猪场荣获国家级标准化示范场称号，“五统一保”全省推广。引进投资500万元以上的农业项目29个，新申报认证无公害农产品15个、绿色食品7个、有机食品4个。成功争创为“全省现代农业、现代畜牧业建设重点县”。实现农业增加值21.07亿元、增长4.3%。

第三产业加速发展。建立完善旅游服务标准体系，被评为全省首批旅游标准化示范县，中国死海荣获首批省级旅游度假区称号，东方国际酒店通过国家四星级评定。餐饮、商贸、娱乐、金融、保险等服务业持续发展，金融机构各项贷款余额达52.55亿元，比年初增长43.76%，创历史新高。

二、突出规划抓项目，发展后劲更加坚实

规划水平大为提升。围绕规划上项目，先后聘请16家国内外知名规划设计团队，对专业园区、城市新区、旧城改造、全域旅游、城乡统筹等进行高端规划设计，生成了祥凤寨水库、郪江新城湿地公园、郪江生态养生岛、粮食物流园、建材产业园、现代农业产业园、城市和新村综合体等30余个重大项目。

招商引资成效明显。全年引进投资3000万元以上产业项目70个，协议投资360.56亿元；引进“369”工程项目23个，其中1亿—5亿元项目12个、5亿—10亿元项目7个、10亿元以上项目4个。成功引进中益燃气、圣海包装等11家优势企业，中腾能源30万吨碳四改质项目、彰骏光学玻璃镜片等项目实现了“当年签约、当年投产”。新建的文化产业园区，成功引进光华大学等文化项目，成为省政府确定的全省重点发展的26个特色文化产业园区之一。

项目攻坚强力推进。全县储备重点项目360个，总投资739亿元；累计开工项目105个、竣工62个。100个重点项目完成投资122.6亿元，其中12个市级重点项目完成投资57.8亿元，7个省级重点项目完成投资36.7亿元，均超额完成全年计划目标。圣海包装产业园、回马建材产业园、中国死海升级改造、遂宁服务拓展区等重点项目扎实推进，久大60万吨/年真空盐、蓥峰化工20万吨/年硝基复合肥一期、宏诚科技等现代科技项目建成投产。

要素制约破解有力。依法清理闲置低效用地750亩，整理土地4.7万亩，新增耕地4560亩，报征土地1626亩，是省下达年度计划指标的2.25倍。全年交流引进技术型党政人才20余名，引进规划、金融、文艺等专业人才50余名。采取BT模式建设“两馆一中心广场”、标准厂房、快捷通道、“三路两桥”等重点项目，吸纳社会资金13.9亿元。争取到位上级项目资金13.7亿元，增长25.9%。做大政府融资平台，顺利完成城投公司等6个政府性公司改组，注册资本金由7亿元增至30亿元，创新信贷、租赁、信托等融资方式，银政关系更加巩固。红旗桥110kV变电站建成投用，县城第二水厂启动建设，郪口至县城天然气复线已启动规划设计，要素保障不断加强。

三、突出重点抓民生，社会保持和谐稳定

民生保障切实加强。优先实施十大民生工程，累计投入12.2亿元，162个子项目全面完成计划目标。大南街棚户区改造、凉湾三期安置房开工建设，新建城市保障性安居住房508套、2.86万平方米。社会保障体系不断完善，新农保参保突破11万人，新农合参合39.2万人；城镇居民医疗保险6.45万人；城乡低保实现应保尽保；农村“五保”集中供养率达52%；城乡医疗救助5845人次；积极推进4300名失地农民参加职工养老保险。火车东站扩能改造基本完成，火车停站趟次由原来每天6趟次增加到13趟次。科学应对“9·10”特大洪灾，积极争取灾后重建资金8979万元。城镇新增就业5426人，城乡劳动力转移20.84万人，实现城镇居民人均可支配收入17068元、增长15%，农民人均纯收入7732元、增长15.5%。

社会事业协调发展。全面实施农村义务教育阶段学生营养改善计划。高考本科上线1100人。规划新建两所公办幼儿园和一所九年制学校，教育结构更加优化。严格实施国家基本药物制度，公共卫生和医疗服务体系不断完善。全面启动文化建设十大工程，被确定为全省文艺创作和电影创作培训基地。在全市领先完成数字电视公司化改革平移。率先在全省推行优抚对象医疗“一站式”报销试点，成功创建为国家免费孕前优生健康检查项目试点县、全省人口计生依法行政示范县、全省“量服”工作示范县、省级餐饮服务食品安全示范县，被确定为省级食品安全示范创建单位。

城乡环境日益改善。深入开展城乡环境综合治理，完成农村危房改造1450户，集中建设新村示范点6个，新建通乡公路16公里、通村水泥路287.3公里，安装波形防护栏6.22公里；完成成南高速县城进出口升级改造，规划实施“四街一线”城市风貌塑造、郪江流域环境连片治理项目，成功创建省级环境优美示范县、省级绿化模范县，卓筒井镇、幸福村等“一镇十一村”荣获全省环境优美示范镇村称号。

社会管理不断创新。平安创建扎实推进，依法关停回马烟花爆竹厂、精峰明胶厂，安全生产事故、死亡人数分别下降1%、12.5%。妥善处理南华纺织老厂、基井湾市场建设以及金泰市场争议土地权属等遗留问题，解决信访突出问题74件，群众集访批次、赴省进京上访人次分别下降35.3%、32.5%。加强小区规范化建设和管理，成立小区业委会66个，规范小区物管25个，设置县城社区网格112个。完成天网一、二期改造和三期建设。探索建立大情报网络体系，网络舆情引导机制被省市推广。

四、突出服务抓效能，发展环境不断优化

民主法治建设取得新成效。坚持政府常务会集中学法制度、重大决策事项专家咨询制度、专业机构分析评审制度。自觉接受人大法律、工作监督、政协民主监督和社会舆论监督，全年办理人大代表议案、建议102件，政协委员提案105件、意见12件，办复率100%。深入开展“六五”普法教育，深化“法律六进”主题活动，“法治大英”创建卓有成效。

政务环境建设取得新突破。积极推进政府作风转变，扎实开展服务提升年活动，“三馆两中心”建成投用，政务服务环境不断优化。全县共受理行政审批事项19974件，按期、现场办结率均为100%，群众满意率99.96%。大力倡导“四个特别”，效能建设不断深化，“庸懒散”治理取得实效，查处单位7个、责任追究14人。

政府自身建设取得新进展。邀请23名国内外知名专家教授，围绕全县重大课题，给副科级以上干部专题授课。严格落实党风廉政建设责任制，认真遵守廉洁自律各项规定。扎实推进惩防体系建设，行政监察、审计监督、廉政建设和纠风工作持续深入，政府的公信力和执行力进一步增强。

同时，国防后备力量建设、武警、消防中队建设和双拥工作不断加强，精神文明、民族宗教、妇女儿童、对台、保密、人防、气象、档案、统计、地方志等工作扎实推进。

各位代表，回顾一年来的工作，我县在科学发展的大道上加速前进、大步跨越。成绩来之不易，奋斗充满艰辛。在此，我谨代表县人民政府，向奋战在全县各行各业的干部群众和客商朋友，向关心支持大英跨越发展、加快崛起的各级领导、各位代表及各界人士，表示衷心的感谢并致以崇高的敬意！

反思过去一年，也还存在一些问题和不足，主要表现在：经济总量和质量还没有实现根本性的突破；要素制约仍然明显，项目落地投产率较低，招大引强力度仍需加大；城市基础设施建设较为滞后，老火车站至红旗桥、郪江路至盛马大道等道路改造升级，因世行审核招标文件期限过长，导致项目推进缓慢；社会管理改革创新还需更大的勇气，对弱势群体的关注还需加强；政府工作效能和质量有待进一步提升，发展环境尚需进一步优化。对此，我们将正视问题，变压力为动力，奋力开创大英科学发展新局面！

2013年主要目标及工作任务

2013年是全面贯彻落实党的"十八大"精神的重要一年，也是我县实现"十二五"规划目标任务的突破之年。今年政府工作的总体要求是：以党的十八大精神为指引，以科学发展观为指导，深入贯彻市委六届五次全会和县四届二次党代会精神，围绕"新型工业县、优秀旅游城、生态示范区"的战略目标，按照"工业抓园区、旅游抓景区、城市抓新区、农村抓统筹"的工作思路，突出"规划实施年"、"项目落地年"主题，以重点项目建设为引擎，以招大引强为突破口，以制度建设为保障，致力"两化"良性互动、城乡统筹发展、创新社会管理、保障改善民生，全力实现大英经济社会科学发展、跨越发展、绿色发展！

主要预期目标是：地区生产总值增长14%、力争15%，公共财政预算收入增长15%，城镇居民人均可支配收入增长15%，农民人均纯收入增长15%，城镇登记失业率控制在4.45%以内，人口自然增长率控制在3.5‰以内。围绕上述目标，重点抓好以下工作：

一、坚持大项目带动、强力度招商，增添跨越发展新动力

始终把抓项目、促投资作为经济增长主引擎，力争在项目谋划、引进、建设上取得重大突破，力争固定资产投资增长20%以上。

及早谋划储项目。坚持抓早争主动，认真研究国家政策导向和资金投向，积极论证、储备、包装一批投资额大、牵动力强的重大项目，重点在基础设施、优势产业、文化旅游、社会民生、三农工作等方面取得进展，力争一批重大项目进入国省市项目库，力争到位上级项目资金在前三年平均数的基础上增长25%。

强力招商引项目。创新招商引资考核办法，加大专业招商、协作招商力度，完善企业准入退出机制，落实项目保证金制度，大力提升招商引资实效。坚持"融入成渝、借力沿海、面向世界"的开放战略，紧盯国内外行业龙头企业，围绕化工、机械、电子、纺织、建材、物流等产业，加强产业链终高端产品招商，力争全年引进投资亿元以上产业项目20个，实际利用市外资金50亿元以上。着力提高机电产业园标准厂房入驻率，力争引进机电企业10家以上。

快速推进建项目。充分把握项目工作规律，突出工业项目抓要素保障、农业项目抓环境配套、三产项目抓全程服务、政府项目抓过程监管"四抓重点"，认真编制"项目地图"，逗硬落实项目进度通报奖惩、项目调度现场办公、重点项目派员挂职、责任领导项目述职"四项制度"，全力攻坚兴茂石化30万吨/年高等级润滑油、大英至遂宁快捷通道、大英监狱、郪江新城、文化产业园区建设、现代农业产业园区建设等100个重点项目，力争完成投资120亿元以上。

二、坚持园区化布局、集群化发展，实现工业升级新突破

坚持以园区建设大突破带动工业经济大发展，确保规模工业增加值增长18%以上。

做实园区平台。加快"五大专业园区"基础设施建设，完善功能配套。抓好梁家坝、聂家坝片区土地平整，梁家坝场平力争4月完工；尽快启动第二条铁路专线建设，有计划的积极推进郪江东路、盛马大道、采和大道等"五路二桥六景观"建设和改造；加强园区水、电、气等生产要素配套，加快建设县城第二水厂，启动建设化工产业园双回线电力配套项目和天然气输送扩建工程；加快推进机电产业园标准厂房建设和保障性住房与园区建设的有效衔接。积极推进新型建材产业园一期项目建设，完善园区基础设施。启动粮食物流园道路管网建设。进一步完善园区管理体制和运行机制，提升园区管理服务水平，争创省级经济开发区。

做强优势产业。大力推进盛马化工技改工程以及与中石油四川销售公司的项目合作；启动建设中腾能源二期烷烃芳构化等石化产业项目；完成久大蓬莱盐化老厂搬迁、二期30万吨/年盐热电联产项目、化工车间项目和10万吨食盐配送中心建设。积极支持天骄、南华等纺织企业技术改造升级。培育壮大机电企业，力推优势企业走上市融资之路。力争工业投资增长20%，新增规模以上工业企业10户。

做优自主品牌。加强科技成果转化，力争新建技术研发中心2个，组织实施重大科技成果转化项目4项。培育省级名优品牌5个，省级以上高新技术企业3家。淘汰落后产能，大力推进节能减排，实现万元工业增加值综合能耗下降5.9%，污染物减排达到控制目标要求。

三、坚持高起点规划、高标准建设，塑造生态示范新风貌

提升城乡规划和建设水平，深化城乡环境综合治理，加强生态环境保护，着力建设生态文明美丽新大英。

注重规划提升和实施。完善城市绿地系统、风貌景观、城市公共安全和综合防灾、城市给排水、能源建设等专项规划，完成县工业集中发展区总规修编和控制性详规编制，完成郪江新城、太吉新城控制性详规，以及安置小区、光华大学校园、小商品城等重点项目的修建性详规编制。加快实施“五大专业园区”、“五大主题景区”、文化产业园区、现代农业产业园区等一系列已成熟的规划。加强规划执行管理，重点强化镇乡规划区、农房建设的规划管理，大力提升城乡规划水平和建设品质。

注重城市建设和改造。加快建设郪江新城蓬莱大道、盐井路、青狮岩大桥、蓬莱大桥，启动建设郪江新城医院、学校。推进太吉新区太吉环线、熊家湾大桥等基础设施建设。高度重视旧城区建设，加快完成大南街棚户区改造，强力推动蓬莱打包厂片区改造，有序启动火车站片区建设。加快推进郪江路至盛马大道、老火车站至红旗桥等道路改造。红旗桥重建3月竣工通车。逐步改造“四街一线”人行道踩块，实施强弱电线地埋工程，加快商业长廊道路管网改造，高标准完成城市风貌塑造。加快城区治安卡口、公共地理信息平台、食品药品远程电子视频监控平台、城市一卡通等项目建设，积极推进“三网融合”，着力打造“数字大英”，建设“智慧城市”。

注重环境治理和保护。继续抓好城乡环境源头治理和常态管理，提高城乡生活垃圾无害化处理能力，深入推进城市违章搭建和乱象治理。积极开展环境优美示范镇村、社区、小区、机关、企业创评活动。加快实施郪江流域环境连片治理、天然林保护等重大生态环境项目，完成县城污水处理厂二期截污干管、B标升A标建设和玉峰镇污水处理厂建设，建设回马、隆盛、象山、玉峰、卓筒井等乡镇压缩垃圾中转站。深入开展“创省六争国四”活动，提升县城主要交通干线绿化水平，成功创建省级生态县，争创全国绿化模范县。

四、坚持全域化打造、景区化营运，开启文化旅游新篇章

依托旅游资源的比较优势，做大做强旅游、文化产业，着力扩大消费需求，确保社会消费品零售总额增长15%以上。

着力提升旅游产业。突出抓好五大主题旅游景区建设。完成中国死海改造升级，力争培育成全市首家旅游上市公司；推动卓筒井主题旅游镇核心区建设；积极推进中国慢谷、中华梦幻谷等已签约的重大旅游项目建设。着力抓好旅游品牌宣传营销、旅游业态培育提升和旅游市场综合整治，努力创建省级旅游强县。继续抓好旅游标准化建设，力争实现旅游服务标准覆盖率80%以上，景区标准实施推广率90%

以上。

着力打造文化产业。加快文化产业园区建设，按期建好“两馆一中心广场”，推进四川光华大学等重点项目进场建设，加快创建省级文化产业示范基地，力争引进优质文旅项目2个以上。全面实施文化建设十大工程，充分发挥“两个基地”、“三馆两中心”及县演艺中心的社会效益和经济效益。切实加强文化遗产保护，大力申创“世遗”和“国保”。深入挖掘地方特色文化资源，打造具有大英特色的文化品牌。

着力发展现代服务业。进一步完善旅游、文化、农贸等市场体系、商业网点，构建高效的流通网络体系，整体提升商业业态。积极培育城乡消费市场，引导连锁经营向便民店、专卖店等多业态拓展。加快火车东站小商品市场、服装服饰城和郪江新城城市综合体等大型服务业项目建设进度。力争服务业增加值增长15%。

五、坚持现代化引领、规模化生产，激发农村发展新活力

坚持以抓工业的理念抓农业，增强农村发展活力，促进农业增效、农民增收，建设殷实富裕新农村。

建设现代农业产业园。坚持产村相融、产村一体、产村互动，把现代农业产业园区作为发展现代农业、建设新型农村的重要平台，搭建园区组织框架，推进现代农业发展投资公司实质性运作，加快建设园区骨干道路等基础设施，全力打造特色新农村综合体。着力构建“政府搭台、多元投入、市场运作、产业兴园”的园区运作机制，加大园区招商力度，打造一批绿色蔬菜、特色水果等规模大、效益好的现代特色产业基地。启动建设城市农博园，适时举办首届城市农博会。

加快发展现代农业。落实强农惠农富农政策，稳定粮食生产。深入推进现代畜牧业提质扩面，建设部省级标准化示范养殖场2个，出栏生猪90万头、家禽800万只以上。力争年内整合涉农项目资金1亿元以上，引进投资1000万元以上农业项目5个，培育省市级龙头企业5家，创建特色农产品品牌3个，建成农产品冷链物流中心1个，发展农产品经济服务组织2个以上。

大力推进新村建设。完善农村基础设施，开工建设祥凤寨水库，切实抓好农村“五小水利”工程。新建和整治渠道85公里，新建大型集中供水站3座，新建标准农田2万亩，升级改造镇村道路71公里。扎实推进新农村综合体建设，规划建设回马建材产业园新村综合体、现代农业产业园与特色旅游新村示范带；继续提升县城至卓筒井主题旅游镇沿线新村示范片品质；加快建设象山、通仙等灾后重建新村聚居点，高标准规划建设农民新村5个以上。

六、坚持倾心解民忧、务实惠民生，构建社会和谐新局面

立足改善民生、保障民利、维护稳定，让人民群众分享更多发展成果、感受更多公平正义、体验更多和谐幸福。

统筹发展惠民生。优先发展教育事业，着力提高教育质量，尤其高中教育质量。高度重视学前教育，建好凉亭、天星两所公办幼儿园。积极整合教育资源。稳步推进医疗卫生体制改革，强化新农合、城镇居民和职工医疗保险规范化管理，加快隆盛、卓筒井、通仙等镇乡卫生院整体迁建。加大公益性文化事业投入和扶持，加强基层文化队伍建设。积极做好省十二运会、省第八届残运会、全国第九届残运会筹备工作。建好大英国家气象观测站，增强防灾减灾能力。扎实推进免费婚检、孕检优生促进工程，继续稳定低生育水平。引导推动全民创业，着力增加城乡居民收入。加快发展老龄服务事业和产业，上档升级各级敬老院，充分发挥使用效益。继续抓好食品安全工作，确保省级食品安全示范县创建成功。

强化保障暖民心。继续加大财政投入，大力实施民生工程，让群众得到更多实惠、生活更加幸福。保障粮、油、菜、肉等市场供给，抑制市场物价。稳步推进保障性住房建设。加快安置房建设步伐，力争完成凉湾三期，启动建设凉湾四期、郪江新城、太吉片区、文化产业园区、二水厂、物流园等安置房，抓好已建成安置房的分配，让群众尽快入驻新居。完善社会保障体系，积极推进新型农村养老保险、城镇养老保险、新农合、城镇医保等基本养老和基本医疗制度全覆盖，继续做好城乡居民最低生活保障，积极创建全国低保规范化示范县。大力发展福利慈善和惠民帮扶事业，开展专项救助活动，让弱势群体得到及时救助。

创新管理保民安。健全社会治安防控体系，严打各类违法犯罪。加强信访管理，实现集访、重访、信访存量三下降和赴省进京零上访目标。完善安全监管分片负责制，强化隐患排查治理，坚决杜绝重特大安全事故发生。全面实施城乡社区“网格化”管理，加快小区规范化建设。建立综合应急救援体系，完善突发公共事件预防和响应机制。深入推进“大调解”工作，建立健全劳动争议、医患纠纷等领域的调解机制。

七、坚持深层次改革、多举措创新，探索保障发展新机制

坚持深化改革、创新思路，破除体制障碍，破解发展难题，拓宽发展空间，不断增强发展的动力和活力。

深化重点领域改革。全面推行行政审批“两集中、两到位”，健全完善政务电子网络应用系统和三级便民服务体系。强化城乡社会事业体制创新，提升城乡公共服务均等化水平。开展农村土地承包经营权确权登记，稳步推进农村产权制度改革。积极推进城乡户籍制度改革，稳步推进事业单位改革。

完善科学理财体制。加大企业技术改造、技术创新扶持力度，努力培育税源财源。建立财政、审计、监察三位一体的财政资金协调监督机制，实施财政支持项目建设全程监督，着力加强政府工程建设资金和拆迁安置资金的专账管理，确保财政资金安全高效运用。从严控制行政开支，降低运行成本，集中财力保民生、抓建设、促发展。

创新要素保障机制。创新金融发展和服务机制，推进中小企业信用体系试验区建设，搭建银政企合作平台，力争成功创建省级金融生态环境示范县。积极探索开放式融资模式，提高政府平台公司融资能力。创新土地管理和流转机制，切实解决耕地撂荒问题；坚持集约节约用地，逗硬清理盘活闲置低效用地，加强农村宅基地管理，整理土地4.27万亩，新增耕地3600亩。创新选人用人机制，加强各类专业人才的培养和引进，为加快发展提供智力保障。

强化政府自身建设

各位代表，把握新形势、应对新挑战、推动新发展、开创新局面，政府重任在肩。必须高扬改革和创新的旗帜，塑造服务和干事的标杆，坚守公正和廉洁的底线，以超前的眼光、科学的理念、过硬的手段，切实打造人民满意政府。

一、善谋发展之策，激发政府创新力

坚持把强县富民作为执政之本，用开放的理念、科学的思维引领发展。进一步解放思想、转变观念，大胆探索、勇于创新，主动作为、敢于担当，坚持重大事项问计于基层、求教于群众、借智于专家，不断提升政府的科学、民主决策水平。

二、践行依法之责，维护政府公信力

坚持把依法行政作为执政之基，深入推进法治政府和法治大英建设。主动接受人大法律监督、政协民主监督和社会舆论监督，认真听取社会各界的意见和建议。坚持政务公开、村务公开，推进电子政务和政府网站建设，提高政府工作透明度，使政府权力在阳光下运行。

三、大兴实干之风，提高政府执行力

坚持把优良作风作为执政之魂，大力倡导“面对竞争有激情、面对困难有豪情、面对事业有热情”的工作精神，牢固树立“执行没有借口”的工作理念，做到立说立行。认真执行中央《关于改进工作作风密切联系群众的八项规定》，进一步精简会议、文件、简报，积极践行“一线工作法”，坚持“项目精细化、目标明晰化、过程具体化、落实高效化”，切实增强工作执行能力。

四、弘扬清廉之气，增强政府凝聚力

坚持把勤政廉政作为执政之要，认真落实党风廉政建设责任制，整体推进惩治和预防腐败体系建设。大力强化行政效能监察，切实加强财政资金、重大工程和民生项目的跟踪审计监督，坚决纠正损害群众切身利益突出问题，依法严惩腐败行为。大兴勤俭节约之风，坚决反对奢侈浪费，全力营造干部清正、政府清廉、政风清明的良好氛围。

各位代表，责任重于泰山，事业任重道远。让我们在市委、市政府和县委的坚强领导下，团结和依靠全县人民，以更加昂扬的斗志迎接挑战，以更加务实的作风勤勉工作，凝百家智慧、树千倍雄心、尽万分努力，齐心谋发展，奋力求跨越，共同创造大英更加美好的明天！

名词解释

1.“五统一保”：指温氏公司对合作养殖户实行的运作模式，即：统一提供猪苗，统一提供饲料，统一提供兽药，统一提供疫苗，统一提供技术服务，保证回收。

2.“369”工程：指当年引进投资10亿元以上项目3个，5亿—10亿元项目6个，1亿—5亿元项目9个。

3.“两馆一中心广场”：指体育馆、射击馆、体育中心广场。

4.“三路两桥”：指郪江新城滨江路、蓬莱路、青狮路及蓬莱大桥、青狮岩大桥。

5.“量服”：指为残疾人提供量体裁衣式个性化服务。

6.“四街一线”：指中海大道、卓筒大道、金元街、花园干道和成南高速公路连接线。

7.“法律六进”：指法律进机关、进乡村、进社区、进学校、进企业、进单位。

8.“三馆两中心”：三馆指文化馆、图书馆、博物馆，两中心指政务服务中心、社会保障服务中心。

9.“五路二桥六景观”：五路指采和大道、黑乌嘴大桥至快捷通道、巨能恒泰至短沟、庞善沟支路、聂家坝滨江路至农博园，二桥指葫马大桥、马红大桥，六景观指南华路至天骄街、马家坝滨江路、马景路、红旗桥至采和大道、郪江沿河两岸、郪江东路等六处景观改造。

10.“创省六争国四”：指创建省级生态县、省级旅游强县、省级环境优秀示范城市、省级经济开发区、省级文化产业示范基地、省级食品安全示范县，争创全国文明城市、全国绿化模范县、国家园林县城、国家卫生城市。

11. 文化建设“十大工程”：指公共文化阵地建设工程、群众文化活动普及工程、文明素质提升工程、特色文化塑造工程、文化产业发展工程、文艺作品创作激励工程、文化人才培养工程、城乡景观文化融入工程、文化遗产保护工程、网络文化引导工程。

12.“两个基地”：指全省文艺创作和电影创作培训基地。

13.“五小水利”：指小水窖、小水池、小泵站、小塘坝、小水渠。

14.“两集中、两到位”：两集中指部门行政审批职能集中到一个内设机构（行政许可股），该机构成建制向政务中心集中；两到位指部门行政审批权向政务中心窗口授权到位，行政审批事项在政务中心办理到位。

15.“三网融合”：指电信网络、有线电视网络和计算机网络的相互渗透、互相兼容、并逐步整合成为全世界统一的信息通信网络。

大事记

2012 年大事记

1 月

4 日　中共大英县委召开四届八次常委会，审定《大英县关于采取 BT 模式建设城市基础设施的实施方案》、《大英县公职人员作风和效能问责暂行办法》，审议《关于深化文化改革创新加快建设文化强县的决定》。

同日　中国死海旅游度假区获批“四川省级旅游度假区”培育期。

5 日　大英县召开规划专题会，对大英县郪江新城城市设计、新城区四街一线道路沿线景观整治设计规划进行了评审。

1 月 5 日—2 月 6 日　大英县启动文化建设十大工程之一的“人才提升工程”，县内 100 余名文化工作者接受了来自省内外的美术、音乐专家的专业培训，为期一个月。2 月 6 日上午举行了美术培训成果展，下午音乐舞蹈班进行了汇报演出。

6 日　大英县召开企业家迎春座谈会，40 多名企业家代表欢聚一堂，喜迎新春，互诉友情，共话发展。全体县级领导、县级部门主要负责人、企业家代表出席座谈会。

9 日　中共大英县委、县政府举行 2012 年老干部春节团拜会。

11—13 日　大英县政协召开四届一次会议，会议应到政协委员 161 人，实到 157 人。张继明当选为县政协主席，陈德诗、胡安明、彭哲志、唐志红当选为副主席。

12—15 日　大英县第四届人民代表大会第一次会议胜利召开。13 日，开幕式及第一次全体代表会议在县行政大楼一楼会议室隆重举行，县人民政府代理县长刘辉代表第三届县人民政府向大会作了《政府工作报告》。15 日上午，大英县第四届人民代表大会第一次会议，经过全体代表和与会同志的共同努力，圆满完成各项预定议程，胜利闭幕。大会表决通过了《关于大英县人民政府工作报告的决议》等六个决议；选举产生了第四届县人大常委会主任、副主任、委员，第四届县人民政府县长、副县长，县人民法院院长，县人民检察院检察长。刘辉当选大英县人民政府县长，新当选的县人民政府县长刘辉在大会发言。唐先培当选为新一届大英县人大常委会主任。

16 日　中共遂宁市委常委、市委组织部部长刘晓晨率领市党政慰问团来到大英，对农村特困户、城市低保对象和困难职工、贫困教师、残疾人、孤儿、百岁老人、基层派出所、法庭、司法所、退休老干部、老党员和贫困党员、少数民族等代表进行慰问。

19日　大英召开全县领导干部会议，传达学习全市经济工作会议精神。

同日　中共四川省委组织部机关党委书记向阳一行深入大英县看望慰问贫困党员和老党员。

21日　农历除夕前一天，大英县委、县人大、县政府、县政协领导亲切看望慰问了战斗在一线的大英县广大在岗职工代表。

29日上午　省水利厅副厅长朱兵一行视察了大英2011年农田水利基本建设。

同日　中共大英县委召开四届九次常委会议。会议审定了《大英县城市公共空间管理办法》（征求意见稿）、《大英县建（构）筑物立面空间管理实施意见》（征求意见稿）、《大英县城市公共空间广告管理实施细则》。

30日　大英县召开在建项目推进工作会，以促进全县项目的加快建设。中共大英县委副书记、县长刘辉主持会议。

同日　成都中益燃气有限公司石化产业园等3个项目落户大英集中签约仪式隆重举行。

31日　大英召开全县经济工作会议，回顾总结2011年全县经济社会发展各项工作，深刻分析全县当前经济形势，全面安排部署2012年经济工作。县委副书记、县长刘辉主持会议。

1月　大英县卓筒井镇被国家人口计生委授予第一批全国人口和计划生育依法行政示范乡镇。

2月

3日　中共大英县委召开四届二次全体会议。审议了中共大英县委《关于深化文化改革创新、加快建设文化强县的决定》（审议稿）。

6日　大英县举办“金龙呈祥，春满大英”元宵篝火晚会。县委副书记、县长刘辉，县人大常委会主任唐先培，县政协主席张继明等县领导出席了当晚的元宵晚会。

8日　中共大英县委副书记、县长刘辉率领县级相关部门负责人深入县工业集中发展区部分在建企业督导一季度项目建设工作。

同日　省卫生厅副厅长赵晓光一行到大英县调研县乡村卫生一体化管理工作。

9日　大英召开专题会议，研究在全县开展“创五争三”创建活动。按照县四届一次党代会提出2012年起在全县开展创建省级生态县、四川省旅游强县、省级文化产业示范基地、省级环境优美示范县城、省级开发区五创活动，并力争在2016年前成功创建国家卫生县城、国家文明城市、国家园林县城。

同日　由四川省妇联、省卫生厅、省少年儿童基金会主办，遂宁市妇联、市卫生局协办，中共大英县委、县人民政府承办的“消除婴幼儿贫血行动”项目四川启动仪式暨培训会在大英县政府一楼会议室举行。

10日　国家“双低油菜”项目在大英开工建设。

同日　大英县举行都江堰续建配套与节水改造大英五五分干渠工程等6个重点项目集中开工仪式，总投资1.14亿元。

14日　四川省水利厅党组成员、副厅长刘俊舫带队的检查组到大英检查农业发展上台阶重大项目推进情况。

同日　大英县召开专题会议，安排部署城乡环境综合治理相关工作。县委副书记、县长刘辉等县级领导参加会议。

同日　大英召开规划会议，专题讨论承接四川省第十二届运动会赛事的县体育馆、射击馆选址方案及工业园区电子产业园规划方案。

17日　大英县召开专题会议，研究落实沪蓉高速遂宁服务区升级改造建设工作。

18日　中共大英县委副书记、县长刘辉督导大英创建省级环境优美示范县城工作，强调要全力以赴争取省级环境优美示范县城这张名片。

20日　由大英县纪委监察局起草，县委办、县政府办印发《大英县公职人员行为过错问责暂行办法》（大委办发〔2012〕2号）。

21日　大英县召开专题会议，对巩固扩大环境优美县城创建成效，不断优化城乡环境作进一步安排部署。县级相关领导、相关部门及部分乡镇负责人参加会议。

22日　中共大英县委、县政府主要领导带领大英县党政考察团到凉山州西昌市实地考察城市和景区规划建设管理工作。

24日　大英县“环境优美乡镇、环境优美村庄”创建工作顺利通过市考核组检查验收，副县长朱俊华陪同。

26日　成南高速大英收费站扩建项目开工建设。

27日　大英国税局综合征管软件税收票证管理模块成功上线运行。

同日　大英县人民政府组织县级30多个部门及11个乡镇，召开了《中华人民共和国政区大典·四川分卷》大英卷编纂工作会。

同日　中共大英县委副书记、县长刘辉主持召开县政府四届二次常务工作会议，研究《大英县城市公共空间管理办法》、《大英县城市户外广告及店招店牌设置管理办法》、《关于加强政府投资项目规划设计管理的通知》、《关于农村集体建设用地使用权流传试点的意见》等。

28日　国家新闻出版总署法规司司长王自强在省市相关部门负责人陪同下到大英检查农家书屋建设情况。

同日　大英召开政法工作暨加强和创新社会管理工作会。

29日　四川省绿化委员会决定命名大英县为四川省绿化模范县、四川省大英中学为四川省绿化模范单位、大英县卓筒井镇骑龙寨村为四川省绿化模范村（川绿委〔2012〕6号）。

3月

2日　四川省创建环境优美示范县城考核组来到大英，就大英县创建全省环境优美示范县城工作进行了检查考核。3日下午，考核情况通报会召开。以省住建厅副厅长李又为组长的考核组在实地检查后对大英创建工作给予了高度评价。

3—4日　大英县第十五届中小学生田径运动会在育才中学隆重举行。

5日　李茜芝、何正华编剧电影《山花烂漫时》在邻水县宣传文化中心首映。中央电视台、中央人民广播电台等全国各大媒体报道。

6日　大英县在县工业集中发展区席家沟隆重举行中益燃气30万吨/年碳四改质重轻烃生产等48个项目集中开工仪式。市领导杨天宗和大英全体县级领导出席开工仪式。

9日　大英县委中心组举行创意农业专题学习会，邀请中国创意农业和战略资本理论创始人章继刚博士作辅导专题报告。

10日　大英召开15个新农村重点村规划评审会，就大英依托新农村建设全力打造以“稻香、花海、橙海”为主题的亚太地区创意农业示范基地作进一步的思索和探讨。全体县领导参加会议。

12日　大英启动“我为大英植棵树”活动。启动仪式上，全体县领导以及全县县级机关单位干部为大英植绿行动捐款。据统计，当天，大英在铜鼓寨坡共植大叶女贞2000株、撑绿竹2500株。

13日　大英县首部县志发行暨综合年鉴编修工作会议召开，会议对切实抓好大英首部县志发行和综合年鉴编修工作作了安排部署。中共大英县委副书记、县长刘辉，遂宁市地方志办公室主任马兴隆，副县长朱俊华，政协副主席彭哲志出席会议。

15日　四川省文联党组书记、副主席陈黔鲁一行深入大英，检查指导大英创建四川省文艺创作培训基地工作。

15—16日　遂宁市创建国家环境保护模范城市通过环境保护部技术评估。大英县盛马化工、久大蓬莱盐化公司、县人民医院、蓥峰化工、污水处理厂、垃圾填埋场等14个单位接受现场核查。

16日　大英县召开在创先争优活动中开展基层组织建设年工作会议，贯彻落实中央和省委、市委相关会议精神，安排部署大英基层党建工作。县委副书记、县长刘辉主持会议，县委常委、组织部部长田碧华对2012年大英县基层组织建设年工作作具体安排。

18日　中国创意农业和战略资本理论创始人章继刚博士率领四川省内知名专家组团来到大英，就大英依托现代创意农业打造城市农博园相关工作进行考察指导。在听取北京土人景观与规划设计院的大英城市农博园规划设计后，考察团在副县长朱俊华陪同下，对大英城市空间布局和新村风貌格局作了全面考察。

19日　大英县规划委员会第三十一次全体会议召开，对县城拟建高层建筑提升优化建议，对县体育馆、射击馆方案、县文化产业园道路竖向及管线规划等方案进行评审。

20日　四川省计划生育优质服务工作经验交流会在大英召开。

同日　大英县召开卓筒井古镇规划评审会，英国城市规划设计专家、英国奥本辛斯建筑规划设计有限公司总经理、设计总监、英国皇家注册建筑师安迪·希尔顿先生参加会议。

22日　大英县召开深化医药卫生体制改革、食品安全、无偿献血、狂犬病防控工作会议。县委副书记、县长刘辉，县委常委、常务副县长柯辉，县政协副主席彭哲志出席会议。

同日　大英县老城区大南街棚户区改造工程正式开工。

同日　国家调查队四川调查总队到大英县开展组织工作满意度调查。

23日　大英县召开四川省委第二巡视组巡视大英回访情况通报会。省委第二巡视组组长朱定国、副组长唐才东出席会议并高度肯定了大英相关工作。中共遂宁市委常委、市纪委书记冉涛主持会议。大英县四大班子领导参加会议。

同日下午　县委中心组在行政一楼举行专题学习会，学习西昌城市管理和景区规划建设管理工作经验。县委副书记、县长刘辉主持会议并讲话。

25—30日　中共大英县委副书记、县长刘辉率大英党政考察团远赴广西南宁、柳州、桂林三市和海南三亚市考察，学习城市规划建设、工业园区建设、文旅产业发展等方面的先进经验和做法。县政协主席张继明，县领导黄远新、赵捷、刘博、曾光明、熊杰、任茂勤、朱俊华、彭哲志、刘继文、郭晖及相关县级部门负责人、各镇乡长参加考察学习。

26日　大英县举办行政事业单位财务人员培训班。

28日　国家水利部水资源司副司长许文海一行到大英县就蓄金水库除险加固工程进行了专项视察。

3月　大英县文化产业园区被列入四川省重点发展文化产业特色园区。

4月

1—7日　第二批大英党政考察团赴广西南宁、柳州、桂林和海南三亚考察。县人大常委会主任唐先培，县领导柯辉、杨文彬、田碧华、易天金、钟英、邓云、申长兴、温清莉、段雄及相关县级部门负责人、各镇乡党委书记随同考察。

6日　四川省2011年度环境优美示范城镇乡村命名电视电话会议召开。中共四川省委书记、省人大常委会主任刘奇葆出席会议并作重要讲话，省委副书记、省长蒋巨峰主持会议。会上，大英县被授予四川省环境优美示范县城荣誉称号，大英县卓筒井镇获得四川省环境优美示范镇乡荣誉称号，大英县金元乡小林垭村、蓬莱镇幸福村、蓬莱镇桅杆坝村、隆盛镇黄土岭村、天保镇廖家桥村、天保镇书房湾村、玉峰镇肖家沟村、象山镇白角滩村、象山镇马蹄垭村、卓筒井镇三兴村、卓筒井镇铜盆寨村等11个村获得四川省环境优美示范村庄荣誉称号。

9日　四川省住建厅副厅长杨光一行来到大英，对省级园林县城创建工作进行复查验收，一致同意大英通过省级园林县城复查验收。

同日　大英县正式开通《今日大英手机报》。

10日下午　省关工委常务副主任龚读纶一行深入大英有关企业考察调研企业关工委组织队伍建设、活动开展情况。

11日上午　遂宁市政协主席学习会在大英县举行。遂宁市政协主席孙志毅和市政协副主席、各区县政协主席副主席参加学习。与会人员还参观了大英文化产业园、郪江新城、工业园区、新农村等。

同日下午　中共大英县委召开项目推进专题会，研究火车站片区、文旅综合体、成南高速遂宁服务区和快捷通道等规划和招商引资工作。

13日　大英召开精神文明建设推进会。中共大英县委副书记、县长刘辉出席会议。

15日　全国人大城环资委副主任委员张文台、王庆喜率领中华环保世纪行新闻组一行到大英，现场采访考察了沪蓉高速遂宁服务区城乡环境综合治理情况。

16日　中共大英县委举行中心组学习会，诚邀北京清华城市规划设计研究院、养老产业与养老地产研究所所长陈首春，清华大学建筑学院教授、清华大学老年人研究所研究员、著名老年建筑研究专家周燕珉授课，为大英拓展养老载体、创新养老模式、破解养老难题支招。

18日　大英县委、县政府发布《关于开展创建省级生态县、省级旅游强县、省级环境优秀示范城市、省级经济开发区、省级文化产业示范基地、省级食品安全示范县暨争创全国文明城市、全国绿化模范县、国家园林县城、国家卫生城市工作的决定》（大委〔2012〕26号）。

同日　大英县委、县政府出台了《大英县困难群众突发性困难救助帮扶办法》。

19日　《人民日报·记者党建》周刊主编盛若蔚调研大英县工业集中发展区非公企业党员积分制管理。

同日　民进大英县总支部召开成立大会，彭哲志当选为民进大英总支主委。

20日　四川省城乡绿化工作会议召开。会上，大英县被省政府正式命名为四川省绿化模范县，中共大英县委副书记、县长刘辉出席会议，并作了“打造天然生态屏障、推动大英绿色发展”的经验交流。

同日　大英县蓬莱镇幸福村、桅杆坝村成功创建四川省城乡环境综合治理环境优美示范村庄。

23日　大英国税办税大厅售出第一本通用定额有奖发票，标志着该局通用定额有奖发票正式启用。

25日　大英县隆重举行“创省六争国四”万人誓师大会。誓师大会由县委副书记、县长刘辉主持，县委副书记黄远新宣读了成功创建省级环境优美示范县城的表彰决定和名单；县级有关部门负责人、市场业主代表、学校学生代表在大会上作了发言。大会结束时，全体县领导带头签字誓师，参加活动的万余名机关单位干部职工、师生代表和市民纷纷签名响应。

同日　四川省政协书画研究院钱来忠、洪厚甜等赴大英开展书画交流援建活动。

同日　大英县妇联代表四川省妇联、卫生厅接受中国儿童少年基金会、国家级项目专家技术指导组的领导专家对“消贫行动”项目的检查，并得到了督导组的充分肯定。

26日　大英县组团参加第五届中国观音文化节、遂宁市第九届旅游发展大会。

27日　中共大英县委副书记、县长刘辉深入卓筒井镇、河边镇等地，对新农村建设和大英县城饮用水保护工作专题调研。

同日　大英县乡镇人大主席工作联系会议在蓬莱镇召开，标志着乡镇人大主席工作定期联系会议制度率先在大英试行。

同日　大英县创建省级餐饮服务食品安全示范县动员大会召开。县委副书记、县长刘辉出席会议并作重要讲话。

4月　隆盛镇黄土岭村被中共四川省委、四川省人民政府表彰为“环境优美示范村”。

同月　大英广电网络从大英县文化体育广播电影电视局剥离开来，独立为四川省广电网络大英分公司。

5月

3日　四川省人大常委会副主任王宇坤率领参加省人大农业工作座谈会的与会人员参观考察大英县现代农业发展和新农村建设情况。

3—4日　全省发改系统综合规划工作培训会在大英召开。国家发改委综合司副司长年勇、城市中国计划（UCI）研究总监张耕田、四川省发改委副主任雷开平等出席会议。

4日　大英县隆重举行中国共产主义青年团建团90周年庆祝表彰大会。中共大英县委副书记、县长刘辉，县领导黄远新、杨文彬、田碧华、艾裕庆、温清莉、陈德诗出席表彰大会。

同日　蓬莱镇正式启动农村集体土地登记确权工作。

7日　中共大英县委副书记、县长刘辉主持召开县政府四届三次常务会。会议主要讨论并原则通过《大英县2012年农村危房改造实施方案》和《关于加强畜禽养殖业污染防治推进生态畜牧业发展的实施意见》，研究了县广播电视网络公司改革相关问题。

同日　大英至遂宁快捷通道规划设计项目成功招标。

9日　大英县召开清理国家公职人员乱搭乱建和违规安装防盗护栏行为专题会，决定对全县国家公职人员参与乱搭乱建和违规安装防盗护栏等行为进行集中清理和规范，不断提升城市整体形象。

同日　大英县大学生村官工作会召开，会议对大学生村官提出希望和要求。

同日　大英县政府印发《关于加强畜禽养殖业污染防治推进生态畜牧业发展的实施意见》（大府发〔2012〕6号）。

10日下午　大英县召开有线电视数字化发展动员大会，全面部署了大英县有线电视数字化建设工作。县委副书记、县长刘辉，县领导刘博、钟英、温清莉、陈德诗出席会议。

同日15时　大英县开展2012年防灾救灾大演练。县领导、应急演练指挥部成员刘辉、曾光明、王晓敏、申长兴全程指挥演练活动。

11日下午　大英县召开规划专题会，专题审议郪江新城滨水景观带采和大道段景观规划设计方案。

14日　大英县与重庆柯恩机电科技开发有限公司签订框架协议，双方就打造光碳科技暨文化创意产业园达成初步投资意向。

同日　大英县召开加快推进卓筒井镇新区开发建设会议。会议强调，要仔细研究亮点特色塑造，力争形成靓丽风景沿线，要切实肩负起传承历史文化、打造特色小镇、做活旅游文章的重任。

20日　中共甘孜州委常委、康定县委书记段毅君，康定县委副书记、县长甲么率领康定党政考察团一行来到大英，就大英发展定位、支撑项目、城市建设等方面考察学习。

21日　大英县召开城市乱象治理工作会，开始了一场整治城市乱象、拆除乱搭乱建和违规防盗护栏攻坚战。

23日　四川农业大学党委常委、副校长、博士生导师杨文钰教授到大英县指导农业产业规划。

24日　大英县公安局组织鼓乐《沙场点兵》参演民警在遂宁市环岛商务广场圆满完成中央电视台“激情广场——爱国歌曲大家唱走进遂宁”文艺汇演录制。

同日　甘肃省张掖市市委副书记万泽刚一行来到大英，对绿色经济发展情况进行参观考察。县委副书记黄远新、副县长朱俊华陪同考察。

同日　大英县召开实施农村义务教育学生营养改善计划部门联席会议，县人民政府副县长温清莉出席会议。

6月

1日　大英县人民政府副县长朱俊华深入卓筒井镇三兴、桅杆屏2个村，调研全县油桃销售形势，了解果农当年油桃产出及对市场的期望情况。

同日　大英县74所农村义务教育学校学生营养计划正式实施，营养供餐模式为“牛奶+鸡蛋”，享受营养餐的在校学生32637人。

2日　四川省旅游局、遂宁市人民政府、中国摄影家协会、四川省摄影家协会主办，四川省旅游宣传促销中心、中国死海旅游度假区承办，遂宁市旅游局、大英旅游局协办的“中国死海杯”首届四川国际旅游摄影大展系列宣传推广活动启动仪式在死海景区举行。

4日　中共遂宁市委书记崔保华带领市直相关部门负责同志，深入大英部分重点项目建设现场和新农村打造点调研。

同日　大英县规划委员会第34次全体会议召开。会议审议了大英县农博园科技长廊景观等八个规划设计方案。

6日　中共四川省委副秘书长张宁到大英县就新农村建设相关工作进行调研。

7日　大英县公安局组织《送锦旗》节目参加了遂宁“曲韵之乡”中国曲艺之乡汇报演出。

8日　成都天友集团文旅综合体项目等9个集中签约仪式隆重举行。

11日　位于大英县凉亭社区的大英县凉湾三期安置房建设项目开工仪式隆重举行。

同日　大英县人民政府在新区广场举行2012年食品安全宣传周暨食品生产经营企业公开承诺食品安全活动启动仪式，县食安委成员单位主要领导、食品安全执法人员、食品生产经营企业代表共计600多人参加。

15日　大英至遂宁快捷通道席家沟至隆盛段项目工作联席会召开。会议安排部署了快捷通道建设相关工作。县委副书记、县长刘辉，县领导柯辉、邓云、朱俊华及县快捷通道建设领导小组成员单位负责人参加会议。

同日上午　乐山市井研县党政代表团参观考察了大英县新农村建设、现代农业产业发展。

20日　大英县被四川省人民政府确定为四川省农产品质量安全监管示范建设县。

同日　中共遂宁市委副书记、市政法委书记杨天宗到大英两个项目建设现场进行视察。

21日　中共大英县委中心组举行集中学习会，县委副书记、县长刘辉作了题为《感受新加坡》的专题报告。

26日　中共大英县委召开会议，专题研究永乐湖影视文化体验旅游景区综合体概念规划设计。

同日　国家粮食局党组成员、纪检组长赵中权在省粮食局局长张书冬的陪同下到大英就大英小春粮油收购工作进行了调研。

同日　中共大英县委召开4届14次常委会，会议传达学习了省委书记刘奇葆关于新农村建设的重要批示精神。

27日　省旅游局局长郝康理一行到大英现场察看了“东方布兰桑文化度假旅游区”规划情况，并了解了中国死海、中国慢谷、东方博览园等景区特色、规模、发展定位以及发展方向等情况。

同日　大英在县工业集中发展区隆重举行第二季度项目集中开工仪式。精密模具制造、石英石装饰材料、摩汽配件等16个、总投资11.38亿元的重点项目正式破土动工。

28日　大英县召开2012年上半年基层党建专项述职大会，11个乡镇及部分县直部门党（工）委书记就2012年上半年履行基层党建工作“第一责任人”职责情况进行了专项述职，并接受了与会人员的满意度测评。

同日　大英县召开庆祝中国共产党成立91周年大会。

同日　中共大英县委副书记、县长刘辉一行深入基层，慰问部分生活困难的基层党员。

29日　省委宣讲团来到大英县，省委宣讲

团成员、省社科院副院长盛毅作四川省第十次党代会精神辅导报告，县委常委、县委宣传部部长刘博主持宣讲会。

30日　中共大英县委副书记、县长刘辉到县城区、象山、智水、卓筒井等地，对当前的部分工作进行督察。

6月　大英县郪江流域被纳入中央农村环境连片整治示范建设四川省“三县一湖五河”重点示范区域范围，计划用3年时间，投资1.5亿元，连片开展农村饮用水源保护、农村生活污水处理、农村生活垃圾处理、畜禽养殖污染治理等工作，打造郪江流域生态走廊。

同月　四川省人民政府公布大英县境内长江坝遗址、金鹏寺摩崖造像、戴氏祠、大埂子摩崖造像、蓬基井等5处文物为第八批省级文物保护单位。

7月

2日　遂宁市人大常委会主任、党组书记杨云明率领市人大常委会副主任及其相关人员视察了大英部分在建重点项目。

3—27日　大英县举行第四届盐华寿乡形象大使选拔赛。3日举行海选，13日举行半决赛，27日举行决赛。

5日　河边镇举行压缩式垃圾中转站竣工仪式，这标志着大英县第一个乡镇压缩式垃圾中转站正式投入使用。

6日　大英县召开援藏干部人才座谈会，迎接圆满完成第一批援助藏区任务的6名干部人才载誉归来，欢送第二批6名干部人才。

同日　中共大英县委副书记、县长刘辉主持召开县人民政府四届四次常务会。研究郪江流域农村环境连片整治项目及省级生态县创建工作，研究讨论《关于祥凤寨（永乐湖）水库工程区域内禁止新增建设项目和迁入人口的通告》，研究大英县创建省级经济开发区实施意见，研究大英县创建全国文明城市实施意见，研究大英县创建国家卫生城实施意见，大英县创建国家园林县城实施意见，研究创建全国绿化模范县实施意见等。县领导柯辉、杨文彬、康朝晖、邓云、申长兴、温清莉、黄际华等参加会议。

同日　四川省粮食局局长张书冬到大英县视察西南粮食物流园工作。

9日　中共大英县委召开重大招商投资项目专题会，传达遂宁市委市政府40个重大项目推进会精神，逐个研究大英县快捷通道项目、郪江新城项目、光碳产业园建设、粮食物流园项目建设推进措施。

同日　大英召开抗洪救灾恢复重建工作会，通报7月3日以来大英县受灾情况，安排部署下一阶段抗洪救灾恢复重建工作。县委副书记、县长刘辉，副县长朱俊华出席会议。

10日　大英召开公路铁路河道沿线环境综合整治专项工作会，传达省、市“三线”专项整治工作会议精神，安排部署大英县“三线”专项整治工作。

同日　大英召开县城“四街一线”综合整治专题会，研究讨论县城“四街一线”风貌改造。县级相关领导和县级退休老领导代表等出席会议。

13日上午　大英县隆重举行“两馆一中心”项目开工仪式。

同日下午　大英县创建四川省文艺创作培训基地顺利通过省文联复查验收。县委副书记、县长刘辉主持汇报会。

14日　大英县委、县政府主要领导带领由部分县领导、部门和镇乡主要负责人组成的党政考察团赴罗江县考察，为大英创新社会管理探寻可借鉴的经验。

16日　由中共西昌市委副书记、市长李俊率队的政府考察团前来大英考察学习文化旅游产业。中共大英县委副书记、县长刘辉，县领导杨文彬、朱丹陪同考察。

18日　中共遂宁市委常委、副市长刘云率市级相关部门负责同志深入大英县调研工业发展工作，对大英建好特色工业园区，力推工业经济转型跨越给予了充分肯定。

22日　大英召开作风建设工作会，进一步整顿全县干部队伍作风，安排部署近期重点工作。全体县级领导出席会议。

23日　大英县组织研究郪江新城办学规划相关工作。县级相关领导参加会议。

25日　大英县召开专题会议，研究成南高速遂宁服务区项目推进和快捷通道沿线规划工作。

26日　中共遂宁市委书记崔保华深入大英文化产业园，视察光华学院及中国慢谷项目推进情况。

同日　四川光华学院暨恢复光华大学项目开工奠基仪式在大英县文化产业园隆重举行。遂宁市领导蒋海斌、刘德福、张云尧出席开工仪式。

同日晚上8点　光华大学入驻大英庆典文艺晚会成功举办，全体县领导、四川光华学院暨恢复光华大学院长荆玉华及学院团队代表、各级各部门代表、数千名市民代表观看了演出。

27日　大英召开规划专题会，审议并原则上通过四街一线风貌整治、示范小区风貌整治和屋面改造规划方案。

同日　大英县召开专题会，研究郪江新城规划建设医院相关事宜。

同日　大英县新型农村和城镇居民社会养老保险启动实施大会隆重召开。县委副书记、县长刘辉就抓好全县城乡居民社会养老保险工作作重要讲话。

7月　大英县新型农村养老保险和新型城镇居民养老保险试点工作正式启动。

同月　西昌电视台联合大英电视台共同打造精品栏目，记录大英旅游文化风采，并在西昌电视台播出。

8月

2日　大英县召开城乡环境综合治理现场会。县委副书记、县长刘辉，县委副书记黄远新率队调研城乡环境综合治理工作。

12日上午　中国西昌·凉山彝族火把节盛大开幕，大英县与西昌市缔结长期友好合作县市签字仪式在西昌市邛海湾柏栎度假酒店隆重举行。凉山州委副书记、西昌市委书记赵世勇，西昌市委副书记、市长李俊与西昌市委、市人大、市政府、市政协相关领导和部门主要负责人出席签字仪式；中共大英县委副书记、县长刘辉，大英县领导刘博、康朝晖、温清莉等出席签字仪式。

13日　大英县召开规划会议，专题审议卓筒井镇城市核心区规划。

16日　大英县人民政府召开四届五次常务会议，县委副书记、县长刘辉主持会议。研究讨论了《大英至遂宁快捷通道（大英段）项目BT建设招商建议方案》、《大英县罗家湾电子产业园项目BT模式投资建设合同》、《朝阳南街片区房屋征收补偿安置实施细则》、《大英县玉峰镇总体规划》、《大英县农村扶贫开发规划（2011—2020）》等。

21日　大英县召开城乡低保规范化管理工作会。

22日下午　中共四川省委常委、省人民政府副省长钟勉到大英县，专题视察生猪养殖工作。

23日　大英县召开规划专题会，研究大英至遂宁快捷通道沿线总体规划及新村建设规划、大英至遂宁快捷通道（大英段）项目BT招商建设方案。

25日　大英县召开大英现代农业科技园规划建设专题会。县级相关领导出席会议并就园区建设发言。

27日下午　大英召开专题会，研究社会管理创新及维稳工作。

28日　中共大英县委召开四届17次常委会，研究通过了大英城市管理体制改革实施方案。

同日　大英隆重举行签约仪式，中腾能源二期项目20万吨/年烷烃芳构化、香港大红大紫（国际）服饰集团（四川）有限公司成都九龙服装城投资新建伟林市场管理服装服饰城两个项目正式落户大英。

同日　中共四川省委副秘书长、省信访局局长严铁桥一行到大英县检查调研信访工作。

30日　四川省农村信用联社加快推进产权改革座谈会在大英举行。

31日　大英县与重庆柯恩正式签署在回马镇建设光碳工业园、儒释道文化创意产业园、国际休闲旅游度假区、城市综合体的投资协议。

同日　四川省食品药品监督管理局相关领导带领省考评组考评验收大英县创建省级餐饮服务食品安全示范县工作，大英县顺利通过验收。

9月

1日　蓬莱大桥开工建设，2013年10月31日竣工。

3日　大英召开规划专题会，研究蓬莱镇吊脚楼村和农业科技产业园规划相关事宜。

同日　大英召开中共大英县城东社区工作委员会、大英县城东社区管理委员会、中共大英县城西社区工作委员会、大英县城西社区管理委员会成立大会，同时，撤销县城工委、城工办，撤销城东、城西街道委员会和办事处。

8日　大英县召开会议，专题研究现代农业科技园概念性规划相关事宜。县级相关领导出席会议。

10日　河边镇农村集体建设用地使用权流转竞卖会圆满成功。此次竞卖会共29个地块、14个号段计1674.86平方米进行农村集体建设用地使用权流转竞卖，共竞卖出土地流转价款112.9万元，此次农村集体建设用地使用权流转竞卖是大英县首次成功竞卖。

10—11日　大英县遭受了有历史记载以来最为严重的一次暴雨，其中：象山镇、河边镇、回马镇降雨量分别达到327毫米、288毫米、257毫米。暴雨致全县11个镇乡不同程度受到洪涝灾害，20.6万人受灾，农作物受灾4221公顷，农房倒塌580间、损坏1003间，全县经济损失多达12亿元。

11日　中共遂宁市委书记崔保华深入大英一线，视察“9·10”洪灾抗洪抢险及灾后恢复工作。

13日　大英县召开“千名干部下基层”活动动员会议，活动办公室设在组织部，负责做好日常工作。

同日　中共遂宁市委常委、市委组织部部长刘晓晨到通仙乡察看“9·10”洪灾灾情，并下拨10万元党费用于抗洪救灾。

14日上午　大英县与以色列塔玛市建立友好城市。中共大英县委副书记、县长刘辉与以色列塔玛市市长多弗·内特文夫在《中华人民共和国四川省遂宁县大英县与以色列共和国塔玛市建立友好城市关系意向协议书》上签字。

15日　中残联辅助中心副主任王保华一行到大英县中医院考察残疾人康复工作。

16日　国家环保部西南督查中心督查组到大英县开展以涪江流域环境风险防范为主要内容的重点督查和调研工作。

17日　四川省民政厅厅长黄明全一行来到大英，调研、指导大英抗灾自救恢复重建工作。

18日　四川省优秀电影展映活动启动仪式暨四川省电影电视剧创作培训班开班典礼在大英隆重举行。峨影集团副总裁、四川省电影家协会常务副主席兼秘书长王春良等出席了启动仪式。

25日　大英县举行第三季度项目集中开工仪式。

27日　大英县召开规划专题会，审议四川光华学院暨恢复光华大学等5个项目规划设计、选线、选址方案。

9月　隆盛镇被四川省曲艺家协会表彰为“四川省曲艺乡镇”。

10月

8日　国庆收假第一天，大英在新区人民广场隆重举行升国旗仪式。

9日下午　县委中心组召开集中学习会，邀请江苏省宿迁市委副秘书长、研究室主任申斯春作专题辅导。全体县领导参加学习会。

10日　大英召开专题会，研究审定《郪江生态国际养生岛规划方案》。

同日　中共大英县委常委、县委组织部部长田碧华带队到江苏省宿迁市考察学习招商引资工作先进经验。

同日　中共遂宁市委副书记、市委政法委书记杨天宗带队的全市政法工作会视察大英县花园街社区。

16日　大英县召开城市农博会推进工作专题会，深入研究讨论城市农博会实施方案。县级相关领导及相关部门领导参加了会议。

17日　大英县召开会议，专题研究讨论火车东站站前广场及小商品城规划方案。县级相关领导参加会议。

19日　中共大英县委副书记、县长刘辉，县委常委、组织部部长田碧华带领县府办、民政、建设、国土等相关部门负责人来到通仙乡指导灾后恢复重建工作。

22日　中共大英县委副书记、县长刘辉一行到象山镇长圆村、富乐社区等地检查指导“9·10”洪灾灾后重建工作。

23—24日　遂宁市人大常委会组成人员暨县区人大常委会主任学习会议在大英召开。

28日　大英县举行回马工业园区成立挂牌仪式。

31日　大英县农村土地承包经营权确权登记试点工作启动。

10月　中腾能源一期30万吨/年碳四改质装置项目建成运行，项目实现了当年签约、当年建设、当年投产。

11月

1日　四川省食品药品监督管理局召开授牌大会，授予大英县为四川省餐饮服务食品安全示范县。

6日　四川省农业厅厅长任永昌来到大英调研农业产业化基地建设。

8日　大英县召开专题会，研究评审中华梦幻谷、第五空间项目总体规划设计方案并原则通过了该方案。

同日下午　大英县召开专题会，研究《大英县高层次人才聘用管理暂行办法》（讨论稿）。县级相关领导出席会议。

15日　中共遂宁市委常委、市委组织部部长刘晓晨到大英调研基层党建工作。

16日　大英举行四川兴茂石化30万吨/年高等级润滑油、遂宁永逸实业集团城市商业综合体等五个项目落户大英集中签约仪式。

22日　大英县召开专题会议，审议卓筒井国际旅游度假区概念性规划，县级相关领导评审会议。

23日　中共遂宁市委书记杨洪波调研大英“两化”互动工作。

27日　大英县中—默防治艾滋病项目完工总结会召开。

28日　大英县规划委员会召开第三十九次全体会议，审议大英县卓筒井镇核心区城市设计等规划项目及大英县太吉片区还房修建性详细规划及方案设计等建筑项目。

29日上午　四川省级重点项目沪蓉高速遂宁服务拓展区暨GOGOMALL开工仪式隆重举行。该项目立足于服务过往旅客、推动当地经济、展示当地文化，致力于将该服务区打造成具有独特地域文化、综合服务能力、现代生态的城市综合体。

同日　智水乡启用新行政服务中心。

同日　大英县出台了《大英县文化建设十大工程实施意见》。

30日　大英县新型农村合作医疗暨城镇居民基本医疗保险工作会议召开。

12月

3日　青神县委副书记、竹编产业园区党

工委书记罗兴建一行来到大英考察征地拆迁工作。

6日　中共大英县委副书记、县长刘辉调研县城区农贸市场建设与管理工作。

7日　大英召开全县城乡环境综合治理工作推进会，传达遂宁市城乡环境综合治理工作推进会精神，安排部署城乡环境综合治理工作。县级相关领导出席会议。

9日　玉峰至智水道路改建工程开工，2013年12月31日改造工程竣工。

10日　大英县大学生村官学习贯彻党的十八大精神培训会在县行政一楼会议室召开。

同日　大英县召开被征地农转非人员参加企业职工养老保险会议，并部署相关工作。县委副书记、县长刘辉参加会议。

12日　大英至遂宁快捷通道建设等8个项目集中签约。

13日　大英县召开会议，研究拟建中的现代农业科技园区设计规划工作。

18日　大英县召开规划专题会，会议审议并原则通过了大英县火车站片区小商品城及物流园区规划设计方案，听取了城市农博园详细规划设计方案和城市农博园规划方案介绍。县规委会领导和成员单位负责人出席会议。

同日　中共大英县委副书记、县长刘辉主持召开大英县人民政府四届七次常务会。会议讨论并原则通过了《大英县食品安全举报奖励办法》、《大英县妇女发展纲要（2011—2020年）和大英县儿童发展纲要（2011—2020年）》、《郪江流域农村环境连片整治示范工作实施意见》、《大英县水利建设基金筹集和使用管理实施细则》和《大英县小型农田水利专项“五小水利”工程建设管理办法》。研究讨论了《关于进一步规范全县房地产市场秩序的通知》、《关于加强镇乡规划区内建设规划管理的通知》、《关于进一步健全乡镇公益性农技推广体系的实施意见》。县领导柯辉、康朝晖、邓云、朱丹、申长兴、温清莉、朱俊华、王晓敏参加会议。

19日　大英县2012年第四季度中腾化工烷烃深加工等30个项目开工仪式隆重举行。

同日晚　大英县文化建设十大工程正式启动。

同日晚　大英县新城区人民广场华灯璀璨，人海如潮，“东方之夜”大型文艺晚会隆重上演。著名演员董文华、白雪、白凯南以及老艺术家卞小贞、姜嘉锵、耿莲凤、柳石明、胡宝善等倾情演唱经典之作。

20日　大英召开2012年度党建工作专项述职大会，全县基层党委书记、党工委书记、党组书记就本年度党建工作向县委全会作了专项述职，并接受了满意度测评。

20—30日　大英建县十五周年成果展在人民广场举行。

21日　四川省文联在大英县设四川省文艺创作培训基地、四川省电影创作培训基地授牌仪式隆重举行。四川省文联党组副书记、副主席陈黔鲁出席并为创作基地授牌。县领导刘辉、刘博、钟英、温清莉、彭哲志出席仪式。

25日　大英县举行“辉煌十五载，美丽新大英”建县十五周年成果展。全体县领导与市民朋友一道兴致勃勃地参观了成果展。

同日　大英县召开“平安和谐小区、精神文明小区、环境优美小区”创建工作会。县级相关领导参加会议。县委副书记、县长刘辉主持会议。

26—27日　大英召开乡镇特色工作流动现场会。县级相关领导率各镇乡和县直相关部门负责人深入全县11个乡镇，参观新农村建设、产业发展、基础设施建设等方面的亮点工作。

27日下午　一场星光闪烁、群英荟萃的公益惠民文艺演出在大英县人民广场隆重举行，由中国文联、中国民协组织，由全国著名表演艺术家组成的慰问演出团怀着对基层的浓浓情意，把来源于人民群众的作品回馈给广大人民群众。参加演出的有中国文联副主席、著名表演艺术家刘兰芳，中国民间文艺家协会分党组书记、驻会副主席罗杨，中国文联文艺研修院副院长赵文民，四川省文联党组副书记李兵等。大英县全体县领导、数千群众观看演出。

28日　中共四川省委宣讲团在大英县举行党的十八大精神报告会。省委宣讲团第三分团成员、省社会科学院副院长李明泉作主题宣讲。

31日　大英东站扩能建设工程项目竣工投营，停靠的动车由原来的5趟次增加到13趟次，停靠趟次列达成双线铁路县级火车站之首。

12月　大英县回马工业园区破土动工，开始一期场地平整，园区建设正式开始。

2013年大事记

1月

1日　大英县启动大病医疗救助。

4日　大英县婚姻登记量再创历史新高。当天在县婚姻登记中心领取结婚证的新人达249对。

7日　中国共产党大英县委员会第四届代表大会第二次会议在县城召开。

8日　大英县被四川省人民政府确定为2013—2015年“全省现代农业、现代畜牧业建设重点县”。

9日　中共大英县委副书记、县长刘辉率县招商局、县工业集中发展区等相关人员赴上海招商，考察来大英投资企业，洽谈投资合作相关事宜。

同日　大英县人民检察院新址办公技侦楼（熊家湾）正式开工建设。

11日　中共大英县委副书记、县长刘辉主持召开县人民政府四届八次常务会，研究《大英县文化产业园区安置小区项目BT模式建设工程招商招标方案》。

13日　国家环保部总量减排现场核查专家吴根义副教授一行到大英县，对大英县上报的2012年主要污染物总量减排工作进行了现场核查。

15日　大英县召开规划专题会，专题研究城市农博园、新农村建设、新建二水厂等设计方案。

16日　蓬莱镇一办五中心正式率先在全县运行。

20—22日　大英县政协召开四届二次会议，会议应到政协委员164人，实到159人。县政协主席张继明代表政协大英县第四届常务委员会作工作报告。

22日　大英县第四届人民代表大会第二次会议在新落成的演艺中心隆重召开。县委副书记、县长刘辉代表大英县人民政府，向大会报告工作。

25日　大英县隆重举行山东常青树化工环保胶粘剂等5个项目落户大英集中签约仪式。

29日　大英县党政考察团一行赴安居、船山和蓬溪考察学习新农村建设、农业产业园建设、物流园建设及生态建设经验。

30日　大英县2013年经济发展暨招商引资工作会在县城演艺中心召开，全体县级领导出席会议。

同日　中共遂宁市委常委、副市长刘云到大英开展春节慰问活动。

31日　四川省质监局局长刘云夏到大英县检查节前生产企业的生产安全工作。

同日　大英县规划委员会召开第四十二次全体会议。会议研究了大英县文旅综合体概念规划、大英县县道公路沿线户外广告规划、郪江新城道路设计方案、梁家坝片区两路一桥设计方案等。

2月

1日　中共大英县委副书记、县长刘辉专程前往隆盛镇、城东田坝子社区，看望慰问困难群众、留守儿童。

5日　中共大英县委副书记、县长刘辉深

入县公安局实地视察、督促、指导“天网工程”建设成果，全面部署社会治安视频巡逻工作。

6日　大英县举行2013年迎春茶话会，茶话会由县委副书记、县长刘辉主持，全体县级领导参加会议。

10日　大英县2013年新春房地产展销会启幕。

16日　大英县在新城人民广场隆重举行升旗仪式。

同日　中共大英县委副书记、县长刘辉主持召开大英县现代农业园区建设推进会。

同日　大英县人民政府副县长朱俊华主持召开祥凤寨水库建设协调会，就加快库区管网建设作出了要求和部署。

17日　大英县召开专题会议，研究现代农业园区建设工作，县级相关领导和县级相关部门负责人出席了会议。

同日　大英县2013年春季企业用工招聘会在新区人民广场隆重举行。

同日　大英县召开郪江流域农村环境连片整治工作会，拉开3镇15村的生态文明建设工程。县委常委、常务副县长柯辉出席会议并讲话。

18日　大英县领导率相关部门负责人深入现代农业园区核心区规划区实地调研规划实施方案、安排部署园区建设现阶段推进工作，努力实现园区建设一年形成框架、两年见成效的目标要求。

21日　大英县召开千名干部下灾区总结及2013年农业农村和人口计生工作会。

25日　大英县举行郪江国际生态养生岛等项目落户大英集中签约仪式。

2月　大英县象山片现代农业蔬菜万亩示范区、卓筒井现代农业柑橘万亩示范区被认定为第二批四川省现代农业万亩示范区。

同月　隆盛镇被四川省发改委、住建厅、环保厅评选为“四川省经济强镇”。

3月

1日　大英县婚姻登记服务中心正式开通了网上预约登记系统（http://www.dymzj.gov.cn/hydj.asp），此项工作的开展，不仅加快了大英县婚姻登记工作信息化建设的步伐，也为民政系统信息化建设迈出了坚实的一步。

4日　中共大英县委副书记、县长刘辉，县政协主席张继明一行实地调研郪江新城项目推进情况，县领导柯辉、邓云以及各部门负责人参加调研。

6日　中共大英县委副书记、县长刘辉深入实地调研大英县现代粮药物流园项目建设工作。

7日　大英县召开现代农业园区建设工作推进专题会。县级相关领导参加会议。

8日　大英县召开征地征收安置专题会议，对大英县各重点工程项目及园区发展中遇到的征地征收安置问题进行专题研究讨论。

同日　中共大英县委副书记、县长刘辉率县级相关部门主要负责人赴成都市新津县考察现代农业产业园区建设和新村建设情况。县领导杨文彬、朱俊华、陈德诗随同考察。

11日　大英县乡镇场镇经营开发及新村建设现场会在卓筒井镇召开。县级相关领导以及相关部门和各镇乡主要领导参加了会议。

12日　中共大英县委副书记、县长刘辉视察刚搬迁投入使用的县政务服务中心、县文化馆、县图书馆。县领导康朝晖、温清莉陪同。

15日　大英县召开西南粮食物流园建设推进工作专题会。

同日　大英县人民政府召开四届九次常务会，县委副书记、县长刘辉主持会议。会议研究了农村土地承包经营权确权登记工作有关问题，《农民新村聚居点建设申建制实施办法》等议项。

18日　中共遂宁市委常委、市委组织部部

长刘晓晨到大英调研新农村建设和现代农业产业发展工作。

22 日　象山镇长圆新村灾后重建聚居点完成主体工程建设。

25 日　中共遂宁市委常委、副市长刘云调研大英工业项目推进工作。

28 日　四川省扶贫和移民局局长张谷一行来大英县调研扶贫移民工作。

同日　围绕党的十八大精神、党建业务知识和党风廉政建设三个主题，大英县对村（社区）党组织书记进行专题培训，各乡镇、园区、社区党（工）委副书记、全县村（社区）党组织书记共计 350 余人参加培训。

30 日　云南省四川商会企业家代表团到大英县参观考察，县委副书记、县长刘辉向代表团介绍了大英县经济和社会发展状况及项目情况。

3 月　卓筒井成功申报为第七批全国重点文物保护单位，成为遂宁市第一处具有国家级双遗产标志的文化遗产（国家级重点文物保护单位和首批国家级非物质文化遗产）。

4 月

1 日　大英县召开农业园区基础设施建设专题会议。

2 日　大英县召开规划专题会议，研究西南粮药物流园总体规划方案，审定新建专科医院规划设计方案。

9 日　大英县召开选派干部到重点项目（企业）挂职工作动员会。县委副书记、县长刘辉，县领导赵捷、杨文彬、刘志强出席会议。

11 日　大英县举行签约仪式，永逸新农村综合体等两个项目正式落户大英。

同日　中共四川省委组织部副部长、省老干局局长彭德秋调研大英老干部工作。

同日　大英县召开规划专题会，审定郪江新城三甲医院概念性设计方案等六个规划方案。

12 日　中共大英县委副书记、县长刘辉率县级相关部门负责人深入隆盛、金元调研土地流转和农业产业规模化经营工作。

17 日　中共四川省委政法委副书记陈明国带队组成调研组到大英调研政法工作。

18 日　四川省气象局局长彭广一行到大英检查指导国家气象观测场和业务用房建设项目。

19 日　大英县召开医疗保险体制改革事宜专题会议，研究大英县医疗保险体制改革相关问题，统筹推进全县城乡居民医疗保险工作。

20 日上午 8 时 02 分　四川省雅安市芦山县发生 7.0 级地震，给当地人民生命财产造成极其严重的损失。地震也波及大英县，大英县有轻微震感，未受到损失。

22 日　大英县规划委员会召开第四十四次全体会议，审议郪江城区段桥梁人文景观系统概念性总体规划等十个建筑、工业、市政项目方案。

同日下午　遂宁市和大英县市县人大代表一行对 2012 年“7·4”、“9·10”灾后重建集中安置点象山镇长圆村、通仙乡井湾村建设情况进行视察调研。

23 日　中共大英县委副书记、县长刘辉主持召开大英创建第三届省级文明城市、省级旅游强县工作推进会。

27 日上午 8 时 02 分　大英县级部门干部职工在新城区广场集中参加“4·20”芦山 7.0 级地震遇难同胞哀悼活动。

同日　大英县举行郪江新城金融中心项目签约仪式。

30 日　中宣部文改办领导调研大英文化产业发展。

4 月　大英县被四川省人民政府授予“四川省环境保护模范县”称号（川府函〔2013〕146 号）。

同月　回马工业园区一场平结束并交付大英斯佩克新材料公司使用，同时回马工业园区第一栋厂房——新型建材一号标准厂房开始基础打桩。

同月　大英县第一家家庭农场——永伦家

庭农场正式登记注册成立。

5月

1日　大英县已全面实现动物检疫电子出证，逐步实现动物及其产品检疫可追溯。

2日晚　大英县第二届职工歌舞大赛决赛在大英县政府广场隆重举行。

6日　“4·20”雅安市芦山县7.0级地震刚过去16天，大英县人民政府副县长温清莉受大英县委、县政府、县慈善会委托将大英党政干部职工、企事业单位及社会各界爱心人士捐赠的90万元募捐款全部送达雅安市雨城区灾区，支援灾区人民恢复重建。

7日　四川省农业厅厅长任永昌一行到大英县调研农业产业发展，察看了大英农业产业发展和现代农业园区建设情况。

8日　四川省召开“实现伟大中国梦、建设美丽繁荣和谐四川”主题教育活动动员电视电话会议，大英设立分会场。

9日　四川省人民政府副省长陈文华到大英县调研基层体育和卫生工作。察看了大英农业产业发展和现代农业园区建设情况。

15日　大英县举行中华梦幻谷大英项目开工仪式。

同日　大英县规委会召开第四十五次全体会议。审议浪漫地中海（永乐湖）文化旅游风景区概念性规划等三个规划项目、四个建筑项目方案。

16日　中共大英县委副书记、县长刘辉深入县政务服务中心调研，详细了解12345政府服务热线，县医保、县公共资源交易中心机构运行及制度设计落实等方面的情况。

17日　中共遂宁市委常委、常务副市长朱兵调研大英县场镇建设及农村工作。

20日　大英县政府服务热线办公室成立。

28日　中共大英县委副书记、县长刘辉深入现代农业园区视察项目推进情况。

29日　中共大英县委副书记、县长刘辉率县住建、规划等部门负责人现场办公，解决蓬莱小城镇世行贷款建设项目相关问题，副县长邓云参加现场办公活动。

同日　中共遂宁市委常委、组织部部长刘晓晨深入联系村大英县蓬莱镇泉水村调研宣讲“中国梦”。

同日　大英县举行“放飞中国梦·建设新大英”万人签名活动暨“中国梦伴我成长”18岁成人仪式活动。

6月

1日　大英至遂宁快捷通道（大英县城区至隆盛段）开工。

3日　四川省人口和计划生育委员会主任姚义贤一行到大英县就人口计生工作进行调研。

5日　马来西亚吉隆坡信达实业发展有限公司董事长刘俊科率队来大英县考察文化旅游发展投资环境。

9日　大英县在县工业园区梁家坝举行2013年第二季度兴茂石化等重点项目集中开工仪式。

13日　中共大英县委副书记、县长刘辉深入文化产业园区视察工作。县领导邓云、朱丹、温清莉陪同视察。

14日　大英县规委会召开第四十六次全体会议，审议郪江新城控制性详细规划及城市设计方案、郪江新城湿地公园景观设计方案等规划设计方案。

17日　大英县召开新村建设专题会，并分别在象山镇、通仙乡、卓筒井镇、蓬莱镇召开新村建设流动现场会，县级相关领导和乡镇党委书记、乡镇长、县直相关部门主要负责人参加了现场会。

18日　大英县召开人才工作领导小组工作会议。

19日　中共大英县委副书记、县长刘辉实地调研“世行贷款蓬莱镇小城镇建设项目”工程进展情况。

20日　举行大英县人民政府与四川外国语大学县校战略合作签字仪式。

26日　大英县召开省级文明城市创建工作推进会。县委副书记、县长刘辉，县领导段勇、刘博、温清莉参加会议。

27日　大英县召开会议专题研究部署工业企业低效用地清理工作。

28日　大英县在新城区广场举办“中国梦、四川梦、我的梦——奋力谱写美丽繁荣和谐四川篇章”主题教育活动展览。

同日　大英县隆重召开庆祝中国共产党成立92周年大会。

30日　中共大英县委副书记、县长刘辉深入抗洪抢险第一线指挥抗洪抢险工作。

7月

1日　大英县召开抗击“6·30”特大暴雨专题会，全体县级领导以及各镇乡党委书记和各部门负责人参加会议。

2日　中共四川省委常委、省委农工委主任李昌平来到大英县调研指导抗洪救灾工作。

同日　大英县人民政府在广东省东莞市银都酒店召开招商洽谈会，中共大英县委副书记、县长刘辉，县委常委、县纪委书记赵捷与60余名东莞、深圳等地的工商界精英相聚一堂，畅叙合作情谊，共谋发展大计。

3日　中共大英县委副书记、县长刘辉组织召开会议，进一步细化灾后重建工作。

同日　四川省召开党的群众路线教育实践活动工作会议，全体县级领导、各部门负责人参加大英分会场会议。

4日　大英县召开规划专题会，审议大英县城区内高速沿线建筑风貌及景观改造方案、农业产业园区新村规划方案。

9日　中共大英县委副书记、县人民政府县长刘辉主持召开创新城乡环境治理模式暨省级文明城市创建专题会。县领导段勇、刘博、邓云、申长兴参加会议。

10日　大英县召开县城至隆盛快捷通道沿线风貌改造专题会，研究部署相关工作。

11日　大英县委、县政府召开专题会，就举办2013大英城市农业发展论坛筹备工作进行研究部署。

同日　中共遂宁市委书记杨洪波来到大英县调研旅游发展工作。

16日　大英县召开河道清障专题工作会，安排部署河道清障工作。县委副书记、县人民政府县长刘辉主持会议。副县长邓云、朱俊华出席会议并作讲话。

同日　中共遂宁市委常委、副市长刘云到大英县指导农村商业银行筹建工作。

17日　中共大英县委副书记、县人民政府县长刘辉到河边指导小城镇建设开发工作，专题研究解决场镇污水治理工作。县政协主席张继明、副县长邓云一同参加活动。

18日　中共大英县委副书记、县长刘辉主持召开大英县快捷通道、现代农业园区现场办公会。副县长邓云、朱俊华参加会议。

19日　大英县规划委员会召开47次全体会议，审议浪漫地中海旅游风景区修建性详细规划、大英县城区综合交通规划等规划设计方案。

20日　四川恒信远大集团在北京人民大会堂举行中华梦幻谷全国品牌战略暨中华梦慈善基金发起仪式新闻发布会，中共大英县委副书记、县长刘辉作为恒信远大集团“5年10城10座中华梦幻谷”全国战略布局之一的四川代表应邀出席。

26日　西南粮药物流园通过竞标中标正式破土动工建设。

27日　中共遂宁市委常委、市委组织部部长刘晓晨来到大英看望慰问党员和帮扶联系对象。

28日　为期2天的2013中国大英·城市农业发展学术交流大会完成各项预定议程圆满落幕。

29日　大英全体县级领导带领全县部分党

政机关领导干部和企业主要负责人，同大英县人武部官兵一起开展“军事日”活动。

同日　城市社区选拔基层网格管理员，促进社区网格管理上台阶。

31日晚上　大英县新城区人民广场人潮涌动，近6000名观众欢呼声不断，热闹非凡。由中共大英县委、县人民政府主办的庆“八一”双拥文艺晚会隆重举行。

7月　根据四川省人民政府川办〔2013〕44号文件，大英县工业集中发展区列为四川省“51025”重点产业园区培育计划。

同月　隆盛镇中心敬老院顺利通过了省三星级敬老院审核验收。

8月

2日　大英县召开规划专题会，审议聂家坝控制性详细规划设计、隆盛新镇概念性规划设计等方案。

同日　大英县举行卓同·大英国际学校项目、汽车用品制造项目等6个项目落户大英集中签约仪式。

6日　中共大英县委副书记、县长刘辉率队深入大英至遂宁快捷通道大英段建设工地现场办公。

同日　大英县总工会举行了创业援助贴息资金发放仪式，为10户从事种、养殖业农业产业化经营业主发放了贴息资金10万元。

7日　大英县召开安置房建设推进专题会议，研究加快推动大英县安置房建设。

同日　大英县召开规划专题会，审议中华梦幻谷修建性详细规划、天保镇新村规划、四川大英蓬莱省粮食储备库设计方案、大英县农村信用社新建LED户外全彩屏设计方案。

同日　大英县召开会议专题研究大英第二自来水厂推进建设工作。县委副书记、县长刘辉，副县长邓云参加会议。

12日　中共大英县委副书记、县长刘辉组织各相关部门专题研究城市棚户区改造事宜。县委副书记段勇、副县长邓云参加会议。

同日　大英县规划委员会召开第四十八次全体会议，研究审议县城市农业博览园概念性规划调整方案、永逸新村综合体——樱花小镇总体概念性规划方案等规划设计方案。

12—14日　四川省中医药管理局二级中医医院评审专家组对大英县中医院创建二级甲等中医医院进行评审。

13日　遂宁市人大常委会主任杨云明率市人大调研组一行深入大英县各重点项目建设现场调研。

15日　中共四川省委常委、省纪委书记、省委党的群众路线教育实践活动领导小组副组长王怀臣深入大英县调研，先后深入大英县文化产业园、卓筒井镇、盐文化博物馆、卓筒井镇立山新村，与基层干部、群众亲切交流，实地察看大英经济社会发展和基层党风廉政建设情况。

同日　中共遂宁市委常委、常务副市长朱兵深入联系乡镇大英县隆盛镇调研。

15—16日　团中央“畜禽养殖疫情预警体系建设”课题调研组深入大英县实地了解基层畜牧企业发展现状、基层畜禽养殖疫情防控工作及疫情预警体系建立等情况，为大英畜牧业发展把脉支招。

19日　中共大英县委副书记、县长刘辉组织相关部门负责人专题研究祥凤寨水库项目建设推进工作，确保项目早日开工建设，副县长朱俊华参加会议。

同日　中共四川省委、省人民政府授予大英县天保镇和蓬莱镇马栏村、泉水村、隆盛镇长滩寺村、永明村、犀牛石村、玉峰镇得鱼沟村、卓筒井镇吴家桥村、回马镇临江村、河边镇于家寨村、通仙乡盛水村等10个村为2012年度省级环境优美示范镇、村称号。

同日　大英县总工会“2013年金秋助学”助学金发放仪式在大英县人民广场隆重举行。仪式上，县总工会为12名考入大学的困难职工子女现场发放了助学金3.4万元。

21日 大英县启动县内零售药店“药品电子监管西部试点工程”系统，全县209家零售药店安装调试并启动该系统。

22日 中国死海荣膺四川省旅游最高奖——由四川省人民政府颁发的“四川旅游金熊猫奖”。

28日 大英县召开县级领导干部执行力服务力评价大会，邀请不同群体人员对县级领导干部的现实表现进行打分评价。县直部门负责人、乡镇党政一把手、企业负责人、部分“两代表”“一委员”参加了评价大会。

29日 大英县专题研究安置房招商招标方案。为全县妥善解决拆迁安置群众住房提供科学合理、可操作性强的安置开发建设模式，力争早日解决拆迁户的安居问题。

同日 大英县举行郪江新城三级甲等医院等五个项目落户大英集中签约仪式。

30日 中共遂宁市委书记杨洪波率参加全市现代农业园区工作会的各区县书记、区县长等参会人员，到大英县现代农业园区参观，对大英县创新发展思路规划建设、高远的目标定位给予高度评价。

8月下旬 大英县举办首届城市农业发展论坛。

同月 成立大英县群众文化促进中心。

同月 大英县被确定为2013年四川省农村土地承包经营权确权登记试点县。在隆盛镇黄土岭村先期开展试点，在试点的基础上，启动了全县农村土地承包经营权确权登记工作。

9月

2日 大英县召开第四十九次规划委员会全体会议，会议审议并原则通过了兴茂石化产业园初步设计方案、中药材全球采购中心概念规划方案等规划方案。

3日 中共遂宁市委书记杨洪波率领市级相关部门负责同志深入大英县回马镇专题调研桂花、回马城镇组团发展规划。当天下午，还到大英县调研了小城镇建设，对大英县积极探索加快新型城镇化基本工作思路与工作机制给予肯定。

9日 大英县举行“教师风范”主题宣讲暨第29个教师节庆祝大会，全县教师代表会聚一堂，共同庆祝第29个教师节。

11日 中共遂宁市委书记杨洪波率市加快新型城镇化暨产业园发展与会人员，到大英县回马工业园等处，调研大英新型城镇化和产业园建设。

同日 以国家发改委环资司副巡视员赵鹏高为组长的国家生态文明课题第三调研组到大英县四川盛马化工股份有限公司考察清洁生产、节能减排和技改工作。

15日 大英县114辆出租汽车经营权有偿使用权到期。

16日 大英县召开“第三次全国经济普查”动员会，传达第三次全国经济普查方案的基本精神，安排部署相关工作。县委常委、副县长、县第三次全国经济普查领导小组组长柯辉参加会议。

17日 四川省卫生厅农村义务教育营养餐督查组深入大英县检查农村义务教育学校营养餐工作。

18日 大英县在县农业局召开农村土地承包经营权确权登记工作动员会。县委副书记、县长刘辉出席会议并讲话，县委常委、县委办主任、县总工会主席杨文彬主持会议。县领导朱俊华、陈德诗参加了动员大会。副县长朱俊华与各乡镇负责人签订了责任书。会议对农村土地承包经营权确权登记所涉及的政策、方法作了说明。

24日 大英县召开宅基地确权登记发证工作推进会。中共大英县委副书记、县人民政府县长刘辉等领导出席会议。

25日 中共遂宁市委常委、组织部部长刘晓晨到大英县就贯彻落实全省组织工作会议精神开展调研。

27日 大英县规划委员会召开第五十次全

体会议。会议审议并原则通过太吉新区道路线形、竖向及断面设计方案，沪蓉高速遂宁服务拓展区项目。

同日　由中共大英县委宣传部主办的大英县群众文化普及工程之老年人体育健身展示活动在新城区人民广场举行。300余名中老年健身爱好者进行了精彩的体育健身活动表演。

29日　中共大英县委副书记、县长刘辉主持召开县政府四届十一次常务会。会议制定了《大英县“十二五”大企业培育服务计划》；研究了支持回马工业园区发展相关事宜。县领导石新宇、康朝晖、邓云、朱丹、申长兴、温清莉参加会议。

同日　大英县举行国联众合光电科技产业园、隆盛镇新村综合体建设等两个项目落户大英集中签约仪式。

30日　四川省村（社区）“两委”换届工作电视电话会议召开，大英设立分会场。

10月

1日　大英县人民医院、大英县中医医院实施县级公立医院取消药品加成政策，全部药品实行零差率销售。

8日　大英县在新区人民广场举行升国旗仪式，热烈庆祝中华人民共和国成立64周年。

同日　回马镇新政府办公楼正式投入使用。

9日　大英县第四季度重点项目集中开工仪式在县工业集中发展区隆重举行。中共遂宁市委常委、市总工会主席余海元，市委常委、组织部部长刘晓晨参加开工仪式。

同日　中共大英县委副书记、县长刘辉到郪江新城建设工地现场办公，研究解决郪江新城项目建设推进中涉及的相关问题，要求加快推进郪江新城建设步伐。县政协主席张继明，县委常委、常务副县长柯辉，副县长邓云参加会议。

10日　由国家民政部婚姻登记管理专家蔡建武率队的民政部验收组对大英县4A级婚姻登记机关创建工作进行了验收，并通过了验收。

同日　大英县召开创建第三届省级文明城市攻坚工作会。县委副书记、县长刘辉，县委副书记段勇和县委常委、宣传部部长刘博分别就攻坚工作提出了要求。县领导钟英、彭哲志以及相关部门负责人参加了会议。

同日　中共遂宁市委常委、副市长刘云率市级相关部门负责人，到大英县调研回马工业园建设。

11日　《大英人的“咸”生活》在央视七套《乡土》栏目播出。

12日　大英县召开规划专题会议，审议大英县海洋生态体验中心修建性详细规划、“蓝梦庄园”创意农业园区概念规划等方案。

13日　国家环保部专家组一行对遂宁市创国模工作进行技术调研，大英县“蓥峰化工、盛马化工、宏成电源”等8家现场点顺利通过现场检查。

14日　以色列柑橘栽培及管理领域专家Mr. David Shani亲临大英县农业局作技术指导并交流经验，且为项目建设提供为期10余天的技术传授与服务。

16日　“9·10”灾后重建象山镇长圆新村建设基本完成，计划新建的3个新村居民点共计39户已经全部完成并投入使用，17户入住。

17日　中共大英县委副书记、县长刘辉调研指导大英县新竣工刚投入使用的看守所和武警中队营房管理发展工作。

18日　县公安局圆满完成县看守所搬迁工作。

18—19日　以四川省文明办创建处处长王伟率队的省级文明城市创建考评组一行6人到大英县，就大英县创建第三届省级文明城市工作进行现场考评。

21日上午　四川省住建厅总规划师邱健一行到大英县，就城市规划修编工作以及桂回组团进行调研指导。

22日　遂宁市人大常委会副主任唐光贵率

队视察大英承建的四川省第十二届运动会场馆建设、运动员竞技备战情况、四川光华学院项目推进情况。

24日　中共遂宁市委书记杨洪波视察了西博会上大英的参展情况。

25日下午　大英县高校毕业生创业补贴发放仪式举行，此次共为17名符合条件的高校毕业生分别发放了创业补贴3000元。

同日　启动大英县食品药品经营使用单位远程电子监管平台建设。

28日　遂宁市政府组成的农村土地承包经营权确权登记工作督查组，深入大英县对该项工作进行了督查，对大英县遵循“坚持政策、部门配合、先期试点、科学推进”的基本路径，积极稳妥地开展确权登记工作给予了充分肯定。

29日　大英县2013年实施的农户科学储粮小粮仓建设工程通过四川省粮食局验收。

30日　由大英县委、县政府举办的群众工作方法大讲坛正式开讲，首堂讲座邀请到国家行政学院副院长、博士生导师周文彰围绕群众路线教育实践作“为民务实清廉”主题开讲，开讲仪式由中共大英县委副书记、县长刘辉主持。遂宁市委党校、船山区委党校的领导和老师，大英县全体县级领导、全县副科级以上领导干部、部分大学生村官及村社区党组织代表到场听课。大讲坛从2013年10月开办，采取“统一管理、分级承办”的方式组织实施，常年开设，每年不少于12讲。

同日　遂宁市“一标三实”基础信息采集现场会在大英县隆重召开。

31日　四川省人民政府副省长陈文华到大英调研省十二运会筹备工作。

10月　根据四川省经济和信息化委员会川经信园区〔2013〕073号文件确定大英县工业集中发展区为四川省（第二批）“新型工业化产业示范基地”。

11月

5日　中共遂宁市委书记杨洪波率市直相关部门负责人，到大英县调研指导现代农业园区建设，强调要用工业化的办法抓现代农业发展，坚持镇园结合、产村相融、一体发展，用改革的思路和创新的办法，推进现代农业园区建设，加快农村全面小康步伐。

7日　由数十位成都籍企业家组成的代表团对大英县投资环境进行考察。中共大英县委副书记、县长刘辉就大英县投资环境作了详细介绍，县委常委、常务副县长柯辉，副县长邓云陪同参观。

8日　大英县顺亿融资理财信息咨询有限公司正式开业。

同日　中共大英县委召开四届34次常委会议。会议审定了《大英县村（社区）党组织换届工作的实施意见》、《大英县教育系统人事调配工作暂行规定》等，研究了《大英县第九届村（居）民委员会换届选举工作方案》等。

12日　大英县召开村（社区）“两委”换届工作会。县领导段勇、艾裕庆、温清莉参加会议。

14日　国家级著名文物专家一行四人在中国死海就卓筒井大遗址保护工程项目与大英县座谈交流。

15日　原中共四川省委副书记、省长、现四川省关工委常务副主任张中伟在大英县调研民营企业关工委工作。

同日　大英创建省级乡村旅游示范县通过复核验收。

20日　中共遂宁市委常委、市委组织部部长刘晓晨带领市住建、水务等部门负责人，深入大英县调研“走基层、解难题、办实事、惠民生”活动、第二批党的群众路线教育实践活动筹备、村（社区）“两委”换届等工作。

20—21日　大英县21个村（社区）分别组织召开村（社区）党组织换届选举大会，采取秘密写票、无记名投票、公开计票的方式，现场宣布选举结果，依次差额直选产生了村（社区）党组织书记、委员。

21日　在由联合国环境基金会、中国两岸四地环境保护协会联合主办的“绿色中国2013·环保成就奖”评选活动中，大英县凭借低碳、环保、可持续的产业定位以及优美宜居的生态环境，在众多参评城市中脱颖而出，夺得其中的“杰出绿色生态城市”大奖。颁奖大会在香港举行，中共大英县委副书记、县长刘辉参加大会。

24日　大英县永逸药香小镇综合体项目开工。中共遂宁市委常委、市总工会主席余海元等领导参加开工仪式。

26日　中央电视台著名体育节目主持人韩乔生来到大英县，就大英县文化体育建设工作现场采风，指导大英县品牌文化营销工作。

27日　中共四川省委组织部副部长周国庆督导大英县村（社区）党组织换届工作。

28日　大英县召开专题会，研究永逸综合体规划设计方案。

29日　中共大英县委召开专题会议，研究部署棚户区改造相关工作。

11月　大英县蓬莱镇泉水村被住房城乡建设部评为全国第一批规划示范村庄。

12月

2日　遂宁市人民政府副市长胡家正来到大英县，督导承建的四川省第十二届运动会体育场馆建设。

6日　经请示四川省人民政府批示同意后，四川省交通运输厅同意大英县关于到期出租汽车经营权重新配置方案。

同日　中国死海旅游度假区获批“四川省省级旅游度假区”。

10日　遂宁市社区网格化服务管理工作现场推进会在大英县召开。市委常委、政法委书记刘德福出席会议并作重要讲话。

12日　由中共大英县委副书记、县长刘辉带领的政府考察团专程赴中江县就“三本台账”群众工作经验和方法作观摩学习。县领导田碧华、刘博及相关部门负责人参加考察活动。

19日　大英创建省级旅游强县顺利通过检查验收。

同日　大英县首届残疾人特殊才艺大赛初赛在大英县特殊教育学校举行。

20日　中共遂宁市委常委、组织部部长刘晓晨率市级相关部门负责人，调研大英开展“走基层、解难题、办实事、惠民生”活动、筹备党的群众路线教育实践活动等工作。

23日　大英召开专题会议研究部署城市提升改造相关工作。县级相关领导参加会议。

24日　大英县召开“走基层、解难题、办实事、惠民生”活动工作会。传达了省委、市委“走基层、解难题、办实事、惠民生”活动工作会精神。全体县领导参加会议。

同日　四川农业大学党委常委、副校长、博士生导师杨文钰教授到大英县开展玉米—大豆带状复合种植技术培训。

26日　在大英县四届三次党代会召开之际，与会党代表分为两组，深入工业、农业、文旅、城建等重点重大项目建设工地，看现场、议措施、出良策、促进度。

同日　四川省畜牧食品局局长杨昌明到大英视察温氏生猪养殖模式发展情况。

27日上午　中国共产党大英县第四届代表大会第三次会议在县城开幕。

30日　玉智路升级改造完成，全线通车。

31日　中共大英县委副书记、县长刘辉主持召开会议，研究郪江湿地公园、采和大道开工建设相关事宜。县领导柯辉、邓云参加会议。

12月　大英县2013年财政总支出突破22亿元。

同月　大英县天保镇、玉峰镇、河边镇、象山镇通过省级生态乡镇验收。

大英概况

大英县位于四川盆地中部，处于成渝经济区黄金分割点，县城蓬莱镇距遂宁32公里，距成都114公里，距重庆160公里，是成都、重庆、绵阳的重要接点城市。境内沪蓉、遂回高速互通互交，成（遂）渝高速铁路、达成铁路贯穿全境，具有突出的区位和交通优势。2013年，全县辖11个乡镇，辖区面积701.05平方公里，总人口55.21万人。是中国最具投资潜力中小城市百强县、中国承接产业转移最具优势县，已成功创建为省级文明城市、省级卫生县城、省级园林县城，荣获国家级生猪养殖标准化示范区、“四川省城乡环境综合治理环境优美示范县、四川省绿化模范县、四川省环境保护模范县、四川省乡村旅游示范县、四川省餐饮服务食品安全示范县、四川省首轮平安县”等荣誉称号。2013年，联合国环境规划基金会和中国、香港、澳门、台湾环境保护协会授予大英县杰出绿色生态城市奖。

建置沿革

春秋战国隶属蜀国。秦汉西晋时期，西部为广汉郡之郪县属地，东部为广汉郡之广汉县辖区。东晋永和十一年（355）划涪江中游东西岸区广汉县及郪江中下游左右岸区郪县置巴兴县，治所灵鹫山（今蓬溪县红江镇白土坝与天福镇长平坝交界之五龙蟠），境域为巴兴县属地。西魏恭帝二年（555）改巴兴县为长江县，治所未变，归属随之。唐肃宗上元二年（761）“因旧县不安，徙长江县治所于凤凰川”（今大英县回马镇长江村），为境域置县之始。历经唐、五代、北宋、南宋、元初共518年。元世祖至元十九年（1282），长江县并入蓬溪县。自此，经元、明、清、中华民国，到中华人民共和国成立后的1997年12月，调整蓬溪行政区划建立大英县为止，计715年历程中，虽多于县域蓬莱置巡检署、县丞署等分县治所或县第二分支机构，但一直辖于蓬溪，并随蓬溪的隶属改变而改变。1997年12月28日，经国务院批准，蓬溪县涪江以西地区建立大英县，隶属遂宁市。县治所设在蓬莱镇，辖蓬莱、隆盛、回马、天保、河边、玉峰、象山、卓筒井8镇及金元、通仙、智水3乡，共11个乡级政区，2013年，设有299个村民委员会，29个社区居民委员会，下设2917个村民小组，130个社区居民小组。

地　理

【自然地理特点】 大英县境地处四川盆地中部，

地理坐标位于北纬30°29′—30°44′、东经105°15′—105°40′之间。东西长32公里，南北宽26公里。东与遂宁市蓬溪县以涪江为界，南靠遂宁市船山区和安居区，西接德阳市中江县、资阳市乐至县，北连绵阳市三台县和遂宁市射洪县。

县境地形呈南北高、中部低，西北向东微倾。以中、浅丘为主，间以局部沿江冲积平坝，海拔均高429米，最高点海拔554米，最低点海拔271米，高低差283米。地质构造处于新华夏系川中褶皱地带，地层出露在中生界和新生界涪江沿岸4—5级阶地，土地为棕黄色黏土、亚黏土，丘陵地带土壤一般为紫色土，冲沟坝地为肥沃的水稻土。

【人文地理特点】 大英人杰地灵，名人辈出。唐代贾岛，诗文盖世，主簿长江三年著有《长江集》10卷、《长江小集》3卷、《诗格》1卷，留诗百首；县籍禅师克幽住持石佛寺（今遂宁广德寺）开山阐教，为全国著名高僧；宋代有大理寺丞、寻迁太常博士，进入《二十四史》的张述；明代有武英殿大学士兼礼部尚书席书；清代有著名书画家、任蓬莱县丞的端秀，政绩卓著；有曾中文举、武举、被誉为“海上神医”、“仙手复兴”的宫廷御医陈寿奄；有被誉为“方通中外”、“仁术济民”的名老中医卢权镒。近现代，有享誉“文章老人”的川北道行辕幕僚曾世礼；抗日民族英雄、少将张治平；在县境石板滩（象山）最早组建中共地下组织、后被授予将军级军衔的李汎山；中国人民解放军川北军区第六纵队司令、蓬莱镇镇长尹体乾；为革命英勇献身的共产党员曹吉熙。还有数百名县团级以上及高级技术职称人士遍布祖国各地。

自然资源

【土地资源】 2013年，全县耕地面积54.088万亩，园地0.64万亩，林地20.048万亩，城乡居民住宅、工矿交通占地14.852万亩，水域4.343万亩，其他土地10.316万亩。

【水资源】 境内有江河溪流180余条，主要有涪江、郪江两条河流，属嘉陵江水系，水资源丰富。涪江发源于松潘县雪宝顶，贯穿于绵阳市、遂宁市至重庆市合川汇入长江。大英位于涪江中游，涪江由北而南绕回马、郪口经过，境内全长14公里；郪江自西北向东南纵贯全境65公里，在境域郪口汇入涪江；龙溪、马力河、寸塘口（小溪）河、古柏河、通仙溪、黄纳溪、小蒜溪、瑰溪等八大支流成树枝状分布流入郪江，干支流全长209公里。水资源以河川径流最为丰富，但径流量的季节性分布不均，大多集中在6—9月，洪旱灾害时有发生，河道迂回曲折，有利于工农业生产取水，天然水质良好。

【生物资源】 大英属亚热带常绿阔叶林区；2013年，全县森林覆盖率37.3%，自然保护区3个，自然保护区面积300公顷。林木品种110种，其中有不少是国家保护植物和珍稀树木，如有“活化石”之称的水杉、银杏、名贵的苏铁、红豆杉和独具特色的古柏、榕树等。经济林主要有油桐、油橄榄、核桃、蓖麻等树种。境内盛产柑橘、橙、柚、梨、桃、李、苹果，尤以河边镇所产的“白柠檬”品质优良，为国内独有之物。动物资源门类繁多，主要脊椎动物有187种。鱼类资源96种，珍稀动物如鱼类的中华鲟、岩原鲤、长吻鮠等，两栖动物中的大鲵，哺乳动物中的水獭，均属国家和省级保护动物。

【矿产资源】 境内矿产资源较为丰富，主要矿藏有盐卤、岩盐、石油、天然气等，另有丰厚的青石、红石、河沙、卵石等建筑材料。尤以盐卤、石油、天然气资源最为丰富。已探明蓬莱—桂花油田闭合面积达500余平方公里；盐卤地质储量丰富，被誉为川中地下“古盐湖”。除卤盐外，在离地表 3000 米以下三叠系地层中还藏有 30—120 米厚的岩盐层。岩盐除富含氯化钠外，还含溴、锶、硼、锂、镭等 40 多种稀有元素，以碘含量最高。

【旅游资源】 大英名胜古迹众多，旅游资源独具特色。有国家重点文物保护单位、被《中国科学技术史》称为“中国古代第五大发明”、“世界石油钻井之父”的卓筒井遗址和国家级首批非物质文化遗产卓筒井汲卤制盐技术；有隋大业十三年（617）始建，明、清几度重修，至今保存完好的寂光禅林；有建于南朝的“贾公祠”、贾岛衣冠冢遗址及流传千古的贾岛诗词碑林；有建于明代，皇帝新敕“牛眠佳城”、“文襄公祠”的席书墓园及祠；有明、清相继建成，具有研究大英人口源流重要价值的郭子仪后裔墓群；有清代典型建筑南华宫、罗都复庄园；有清代频繁战事的郪口明水寨、五凤吉安寨、蓬莱铜鼓寨等众多遗址；有林海浩瀚的高观山、绿水青山相依、水天一色的寸塘湖、天保湖及形若五凤朝阳的蓬莱公园；有省级旅游度假区中国死海。大英以“中国死海”为龙头的新兴旅游产业已经形成，建立完善了旅游服务标准体系，被评为四川省首批旅游标准化示范县。

气候状况

大英属亚热带湿润季风气候区，气候温和，四季分明，多年均降水量 930 毫米，年均气温 16.5℃，年均日照 1380 小时，无霜期 297 天，阳光充足，年温差大，日温差小，适宜水稻、小麦、棉花、油菜、豆类、蔬菜等季节性作物和柑橘、苹果、砂梨、橙、柚等水果生长，是川中重要粮食产区和农业经济区。

2012 年，大英县气温正常略偏低、降雨明显偏多，极端天气频发。洪涝严重，无春、伏旱，但出现了严重夏旱。年平均气温 17.7℃，比常年偏低 0.3℃（2004—2011 年平均资料）；年雨量 1490.0 毫米，偏多 60%；年日照时数 922.5 小时，较常年偏少 20%。年极端最高气温 38.8℃，年极端最低气温 0.7℃，二者均未超出历史极值，但阶段性高温和（阴雨）低温较为突出。

2013 年，大英县气温正常偏高、降雨明显偏多，极端天气频发。洪涝严重，出现严重冬春连旱。年平均气温 18.7℃，比常年偏高 0.8℃（2004—2012 年平均资料）；年雨量 1116.7 毫米，偏多 15%；年日照时数 1210.4 小时，偏多 20%。年极端最高气温 37.6℃，年极端最低气温 -2.3℃，二者均未超出历史极值，但阶段性高温和阴雨低温较为突出。年内旱涝分明，主要表现为：冬暖春旱，发生了较严重的冬春连旱；夏季大部分时段光、温、水匹配较好，高温干旱轻而暴雨洪涝突出；秋季无暴雨，两段秋绵雨天气对农业生产有一定不利影响。

人口 · 民族

大英人口稠密，2013 年末密度为每平方公里 788 人，远高于全国、全省平均水平。境内人口绝大部分分布在郪江两岸、涪江西岸的冲积平坝、河流两岸的河谷地带和丘间小平坝区。民族以汉族为主，另有藏族、彝族等 34 个少数民族，多为婚姻迁入，91%为妇女。2013 年末，全县少数民族人口 1983 人。

大英县 2012—2013 年人口情况表

单位：人

年度	总户数（户）	总人口	其中			
			男性人口	女性人口	非农业人口	农业人口
2012	185393	544687	282173	262514	103124	441563
2013	198171	552070	285588	266482	119273	432797

大英县 2013 年民族、人口结构统计表

单位：人、%

民族 \ 项目	男	女	合计	占总人口比例
合计	285588	266482	552070	
汉族	285411	264676	550087	99. 64
少数民族小计（34 个）	177	1806	1983	0. 36
藏族	17	369	386	
彝族	27	341	368	
佤族	15	298	313	
哈尼族	10	180	190	
苗族	21	118	139	
羌族	34	81	115	
白族	7	70	77	
傣族	6	71	77	
壮族	8	57	65	
拉祜族	1	56	57	
土家族	7	19	26	
回族	8	17	25	
傈僳族	2	18	20	
布依族	4	15	19	
布朗族		17	17	
侗族		15	15	
蒙古族	3	9	12	
纳西族		10	10	
瑶族	1	8	9	
满族	1	6	7	

续表

民族＼项目	男	女	合计	占总人口比例
哈萨克族		5	5	
珞巴族		4	4	
维吾尔族	2	2	4	
土族	2	2	4	
德昂族		3	3	
水族		3	3	
仫佬族	1	2	3	
黎族		2	2	
景颇族		2	2	
基诺族		2	2	
锡伯族		1	1	
朝鲜族		1	1	
仡佬族		1	1	
高山族		1	1	
合计				

经济与社会发展

2012—2013 年，大英县按照“新型工业县、优秀旅游城、生态示范区”的战略定位，围绕“规划实施年、项目落地年”的主题，唱响发展主旋律，着力创新实干、攻坚破难，开创了经济社会全面发展的新局面。2013 年实现地区生产总值 1082159 万元，增长 11.8%；规模工业增加值增长 13.1%；全社会固定资产投资额 133.3 亿元，增长 21%；社会消费品零售总额 45.95 亿元，增长 14.3%；地方公共财政预算收入 38141 万元，增长 22%；外贸出口额 5038 万美元，增长 0.5%；实际利用省外资金 41.97 亿元，占目标任务的 104.9%；城镇居民人均可支配收入 18900 元，增长 9.7%；农民人均现金收入 8684 元，增长 13.2%。

农业经济。按照县委、县政府“建园区、聚龙头、兴产业、强基地、带农户、促增收”总体要求，围绕“12316”的现代农业发展思路，坚持以促进农民持续增收为核心，以现代农业园区建设为载体，以农民新村建设为重点，以农村改革创新为动力，扎实推进农业农村工作，农业农村经济保持了良好的发展态势。坚持以抓工业的理念抓农业，全县以蓬乐路改造提升和大英—遂宁快捷通道建设为契机，规划建设总面积为 112 平方公里的现代农业园区。到 2013 年底，“蓬乐路巩固提升片”已建成优质甜橙 1.5 万亩，其中 2013 年新发展优质甜橙 0.3 万亩，林下蔬菜 0.7 万亩；“隆盛规划新建片”引进农业项目 13 个，落地项目 9 个，四川丰侨道地中药材基地已高标准种植白芷 1500 亩；四川正果农业蔬菜基地已全面投产；四川康禾蔬菜基地已建成钢架大棚 150 亩；四川广茂祥水果基地现已移栽果苗1180亩，永逸新村综合体已正式动工建设。园区基础设施建设快速推进，已完成土地整理和田土调型1万亩，新建改造渠系42.8公里，新建蓄水池22处，整治塘坝12处，整治引水堰3处，整治小型泵站4处，核心区7.5公里骨干环形道路加紧推进。

工业经济。大英县始终坚持以“工业强县”为战略目标，努力提升工业核心竞争力，工业经济持续快速发展。2013年，实有规模工业企业76户，新上工业项目48个，投入资金53.7亿元，同比增长27%，其中新上技改项目36个，投入资金30.7亿元，同比增长55%。其中：中腾能源二期深加工项目、鼎象润石化生产项目、久大蓬莱盐化90万吨/年盐热电项目、盛马化工500万吨重油深加工项目、圣海包装第二期高端包装生产线扩能项目等重点建设项目进展顺利。

旅游经济。中国死海旅游度假区核心区改造项目部分完工。死海水上乐园、景区大门、景区牌坊改造结束并对外开放；健康盐世界外观改造全面完成；运动场馆外装饰工程全面完成；太阳宫大剧院正加快安装设备设施；死海室内漂浮馆、黑泥馆、运动场馆主体工程建设完成。浪漫地中海国际文化旅游区项目已签订投资协议书，已注资5000万元在大英成立公司。2013年，全年接待游客460.8万人次，实现旅游总收入37.78亿元，分别增长18.2%、25.1%。

城乡建设。2013年，建成区面积17.1平方公里，其中城市建设用面积16.8平方公里，绿化覆盖面积635公顷，公园绿地面积59公顷，建成区绿化率30.82%。水厂综合生产能力3.54万吨/日，供水管道211.5公里，用水户数达50563户，用水人口达14.1万人，年供水量859.7万吨。供气总量3472万立方米，其中家庭用1556万立方米，用气户数46774户，用气人口13.4万人。

（代春林）

大英县2012—2013年国民经济和社会发展主要指标

项目	单位	2012年	2013年
年末实有耕地面积	公顷	20971	20941
年末户籍人口	万人	54.47	55.21
其中：非农业人口	万人	10.31	11.93
常住人口	万人	48.12	48.23
城镇化率	%	33.19	34.67
生产总值	亿元	99.09	108.22
人均生产总值	元	20620	22463
一产业增加值占GDP比重	%	21.3	18.8
二产业增加值占GDP比重	%	59.1	60.4
工业增加值占GDP比重	%	53.1	54.2
三产业增加值占GDP比重	%	19.6	20.8
民营经济增加值	亿元	57.02	63.29
民营经济占GDP比重	%	57.5	58.5
规模工业企业单位数	个	76	79
规模工业总产值	亿元	190.69	220.88

续表

项目	单位	2012 年	2013 年
规模工业增加值增长率	%	17.7	13.1
工业经济贡献率	%	69.9	61.9
全社会固定资产投资完成额	亿元	110.18	133.32
社会消费品零售总额	亿元	40.18	45.95
农村居民人均纯收入	元	7672	8684
农村居民生活消费支出	元	3409	4086
农村恩格尔系数	%	49.7	54.1
城镇居民人均可支配收入	元	17222	18900
城镇居民人均消费支出	元	12693	13995
城镇恩格尔系数	%	46.9	45.4
地方财政一般预算收入	万元	31261	38141
其中：税收收入	万元	24213	29547
年末城乡居民储蓄存款余额	万元	587503	656083

（县统计局）

体制改革

2012—2013 年大英县体制改革工作努力用改革的思路发展社会经济，用改革的办法破解发展难题，用改革的成果顺应人民过上更加美好生活的期待，全面推进农村产权制度改革、行政管理体制改革、金融制度改革和民生社会事业改革，努力推动大英各项工作不断向前发展。

改革土地流转机制。为进一步盘活农村集体建设用地存量，提高土地资源利用率，加快推进新农村建设，不断增加农民收入。县政府出台了《关于切实做好农村集体建设用地使用权流转试点的意见》（大府办发〔2012〕7 号），规范土地流转程序，健全土地流转机制，推动农村土地流转合理有序。2013 年，全县共流转农村土地 176 宗，共计 137.625 亩，流转金额 183.5 万元。

整合城乡居民医疗保险。为克服多头管理、手续繁琐、报销不便、资金利用率低等医保难题，大英县整合资源、整合部门、整合人力，把原分属不同部门管理的新型农村合作医疗保险和城镇职工医疗保险及城镇居民医疗保险一体化，设立了医保局，同时在各级医院设立医保报销窗口，全面负责全县农村和城镇居民、城镇职工的医疗保险事宜，为广大人民群众提供便利。

投融资体制改革。为全面加强大英城市道路、油气管网、垃圾污水处理等公共基础设施和小城镇市政基础设施建设，破解融资难题，深化了投融资体制改革，大英县先后成立了 6 家政府性融资平台公司和 1 家理财公司（大英县顺亿理财公司）。公司具有独立的法人，按照规定缴纳注册资本金，具有完善的章程和明确的经营范围，投融资全部实行公司化运作。政府性融资公司对加强大英县专业园区平台建设，增强招商引资吸引力，强化市政基础设施建设，提升城市形象和改善民生发挥了重要作用。

做实政府小城镇投资建设公司。为破解小

城镇建设散、乱、慢、差等难题，进一步加快城镇化建设步伐，促进城乡统筹发展，不断提高小城镇建设水平，大英县以推进卓筒井市政基础设施建设为契机，着力做实四川卓旅投资有限公司。增加公司注册资本金，完善公司章程，扩大公司经营范围，使其可在全省范围内承接承建小城镇市政基础设施建设、工业、商业、公共建筑及房地产开发等业务。

文化惠民。结合实际，整合相关力量，成立了大英县群众文化促进中心，由专门机构牵头全面实施大英县“十大文化提升工程”，广泛开展送文化下乡村、到基层、进社区等文化惠民活动，营造浓厚的文化氛围，丰富人民群众的文化生活，提高人民的文化素质，积极推动文化惠民、文化促和谐，促进大英文化事业和产业蓬勃发展。

推动企业集团发展。积极鼓励、支持和引导企业抱团发展。南华纺织、鑫亚纺织和科瑞特纺织几家公司成立了集团公司，经济实力进一步壮大、竞争能力和抗风险能力进一步增强。

探索建立和谐拆迁机制。为了进一步保障拆迁农民的合法权益，努力做到拆迁后收入水平有增加、居住环境有提高、生活质量有改善，大英县不断创新房屋拆迁机制，对由于城市发展和公共利益需要拆迁的人群，加强宣传动员，广泛征求他们对拆迁安置的意见，先做好拆迁安置区的全面规划，让老百姓能清楚地看到安置区的位置、房屋结构和社区公共设施等规划，获得老百姓的支持，以为老百姓获得更好的生活环境谋求和谐拆迁。

引入民间资本做好城乡统筹发展。为贯彻落实中央关于进一步放宽民间资本投资领域，带动民间资本参与市政基础设施建设的积极性，大英县积极鼓励、支持、引导民间资本投入园区基础设施、标准厂房、新农村综合体和新型城镇化基础建设，充分发挥民间资本在经济社会建设中巨大作用。

（何荣志）

大英县党政军群机关及工作部门领导名录

一、大英县领导机关

中国共产党大英县委员会

书　记：谢代银
副书记：刘　辉
　　　　黄远新 2013.5 免
　　　　段　勇 2013.5 任
常　委：柯　辉　　赵　捷
　　　　刘　博　　石新宇
　　　　曾光明　　杨文彬
　　　　田碧华（女）
　　　　熊　杰
　　　　康朝晖（女）2012.7 任（下派）

大英县人大常委会

主　任：唐先培
副主任：任茂勤　　易天金
　　　　艾裕庆　　钟　英（女）

大英县人民政府

县　长：刘　辉
副县长：柯　辉　　石新宇
　　　　邓　云
　　　　朱　丹 2012.7 任（下派）
　　　　申长兴　　温清莉（女）
　　　　朱俊华

中国人民政治协商会议大英县委员会

主　席：张继明
副主席：陈德诗　　胡安明
　　　　彭哲志　　唐志红

二、县委机关、群团组织

中共大英县委办公室

主　任：杨文彬

副主任：陈　强 2013.3 免

谭恢军 2012.10 任，2013.9 免

黄　艳（女）2013.10 任

熊成武　　赵志奎

县委政策研究室

主　任：陈　强 2012.10 免

谭恢军 2012.10 任，2013.9 免

黄　艳（女）2013.9 任

副主任：陈　凯 2013.9 任

县委督查室

主　任：赵志奎

县委机要局

局　长：周余洪 2013.2 任

县保密局

局　长：赵志奎

县委机关党委

书　记：陈建平 2012.10 免

陈　强 2012.10 任，2013.3 免

王怀才 2013.4 任

副书记：唐红辉

县委防邪办（2012.10 挂靠至县委政法委）

主　任：王怀才 2013.4 免

县党政网络管理中心

主　任：骆中华

县委、县政府接待办

副主任：陈　敏（女）2012.1 任

县治理办

主　任：刘治辉

中共大英县纪律检查委员会（县监察局）

书　记：赵　捷

副书记：任乐福 2013.4 免

李炳炎 2013.4 任

唐玉清（女）

县纪委常委：袁　玉 2006.11 任，2011.12 免

漆筱骅 2007.8 任

敬　杰 2008.11 任

罗　斌 2011.10 任

钱春红 2013.7 任

县监察局局长：任乐福 2013.5 免

李炳炎 2013.5 任

县监察局副局长：曹　阳

办公室主任：王　蓉（女）2013.5 任

监察综合室主任：雷　蕾（女）

执法监察室主任：代旭辉 2013.5 免

信访室主任：向钰民（女）

纪检监察室主任：何　立

案件审理室主任：罗　斌 2013.10 免

聂　青(女)2013.10 任

教育研究室主任：钱春红

党风廉政建设室主任：李　莉（女）

行政效能监察室主任：杨永祥 2013.10 任

2008 年 3 月 6 日，中共大英县委决定，成立县纪委派驻蓬莱、隆盛、卓筒井片区纪工委、监察分局。

蓬莱片区纪工委、监察分局

书　记：刘　琪 2010.5 任

局　长：刘　琪 2010.5 任

副书记：张　帆 2013.1 任

隆盛片区纪工委、监察分局

书　记：漆筱骅 2009.9 任

局　长：漆筱骅 2009.9 任

副书记：冯　福 2008.3 任

卓筒井片区纪工委、监察分局

书　记：周传平 2008.3 任

局　长：周传平 2008.3 月

副书记：张琪芳（女）2008.3 任

县委组织部

部　长：田碧华（女）

副部长：胡志勇　　熊绍华

肖圣全

王　平 2013.1 免

李　勇

徐　旭 2013.7 任

县委党建办

主　任：熊绍华

副主任：张圣文 2012.1 免

县直机关工委

书　记：肖圣全 2012.8 任

副书记：王彦鸿 2012.1 任

陈　斌 2012.1 任，2013.1 免

何朝辉 2013.2 任

县直机关纪工委

书　记：王晓明 2013.4 任

县委党史研究室

主　任：张圣文 2012.1 任

县人才开发办

主　任：王彦鸿 2012.1 任

副主任：陈　斌 2013.1 任

县党代表联络办

副主任：谢富强

县远程教育中心

主　任：陈　磊

县“两新”党工委

书　记：徐　旭 2012.8 任

副书记：冉桂英（女）2012.8 任

县委宣传部

部　长：刘　博

副部长：岳　宁 2013.10 免

钱为民

县文明办

主　任：钱为民

副主任：李知维

县新闻中心

主　任：管　静（女）

县外宣办

副主任：安明侠 2013.8 任

县委政法委

书　记：熊　杰

副书记：颜行碧（女）

张　扬 2014.1 免

政治处主任：陈　明

大调解协调中心专职副主任：邹光亮

县综治办

主　任：胡大春

县维稳办

主　任：彭述武 2013.2 免

唐　兵 2013.2 任

副主任：陈文波 2013.4 免

县防邪办

主　任：陈文波 2013.4 任

县委统战部

部　长：唐志红

副部长：陈志贵 2011.12 免

陈如均 2012.11 免

张利绒（女）2013.1 任

谭延明

县“两新”党工委副书记：熊雄雄 2012.8 任

县民宗局

局　长：樊珍芳（女）

县委老干局

局　长：胡志勇

副局长：彭志刚

县委编办

主　任：李　勇

副主任：田　凌 2013.1 任

县委党校

校　长：田碧华（女）（兼任）

副校长：王　平 2013.1 免

冉　邱 2013.1 任

县总工会

主　席：杨文彬

党组书记、常务副主席：马荣中

副主席：廖成龙 2012.8 免

纪检组长：何桂英（女）

团县委

书　记：黄海果

副书记：郝国伟（挂职）2013.2 免

张　莉（女）2012.7 任，2013.8 免

漆　波（挂职）2013.10 任

县妇联

主　席：郭　骋（女）2014.1 免

刘　琴（女）2014.1任
副主席：刘　琴（女）2014.1免

县工商联

会　长：钟　英（女）2013.1免
陈建明2013.1任
党组书记：陈如均2011.12任，2013.1免
张利绒（女）2013.2任
副主席：姚福家2013.4免
郭　国2013.4任
秘书长：郭　国2011.12任，2013.4免
杨艳玲（女）2013.4任

县科协

主　席：何国华2013.7免
吕春蓉（女）2013.7任
副主席：刘艳君（女）2013.7免
邱　沅2013.7任

县残联

理事长：聂书平
副理事长：左　娟（女）2012.8任

县文联

主　席：杨　锋
副主席：谭　伟

三、民主党派

中国民主同盟大英县总支部委员会

主任委员：任常荣

中国民主建国会大英县支部委员会

主任委员：蒋灿辉

中国民主促进会大英县总支部委员会

主任委员：彭哲志

中国农工民主党大英县支部委员会

主任委员：梁继学

四、县人大、政协委室

县人大常委会办公室

主　任：石　磊
副主任：杨卫国

人事代表工作委员会

主　任：唐俊伦

法制工作委员会

主　任：梁文全
副主任：刘淑辉（女）2013.11免

财政经济工作委员会

主　任：肖　艳（女）
副主任：王开国

农村经济工作委员会

主　任：李兴友2013.3免
陈　益2013.3任
副主任：周　霞（女）

教育科学文化卫生工作委员会

主　任：任常荣
副主任：刘艳玲（女）

市人大代表联络科

科　长：陈先琼（女）

城乡建设环境资源保护工作委员会

主　任：代　辉
副主任：胡　静（女）2013.5任

政协大英县委员会

秘书长：成麒麟
副秘书长：杨　雷（兼）2013.10任

办公室

主　任：王世坤
副主任：陈秀玉（女）

提案学习法制联谊委员会

主　任：陈　菊（女）
副主任：谭茹心（女）

城市经济委员会

主　任：杨先平

农村经济委员会

主　任：刘　键
副主任：漆汉成

教科文卫委员会

主　任：李莉华（女）
副主任：全　玲（女）

五、县政府部门

县人民政府办公室

主　任：黄杰林

副主任：陈　平 2014.1 免

谭恢军 2012.10 任

王友鑫　代　利

陈绍平 2013.1 任

郭　骋 2014.1 任

纪检组长：谢　彦 2012.1 任

县政府机关党委

书　记：李　萍（女）

副书记：黄　艳（女）2012.11 任，2013.10 免

何时雨 2013.10 任

县金融办

主　任：王友鑫

副主任：张　华 2012.10 任

县应急办

主　任：代　利 2013.4 免

唐建军 2013.4 任

副主任：廖　衡

县政府研究室

主　任：谭恢军 2012.10 免

何时雨 2013.10 任

县政府督查室

主　任：陈长恩

县目标办

主　任：陈长恩

副主任：陈海军 2012.8 任

县政府法制办

主　任：唐辉军 2012.8 任，2013.2 免

邹更生 2013.2 任

副主任：唐辉军 2012.8 免

县机关事务管理局

局　长：陈绍平 2013.2 任

副局长：赵泽兵 2013.4 任

纪检组长：吴坤杜 2013.4 任

县台湾事务工作办公室

主　任：李前锋

县地方志办公室

主　任：唐元林

县委群众工作局（县政府信访局）

局　长：李代辉

副局长：胡懿德

余素华（女）2012.8 任

群众工作中心

主　任：胡黎梅（女）

县政务服务中心管委会

主　任：蒋　伟

副主任：张建国

县采购中心

主　任：蒋　伟（兼）

副主任：姚　军 2012.1 任

县政务服务中心

主　任：李晓燕（女）2013.5 免

刘德军 2013.5 任

县公共资源交易服务中心

主　任：蒋　伟（兼）2013.1 任

副主任：姚　军（兼）2013.1 任

县惠民帮扶中心

主　任：蒋天志

副主任：唐晓春（女）2012.10 免

漆睿智 2012.10 任

县审计局

局　长：覃光荣

副局长：张　明

陈明华 2013.4 免

王明光

纪检组长：谢　文

总审计师：刘　泽

县人力资源和社会保障局

局　长：胡志勇

副局长：查仕坤　　唐坤杰

雷　云　　胡天朗

何　华

纪检组长：杜红松

县劳务办

主　任：查仕坤（兼）

副主任：唐　军

县社保局

局　长：胡志勇（兼）

县医保局

局　长：雷宇科 2013.5 任

副局长：徐　琳 2013.5 任

县机保局

局　长：鲍英剑

县就业局

局　长：唐坤杰（兼）

县人事争议仲裁办

副主任：吕世军

县人才办

副主任：袁利华（女）2012.11 任

县城乡居民养老保险局

局　长：邹宏伟 2013.3 任

县民政局

局　长：郭　彬

副局长：胡文豪 2006.10 任

蔡　林 2014.1 免

杜　波 2014.1 任

党组副书记：李发源

纪检组长：李　志

县老龄办

主　任：胡文豪

副主任：谭昌才 2013.5 免

县社会救助福利中心

主　任：杜　波

县互助保障中心

主　任：梁红梅（女）2013.5 免

王　俊 2013.5 任

县安监局

局　长：陈　益 2013.1 免

王　平 2013.2 任

副局长：杨军全　段康林

纪检组长：王　蓉（女）2013.5 免

代旭辉 2013.5 任

县档案局（馆）

局（馆）长：蒲从阳

副局（馆）长：岳盛梅（女）

县执法局

局　长：张利绒（女）2013.2 免

彭述武 2013.2 任

副局长：余素华（女）2012.8 免

张　雄　黄春生

纪检组长：黄俊淞

城市管理特勤大队大队长：

高殿龙 2012.11 任

县城市公用事业管理局

局　长：李永顺

副书记：刘昌兵

副局长：邓大勤 2013.3 任

蒋　艳（女）

纪委书记：廖晓树 2013.4 任

县市政管理中心

主　任：邓大勤 2013.3 任

副主任：廖晓树 2013.4 免

张　清（女）2013.10 任

县旅游局

局　长：代　萍（女）

副局长：漆小兵

熊　健 2012.1 免

张美年（女）

党委副书记、纪委书记：徐其柱 2012.1 任

县发改局

局　长：陈立国

副局长：康蓬雄

蒋佰华 2013.8 免

杨　武

杨故慧（女）2013.4 免

唐太富

纪检组长：贺　智

总经济师：滕钊斌

县项目办

主　任：杨　武

县节能办

主　任：蒋佰华 2013.8 免

副主任：蒋丽萍（女）

县招标办

副主任：陈　伟

县物价局

局　长：陈立国 2010.10 任

县统计局

局　长：李志平

副局长：黄霁阳 2007.12 任

　　　　但志军 2009.1 任

纪检组长：岳爱华（女）2008.4 任

总统计师：陈　军 2012.11 任

县普查中心

主　任：黄霁阳 2011.1 任

县铁建办

主　任：王　强

副主任：吴玉生 2013.4 免

　　　　王玉国

县住房和城乡建设局

局　长：陶　虎

副局长：敬云川　　杨胜勤

　　　　赵　翔

党组副书记：敬天军

纪检组长：屈卫中

县人民防空工作办公室

主　任：敬云川

副主任：陈支荣

县房屋征收办公室

主　任：杨胜勤 2013.2 任

副主任：吴玉生 2013.4 任

县住房保障和房屋管理局

局　长：付国芳（女）2013.12 任

县城乡规划管理局

局　长：任乐福 2011.11 免

　　　　袁　春 2011.11 任

副局长：薛恒文　　梁　星

　　　　刘　聪 2008 任

纪检组长：岳翠兰（女）2009.9 任

县城乡规划编制研究中心

主　任：安雪梅（女）2012.8 任

县交通运输局

局　长：王友明

副局长：邓大勤 2013.1 免

　　　　冉　邱（女）2013.1 免

　　　　熊　健 2013.3 任

　　　　唐　毅

纪检组长：付建军

县海事处

处　长：邓大勤 2013.1 免

　　　　彭　华 2013.10 任

副处长：吴祥平

县公路运输管理所所长：

　　　　田　凌 2013.1 免

　　　　刘　亚（女）2013.1 任

县城际公路建设办公室

主　任：冉　邱（女）2013.1 免

　　　　熊　健 2013.3 任

副主任：彭　波 2010.5 任

县环保局

局　长：刘　建

副局长：吴长操

　　　　李　浪 2012.11 免

　　　　聂　勇 2012.11 任

纪检组长：任碧群（女）

总工程师：冯　强 2012.8 任

县招商局

局　长：王海波

副局长：姚　祥 2012.8 免

　　　　吕长华 2013.3 免

　　　　黄子娟（女）2012.1 任

　　　　刘　锋 2012.8 任

　　　　蒋　程（挂职）2013.6 任

纪检组长：黄子娟（女）2012.1 免

　　　　　文　豪 2012.1 任，2013.11 免

　　　　　颜佳佳（女）2013.4 任

县投资服务中心

主　任：王海波 2012.3 任，2013.5 免

副主任：郭小军 2013.5 免
谭海军 2012.1 任，2013.5 免

县招商信息服务中心

主　任：梁红梅（女）2013.5 任
副主任：郭小军 2013.5 任
谭海军 2013.5 任

县招商局一分局

局　长：陈　林 2013.4 任

县招商局二分局

局　长：郭小军 2013.4 任

县招商局三分局

局　长：熊安国 2013.4 任

县经济和信息化局

局　长：李炳炎 2013.4 免
任乐福 2013.5 任
副局长：彭　华 2013.10 免
刘厚春
蒋映光 2013.4 免
纪检组长：何金明 2012.7 免
彭芳芳（女）2012.8 任
总经济师：廖太华 2012.1 任

县财政局

局　长：岳建宏
党组副书记：徐建国
副局长：秦开文　　王　进
纪检组长：熊　伟 2012.3 任
总会计师：李红熹（女）2011.12 任

县国有资产监督管理局

局　长：谭　华（女）2013.4 任

县农发办

主　任：徐建国
副主任：何　军

县国库集中支付中心

主　任：李红熹（女）2011.12 免
陈如琼（女）2012.3 任

县财政投资评审中心

主　任：谭清涛

县行政收费中心

主　任：刘德军 2013.5 免

县财政监督检查局

局　长：代　华（女）2012.3 任

县国资委

主　任：陈绍平 2008.5 任，
2013.4 免
副主任：谭　华（女）2007.4 任，
2013.4 免

县商务局

局　长：岳智勇 2013.11 免
陈　平 2014.1 任
副局长：刘维国 2014.1 免
张　君（女）2012.10 任
纪检组长：蒋先平 2011.12 任，2012.11 免
罗来余 2012.11 任

县经济信息中心

主　任：杨海泉 2013.4 免
李晓燕（女）2013.5 任

县食品药品监督管理局

局　长：李天乾
副局长：蒋廷贵
唐宏基 2013.12 任
肖　辉
纪检组长：黄凤春（女）

县食品药品监督稽查大队

队　长：张　伟 2013.10 任

县粮食局

局　长：秦殿英（女）
副局长：陈　昱
张斯俊 2013.3 免
张建国 2013.10 任
纪检组长：徐海钦

县农村工作办公室

主　任：陈　平 2014.1 免
郭　骋（女）2014.1 任
副主任：熊安国 2013.4 免
唐金声 2013.10 任

县新村办

主　任：银尧明 2012.10 任，2013.10 免
副主任：荣学飞 2012.10 任

唐晓春（女）2012.10任

县农业局

局　长：陈兴学

副局长：胡康林　王东旭

廖云坤（女）

陈　珺

刘　键 2012.1免

总农艺师：陈　曦 2012.1任

县扶贫开发领导小组办公室

主　任：陈兴学（兼）2013.2免

大英县农村能源办公室

主　任：徐　同

县农业机械管理局

局　长：陈兴学（兼）

县林业局

局　长：杨鹏飞

副局长：税国东 2013.1免

唐义林 2013.8免

张和先 2014.1免

江　泓 2013.10任

纪检组长：江　泓 2013.10免

总工程师：颜新华（女）2012.8任

县森林公安局

局　长：许志宏

教导员：杨　帆

县水务局

局　长：夏　军

副局长：龙昌友　廖　兴

党组副书记：钱　尧

纪检组长：蒋晓明

总工程师：肖体民

县移民办主任：杨志才 2013.2免

祥凤寨水库管理局局长：杨志才 2013.2任

县畜牧食品局

局　长：漆明学

副局长：江隆福

赖安珍（女）2012.8任

纪检组长：徐成林 2013.4免

刘艳君（女）2013.4任

总兽医师：翟宁凤（女）2012.11任

县供销社

主　任：霍世清 2013.10免

李兴建 2013.10任

副主任：吴会权　陈国安

纪检组长：贺昌兵

县扶贫移民局

局　长：何克昌 2013.2任

副局长：李兴友 2013.2任

县文化体育广播电影电视局

局　长：周松林

副局长：邓先勇

苏　拓 2012.4免

韩燕明　曾和平

黄玉全

纪检组长：马晓鹏

县新闻出版版权局

局　长：邓先勇

大英县广播电视台

台　长：苏　拓 2012.4免

漆　敏 2012.4任

副台长：漆　敏 2012.4免

县教育局

局　长：李宗岭 2012.7任

副局长：唐永碧（女）2013.6免

谢贵林 2013.7免

徐景慧 2013.8任

李隆全 2013.8任

刘樟民 2013.10任

党委副书记、纪委书记：李飞云

县人民政府教育督导室主任：

谢贵林 2013.7任

县人口和计划生育局

局　长：骆跃华 2011.12任

副局长：吴雪梅（女）　袁　玉

纪检组长：杨　茜（女）

县卫生局

局　长：苏朝安

副局长：吕仕银 2012.1免

肖坤烈　刘中艾
党委副书记：李怀林
纪检组长：唐清平 2012.1 免
纪委书记：唐清平 2012.1 任
县爱卫办主任：熊　慧（女）2012.1 任，2013.4 免
杨立新 2013.4 任
县红十字会副会长：王文洪 2012.1 任
县卫生监督大队队长：许朝辉 2012.3 任

县疾病预防控制中心

主　任：吕仕银 2012.1 任

县科技局

局　长：雷宇科 2013.5 免
副局长：肖　明 2013.4 免
何琼珍（女）
纪检组长：罗来余 2013.4 免
熊　慧（女）2013.4 任

六、县城市工作机构、各园区

中共大英县城东社区工作委员会

书　记：但成贵 2012.9 任
副书记：贾玉清（女）2012.9 任
李明辉 2012.9 任

大英县城东社区管理委员会

主　任：贾玉清（女）2012.9 任
副主任：代　进 2012.9 任
杨国庆 2013.5 任

中共大英县城西社区工作委员会

书　记：邓青云 2012.9 任
副书记：谭雯旻 2012.9 任
黄辉兵 2012.9 任

大英县城西社区管理委员会

主　任：谭雯旻 2012.9 任
副主任：李　耘 2012.11 任
范　薇（女）2012.11 任
何忠润 2014.1 任

中共大英县工业集中发展区工作委员会

书　记：刘志强
副书记：任　力
徐　旭 2012.8 免
张　帆
任乐福 2013.4 免
彭　荣 2012.11 任
纪工委书记：徐　旭 2012.8 免
彭　荣 2013.5 任

大英县工业集中发展区管委会

主　任：刘志强
副主任：彭　荣 2013.5 免
邓　鑫
徐　旭 2012.8 免
任　力 2013.5 免
邓正忠
何顺光 2013.5 任

县工业企业发展服务中心

主　任：陈建明 2013.1 免
副主任：何顺光 2013.5 免
田　军 2013.10 任

中共大英县文化产业园区党工委

书　记：何　均 2013.10 免
熊成武 2013.10 任
副书记：梁　星 2013.10 任
胡　敏 2012.3 任

大英县文化产业园区管委会

主　任：熊成武 2011.12 任
梁　星 2013.10 任
副主任：李　彦（女）
谭　力

大英县现代农业园区

党工委副书记、管委会主任：
吕长华 2013.3 任
党工委书记：肖　明 2013.4 任
管委会副主任：周建仁 2013.3 任
丁　闯 2013.3 任
唐小凤（女）2013.3 任

大英县回马工业园区

党工委书记：朱　丹（兼）2012.10 任
党工委副书记：戴　利 2012.10 任

文　林 2012.10 任
薛恒文 2012.10 任
管委会主任：薛恒文 2012.10 任
管委会副主任：赵　蕤 2013.4 任

七、人武部、公、检、法、司

大英县人民武装部

政　委：曾光明
部　长：王晓敏 2013.1 免
涂兴隆 2013.1 任
副部长：黄际华 2011.4 任

大英县公安局

局　长：申长兴
政　委：郭　晖
副局长：蒋　华　　陈　实
叶　涛
张华声（挂职）2013.4 任
副政委：刘永生
副书记、交警大队长：李前霈
纪委书记：张春勇
政治处主任：徐元龙

大英县人民检察院

检察长：段　雄
副检察长：陈晓瑶 2012.5 任
朱发斌
伍元高 2009.8 任
唐辉军 2013.3 任
政治处主任：陈 凯 2012.3 任
纪检组长：秦国华 2012.3 任
检委会专职委员：蒋熙麟
反渎职侵权局局长：席小勇
反贪污贿赂局教导员：邓　筱（女）

大英县人民法院

院　长：刘继文
副院长：蒋灿辉
袁　斌 2013.3 免
杨清明 2012.5 任
纪检组长：杨清明 2012.3 免
廖昌凡 2012.3 任
政治处主任：何永华（女）
执行局局长：王　鸽 2012.3 任
审判委员会专职委员：
冯　萍（女）2012.3 任
司法调解中心主任：罗启平 2013.5 任

县司法局

局　长：廖福金
副局长：王　宁
邹更生 2013.4 免
代　俊 2013.5 任
纪检组长：刘　静（女）2013.1 任
卢建新 2013.1 免
政治处主任：陈　佳 2013.10 任
刘　静（女）2013.1 免

依法治县领导小组办公室

主　任：王　宁 2008.8 任
副主任：刘淑辉（女）2013.10 任
代　俊 2013.5 免

八、直管部门、公司

县国土资源局

局　长：蒲友炳
副局长：唐肇廷 2013.9 免
吴建军　　包久双
宋　睿（女）2013.9 任
党组副书记：罗　俊 2013.5 任
纪检组长：包久双

大英县土地储备中心

主　任：吴建军
副主任：庹发兵　　蒋建明

县工商局

局　长：李　山
副局长：王晓军　　唐宏基
纪检组长：胡拥军

县质监局

局　长：侯国辉 2012.9 免
蒋　明 2012.9 任

副局长：李代田　　付华兴

纪检组长：高　中

县国家税务局

局　长：黄源东

副局长：李华光　　李永金

唐明勇 2012. 6 任

纪检组长：戴　杰

县地税局

局　长：李涪宁

副局长：吴　强　　代　平

纪检组长：钟　文

总会计师：李顺刚

机关党委书记：李红梅（女）

县气象局

局　长：黄　建

副局长：陈守勇 2012. 5 任，2012. 10 免

邓益康 2012. 12 任

彭　伟 2013. 11 任

县邮政局

局　长：杨前进

副局长：王　斌

县烟草专卖局（营销部）

局长（经理）：姜　东 2012. 3 任

副局长：蒲有余

副经理：李　涛 2012. 9 免

蒋　燕 2013. 4 任

中国人寿保险股份有限公司大英县支公司

经　理：陈灵灵 2013. 5 免

杜朝杰 2013. 5 任

副经理：黄小梅

九、镇、乡

蓬莱镇

书　记：张华安

镇　长：何　涛 2012. 12 免

陈　强 2012. 12 任

人大主席：聂英杰（女）

副书记、纪委书记：李　磊 2014. 3 免

副书记：谭雯旻 2012. 9 免

李　浪 2013. 2 任

委　员：徐成林 2009. 3 免

副镇长、武装部长：李　源

副镇长：李　浪 2012. 11 任，2013. 2 免

曾　涛 2013. 10 任

梁大钊 2013. 5 免

大调解中心副主任：曾　涛 2013. 10 免

党委委员、组织员：蒋华红

隆盛镇

书　记：何克昌 2011. 12 任，2013. 1 免

何　涛 2013. 1 任

镇　长：熊安全

人大主席：王肇文

副书记、纪委书记：李云辉

副书记：陈　勇 2010. 7 任，2013. 10 免

蒋佰华 2013. 10 任

副镇长、武装部长：彭述强

副镇长：陈　勇 2013. 10 免

漆　识

蒋佰华 2014. 1 任

委员、组织员：邓红琼（女）

委员、大调解中心副主任：陈　卓

河边镇

书　记：刘春燕

镇　长：杨洪林

人大主席：唐　兵 2013. 3 免

唐海军 2013. 4 任

副书记、纪委书记：周　佳（女）

副镇长、武装部长：舒建国

副镇长：杨再贵

彭　容（女）

大调解中心副主任：周　刚

委员、组织员：刘　勇

回马镇

书　记：文　林

镇　长：何时雨 2013. 11 免

陈　勇 2013. 11 任

人大主席：夏莉华（女）

副书记、纪委书记：唐海军 2013.5 免

舒　畅 2013.5 任

副书记、副镇长：何金明 2012.8 任

副书记：何时雨 2013.10 免

唐海军 2013.5 免

李　耘 2012.11 免

副镇长、武装部长：范才民

副镇长：李　耘 2012.11 免

周荣华 2013.10 任

大调解中心副主任：刘　柱

委员、组织员：周荣华 2013.10 免

袁增荣 2013.10 任

玉峰镇

书　记：李小龙

镇　长：唐建军 2013.4 免

吴　鹏 2013.4 任

人大主席：吕春蓉（女）2013.4 免

龚文军 2013.5 任

副书记、纪委书记：胡　军

副镇长：吴　兵 2011.6 任

邓　波 2011.6 任

王　刚 2012.9 任

大调解协调中心副主任：唐仕兵 2012.3 任

委员、组织员：刘　欣 2012.1 任

象山镇

书　记：张　乐 2012.10 任

镇　长：陈建平 2012.10 任

人大主席：陈长全 2011.7 任

副书记、纪委书记：陈　林 2013.5 免

梁大钊 2013.5 任

副镇长、武装部长：黄　强

副镇长：唐玉琼（女）

姚　祥 2012.7 任

大调解中心主任：王国川

委员、组织员：易　琴（女）

卓筒井镇

书　记：王国华 2011.12 任

镇　长：彭海明 2012.1 任

人大主席：蒲鹏程

副书记、纪委书记：余　明 2013.10 免

副镇长：何天军　　甘文凭

吴忠富 2012.1 任

大调解协调中心副主任：吴坤杜 2013.4 免

陈　辉 2013.7 任

景区管委会副主任：张　军

天保镇

书　记：熊　琳（女）

镇　长：王　涛

人大主席：钱基辉

副书记、纪委书记：张　彬

副镇长、武装部长：陈国安 2012.1 免

梁　剑 2012.1 任

副镇长：张　雄 2012.8 免

陈国安 2012.1 免

姚　山

大调解中心副主任：廖红英（女）

委员、组织员：钱建平 2012.1 任

委　员：钱建平 2012.8 任

王　霞（女）2013.5 任

金元乡

书　记：钱　敏 2013.10 免

夏拥军 2013.10 任

乡　长：夏拥军 2013.10 免

谭恢军 2013.10 任

人大主席：龚文军 2013.5 免

余　明 2013.11 任

副书记、纪委书记：漆长洪

副乡长、武装部长：徐海波

副乡长：张　彪

张　君（女）2012.10 免

大调解中心副主任：刘　凯 2013.2 免

陈　卓 2013.2 任

委员、组织员：刘　衡

通仙乡

书　记：李兴建 2013.10 免

岳　宁 2013.10 任

乡　长：胡世永

人大主席：易天生

副书记、纪委书记：黄春生 2012. 8 免
潘兴华 2012. 8 任
副乡长：潘兴华 2012. 8 免
刘富云 2006. 12 任
雷　丽（女）2013. 5 免
肖　勇 2012. 8 任
钱建平 2013. 5 任
大调解中心副主任：
陈　君（女）2013. 5 免
查素芳（女）2013. 7 任
委员、组织员：王　霞（女）2013. 5 免
陈　君（女）2013. 5 任

智水乡

书　记：许六星
乡　长：吴　鹏 2013. 4 免
李　磊 2013. 4 任
大大主席：王官德
副书记、纪委书记：
郭春兰（女）2012. 1 任
副乡长：张　勇　　白　礼
唐小凤
委员、组织员：李金华
大调解中心副主任：肖　勇

中国共产党大英县委员会

2012年度工作综述

【概况】 在中共遂宁市委、市政府的坚强领导下，中国共产党大英县委员会团结带领全县干部群众，努力克服“9·10”特大暴雨灾害影响，抢抓机遇，开拓创新，团结实干，全县呈现出投资快速增长、经济平稳运行、质量显著提升、社会和谐安宁的良好态势。地区生产总值突破100亿元、达到102亿元，增长14.3%；公共财政预算收入突破3亿元、达到3.12亿元，增长20%；全社会固定资产投资突破100亿元、达到110.1亿元，增长17.7%；社会消费品零售总额突破40亿元、达到40.5亿元，增长15.9%；外贸出口额突破5000万美元、达到5100万美元，增长16%；实际利用市外资金突破50亿元、达到52.1亿元，增长27.1%；旅游总收入突破30亿元、达到30.2亿元，增长26.2%；城乡居民储蓄余额突破60亿元、达到62.75亿元，增长20.7%。三次产业结构由2011年的22.8：57.3：19.9调整到了21.5：58：20.5。

【以优质规划催生重大项目，发展后劲不断增强】 聘请16家知名规划设计团队，编制完成郪江新城、电子信息产业园、现代农业科技园等33个重大规划，生成了文化产业园、郪江生态养生岛等30余个重大项目。大力推进“招大引强年”、“服务提升年”工作，全年引进投资3000万元以上产业项目66个。坚持实行重大项目“调度会”、“挂图作战”制度，扎实推进重点项目建设，全县100个重点项目开工完成投资122.6亿元，开工率达91%、竣工率达60%。全年争取到位项目489个，到位资金13.5亿元，同比增长24.1%。实现工业技改投资11.7亿元，增长59.4%，新增规模工业企业4户，完成外贸出口5100万美元，增长16%。万元工业增加值综合能耗同比下降5.9%。

【以突出四抓推进城乡发展，两化互动成效突出】 工业抓园区取得实质进展。盛马化工500万吨/年燃油技改项目顺利推进，中腾一期30万吨/年碳四改质项目实现了当年签约、当年建设、当年投产，二期项目已正式开工建设。电子信息产业园区一期3万平方米标准厂房已经建成并成功引进3家电子企业入驻，二期27万平方米标准厂房正在加快建设。成功争取30万吨粮仓项目，与省粮油批发中心达成开发建设粮食物流园区协议，已启动道路管网及5万吨粮仓建设。引进重庆科恩公司在回马投资新建光碳产业园，中城科绿投资10亿元建设绿色建材生产基地及科技孵化园项目达成协议。

旅游抓景区实现重大突破。突出“盐疗养生”主题，加快推进中国死海升级改造上市步伐，死海景区荣获全省首批省级旅游度假区称号。突出“慢活养老”主题，加快建设中国慢谷休闲旅游区，完成郪江生态养生岛的规划设计。突出“科技体验”主题，引进恒信集团投资22亿元，建设“中华梦幻谷第五空间”景区。突出“民俗文化”主题，规划打造“蜀国印象”影视基地，已聘请美国GC公司完成项目总规。突出“井盐文化”主题，高标准规划建设“卓筒井主题旅游镇”，并成功引进成都上半城名茶公司投资。

城市抓新区框架全面形成。坚持以“规划先行”提升城市总体品位，形成了“一心两翼、四区八组团”的现代生态田园城市空间布局。以“基础先行”拉开城市发展框架，启动实施了成南高速大英县城进出口改造、火车东站扩能改造、郪江新城跨江大桥和场平道路建设。以“配套先行”完善城市承载功能，成南高速遂宁服务区拓展区启动建设，完成了县城第二水厂、郪江新城盐华外国语学校等项目的规划编制。以“民生先行”提升城市宜居指数，实施了大南街棚户区改造。以“环境先行”彰显城市投资价值，深入开展城市乱象治理，扎实推进“四街一线”风貌塑造，城市环境更加清爽。城市农博园前期工作进展顺利。

农村抓统筹机制得到创新。突出规划统筹、产业统筹、新村统筹、基础统筹、配套统筹“五个统筹”，规划了50平方公里现代农业科技园区，建设城市农博园基地和5个“仿世界名镇”新农村综合体，成功引进山东豪源农业科技公司投资2亿元建设核心区。探索“土地置换、异地入股”模式，解决项目用地紧缺和农村资源增值问题。扎实做好“9·10”暴雨灾后重建，高标准规划建设新村聚集点2个，启动建设示范新村12个。大力推进基础设施建设，建成高标准农田3.25万亩，建成通村联网水泥路287.3公里。新建甜橙产业基地1.65万亩，成片发展绿色蔬菜基地3.38万亩，温氏集团第二个万头生猪规模种猪场成功签约。

【以文化建设搭建发展平台，社会事业全面进步】 成功引进光华大学入驻并开工建设，教育教学质量不断提高，蓬莱中学被评为“四川省留守学生关爱行动优秀阵地”。文化产业园区基础框架和项目建设逐步拉开，被省政府列为全省重点发展26个特色文化产业园区之一。文化建设“十大工程”正式启动，成功举办首届农民工原创文艺作品大赛，被中国文联定为全省文艺创作培训基地、全省电影创作培训基地。国家基本药物制度全面实施，公共卫生和医疗服务体系不断完善。落实人口计生政策，成功创建国家免费孕前优生健康检查试点县，被评为全省首批人口计生依法行政示范县。双拥工作推动了国防建设工作，群团组织作用充分发挥，统战工作得到加强。残疾人事业、老龄工作健康发展，代表全省“消除婴儿贫血”项目县接受全国检查并获得充分肯定，被评为全省残疾人状况监测先进县、全省“量服”工作示范县。

【以改善民生引领社会建设，富民惠民取得实效】 乡镇政府内层机构改革和职能转变扎实推进，社区网格化管理和农村议事代表制度不断完善，三级便民服务体系、社会矛盾化解体系、社会治安防控体系建设切实加强。全县信访批次同比下降36.8%。平安创建扎实推进，被推荐为全省平安建设先进县。依法治县工作深入开展。安全生产形势总体平稳，应急抢险救援中心开工建设。制定并实施《城市公共空间管理办法》等管理规章，城市乱象整治取得阶段成果。10大民生工程任务全面完成，城乡社会保障体系更加完善，新型农村养老保险参保突破11万人。住房保障投入加大，全县新建廉租房192套、公租房316套。新增城镇就业4798人。科学应对“9·10”暴雨洪灾，扎实开展“千名干部下基层”活动，组织社会捐款46.5万元，争取灾害补助资金1199.3万元。

【以制度创新加强党的建设，执政能力明显提高】 加强思想政治建设。全面学习、深刻领会、准确把握党的十八大精神。切实改进中心组学习制度，先后邀请23名国内外知名教授、专家，给全县副科级以上干部专题授课。组织了128名正科级干部到广西、海南、西昌等地考察学习，与西昌市签订了友好县市合作协议。

加强干部队伍建设。制定了《大英县干部教育培训工作五年规划》，开展新提拔科级干部、优秀年轻干部以及学习贯彻党的十八大精神专题培训班3期。统筹公选科级领导干部5名，交流引进市本级党政人才30名，招聘引进各类急需紧缺专业技术人才239名。

加强基层组织建设。深入开展“基层组织建设年”活动，基层党组织阵地建设、能力建设、村级财务管理等规章制度不断健全，城乡党建一体化进程明显加快。坚持乡镇党委党建述职制度、基层组织巡查制度和半年考评制度，测评满意率达到95%以上。加强“两新”党组织建设，非公企业的覆盖率达到76.3%，新社会组织覆盖率达到86%。

加强党风廉政建设。不断健全惩治和预防腐败体系，着力从源头上遏制腐败。对拟提拔的48名领导干部进行了党风廉政审查，对110余名党员干部开展了诫勉谈话和廉政谈话。党务公开覆盖面达到100%。查处违纪违法人员41人，其中科级干部8人，在全县上下营造了风清气正的政治生态环境。

（蒋志强　张　磊）

2013年度工作综述

【概况】 2013年，中国共产党大英县委员会认真贯彻落实中共遂宁市委“六大兴市计划”，坚持“新型工业县、优秀旅游城、生态示范区”发展定位，突出“工业抓园区、旅游抓景区、城市抓新区、农村抓统筹、管理抓创新、党建抓示范”工作重点，大力实施“规划实施年、项目落地年”活动，开拓创新，拼搏奋进，圆满完成了各项年度目标任务。全年实现地区生产总值114亿元、增长11.4%，地方公共财政收入3.81亿元、增长22%，全社会固定资产投资133.3亿元、增长21%，城镇居民人均可支配收入19030元、增长10.5%，农民人均纯收入8654元、增长12.8%，外贸出口5400万美元，三次产业比调整为19.8∶60.5∶19.7。

【抓重点、促跨越，“六大攻坚行动”引领科学发展】 实施路网升级攻坚行动，基础设施提档升级。编制完成《大英县城市综合交通规划》，有序推进遂大（遂宁—大英）快捷通道建设，老城区滨江路道路景观升级及雨污管网改造顺利启动，青狮岩大桥、蓬莱大桥完成主体工程施工。新建和改造通乡、通村公路61公里，渠系97.1公里，桂竹路成功升级为国道。县城第二水厂、城区排水工程开工建设，“智慧城市”打造稳步推进。

实施产业壮大攻坚行动，区域经济发展壮大。加快构建新型工业体系，顺利编制完成县工业集中发展区扩区拓园、产业发展规划，园区成功创建为四川省“51025”重点产业园区。石化产业园、盐化产业园建设有序推进，机电产业园30万平方米标准厂房完成主体工程建设，新型建材产业园一期厂房、检测楼、科研楼建成，粮药物流园5万吨仓库及5000吨油罐顺利开工建设。全县新建科技创新研发中心2个，新创省级以上名优工业产品3个，新增规模工业企业10户，规模工业增加值增长13.1%。加快构建现代农业体系，按照“镇园结合、产村相融、一体发展”思路，整合项目23个、资金1.24亿元投入现代农业园区建设，吸引带动云南天丹药业、四川永逸集团等龙头企业成功入驻，园区基础设施建设全面启动，7.5公里骨干环形道路基本建成。新开工回马镇光明村等20个新村聚居点，全县在建新村达到28个。加快构建现代商贸体系，编制完成

《全县商业网点规划》，大南街中心商务区、郪江新城商业综合体等五大城市综合体建设顺利推进，现代城市商业组团加快形成。积极开展旅游推荐会、房地产展销会等商贸促销活动，有序引导传统服务业转型升级，全年实现社会消费品零售总额45.95亿元，增长14.3%。

实施城镇优化攻坚行动，美丽大英初见成效。按照“中等规模城市、特色旅游城市”定位，完成城市总体规划、太吉新城等一系列重大规划的编制和修订，城市功能日益完善。有序启动交通下街等4个组团棚户区改造前期工作，凉湾四期、山水乐居等6个安置小区建设加快推进。按照“文化旅游型、商贸集散型、工业园区型、现代农业型”四大特色，合理确定11个乡镇功能定位，以经营城市的理念加快场镇提档升级，隆盛、回马、玉峰、象山等场镇开发顺利推进，城镇化工作走在全市前列。

实施文旅突破攻坚行动，全域旅游阔步迈进。光华大学一期17万平方米主题教育园区建设全面拉开，中国新材料应用科技大学、四川华康医学专科学校顺利启动，全县在建大学已达三所。深入开展“文化建设十大工程”，率先在全国成立县群众文化促进中心，活动开展情况被《人民日报》连续刊登报道，并得到中宣部和国家文化部的重视和肯定。加快五大主题旅游景区建设，中国死海完成核心区升级改造，被评为全省首批、遂宁市首个省级旅游度假区。中华梦幻谷、浪漫地中海启动建设，中国慢谷、海洋生态体验中心、卓筒井历史文化旅游小镇等项目加快推进。全年接待游客460.8万人，实现旅游总收入37.8亿元、增长25.1%。

实施环境提升攻坚行动，城乡面貌明显改善。大力推进环境质量、园林绿化、城乡容貌、环境设施、文明素质“五大提升工程”。在全省率先制定《城市公共空间管理办法》和《城市业态管理办法》，完成高速公路进出口、中海大道等城市主干道和交通节点风貌改造。认真开展户外广告、违规搭建、店招店牌等城市“新老五乱”专项治理，城市环境更加宜人。

实施富民增收攻坚行动，社会民生全面进步。十二大民生工程完成投资19.5亿元，全县新增就业5812人，转移输出农村劳动力20.8万人，实现劳务收入24.8亿元。率先在全市组建基本医疗保险事业管理局，城乡居民医疗、养老保险实现全覆盖。稳步推进县公立医院改革，顺利完成食品药品监督管理体制改革。大力推进素质教育均衡发展，建成公办幼儿园5所，卓同·大英国际学校等一批高端教育机构启动建设。

【抓创新、促改革，“五项创新举措”破解瓶颈制约】 创新招商引资机制。建立“1个招商领导小组+3个专业招商分局+6个重点招商部门+13个招商引资协作组”和“组织部门负责招商引资考核、纪检部门负责招商服务督办”的全员招商新模式。完善项目准入、退出机制和履约保证金缴纳制度。采取“园区招商、产业链招商、委托招商和基础带产业招商”等新方式，积极开展各类招商引资活动，全年新引进投资3000万元以上产业项目54个，协议投资256.1亿元，云南天丹药业、新疆和谐地产、山东常青树化工、福建东煜光电等知名企业成功入驻，招商引资工作在全市区县保持优势地位。

创新项目推进机制。按照“四个一批”梯次跟进的思路，通过“四条途径”生成项目、“四项制度”服务项目，全县重点项目建设快速推进。编制完成《2014—2018年六大兴市计划项目储备库》，总投资776.9亿元。依法处置低效企业27家，清理闲置低效用地303亩，置换新上项目10个。中腾能源二期、圣海包装产业园一期、天骄节能综合技术改造等项目竣工投产，盛马重油深加工及产品升级、回马新型建材产业园等一批项目快速推进，永逸药香小镇新村综合体、大英监狱、郪江新城等项目顺利开工建设。全县到位上级项目资金16亿元，在近三年平均水平上增长44.9%。项目工作始终走在全市前列。

创新要素流转机制。深化农村“三权制度”改革，通过打破土地承包经营权界限、户籍制度区划界限、行政村社管辖界限和传统平地建房习惯，推进农用地、宅基地流转和缓坡高效利用，试点推行集体建设用地异地流转，完成土地整理4.9万亩，报征土地3045亩，有效破解土地供应难题。充分发挥群众主体作用，创新推行“申建制”，采取平台公司预借、农民主体筹措、社会投入弥补、整合项目支持“四条途径”，破解新村建设资金瓶颈。

创新投资融资模式。试行融资租赁、信托融资等新型融资方式，通过中航信托、环球租赁公司等渠道获得发展资金10.1亿元。组建政府性融资理财平台大英县顺亿融资理财信息咨询有限公司，进一步拓宽政府融资渠道，降低融资成本。拓展卓旅公司职能，赋予其建设和管理职能，着力打造集投资融资、开发建设等功能于一体的新型城镇化建设平台。

创新基层社会管理。全面推进基层体制机制、社会矛盾化解等七个体系创新，启动乡镇政府“两办一所两中心”内层机构改革，着力实现城乡政务服务规范化、便捷化。推行社区网格化管理和村民议事代表制度，夯实社会管理基层基础，社区网格化服务管理在全市作经验推广。依法治县成效明显，荣获“全国法治县先进单位”荣誉称号。严厉打击违法犯罪，成功创建省级无毒害县。安全、信访、维稳工作总体平稳。

【抓作风、促党风，“五位一体”提高党建科学化水平】 思想建设取得新进展。深入学习党的十八大、十八届三中全会、习近平总书记系列重要讲话、省委十届三次全会精神。扎实开展“实现伟大中国梦，建设美丽繁荣和谐四川”主题教育活动。邀请国家行政学院副院长周文彰、北京师范大学施雪华、华南农业大学罗必良等知名专家到党委中心组授课7次，讲解城市、工业、文化、生态发展最新理念，全县领导干部的思想素质和理论水平得到提升。率先在全国创设“群众工作方法大讲坛”，通过“领导讲政策、专家讲理论、前辈讲传统、基层讲案例、学员讲体会”等形式，着力提升干部思想素质和能力水平，全年开设群众讲坛活动60余次。

组织建设取得新业绩。扎实开展党的群众路线专题调研和“走基层、解难题、办实事、惠民生”主题教育活动，建立健全“三级联动、直通民生”服务体系，党群干群关系更加密切。认真做好干部培训工作，统筹推进各类人才队伍建设，全年招引高层次人才6人。顺利完成村（社区）党组织和村（居）委会换届工作，基层组织建设全面加强。

制度建设取得新成果。创新党员旁听基层党委（党组）会议、党代表列席同级党委有关会议和评议党政领导班子制度。创新党代表常任制试点，在4个乡镇试行乡镇党代会年会制。进一步完善县委常委会议事规则、决策程序和各级党委（党组）工作机制，推动科学发展的能力和水平得到提升。全面推行“四议两公开一监督”工作法，严格执行“三级联述联评联考”制度，党建工作项目化管理成效明显。作风建设取得新实效。认真执行中省市关于改进工作作风、密切联系群众和厉行节约反对铺张浪费各项规定，全县“三公”经费预算比上年减少297万元，下降14.7%。扎实推进行政审批制度改革，全力拓展电子监察范围，全县11个镇乡全部启用电子监察系统。严格执行《大英县公职人员行为过错问责办法》，加强对重点单位和重要岗位效能监察，从严整治行政不作为、乱作为现象，对10名违反工作纪律的干部进行了严肃处理。

党风廉政建设取得新成效。全面落实党风廉政建设责任制，在全市率先建成融“教育、监督、改革、纠风、惩治、社会评价和组织保障”于一体的“6+1”惩防体系基本框架。创建维权护农“文件超市”，保障群众知情权和监督权。狠抓教育医疗、征地拆迁、食品药品安全等涉及群众切身利益领域的监督检查，坚决纠正各类不正之风。加大违纪案件查处力度，给予党纪处分30人、政纪处分9人，挽回经济损失152万余元。党风廉政建设得到省市领导的充分肯定，县纪委监察局被授予“全省先进基层纪检监察组织”荣誉称号。

（蒋志强　张　磊）

重要决定

2012年县委重要决定

县级重点项目。县委、县政府下发《关于做好2012年县级重点项目工作的通知》，2012年全县计划实施重点建设项目100个，项目总投资436.08亿元，年度计划投资120.05亿元，其中：计划新开工项目67个，计划竣工项目61个。

文化工作。2012年2月6日，县委、县政府以大委〔2012〕7号文件决定向四川省文学艺术界联合会申报建立“四川省文艺创作培训基地”。

计划生育工作。2012年2月24日，县委、县政府同意印发了《关于做好2012年人口和计划生育工作的意见》，决定加强人口和计划生育工作，全年全县出生人口控制在6000人以内，符合政策生育率达82%以上，人口自然增长率控制在3‰以内，综合避孕节育措施落实率达92%以上，统计误差率控制在2%以内，婚前医学健康检查率达50%以上，孕前优生健康检查率达80%以上，出生人口性别比保持在正常范围内。

文化改革创新。2012年2月25日，县委同意印发了《关于深化文化改革创新、加快建设文化强县的决定》，明确深化文化改革创新，着力实施十大工程，加快建设文化强县。

依法执政。2012年3月12日，县委4届10次常委会通过了《中共大英县第四届委员会常务委员会议事决策规则》。

创省六争国四活动。2012年4月18日，县委、县政府同意印发了《关于开展创建省级生态县、省级旅游强县、省级环境优秀示范城市、省级经济开发区、省级文化产业示范基地、省级食品安全示范县暨争创全国文明城市、全国绿化模范县、国家园林县城、国家卫生城市工作的决定》（简称“创省六争国四”活动）。

民生工程。2012年6月14日，经县委、县政府研究同意，印发《大英县2012年民生工程实施方案》，决定2012年在全县深入实施就业促进、扶贫解困、教育助学、社会保障、医疗卫生、百姓安居、基础设施、生态环境、文化体育、新农村建设等十大项、162个小项民生工程，计划总投资8.34亿元，其中上级补助3.81亿元，县级财政安排0.74亿元，银行贷款、投工投劳、个人及社会投入等其他资金3.79亿元。

扶贫开发。2012年9月3日，县委、县政府同意印发了《大英县农村扶贫开发规划（2011—2020年）》，《规划》明确，2011—2020年，全县要突出抓好15个片区、60个市级重点贫困村和12个县级重点贫困村的扶贫开发工作。到2020年实现与全国同步建成全面小康社会的奋斗目标。

干部教育培训工作。2012年9月29日，县委印发《大英县干部教育培训工作五年规划》，《规划》确定在五年时间内，初步建立与马克思主义学习型政党建设要求相符合，与大英经济社会加速发展需要相适应，与干部人事制度改革相衔接，培训理念、内容和方式不断创新的教育培训体系的工作目标。

城市建设。2012年11月5日，县委、县政府同意印发了《大英县县城规划区内违法建（构）筑物专项清理整治实施方案》，决定集中开展县城规划区违法建（构）筑物专项清理整治行动。

2013年县委重要决定

重点项目。2013年1月15日，县委、县政府同意印发了《关于做好2013年县级重点项目工作的通知》，明确2013年大英县全力攻坚100个重点项目，确保落地项目投资100亿元以上，力争年内建成一批规模大、效益好、带动强的大项目、好项目。计划实施的100个重点项目总投资为401.57亿元，年度计划投资130.95亿元，其中：计划新开工项目74个，竣工项目32个。

招商引资工作。2013年1月23日，县委、县政府印发《关于成立大英县招商引资工作领导小组的通知》，县委书记任大英县招商引资工作领导小组组长，县人民政府县长、县人大常委会主任、县政协主席任副组长。

作风建设。2013年2月22日，县委、县政府制定了《关于改进工作作风、密切联系群众的规定》，要求全县各级干部以身作则、率先垂范，带头改进工作作风，带头密切联系群众，带头解决实际问题，带头真抓实干，带头厉行节约，自觉接受法律监督、组织监督、群众监督和舆论监督，以模范行动深入推进全县党风政风建设。纪检监察机关和审计等部门充分发挥职能作用，把监督执行本规定作为一项经常性工作来抓。县委办、县府办要会同相关部门定期开展督促检查、通报执行情况，对违反规定的要进行严肃处理。

农业农村工作。2013年3月28日，县委、县政府印发《关于做好2013年度农业农村工作的意见》（大委发〔2013〕6号）文件要求做好2013年度农业农村工作，全县力争实现农业增加值增长4%以上，农民人均纯收入增长15%以上。

民生工程。2013年5月2日，县委、县政府决定印发《关于2013年实施12项民生工程的通知》，2013年实施12项民生工程，总投资19.5亿元，全面实施就业促进工程、扶贫解困工程、教育助学工程等12个大项、213个小项民生工程。

全面建成小康社会。2013年6月25日，县委印发了《关于在全省丘陵地区率先全面建成小康社会的决定》文件，决定在全省丘陵地区率先全面建成小康社会，保持快于全省、全市平均水平的发展态势。到2015年，全县GDP、公共财政收入、城乡居民人均收入比2010年翻一番。到2017年，力争全县GDP达到240亿元，公共财政预算收入突破8亿元，人均地区生产总值和城乡居民收入达到或超过成都经济区平均水平，综合实力升至全省县域经济前60位。到2018年，全面小康实现程度达到95%以上，提前两年全面建成小康社会。到2020年，跨入全省“经济总量300亿元县区俱乐部”行列，综合实力升至全省县域经济前50位，建成全省丘区经济强县。

回马工业园区发展。2013年10月18日，县委、县政府同意印发了《关于加快回马工业园区发展的实施意见》，决定对回马工业园区实行“封闭运行、自求平衡、高效运转”的工作机制，进一步明确园区政策和项目支持、园区职能和园区保障机制。

国防后备力量建设。2013年12月10日，县委、县政府、县武装部印发《关于加强国防后备力量应急队伍建设的实施意见》，要求通过规范化建设，理顺体制编制、改进编组模式、规范训练内容、健全规章制度、完善保障机制，建设一支政治可靠、组织健全、训练有素、装备良好、保障有力的国防后备力量应急队伍。

（蒋志强　张　磊）

重要会议

2012年县委重要会议

1月4日，县委召开4届8次常委会议，听取县四届人大一次会议筹备工作的情况汇报；审定《大英县关于采取BT模式建设城市基础设施的实施方案》；审定《大英县公职人员作风和效能问责暂行办法》；审议《关于深化文化改革创新、加快建设文化强县的决定》、《大英县文化建设十大工程实施意见》以及2012年实施计划；研究干部人事问题。

1月29日，县委召开4届9次常委会议，学习《中共遂宁市第六届委员会常务委员会议事决策规则》；审定《大英县城市公共空间管理办法》、《大英县建（构）筑物里面空间管理实施意见》、《大英县城市公共空间广告设置管理实施细则》；传达贯彻省市关于加强社会创新管理和全市政法工作会议精神；推荐提名党的十八大和省第十次党代会代表候选人工作方案；审定全县经济工作会表彰方案。

3月5日，县委召开4届10次常委会议，审定《县委2012年工作要点》；研究大英县2012年和未来几年的创建工作；研究《大英县2012年度目标考核工作办法》；传达全国未成年人思想道德建设工作视频会议主要精神及全县贯彻实施意见；审定《四届县委常委会议事决策规则》；讨论大英县在创先争优活动中开展基层组织建设年活动的实施方案；讨论大英县党政领导和领导干部年度考核办法（试行）；研究干部人事问题。

3月15日，县委召开4届11次常委会议，传达全市农村工作会和扶贫开发工作会议精神；传达中省市纪委全会精神；审定遂宁市第四届劳模推荐人选；研究干部人事问题。

6月5日，县委召开4届13次常委会议，传达贯彻市六届人大二次会议、市政协六届二次会议和省第十次党代会议精神；传达贯彻市委书记崔保华视察大英县重点项目建设重要指示精神；传达学习中宣部《关于十八大前后宣传和舆论引导工作》的有关精神；研究关于举办庆祝建县十五周年大型文艺晚会相关问题；审定《大英县七一系列庆祝活动方案》；讨论给予郑华荣开除党籍和开除公职处分的问题；通报大英县近期城市乱象治理工作情况。

6月26日，县委召开4届14次常委会议，传达学习《关于认真贯彻落实刘奇葆书记重要批示精神切实做好新村建设整体性安排工作的通知》精神；关于南华纺织老厂处置有关问题；讨论增补大英县第四届委员会政协委员的有关问题；审定“七一”表彰单位和人员名单；研究干部人事问题。

8月15日，县委召开4届16次常委会议，传达市委关于两化互动、城乡统筹专题会议精神；研究大英县教育、卫生系统管理体制的问题；研究干部人事问题。

8月28日，县委召开4届17次常委会议，传达贯彻全市维稳综治信访工作会精神；研究大英县城市管理体制改革实施方案有关问题。

9月12日，县委召开4届18次常委会议，听取部分乡镇及县级部门自“9·10”特大暴雨以来抗洪救灾及灾后恢复重建工作汇报；传达了全市救灾减灾专题会议精神；部署“9·10”特大暴雨抗灾自救、灾后重建的主要任务。

10月15日，县委召开4届19次常委会议，学习省委书记刘奇葆在四川省群众路线工作方法理论研讨会上的讲话；研究全县征地拆迁安置资金管理有关问题；听取《关于进一步加强国土资源管理工作提升“双保”水平的情况汇报》；关于县公安局招聘辅警的有关问题；讨论关于大英县文化建设十大工程实施意见有关问题；审定党的十八大到2013年元宵节期间大英县重大活动及节日庆祝方案；研究干部人事问题。

11月26日，县委召开4届21次常委会议，传达中共遂宁市委书记杨洪波11月23日视察大英两化互动、城乡统筹、文化旅游发展重要指示精神；部署城市规划、招商引资、重大项目建设等工作。

12月31日，县委召开4届22次常委会议，研究关于加强镇乡规划区内建设规划管理工作的相关问题；传达贯彻四川省农村公路建设现场会精神；审定关于优化招商引资工作机制和考核机制的实施方案；审定《中共大英县委2013年工作要点》；传达贯彻全市农田水利基本建设、高标准农田建设暨林业产业发展现场会精神；研究关于召开县四届二次党代会相关问题；讨论关于设立现代农业产业园区管委会、县公共资源交易服务中心和调整国资委机构设置的建议方案。

2013年县委重要会议

1月14日，县委召开4届23次常委会议，审定《政府工作报告》；传达贯彻全省食品安全工作和省市安全生产工作电视电话会议精神；审定2013年春节期间慰问活动方案；传达贯彻全市对外开放和服务业发展大会精神；研究全县2013年迎春房地产展示会工作方案；研究2013年县级领导干部节假日期间值班有关工作；研究干部人事问题。

1月24日，县委召开4届25次常委会议，传达贯彻《中共中央印发〈十八届中央政治局关于改进工作作风、密切联系群众的八项规定〉的通知》和省委省政府《关于改进工作作风、密切联系群众的规定》的文件精神；近期重要工作安排；研究命名表彰2012年度文明单位、文明村和文明社区相关事项；审定《大英县2013年经济发展暨招商引资表彰奖励方案》；听取关于大英县客运站点存在问题和调查处理情况；研究干部人事问题。

1月31日，县委召开4届26次常委会议，传达贯彻《关于加快发展现代农业进一步增强农村发展活力的若干意见》、《关于创新农业经营体制机制加快发展现代农业促进农民增收的意见》、《关于进一步加强产村相融成片推进新农村建设的意见》三个文件精神；审定全县企业用工大型招聘会方案；研究干部人事问题。

4月12日，县委召开4届28次常委会议，审定《2013年度目标绩效考核办法》；审定《大英县项目工作定期述职考评办法（试行）》；研究嘉泰城市投资建设开发有限公司招聘工作人员有关问题；传达学习市委、市政府关于精简规范文件材料和会议活动相关规定，研究大英县贯彻意见；研究干部人事问题。

5月17日，县委召开4届29次常委会议，传达市委常委、常务副市长朱兵5月17日上午到其联系点隆盛镇调研的相关情况；传达全市“挂包帮”会议精神，审定大英县“挂包帮”活动方案；传达学习市委办、市府办关于印发《2013年大企业培育发展服务计划》的通知，研究大英县贯彻意见；研究干部人事问题。

6月21日，县委召开4届31次常委会议，审定《纪念建党92周年系列庆祝活动方案》；审定《中共大英县委关于深化党代会常任制试点工作的实施意见》；传达学习市委《关于深入实施“六大兴市计划”加快次级突破提前全面建成小康社会的意见》；审定《关于在全省丘陵地区率先全面建成小康社会的决定（讨论稿）》；研究大英县被征地农转非人员参加基本养老保险实施办法；传达贯彻全省推进新型城镇化电视电话会议精神；传达贯彻全省交通运输电视电话会议精神；审定《县工商联（总商会）2013年换届工作的安排方案》；研究关于规范场镇开发建设有关问题；研究干部人事问题。

7月31日，县委召开4届32次常委会议，传达贯彻习近平总书记在全国组织工作会议上的讲话精神；传达贯彻市政府六届三次全体会议精神；研究对隆盛镇党委、隆盛镇人民政府记集体三等功相关事宜；传达贯彻中、省、市纪委有关会议精神；研究干部人事问题。

10月11日，县委召开4届33次常委会议，传达贯彻王东明同志在全省学习贯彻党的十八大和省委十届三次全会精神县委书记培训班上的讲话；研究石门新城规划建设相关问题；审定《中共大英县委关于加强新形势下党外代表人士队伍建设的实施意见》；传达贯彻中省市宣传思想工作会议精神；传达贯彻《省委办、省政府办关于建设幸福美丽新村的意见》；传达贯彻杨洪波、何华章同志在全市现代农业园区建设暨农民增收工作会议上的讲话；传达贯彻《关于贯彻落实省委、省政府改进工作作风、密切联系群众十项规定的实施意见》；传达贯彻《遂宁市县级领导班子和领导干部综合研判实施办法（试行）》的通知；研究干部人事问题。

11月8日，县委召开4届34次常委会议，研究大英县村（社区）两委换届工作有关意见；审议《大英县教育系统人事调配工作暂行规定》；研究筹建四川卓旅投资建设有限公司相关事宜；传达贯彻全省党委秘书长办公厅（室）主任会议精神；传达全市组织工作会议精神；研究2013年度党员领导干部民主生活会相关问题；传达全市禁毒工作会议精神。

（蒋志强　张　磊）

县委办公室工作

【参谋服务工作】　2012年，一是印发《关于进一步精简文件和简报的通知》，全年分别以县委和县委办名义下发文件85个、137个，办理请示、报告82件，批转领导交办件154件，办理上三级文件470余件，清退文件124份，全部实现“零差错”。二是组织起草重要讲话、文稿、汇报材料80余篇，制发常委会议纪要13期、县委专题会议纪要34期，编印《工作通报》12期、《领导批示》6期。

2013年，一是严格制发、高效运转县委、县委办公文136件，比上年减少88件；及时编印县委常委会议纪要12期、专题会议纪要44期，办理各部门请示、报告42件，转办领导批示154件、上三级文件625件，无失误、错漏现象发生。报送市委、市政府领导阅批情况报告、经验总结76件，受到上级领导肯定性批示5次。二是全年起草重要报告、工作汇报等文章50余篇，其中《关于落实洪波书记调研现代农业园区指示精神的情况报告》、《关于拆迁安置惠民富民的工作报告》等多篇文章得到了市委主要领导肯定性批示。针对招商引资、项目建设、文旅发展、城市建设、土地流转、三农工作等领域进行调研，形成调研报告16篇，其中《大英县农村人口现状分析及对策建议》等文章印发至全县各部门学习参考。

【办文办会工作】　2012年，一是印发了《关于进一步规范会议、公文报送、请销假制度及重要工作请示报告等工作的通知》、《关于认真做好重大会议和重要公务活动统筹协调工作的通知》、《大英县公文处理工作考核办法的通知》等文件。牵头做好了大英党政考察团赴西昌、广西、海南等地学习考察工作。先后高质量承办了遂宁服务区拓展区开工仪式、乡镇特色工作现场会和县四届二次党代会、常委会、县委专题工作会等重要会议100余场次。举办了为期1天的全县办公室系统业务培训会。二是完成了电子政务内外网的改造升级和党政高清视频会议系统建设工作，先后承办了全国维稳工作会议等视频会议19次。加强培训交流，全年共组织参加省、市业务培训和竞赛3人次，为全县各级各部门维护（修）计算机设备及排除故障近500余次。

2013年，一是精心筹备了县党代会、常委会、经济工作会及各类专题会等80余次。做好了16批次中央、省、市领导调研视察活动的沟通衔接、路线安排、现场准备等工作。二是构建了覆盖全县105个单位的电子政务内网平台，全面实现非涉密公文网上交换单轨制。积极共建共享政务网络资源，更新网站信息20000余条，开展主题活动2次。进一步加大政府门户网站建设力度，新开设政务公开、网上办事大厅、便民服务、书记县长信箱等民生栏目。做好了党政高清视频会议系统的维护和使用，承办全国维稳工作会议、全国教育信息化工作会议，全省安全生产电视电话会议等视频会议60余次。

【信息督查工作】 2012年，一是编发《情况摘报》20期，印发了《关于进一步加强重要信息报送工作的通知》，处理和上报突发事件信息20余件次。向省市报送各类信息2000余条，其中市委办采用400余条，超额完成市下达目标任务。二是完善督查台账、四定督办、督查程序、统筹协调四套机制，整合督查力量，紧扣项目工作、批办事项、日常工作、上级决策四个重点开展督查活动。全年共发出《督查通知》33期、建立督查台账350余项，组织开展督查活动122次，形成《督查通报》38期、《督查专报》87期；受理上级和本级党委主要领导批示32件，督促相关责任部门办理领导指示40余件。

2013年，一是制订下发《关于加强和改进党委信息工作的实施意见》，党委统一领导、信息工作部门具体负责、有关部门积极配合、社会力量广泛参与的大信息工作格局初步形成。全年编发《情况摘报》24期，有针对性地向省市报送常规信息、舆情4000余条；其中，省委办公厅采用5条，名列全市区县前列；市委办公室采用50余条，全面完成市下达的信息目标任务，县委被市委办评为党委信息先进单位，卓筒井镇党委被市委办评为党委信息优秀直报点。二是紧扣县委重大决策和领导批交办事项，建立完善有立项、有督办、有报告、有通报、有考核的“五有”督查工作规程。先后组织开展督查活动134次，建立督查台账164项、发出督查通知14期，印发《领导批示》13期、《工作通报》1期，形成《督查通报》13期、《督查专报》26期、《重大决策落实情况》1期，受理上级和本级党委领导批示26件，督促相关责任部门办理领导指示40余件。对涉及重点项目、社会民生、环境治理等方面推进措施不力、效果不佳的14个部门进行了通报批评，扣减目标考核分10分。受理上级督查部门交办事项25件，上报《关于做好防汛减灾工作的情况报告》等《督查专报》45期，按时办结率100%，连续六年被上级督查部门评为督查工作“先进单位”。

【机关事务管理】 2012年，一是积极参与“城市乱象整治”活动，办公室职工在三天时间内率先全部拆除违规安装的防护栏和违章建筑，在全县起到了示范带头作用。二是严格执行车辆管理、卫生管理、安全管理和接待工作等各项制度，促进了后勤服务工作规范化、制度化、科学化。切实提高接待服务水平，圆满完成了省委第二巡视组巡视大英工作、省级环境优美示范县的迎检工作和省市相关领导到大英视察等重大接待活动53批次。

2013年，坚持节约办公，切实减少接待次数，降低接待标准。严格财务管理，合理调配资金使用，加强了财务、物资管理和财务核算，保证了县委机关正常运转。认真执行车辆管理、卫生管理、安全管理和接待工作等各项制度，严格实行车辆用前检查用后入库原则，严禁公车私用，确保公务用车365天安全运行。建立规范安全保卫工作规章制度，加强县委大楼的门卫值班和防火安全工作，确保大楼的正常办公秩序。

【服务经济建设】 2012年，一是纵深推进“创省六争国四”活动，科学制定了《大英县城乡环境综合治理总体规划》。大英县成功创建为省级环境优美示范县城、省餐饮服务食品安全示范县。二是全面做好项目秘书服务工作，为重庆路雅达汽摩配生产企业协调解决好水、电、气等要素保障问题。做好智慧家电项目有序退场工作。

2013年，一是大力实施环境质量、园林绿化、城乡容貌、环境设施、文明素质“五大提升工程”，开展城乡环境综合治理三月集中整治行动和街区环文明劝导专项行动及“除陋习、树新风、治五乱”活动，城市品质进一步提升，人居环境进一步优化。被联合国环境基金会、中国两岸四地环境保护协会授予“杰出绿色生态城市”称号，被省人民政府授予“四川省环境保护模范县”称号；天保镇及长滩寺村等“一镇十村”分别被省委、省政府授予“2012年度全省环境优美示范镇村”称号。二是积极开展招商工作。全年共报送招商引资信息10条，成功引进四川圣九龙科技有限公司投资5亿元的汽车用品制造项目，协调深圳汉斯顿净水设备有限公司向4个乡镇学校捐赠价值40万元的净水器材，做好了飞亚曲轴技改项目入库材料收集、上报工作。

（蒋志强　张　磊）

纪检监察工作

【概况】　2012年12月，经县编委会批准，县纪委（监察局）内设机构进行了优化整合，调整后，县纪委（监察局）内设机构为：办公室、监察综合室（挂派驻〔派出〕机构工作室牌子）、执法和效能监督室（挂县招商服务督办中心牌子）、信访室（行政举报中心）、纪检监察一室、纪检监察二室、案件审理室、宣传和教育研究室、党风政风监督室（挂县党风廉政建设办公室、县人民政府纠正行业不正之风办公室）、招投标监察室10个室，室主任为副科职领导干部。

2013年12月，经县编委会批准，设立大英县干部教育培训中心，为县纪委监察局下属事业单位。全县11个镇（乡）设纪委（监察室），县直机关工委、工业园区党工委、城东社区党工委、城西社区党工委、文化产业园区党工委分别设纪工委，县公安局、县教育局、县卫生局、县旅游局、县公用事业局分别设纪委，蓬莱、隆盛、卓筒井3个片区分别派驻纪工委（监察分局），县人社局等36个县级部门分别派驻纪检组。

【县纪委四届二次全会】　中国共产党大英县第四届纪律检查委员会第二次全体会议，于2013年4月9日在大英县城举行。出席会议的县纪委委员23人，列席175人。

县纪委常委会主持了会议。会议全面学习贯彻党的十八大、十八届中央纪委第二次全会、省纪委十届二次全会、市纪委六届三次全会和县委四届二次党代会精神，回顾总结了2012年全县党风廉政建设和反腐败工作，研究部署了2013年工作任务。全会审议并通过了县委常委、县纪委书记赵捷同志代表县纪委常委会所作的《坚持改革创新　务求工作实效　全面深入推进反腐倡廉建设和作风建设　为大英科学发展提供坚强保障》的工作报告。

全会指出，2012年全县各级纪检监察组织紧紧围绕“新型工业县、优秀旅游城、生态示范区”战略定位，高举旗帜，抓实工作，高效履职，扎实推进了党风廉政建设和反腐败工作，为全县经济社会发展新跨越提供了坚强的纪律保障。

全会强调，2013年党风廉政建设和反腐败工作要深入学习贯彻党的十八大精神，全面落实中央、省、市各级纪委全会和县委县政府的部署要求，以规范权力运行为核心，以监督检查为依托，以维护群众利益为根本，以完善惩防体系为主线，全面加强反腐倡廉建设和作风建设，着力解决人民群众反映强烈的突出问题，切实把以人为本、执政为民理念贯彻到纪检监察各项工作中，全力保障建设“新型工业县、优秀旅游城、生态示范区”战略定位顺利实现。

全会要求，全县各级纪检监察组织和纪检监察干部要清醒认识反腐倡廉面临的形势，坚定反腐倡廉建设信心，增强工作使命感和责任感，切实担负起党章赋予的职责，以贯彻落实中央“八项规定”和省市县委“十项规定”为切入口，从提高民生质量、优化发展环境、纯正社会风气等方面来抓作风建设，切实把干部的思想统一到加快富民强县和全面小康进程中来；把工作力量凝聚到全县“两个高于”、“五个翻番”目标任务上来；把工作作风转变到“规划实施年、项目落地年”活动中来，努力开创党风廉政建设和反腐败工作新局面。

全会号召，全县各级纪检监察组织和纪检监察干部要紧密团结在以习近平同志为总书记的党中央周围，在县委县政府的坚强领导下，振奋精神、开拓创新、求真务实、扎实工作，不断取得反腐倡廉工作新成效，为推动大英科学发展、绿色发展、跨越发展做出新的更大贡献！

【监督检查】 围绕上级重大决策部署和县委、县政府的中心工作，加强对全县重点项目、重点领域、重点环节、重点部位进行监督检查，印发《工作通报》13期、《督查通报》7期。纠正非法占用农村集体土地行为6起，监督上缴罚没款65.6万元，责令2宗违规违法建设用地项目限期整改。特别在推进城市风貌塑造工作的监督检查中，督查单位达356个次，监督拆除了违规安装的防护栏2900多户、面积54657平方米，监督拆除了乱搭乱建105户、面积2551平方米。开展全程监督项目公开招投标、政府采购、招拍挂出让土地、产权交易225宗，节约资金达4013.11万元。

【作风效能建设】 深入学习贯彻中央“八项规定”、省市县“十项规定”和整治“四风”有关规定，认真查摆、认真梳理出作风建设方面存在的问题21个，制定切实可行的整改措施13条。抓住法定节假日等重要节点，开展专项督查120余次，纠正问题11个，对1名违规操办生日宴席的党员干部给予诫勉谈话，对1名公车私用的机关职工进行了严肃处理。开展重要岗位效能监察，设立效能监测点，深入推进电子监察延伸工作，截至2013年8月，全县11个乡镇、4个县级重点部门的电子监察系统开通并正式运行，加强对县政务中心和镇乡便民服务中心窗口服务单位的监督，开展专项督查19次，发现并纠正问题7个。加强对全县重点单位和重要岗位的作风效能督查，印发《效能通报》4期。两年中，先后对县政务中心和镇乡便民服务中心窗口服务单位10名违反工作纪律的干部进行了严肃处理；对政令不畅、作风漂浮、组织涣散的5个镇乡及单位进行通报批评；对上班时间上QQ聊天的2名机关工作人员进行了行政效能告诫，1名工作人员给予行政记过处分；对上班不在岗的4名机关工作人员分别给予效能告诫、党内警告或行政记过处分，对其单位负有管理责任的领导分别给予党内警告处理和行政记过处分，并责令限期整改。全面公开全省行政效能投诉举报电话“96960”，畅通投诉渠道，加强对行政效能投诉案件查处工作，对2个单位进行效能问责，追究责任人员7人，现场督办5件。开展12345政务服务热线办理情况督查36次，对办理情况较差的9个部门、3个镇乡进行了现场告诫。

【廉政教育】 坚持以宣传引导和教育防范为重点，认真开展党性党风党纪主题教育和学习贯彻《农村基层干部廉洁履行职责若干规定（试行）》“五个一”教育活动，组织全县党员干部深入学习宣传党的十八大和中央、省、市、县纪委全会精神，认真观看《滑向深渊》、《忏悔实录》和《“象牙塔”里的蜕变》等警示教育片，以案说纪筑牢党员干部廉洁从政思想防线。积极推进廉政文化建设，全县30多个县级机关廉政文化建设各具特色，11个乡镇举办廉政文化专栏80余期。开展“农家歌舞颂党恩”活动，组织乡镇文艺宣传队创编《廉洁干部民赞颂》等20多个廉政节目，进村入社演出860余场次，全县尊廉崇洁的社会氛围日益浓厚。积极撰稿总结宣传大英反腐倡廉工作经验，加强反腐倡廉宣传报道，扩大了大英县党风廉政建设和反腐败工作在省市乃至全国的影响力。县纪委监察局组织拍摄了反映大英农村党风廉政建设的电视专题片《田野清风催人劲》。

【监督制约】 研究出台了《党务公开实施意见》、《领导干部苗头性问题“早发现早提醒早纠正”机制》、《大英县公职人员行为过错问责暂行办法》等文件，切实以制度规范从政行为，完善领导干部监督，加强公职人员监管。强化干部选拔任用监督，深入推进《党政领导干部选拔任用工作责任追究办法（试行）》等4项监督制度的落实，严格执行纪委派员参与干部考察制度。两年中，对全县拟提拔的102名领导干部、200多名拟表彰的党员干部进行了党风廉政审查。严格执行“三谈两述”、函询、经济责任审计等制度，开展领导干部经济责任审计18人次，检查资金4.28亿元。开展县纪委负责人同下级党委（党组）负责人谈话48人，对170余名党员干部开展了诫勉谈话、廉政谈话和函询，针对出现的苗头性、倾向性问题，及时敲警钟，做到防微杜渐。认真执行《关于领导干部报告个人有关事项的规定》，全县各级领导干部按规定及时报告了操办婚丧喜庆等重要事宜。

【源头治理】 认真落实党风廉政建设责任制，严格执行“三书两报告”制度。围绕权力运行的重要领域、重点岗位和关键环节，认真组织查找岗位风险、业务流程风险、单位风险，全县各镇乡、县级各部门共梳理廉政风险点800余个，制定防控措施与防控制度480余条。抓住腐败现象易发多发的重点领域和关键环节，以规范和制约权力运行为核心，以领导干部为重点，着力完善了拒腐防变教育机制、源头治理预防机制、社会评价监督机制、齐抓共管保障机制等七大机制，建成融“教育、监督、改革、纠风、惩治、社会评价和组织保障”于一体、具有大英特色的“6+1”惩防体系基本框架，全县反腐倡廉建设逐步走向科学化、制度化、规范化。创新建立维权护农“文件超市”，将涉及群众切身利益的文件资料、国家颁布的现行法律、法规文本，进行统一登记、集中摆放，供群众免费查阅、复印，不断提高行政透明度，保障群众知情权，维护社会公平正义，切实起到源头防腐、治腐的作用。这一做法先后被中省市主流媒体宣传报道，2013年被中共遂宁市委办公室主办的《领导参阅》刊登供全市学习。

【专项整治】 深入开展工程建设领域突出问题、公务用车问题、庆典研讨会论坛过多过滥问题的专项治理；积极推行财政预算决算和“三公”经费公开工作，深化公款出国（境）旅游专项整治行动；强化公路“三乱”治理，规范道路交通执法行为，严格执行“绿色通道”政策；加强对公务员考录和事业单位人员招聘工作的监督，确保程序规范；狠抓最低生活保障、征地拆迁、保障性住房、涉农、涉法涉诉、食品药品安全、教育等领域损害群众利益不正之风和突出问题的督查整治；深入治理医药购销和医疗服务中不正之风，强化药品、医用耗材集中网上采购监管，督促各医药服务机构提升服务质量、严格收费管理。全面深化政风行风评议，采取整改销号、未改“挂号”、限时推进、专人督办等举措，督促被评议单位邀请单位职工、服务对象代表、部分人大代表和政协委员以及群众代表，广泛开展“千人评风”活动，有效促进了部门和行业作风建设，确保“挂号”问题全部得到整改。

【农村基层党风廉政建设】 开展农村基层党风廉政建设“蹲点调研、解决难题、建章立制”活动以及县领导牵头的“挂包帮”和“纪委书记下基层”活动，领导干部带头开展学习，带头深入基层，带头推进项目，带头破解难题，示范作用发挥显著。认真落实农村基层干部廉洁履行职责有关规定，全面推行乡镇、村（社区）、基层站所负责人接受群众评议、询问、质询制度，积极推行“去向留言公示制”，方便群众联系，真心为群众办实事、解难事。着力深化农村基层民主和党务、政务、村务公开工作，全县 11 个镇乡、299 个村全部实行了党务、政务（村务）公开，公开面达到 100%。积极创新村级廉政监督模式，全县 11 个镇乡、299 个村设立了村务监督委员会，监督村级重大决策事项 380 余个，纠正不正确、不合理决策事项 68 个，化解了群众矛盾纠纷 200 余件。

【执纪办案】 全县各级纪检监察组织充分发挥牵头抓总作用，落实和完善反腐败协调机制，加强与执纪执法机关的协调配合，进一步形成惩治腐败的工作合力。积极畅通群众诉求渠道，严把“受理、调查、立案、督办、回访”五个环节，两年中，共受理群众信访举报 207 件次，初核违纪线索 98 件，为 49 名党员干部澄清了是非，对 110 名党员干部进行诫勉谈话和廉政谈话。坚持把查办案件工作放在反腐倡廉建设的重要位置，保持严惩腐败的强劲势头。两年中，共立案查处各类违纪案件 90 件，结案 90 件，其中大要案 47 件。处分违纪人员 85 人，其中党纪处分 77 人、政纪处分 12 人，双重处分 5 人，挽回直接经济损失 480 余万元。认真落实办案安全责任制，规范涉刑案件的移送处理，认真开展案件审理、申诉复查工作，坚持和完善“一案三报告”制度、“一案一剖析一建议”制度，加强典型案例剖析，总结经验教训，堵塞漏洞，充分发挥查办案件的治本功能，纯洁了干部队伍，促进了党风、政风和社会风气的进一步好转。

【队伍建设】 全县纪检监察系统扎实开展了“三项建设”活动、“实现伟大中国梦、建设美丽繁荣和谐四川”主题教育活动，并以“清风讲坛、分组座谈、纪委书记下基层、岗位练兵”等活动为拓展载体，组织全县纪检监察干部认真学习中国特色社会主义理论体系，学习贯彻党的十八精神，深入钻研纪检监察业务，广泛了解和掌握各方面知识，并将深入学习讨论融入工作实践，进一步激发全县纪检监察干部创先争优的工作热情和动力。建立完善纪检监察工作调研制度，根据纪检监察工作形势要求，确立调研课题，印发《开展纪检监察调研工作的通知》，要求纪检系统干部要深入基层、深入群众切实抓好工作调研，每人每年至少要完成 1 个调研课题任务。制定完善《镇乡和部门年度纪检监察工作目标管理绩效考核办法》、《大英县纪检监察系统工作早知道制度》、《纪检干部述职述廉民主测评制度》等制度规范，使纪检监察工作实现目标管理制度化、规范化。全方位、多层次开展对纪检监察干部的教育、管理和监督。切实加强全县纪检监察干部的培训教育，两年中，全县先后抽派 25 名干部参加了中央纪委和省、市纪委举办的培训班学习，5 名干部参加了全县新提拔领导干部和优秀年轻干部培训班学习，与此同时，县纪委监察局还注重抓好全县纪检监察系统干部的学习教育，分批次组织到县纪委监察局机关进行跟班学习和挂职锻炼，举办系统业务培训班 40 余期，培训纪检监察干部 1200 余人次，努力培养造就了一支知荣辱、守纪律、讲奉献的高素质的纪检监察干部队伍，促进全县纪检监察工作不断取得新的成效。2012—2013 年，县、乡先后共有 8 个纪检监察组织、9 名纪检监察干部分别荣获了省、市纪委监察厅（局）的表彰，7 人得到组织的提拔重用。同时，县纪委监察局结合大英实际，按照上下对应、优化整合的原则，及时对机关内设机构及工作人员进行了调配，细化工作机构职能，优化队伍人员结构，强化工作职责，进一步加强了纪检监察机构队伍建设。

（王　蓉）

组织工作

【概况】 县域党的建设和干部管理机构是中

共大英县委组织部。2012年3月13日，根据大编委发〔2012〕23号文件，设立“中共大英县新经济组织和新社会组织工作委员会”，作为县委主抓“两新”组织党建工作的专门派出机构。2012年6月15日，根据大编委发〔2012〕36号文件，县直机关工作委员会机构单设，为县委工作部门。2012年6月15日，根据大编委发〔2012〕37号文件，设立“大英县12380举报中心”，为县委组织部下属事业单位。

【党员发展】 截至2013年12月，全县党员人数由1997年底的12048人增至17079人。党委由17个增至29个，党总支由10个增至81个，党支部由636个增至752个。

2012—2013年，全县集中举办入党积极分子培训班2期，集中培训680余人次，各基层党组织举办培训班22期，培训入党积极分子960余人次。2012—2013年共发展党员949名，占发展计划数的98%。其中：女党员307名，占发展总数的32.4%；35岁以下青年党员643名，占67.8%；大专及以上学历党员446名，占47%；工人（含营业员、服务员）党员106人，占11.2%。

【基层组织建设】 乡镇党委建设。以“五个好”为目标，规范乡镇党委议事决策机制，出台了《乡镇党委议事规则》，切实加强乡镇党委领导班子建设。以换届选举为契机，充实和配强了乡镇领导班子，优化了年龄和文化结构。狠抓思想建设，加强制度管理，认真落实基层党建工作责任制，健全了“承诺、述职、评价、问责”责任体系，实行对上、对下“双向述职”。坚持群众路线，广泛开展“察民意、暖民心、解民忧、办民事”“四个一”活动。截至2013年底，全县322名乡镇机关干部、涉农部门干部领办、创办科技示范服务基地336个，组织农民创办种养殖方面的各类专业协会162个。继续开展学习推广“文建明工作法”。

村级组织建设。强力推进一村一名大学生村官计划，2012—2013年，累计选聘了69名高校毕业生到村任职，担任村党支部副书记、村主任助理。改进村“两委”成员选拔任用方式，全面推行党组织成员“双推直选”，村委会成员“公推公选”。2013年8月，县委在蓬莱镇、河边镇、卓筒井镇、金元乡的13个村（社区）开展村级党组织换届选举试点工作。2013年11月，通过“个人报名自荐、党员群众联荐和组织提名推荐，任职资格考试、组织考察，党员群众信任票、党员差额直选票，当选村（社区）党组织书记分年度作出任期履职目标承诺和未实现任期目标辞职承诺，新当选的村（社区）党组织书记实行一年试用期”的“三荐两考两票两诺一试用”方式公推直选产生村（社区）党组织成员987名，其中，村（社区）党组织书记325名、委员662名，选出的325名村（社区）党组织书记中，平均年龄46.8岁，高中（中专）以上学历177人，新任81人。完善党组织设置方式。2013年，集中开展农民专业合作社党组织组建月活动，全县新建农民专业合作社党组织70个，覆盖率达到96.7%，符合单独建立条件的合作社党组织组建率达100%，基本实现了农民专业合作社党的组织和工作有效覆盖。加强村级党组织带头人队伍建设。转变选拔重心，优化队伍结构。按照“选富民支书、建富民班子、育富民党员”的思路，采取“穷村选富人、富村选能人”的办法，打破个人身份、行业和地域界限，通过从优秀村干部中“留”、乡镇机关事业干部中“派”、回乡创业人员中“挑”、外出务工党员中“引”、复员退伍军人中“选”、农村专合组织和企业优秀人才中“吸”、大学生村干部中“聘”、驻示范区农业技术员“兼”、乡镇卸任领导干部“任”九种途径，促使优秀农村人才脱颖而出。在现任村支部书记中，致富能手占45%，高中（中专）以上学历177人，占54.5%，比上届提高5.6个百分点；平均年龄46.8岁，比上届低3.7岁；在当选的村（社区）党组织书记中，有返乡大学生1名、大学生村官8名、企事业单位离退人员2名、“两新”组织党组织负责人1名、专合组织负责人2名、复退军人12名、致富能手87名、外出务工经商返乡人员9名。同时，采取组织推荐、群众举荐、个人自荐和民意考察、实绩考核、知识考试相结合的方式，培养选拔了863名致富能力强、文化程度高、年龄在40岁以下的村级后备干部，公开遴选了村（社区）主要负责人后备人选30名。举办了全县村（社区）党组织书记学习十八大精神专题培训班，培训村（社区）党组织书记330名；并对全县所有的新任村（社区）支部书记进行了为期一天的新任培训，成立十八大精神宣讲团13个，邀请专家学者讲学31人次，进村入户宣讲300余场次。依托县委党校对200余名村（社区）干部开展为期两年半的农村经济管理、农村行政管理大专学历培训。全面落实遂宁市政府办公室《关于提高离任村（社区）干部生活补助标准的通知》（遂府办函〔2013〕72号）规定，全年累计为1674名离任村（社区）三职干部发放生活补助1864610元，制发了《大英县大学生村官管理办法》，建立了全县1600多名离任村干部和200余名大学生村官个人档案，完善了在职村社区党组织书记和大学生村官的管理台账。探索建立“领导测评票、党员干部测评票、群众测评票，领导评、党员干部评、村民代表评”的“三票三评”考核机制，对全县村干部开展民主评议。围绕各村年度工作目标任务，确定5大类25项评议内容，加大15项民生工作分值权重。评议结果分别按领导票20%、党员干部票40%、群众票40%的权重确定，对被评为优秀的，进行通报表扬并作为年度评优候选人；被评为基本称职且名次靠后的，给予诫勉谈话；被评为不称职的，责令辞职。

村级组织活动场所建设。2012年7月，大英县自筹资金160万元，新（改）建村级组织活动场所21个。确保了新建村级活动场所成为了党员群众的“议事堂”、农村科技的“培训处”、农民致富的“信息库”、先进文化的“传播台”。各村利用村级活动场所，结合创先争优活动的开展，定期组织党员群众集中收看党员电教片，开办农民夜校、举办农村实用技术讲座、组织致富带头人交流经验、开展“三会一课”，党员活动逐步制度化、规范化。组织党员群众集中学习年均不少于5000次，开展技术培训1000余场次，为群众代办各类事项5850多件，提供各类致富信息6000余条。

“中国梦”主题教育实践活动。按照省委、市委统一部署，从2013年5月起，集中两个月时间，分集中学习、广泛交流讨论、总结形成成果三个阶段，在党员、干部和群众中广泛开展“实现伟大中国梦、建设美丽繁荣和谐四川”主题教育活动。

机关党员干部直接联系服务群众工作。制发了《关于开展县级领导和县直部门“六联系”活动的通知》，在全县深入开展县级领导和县直部门联系服务镇乡、农村、社区、企业、基层群众、留守学生（孤残儿童）“六联系”活动，全县33名县级领导共联系11个镇乡、33个村、24个社区、72个企业、66个留守学生、66户群众；68个县直部门共联系68个村、72个企业，选派68名机关干部到村挂职并结对帮扶困难群众。

【干部管理】 干部的选拔任用。认真贯彻执行《党政领导干部选拔任用工作条例》，结合实际全面推行“五荐双推双考一票决”方式选拔任用干部。2012年，面向社会统筹公选县教育局局长、县残联副理事长等5名科级领导干部。推行年度考核推荐、基层党组织推荐，理论考试、组织考察的“双推双考”制度，从全县推荐的57名优秀年轻干部中选拔了45名副科级后备干部并入库管理，其中5人得到提拔任用。2013年，建立健全综合研判机制，初步建立领导班子标准结构模型，对照“好干部”标准，为选好配强班子提供依据。采取基层党组织、县级分管领导、县委政府主要领导、组织部门提名推荐和个人自荐、个别谈话推荐和集体投票推荐、考察工作实绩与考察德行表现、县委常委会讨论票决的“五荐双推双考一票决”方式选拔任用干部提拔领导干部48名。

干部教育。采取多种形式培训各级各类干部10250人次，举办各类培训班80多期。在培训对象上，着力抓好副科级以上干部、后备干部以及企事业单位专业技术干部和管理人员的培训，尤其是加强了对新提拔的领导干部的培训。出台优惠政策，鼓励干部到省、市党校以及各高等院校进修，进行学历教育。干函院大英辅导站2012—2013年共向省委党校研究生班输送了11名党函研究生。

干部监督与管理。建立和完善了《党的组织生活制度》等20余个制度。坚持和完善领导干部任前廉政谈话制度，领导干部考核谈话制度、领导干部诫勉谈话制度，领导干部离退休前谈话制度。出台了《大英县党政领导班子及领导干部年度考核办法》（试行），加强科级班子运行及科级干部职责履行、作用发挥的日常管理和年终考核。认真落实领导干部谈心谈话制度，由组织部长带头与干部开展谈心谈话820余人次。认真落实经责审计制度，对全县31名党政部门和事业单位的主要负责人进行任期、任中经济责任审计。制定贯彻落实干部监督“四度十一条”工作实施方案。出台了《大英县选人用人公信度监督员管理办法》，选聘20名选人用人公信度监督员。

干部人才工作。实行了县级领导干部联系知识分子制度，县级党政领导和分管领导联系30个人才开发单位及50个优秀人才示范岗，县级部门和分管领导也建立了各自联系的人才开发示范单位和优秀人才示范岗；完善了大英籍在外科技人才资源库，掌握了200多名在外专家学者及科技人才的信息资料，逗硬对26名拔尖人才和学术技术带头人以及4名引进的专家型人才定期定额发放津补贴；建立多元化人才奖励制度，设立“县优秀企业家奖”、“县科技杰出贡献奖”和“县科技进步奖”等奖项，建立“县级拔尖人才”、“县级学术技术带头人”评选制度，积极搭建中青年知识分子和优秀人才成长、成名平台。出台了《大英县高层次人才管理服务暂行办法》，招引专业技术人才239人、高层次人才6人，主动对接大英籍“国家千人计划”入选者，1人已进入全省“千人计划”待审人选。积极做好援藏干部人才服务，完成了第一批6名援藏干部人才援助藏区行动，顺利实施第二批援助藏区行动计划，选派7名优秀干部人才分赴理县、泸定县开展援助工作。

【老干部工作】 至2013年12月31日止，全县有离休干部6人，县级退休干部66人，管理的科级实职干部13人。

落实老干部待遇。政治待遇方面：一是建立并完善了老干部阅读文件和老干部学习制度，并给老干部订阅报纸杂志，不断加强老干部的思想政治工作。二是坚持实行老干部出席重要会议和参加重大活动制度。每年党代会、人代会、“七一”庆祝会以及全县其他重要活动都要邀请老干部代表参加。三是坚持重要节日走访慰问老干部和看望生病住院老干部制度。每年春节、重阳节以县委县政府名义召开全体县管老干部座谈会议，对老干部进行走访慰问。四是建立县委常委联系老干部制度。五是坚持每年重阳节向老干部通报全县经济社会发展制度。生活待遇方面：建立和完善老干部离退休费及医疗保障机制。企业县级离退休干部全部纳入社保局管理，行政、事业离休干部全部纳入机保局。建立老干部体检经费增长机制，2013年体检费从1000元/人增加到1200元/人。建立老干部重大疾病住院困难补助机制，大病住院的费用按医保局政策报销后，对报销比例未达到90%的剩余部分实行补助。

老干部作用的发挥。一是在关心教育青少年工作中发挥作用。全县87名老干部有80%参加到关心下一代的工作行列，在各级“关工委”组织中担任顾问、常务副主任、委员职务，积极为失学儿童、失足青少年提供物资或精神援助，关心和引导青少年健康成长。二是在特殊的岗位发挥余热。全县有10名老干部分别被市、县纪委、监察局聘请为党风巡视员或特邀监察员，一批离退休老干部加入了老年网吧协管队，担任义务协管员；一批老干部凭借知识优势被县、乡聘为农业高级顾问。三是在原单位继续发挥作用，全县65%的老干部虽然已退休多年，但是仍以主人翁精神为大英县建设和发展不遗余力奉献着自己的余热。

【县直机关工委、纪工委工作】 2012—2013年培养入党积极分子680人，新发展党员301名，清退不合格预备党员1名。扎实开展“六联系”活动。县直部门共结对联系11个镇乡、68个村、24个社区、72个企业、3800余户群众，每个部门还专门下派1名干部驻村开展帮扶工作，切实为农村发展、农民增收办好事实事。深入开展志愿服务活动。68个县直部门党组织和1100多名机关党员积极参加“双报到”活动，利用每季度最后一周星期六“党员义工日”集中开展党员志愿服务活动。创新搭建服务群众平台。全县新建立县级机关“党代表工作室”，县直机关党代表每周一轮流到工作室坐班接访群众，组织召开“民情恳谈会”，深入了解社情民意，及时回应群众诉求，切实为民帮困解忧。共接待来访党员群众286人，收集党员、群众意见建议153条，党代表现场回复、解决124件，转相关部门解决29件，群众满意率达97.5%。

【县“两新”组织党工委工作】 2012年3月，中共大英县新经济组织和新社会组织工作委员会（简称“两新”党工委）成立，作为县委主抓“两新”组织党建工作的专门派出机构，设在县委组织部。县“两新”组织党工委设书记1名，专职副书记2名，兼职副书记1名。

非公企业党建工作。扩大党的组织和工作覆盖。截至2013年12月，全县建立非公企业党组织84个，覆盖非公企业189家，党组织覆盖率达83.3%，其中独立建党企业68个，独立建党率达30%。注重常态化教育培训，提升四支队伍素质。一是培训常态化。全县定期举办非公企业党务干部培训班、中高层管理人员研修班、党员培训示范班。二是管理精细化。制发《非公企业党务干部绩效考核办法》，加强对党组织书记考核。注重党建指导员选管用工作，2012年以来，全县共选派50名党建工作指导员和12名驻企指导员到企业指导开展党建工作。三是激励长效化。对年度考核合格的非公企业党务干部发放工作津贴，对实绩突出的1名驻企指导员、3名党建指导员予以提拔任用。抓好有形化载体建设，激发企业内在动力。一是突出“政治引领”，实现“12610”工作计划。即培育1个在省内具有较高知名度的党建示范园区，2条主题鲜明、各具特色的党建走廊（依托工业集中发展区重点企业建设“发展型党建走廊”，依托文化产业园区重点文旅企业建设“创意型党建走廊”）、创建6家市级“双强六好”示范党组织、10家县级“双强六好”示范党组织，形成分层创先、集群发展工作格局。二是发挥核心作用，开展“六个一”活动。以园区为主体，着力开展“一批课题研究”、“提炼一批企业精神”、“完善一套企业管理制度”、“每季度组织一场政企联谊会”、“每月开展一次主题‘党日’活动”、“创建一批‘双强六好’示范企业”，推进党建与生产经营深度融合，让党组织融入社会、回归基层、服务一线。加强制度化组织保障，夯实基层党建基础。建立非公企业党建工作联席会议，实行每月通报、季度会办、半年督查、年度评先评优联审制度。落实《县级党员领导干部和部门（单位）联系企业（项目）制度》，对联系企业开展“组团式”服务。完善“以奖代补”非公党建经费保障机制，2012年以来，全县各级党组织投入非公企业党建工作经费40万元，带动出资人投入50余万元，新建了一批规范化、标准化党组织活动阵地。

社会组织党建工作。截至2013年底，全县在县民政局依法登记的新社会组织共195个，其中社会团体148个、民办非企业单位47个，已建立社会组织党组织45个，其中单独组建36个，联合组建9个，共有党员681人，党组织覆盖率达80%。社会组织党建工作，坚持按照谁主管谁负责的原则，明确了党建责任主体，形成县委统一领导，县“两新”党工委牵头，业务主管单位或行政挂靠单位党组织主抓、行业协会党组织直接抓的党建工作责任机制。2012年以来，全面开展了社会组织情况摸底，建立完善了全县社会组织党建工作基本情况台账；会同民政、教育、卫生、文广等相关部门开展了社会组织现状、发展及党建工作调研，制发了社会组织党建工作实施意见；实施了社会组织培育计划，重点培育社区服务、社会事务、文化体育、慈善救助、法律维权等社会组织，每个社区每年培育社会组织2个以上。

【党史研究】 完成了《“三荐一考两票”公推直选村党组织成员的实践与思考》、《推动大英文化繁荣发展的思考》等调研课题，整理撰写了中共大英县2007年11月—2012年6月组织史资料；指导县水务、住建、民政等部门开展了党史专题史工作，启动了《中国共产党大英历史（第一卷）》编撰工作，收集工业、农业、社会事业、党的建设等方面的史料近60万字，督促各级各部门认真落实党史资料年度征编任务，逗硬执行当年资料当年征、当年大事当年记。

【党员干部现代远程教育工作】 截至2013年底，全县已建远程教育终端站点283个，配备计算机283台，电视310台（液晶电视20台），机顶盒40个，投影仪165台，音箱165对，移动播放器25个，实现机关、学校、社区互联网模式站点全覆盖，按照远程教育站点“进机关、进社区、进学校、进两新组织、进流动党员服务站”的要求，建设新型远程教育示范站点25个，将42个卫星模式站点升级为互联网站点。探索远程教育站点发挥作用新途径，建立远教亲情小屋28个，搭建了农村留守人员与外出亲人间的交流平台，圆了留守家庭“亲情梦”。

（陈　磊）

宣传工作

【概况】 2012—2013年，大英宣传工作按照中央、省委、市委和县委的统一部署，紧紧围绕县委“新型工业县、优秀旅游城、生态示范区”三个定位的战略部署和“工业抓园区、旅游抓景区、城市抓新区、农村抓统筹、管理抓创新”的工作思路开展工作。主线清晰，重点突出，基调平稳，成效显著。巩固文明城市创建和学习型党组织建设两大成果，突出宣传贯彻党的十八大精神和加快文化改革发展、催生经济增长新引擎两大重点，努力为构建和谐社会，加快推进“两化”互动提供了强有力的理论指导、舆论力量、精神支柱和文化条件。

【理论工作】 按照科学理论武装、具有世界眼光、善于把握规律、富有创新精神的学习型政党组织建设的要求，全县认真落实《关于推进学习型党组织建设的意见》，扎实推进理论武装“十个一”工程，着力推动学习经常化、制度化、规范化。坚持以中国特色社会主义理论体系和党的十八大精神为指导，以服务中心工作为主线，紧密联系大英县经济社会发展实际，创新学习形式、强化理论学习。以中心组学习为龙头，提升理论学习层次。中心组多层次、高密度、高频率地邀请各方面的专家学者来大英县传经送宝。严格执行《大英县党员干部学分制管理办法》。坚持了中心组学习的“五统一”，即统一学习计划、统一学习进度、统一学习笔记、统一学习考勤、统一学习档案。为全县各级党委（党组）中心组配备了学习秘书、学习辅导员，建立了学习秘书、学习辅导员档案，坚持了学习秘书、学习辅导员定期培训制度，建立了科局级干部学习档案，坚持了科局级干部学习情况定期登记录入制度。坚持理论联系实际的学风，形成了以“学习—宣传—研究—考评”四大操作模块为基础的一体化学习机制。2012年上半年，先后三次组织县委中心一二组成员赴西昌、罗江、海南、广西等地学习考察。2013年初下发了《全县中心组学习安排意见》，推荐了《中国梦》、《十八大读本》等学习书籍，开展了丰富多彩的读书活动。开办“群众工作方法大讲坛”。组织开展了“城市规划建设”、“文化产业发展”、“基层群众路线”、“政治理论学习”四大板块为主题的33场集中学习会。利用县委党校、县社科联、乡镇综合文化站、村文化活动室等培训机构，开展了“百名村支书学理论”、“送学送教下乡”、“校长大论坛”等各种形式的培训活动。广泛开展宣讲团（小分队）“五进”宣讲，优秀调研论文评选活动，探索出了“每日一题”、“周五课堂”、“结对促学”等行之有效的学习方式，编写了激励党员干部学习的“三字经”、“五字诀”、“八字句”。在全市率先创办《今日大英》手机报，发送理论学习专报128则。中央学习型党组织建设协调小组办公室第55期简报、省委宣传部《四川宣传》网站、四川省学习型党组织建设协调小组办公室第45期简报均专版介绍大英县先进经验。收集副科级以上干部调研文章483篇，选出高质量文章26篇。

【思想政治工作】 抓好管理机制和制度建设。建立了中心组学习制度、党风廉政建设责任制和思想政治工作领导小组、工作联系会议制度、思想政治工作书记负责制、县级干部和县级部门蹲点联系社区、乡镇等制度。抓好队伍和阵地建设。各部门明确一名副职领导专管思想政治工作，配备了政工科室和政工干部，并利用县委党校等阵地，加强政工干部理论和业务培训。从讲政治的高度抓好各级党报刊发行工作，党报党刊发行工作年年获市表彰，巩固了思想政治工作的重要阵地。针对全县干部群众的思想状况，加强和改进了思想政治工作的手段和方法。一是组织宣讲团，坚持送理论上门下乡，推动理论进企业、社区、学校。二是树立宣扬思想政治工作先进典型。三是利用县内新闻媒体开设思想政治工作专题、专栏，营造了全社会关心支持思想政治工作的良好氛围。四是对不同群体、不同层面，扎实开展“四下乡”、机关干部作风整顿、纠正行业的不正之风、文明单位村镇和社区创建、假期教职工思想政治集中学习等活动。五是认真组织全县党员干部群众，广泛开展了解放思想、更新观念，转变工作作风，切实解决干部群众关心的实际问题的大讨论，为全县加快发展提供了思想和舆论的支持。六是加强基层组织建设，充分发挥基层党组织和党员在思想政治工作中的战斗堡垒作用和先锋模范作用。

【新闻宣传】 新闻工作牢牢把握党管媒体的基本原则，始终坚持正确的舆论导向，团结鼓舞全县人民，努力形成“励精图治求发展，同心同德谋跨越”的主流社会舆论，按照“科学发展、绿色发展、跨越发展”的总体取向，坚持“新型工业县、优秀旅游城、生态示范区”的目标定位，不断提升宣传能力和舆论引导能力，凝聚推动发展的正能量，为建设新大英不断注入精神动力。县电台、电视台、《大英专刊》、西部大英网站，以弘扬大英精神为主调，主创采编人员紧紧围绕县委、县政府的治县兴县方略，抓住各个时期的重点、难点、热点问题，多角度、多侧面地宣传了全县经济和社会发展目标、战略重点、发展思路、战略措施以及各条战线涌现出来的先进典型，掀起了一个又一个战略宣传高潮。两年来，县级新闻媒体及时传达党和政府的声音，反映群众愿望要求，引导好社会舆论，化解社会矛盾，维持社会稳定，为建设新大英不断注入精神动力。

【对外宣传】 为树立大英对外形象，积极开展对外宣传。进一步完善了《关于在上级主流媒体上宣传大英的奖励办法》，建立了外宣工作联席会议制度和信息通报会议制度。在《四川日报》、《四川经济日报》、《华西城市读本》、《遂宁日报》等省市主流报刊推出“两化”互动、文明创建、文化建设、项目推进等专版宣传。配齐网络新闻发言人、网络评论员、网络舆情监控员三支队伍，重点县直部门开通了官方微博，每月定期编制2期《舆情专报》。利用官方新浪、腾讯微博，扩大了外宣影响力。编印了外宣画册《大英新韵》，制作外宣新春贺卡、邮册。

大英的新闻媒体及新闻工作者积极向外界媒体投送稿件，被中央、省、市的报刊及电视台采用1300多条。大英飞越发展，取得了令人瞩目的成就引起了中、省、市级新闻媒体的广泛关注。CCTV—7“乡土”栏目播出25分钟专题片《大英人的“咸”生活》，各大新闻网站刊载《上万游客挤爆“中国死海”》，香港有线电视“旅游经济”栏目播出《魅力大英》，《四川日报》刊登涉及大英文化、经济、管理等报道7篇，《华西都市报》刊登《大英开展政风行风满意度测评》等10余篇文章，《华西城市读本》连续推出5个整版，报道大英县“五抓”工作思路以及城市建设取得的成绩，《精神文明报》以整版篇幅翔实介绍了大英县创建第三届省级文明城市的工作纪实，全方位展示大英经济社会发展新思路、新举措、新局面。

【文化建设】 制定了《大英县文化建设十大工程实施意见》，对十大工程进行分解落实，追踪督办。加快公共文化体系建设，新建村级文化活动室70个，省级示范乡镇文化站3个，村级农民体育健身点18处，社区书屋35个，建成县体育馆、射击馆和体育中心广场。整合文博图美资源，成立了县群众文化促进中心，依托县、乡、村三级网络，积极推动文化普及，开办各类文化培训班12个，形成了广场文化、社区文化、民间特色文化三大亮点和品牌，举办各类大型文化活动20余场，送文化下基层进社区600余场。积极发展文化产业，邀请国内外一流规划设计院所高标准规划建设融休闲旅游、教育培训、文化创意、影视娱乐、国际会展、企业家会所等为一体的文化产业园区，被省政府列入省级特色文化产业园。努力打造特色文化，开展“特色文化乡镇”、“特色文化村”、“特色文化社区”创建活动。积极做好文物保护，落实了全县548处不可移动文物保护单位（点）的属地管理制度，卓筒井被列为国家级文物保护单位。建立了大英县非物质文化遗产保护资料档案数据库。鼓励扶持文艺创作，出台了《大英县文艺创作及文艺人才奖励扶持办法》，小说、诗歌、戏剧、歌曲等创作热情高涨。电影文学剧本《大英卓筒井传奇》获第八届全国“戏剧文化奖·大型剧本”银奖；《母爱》获第八届全国“戏剧文化奖·小型剧本”铜奖，音乐戏剧《画圈圈》获市第五届“幸福家园”第一名。《太阳井》、《转移》剧本完成，正在筹拍中。

（黄　鑫）

精神文明建设

【概况】 2012—2013年，大英县精神文明建设工作以社会主义核心价值体系为根本，以贴近实际、贴近生活、贴近群众为总体要求，以全面提升城乡文明程度、提高公民思想道德水平为目标，以“和谐文明大英”建设为抓手，狠抓各项措施的落实，大力推进群众性精神文明创建活动，文明创建工作取得显著成效。

深入学习实践科学发展观，社会主义核心价值体系建设进一步拓展，品牌带动、项目带动形成良好发展态势，抓发展的共同思想基础更加牢固，又好又快发展的氛围更加浓厚。以践行社会主义荣辱观为载体，向道德模范和各条战线的英模人物和先进典型学习活动不断深化，和谐社会新风尚日渐形成，市民综合素质进一步提高。以“城市公共文明指数测评”为切入点，以“赶考”精神全面实施文明城市创建工作，顺利通过四川省第三届省级文明城市的评估验收。以评选“五星级文明户”、“好婆婆”、“好儿媳”为载体，以城乡共建为动力，结合推进新农村建设、激发了“乡风文明”建设新的活力，农民、农村面貌发生较大变化。创建文明行业（单位、镇乡、社区）、创建文明风景旅游区等群众性精神文明创建活动蓬勃开展。着力打造精神文明工作品牌，“道德——我们的脊梁”、寻找“最美大英人”活动等品牌和特色工作的影响力和对全局的推动力继续扩大，特色创建凸显新成效。

【思想道德建设】 大力倡导爱国、敬业、诚信、友善等道德规范，推出了一批在全县、全市、全省、全国有影响的思想道德建设先进典型，并在《遂宁日报·大英专刊》、大英电视台、大英文明网等媒体开辟专题栏目，宣传各行各业近年来道德教育和道德实践的可喜成果。积极开展“我推荐、我评议身边好人”活动，2012—2013年，累计推出典型人物25人次，其中朱瑞林、刘应学分别入选“中国好人榜”的“好人”名单；蔡本菊荣获第三届省级道德模范称号；唐亚平、肖红、李达荣获遂宁市道德模范称号；曹小华荣获四川省“美德少年”称号。2013年10月14日，县文明办创新策划了《道德——我们的脊梁》主题展览，本次展览共制作展板56块，在新老城区集中展示，画展主要从“诚信、敬业、礼仪、孝道和节俭”等五个版块集中展示中华民族乃至世界各民族的传统美德，批判种种违背道德标准的行为，致力让人们承继传统美德，弘扬民族精神，养成良好的品德，树立以德为重的人生观。并编印成2万册宣传手册免费发放到全县机关、企业、社区、学校、医院，起到了良好的宣传教育作用。

【文明城市形象塑造】 2012年，大英启动了第三届省级文明城市的创建工作。根据《四川省文明县城考核测评细则》和《四川省关于开展城市公共文明指数测评意见的通知》的文件精神，制定《大英县创建第三届省级文明城市工作方案》，成立由县委书记、县长任总指挥的创建工作指挥部。召开全县创建文明城市工作动员大会以及多次工作推进会，向64家单位下达创建目标任务书；做好迎检方案制定、任务分解、协调联络、督查检查工作；制作倡议书2万份，印发适用于墙体、车体、楼道等各类招贴画1万张；悬挂创建标语近1万个（条）；在主要街道路口利用路灯灯杆设置广告450余处；组织志愿者在全县85个场点开展交通协勤、文明劝导志愿服务；督导组先后深入到85个现场点开展实际督查和督导165次。2013年10月18—19日，以省文明办创建处处长王伟为组长的省创建文明城市考评组一行7人到大英县进行文明城市最终考评。考评组累计抽查了城区15个考评点，查阅资料380卷，对涉及64个单位的140项指标进行了全面考评和审核，2013年底成功创建为第三届“四川省文明城市”。

【群众性精神文明创建】 2012—2013年，县文明办面向全县各单位、行业、村镇（乡）、社区开展2012和2013年度基础创建评选工作，做好省级精神文明建设先进单位的申报推荐工作。2012年底，对全县11个省级（最佳）文明单位、1个省级文明镇、3个省级文明村进行了全面复查；新创市级最佳文明单位3个、市级文明单位5个、市级文明镇1个、市级文明村3个；2013年，县电力公司、县民政局分别成功创建为省级最佳文明单位和省级文明单位。印发《关于加强乡风文明建设推进新农村建设的实施意见》，倡导健康、文明、科学的生活方式；积极开展“美德在农家”活动，树立评选出的1523个“好媳妇”和1430个“好家庭”。在全县所有窗口行业开展了文明礼仪推广、优质服务评选活动，共计评选优质服务窗口15个，优质服务明星56人次。

【未成年人思想道德建设工作】 2012年2月和2013年2月分别召开了全国、省、市及县级未成年人思想道德建设工作电视电话及联席会议，安排布置年度工作，组建未成年人思想道德建设工作联络员队伍。积极开展系列主题实践活动，创新载体，拓展未成年人工作新渠道，取得良好成效。组织开展“童心向党”歌咏活动，2012年县实验学校“童心向党”歌咏活动节目在中国未成年人网展播；在春节、清明、端午、中秋、重阳等时间节点，组织广大未成年人参与“我们的节日”主题活动，开展了“感恩行动”、“网上祭英烈”、创编“节日小报”等活动。不断拓展未成年人校外公益阵地建设，2012—2013年争取中央彩票基金支持乡村学校少年宫建设项目资金共计70万元，建成了回马小学、河边小学、郪江外国语学校三个乡村学校少年宫。县级相关部门联合深入开展校园周边环境整治行动20余次，取缔“黑网吧”6家，查处网吧接纳未成年人上网案件22起，较好地净化了社会文化环境。

（黄　鑫）

统一战线工作

【概况】 2012—2013年，全县有回族、藏族等34个民族成分1983人。全县设有登记的宗教活动场所29处，教职人员53人。有民盟、民进两个民主党派县级总支部，民建、农工党两个县级支部，成员110人。定居台胞1人，三胞三属联谊会会员134人。黄埔同学会2人。

【同心思想教育】 大力宣传学习党的十八大、十八届三中全会精神，先后组织形势报告会1场，十八大精神专题学习3场，手机报28期。认真组织开展了纪念中共中央发布“五一”口号65周年座谈会。各民主党派成员、无党派人士代表坚决拥护中国共产党的领导，走中国特色社会主义道路，积极参政议政，拟调研课题近100个，确定调研课题20个。成功创建市级同心教育基地1个。

【民主党派建设】 认真贯彻落实中央统战部《关于协助民主党派加强思想建设的意见》，指导民进大英支部顺利换届并成立总支、民盟大英总支改选副主委，成功组织县工商联的换届选举；指导各民主党派开展社会活动4场。支持各民主党派深入开展对口帮扶，协助相关单位为民主机电校争取项目升级资金100万元，组织民主党派为河边中学送去栾树100余棵，送课下乡8场，送文化下乡120人次，送医药下乡近100人次，县城义诊183人次，捐赠电子图书室3个、抗洪救灾募捐现金2300余元，为敬老院送慰问金2000余元。联系的香港太阳教育文化有限公司资助大英中学贫困生100名现金24万元。开展红色主题教育3次、考察学习3次、同心演讲1场。

【党外代表人士队伍建设】 制发了《大英县委关于加强新形势下党外代表人士队伍建设的实施意见》，为全县党外代表人士队伍建设工作提供了决策保障、组织保障和措施保障。建立党外代表人士信息库，28名党外代表人士被列为后备干部培养，部分优秀人才被推荐进入全县后备干部人才库。加强党外干部培训锻炼，举办党外后备干部培训班1期、培训党外干部30名。选派县级机关15名党外干部下派到村挂职。加大党外干部实职安排力度。在全市率先配齐县法检两院党外领导干部，25个政府工作部门配备党外领导干部11个。2名党外实职正科级领导干部得到交流，10名党外代表人士得到提拔，创新解决了党外代表人士实职安排身份受限问题。

【非公经济党建】 引导非公经济人士积极参与社会公益活动，联系留守学生近100名；积极为雅安芦山灾区捐款40多万元，其中四川中腾能源科技有限公司员工捐款6.7313万元，捐燃气灶20套，燃气200瓶。组织开展了对全县重点非公企业代表人士的社会评价，刘仲全等4位企业家被市委市政府评为“第二届遂宁市优秀中国特色社会主义事业建设者”。非公企业的党建工作上台阶，天骄纺织公司党支部荣获全省创先争优先进基层党组织称号，非公企业四川圣海包装科技有限公司首个同步建立党工妇党群组织，园区共单建企业党组织43个，覆盖率98%。四川中腾能源科技有限公司荣获“遂宁市工人先锋号”称号，久大蓬莱盐化公司荣获“遂宁市优秀工人先锋号”称号。

（熊雄雄）

老干部工作

【概况】 至2012年12月31日止，全县有离休干部7人，县级退休干部67人，管理的科级实职干部13人。至2013年12月31日止，全县有离休干部6人，县级退休干部66人，管理的科级实职干部13人。县委将老干部工作列入重要工作日程，建立了老干部工作领导小组，制定了县委常委联系老干部制度。

【老干部待遇及落实】 政治待遇方面。一是建立并完善了老干部阅读文件和老干部学习制度。按照规定，中省市的文件，在职干部传达到哪级，离退休干部也传达到哪一级，并给老干部订阅报纸杂志。二是坚持实行老干部出席重要会议和参加重大活动制度。每年党代会、人代会、“七一”庆祝会以及全县其他重要活动都有老干部代表参加。三是坚持重要节日走访慰问老干部和看望生病住院老干部制度。每年春节、重阳节县委县政府召开全体县管老干部座谈会议，对老干部进行走访慰问。每年春节、端午、中秋、重阳、国庆、元旦等重大节日，各单位对各自的老干部进行座谈慰问。四是建立了县委常委联系老干部制度。五是建立每年重阳节向老干部通报全县经济社会发展制度。

生活待遇方面。按照党的老干部政策“基本政治待遇不变、生活待遇还要略为从优”的要求，建立和完善老干部离退休费及医疗保障机制。企业县级离退休干部全部纳入社保局，行政、事业离休干部全部纳入机保局。老干部公用经费、特需费、活动费每年初由县财政纳入预算。2013年县委领导高度重视老干部待遇，组织相关人员研究老干部待遇，建立三项新机制，确保老干部颐养天年。一是建立老干部体检经费增长机制。2013年体检费从1000元/人增加到1200元/人。二是建立老干部慰问金增长机制。从2014年起春节、重阳节慰问金标准从1200元/人/年增加到1600元/人/年。三是建立老干部重大疾病住院困难补助机制。大病住院的费用按医保局政策报销后，报销比例未达到90%的剩余部分进行补助。

【老干部活动场所建设】 根据中、省、市老干部活动馆（室）建设工作会议精神，围绕“老有所养、老有所乐、老有所学、老有所为”这个宗旨，1998年投资23万余元在魁山公园修建完善了老年活动室；2002年，投资2.8万元在魁山公园老干部活动室新建占地700平方米的标准化门球场1个；2006年11月，县委、县政府将金阳商场外4亩土地无偿划拨给老干部修建活动中心，活动中心投资267万元，于2007年9月30日正式竣工投入使用。老干部活动中心已成为老干部政治学习、党课和娱乐休闲场所。

【老干部作用的发挥】 一是充分运用老干部良好的政治优势引导老干部在关心教育青少年工作中发挥作用。全县87名老干部有80%参加到关心下一代的工作行列，在各级关工委组织中担任顾问、常务副主任、委员职务，积极为失学儿童、失足青少年提供物资或精神援助，关心和引导青少年健康成长。二是凭借老干部的威望和严肃认真的工作作风，聘请老干部到特殊的岗位发挥余热。全县有10名老干部分别被市、县纪委、监察局聘请为党风巡视员或特邀监察员。一大批离退休老干部加入了老年网吧协管队，担任义务协管员。还有一大批老干部凭借知识优势被县、乡聘为农业高级顾问。三是部分县级干部退休后在原单位继续发挥作用，全县65%的老干部虽然已退休多年，但是仍以主人翁精神为大英的建设和发展不遗余力奉献着自己的余热。老干部工作实现了“让党委政府放心、让老干部满意”的工作目标。

（刘　春）

机构编制工作

【概况】　2012年，坚持重大事项编委会议审定制度，围绕县委、县政府中心工作需要，全年共召开编委会议5次，审议包括行政事业机构设置、事业单位改革、增减机构编制、调整机构职能职责、核定领导职数等机构编制事项69项，全年共撤销事业机构13个，整合事业机构5个，调减7个单位事业编制，优化了大英县机构编制资源配置，促进了编制使用效益最大化，为有关工作的顺利开展和全县经济社会发展提供了坚强的机构编制保障。

2013年，共承办编委会议4次，提交编委会研究事项58项，草拟编委会议文件70余个。全年在遂宁市下达的机构编制总量内，多批次调剂编制近100个。进一步加强机构编制前置审批管理，各单位申报进人用编计划、调动（任）、考聘人员首先报编制部门审核的工作机制已初步建立。严格执行中、省、市实名制管理和严格控制机构编制的有关规定，进一步规范机构编制事项办理流程，严格用编计划申报、用编审批和出入编审核制度，较好地发挥了机构编制部门“控制器”和“总闸门”作用，基本做到了合理控编、科学用编。全面开展了机关事业单位机构编制实名制信息公示。2013年10月底以前，全面完成了全县机关事业单位机构编制人员信息的网上录入工作，并及时更新实名制系统数据信息。

【事业单位登记管理工作】　2012年，全面完成事业单位法人网上年检工作任务，全县参加年检的事业单位法人258个，年检率达100%，并按要求在《遂宁日报》进行了公示。全面完成258个事业单位法人换证工作，保障了各事业单位工作的正常运转，加强了事业单位网上登记管理。2013年，实现网上登记管理事业法人单位281个。全年共新设立登记23个，变更登记73个，注销登记3个。积极推进中文域名注册管理工作，截至11月底，已按规定注册域名单位105个。

【行政机构改革】　根据中、省、市有关文件精神，结合大英县实际，在深入调研的基础上，精心制订了《大英县食品药品监督管理体制改革实施方案》、《大英县农业园区机构设置方案》，并提交县委常委会和编委会审定，为改革的顺利推进和有关工作开展奠定了良好基础。进一步加大对卫生与人口计生、城管执法等方面的工作调研，积极开展机构编制效能评估工作，为进一步深化行政管理体制改革，尤其是大部制改革作了前期探讨和准备。

【事业单位分类改革工作】　按照事业单位清理规范要求，基本完成了大英县事业单位职能职责的规范工作。参照省市事业单位改革分类目录，初步拟定了大英县事业单位分类目录，待省市分类目录出台后，大英县即可对应完成正式目录的拟定工作。大英县参加事改单位309个（另外有46个事业单位暂缓分类），经县委编办初审向省、市申报行政类8个、生产经营类1个、公益一类266个、公益二类36个。

【行政事业单位改革情况】 2012年，大英县整合设立、撤销设立、新设立行政事业单位情况如下：

1. 2012年2月10日，整合县会计核算中心、工资结算中心，设立县财政监督检查局（大编委发〔2012〕5号）；

2. 2012年3月13日，设立县国有资产管理服务中心，为县国资委下属事业单位（大编委发〔2012〕7号）；

3. 2012年3月13日，根据国务院残工委《关于加强基层残联建设的决定》精神，设立县残疾人服务中心，为县残疾人联合会下属事业单位（大编委发〔2012〕12号）；

4. 2012年3月13日，根据《四川省城乡环境综合治理条例》规定精神，设立县城乡环境综合整顿治理办公室（大编委发〔2012〕16号）；

5. 2012年3月13日，设立中共大英县新经济组织和新社会组织工作委员会（大编委发〔2012〕23号）；

6. 2012年6月15日，原在县委组织部挂牌的中共大英县直属机关工作委员会机构单设，为县委工作部门（大编委发〔2012〕36号）；

7. 2012年6月15日，设立县12380举报中心，为县委组织部下属事业单位（大编委发〔2012〕37号）；

8. 2012年8月29日，撤销“中共大英县城市工作委员会”、“中共大英县纪委派出中共大英县城市工作纪律检查工作委员会”、“大英县城市工作办公室”、“中共大英县城东街道委员会”、“中共大英县城西街道委员会”、“大英县城东街道办事处”、“大英县城西街道办事处”、设立“中共大英县城东社区工作委员会”、“中共大英县城西社区工作委员会”、“中共大英县城东社区纪律检查工作委员会”、“中共大英县城西社区纪律检查工作委员会”、“大英县城东社区管理委员会”、“大英县城西社区管理委员会”（大编委发〔2012〕47号）；

9. 2012年9月4日，撤销原县文广局下属事业单位各“镇（乡）广播站”共11个，将原核定镇（乡）广播站自收自支事业编制共计21个调整为财政全额拨款事业编制后与人员一起，整体并入所在镇（乡）人民政府下属事业单位“宣传文化服务中心”，并在各镇（乡）“宣传文化服务中心”挂“大英县××镇（乡）广播站”牌子（大编委发〔2012〕48号）；

10. 2012年9月11日，为进一步强化基层财政队伍建设，将全县11个原挂牌在乡镇经济发展办公室的“乡镇财政所”单设，作为乡镇内层机构（大编委发〔2012〕50号）；

11. 2012年9月11日，为进一步提升大英对外良好形象、及时发布重大新闻信息，设立县委对外宣传办公室（大编委发〔2012〕51号）；

12. 2012年9月11日，撤销“大英县广播电视管理中心”（大编委发〔2012〕57号）；

13. 2012年10月9日，为加强反腐倡廉、纪检工作，设立县文化产业园区纪工委（大编委发〔2012〕63号）；

14. 2012年10月9日，为进一步推动回马片区工业企业发展，加强工业企业管理，设立回马工业园区党工委、管委会（大编委发〔2012〕64号）；

15. 2012年10月9日，为加强医疗保险事业工作，撤销“大英县城镇职工基本医疗保险中心”，设立县医疗保险事业管理局（大编委发〔2012〕66号）；

16. 2012年11月29日，为创新社会管理体制，结合大英县乡镇工作实际，全县各乡镇人民政府统一设置党政办公室、新农村建设办公室、财政所、综治维稳群众工作中心、便民服务中心等五个内层机构（大编委发〔2012〕71号）；

17. 2012年12月10日，整合扶贫办、移民办，设立县扶贫和移民工作局（大编委发〔2012〕74号）；

18. 2012年12月10日，设立“县祥凤寨水库管理局”，为独立核算、财政全额拨款的事业单位（大编委发〔2012〕75号）；

19. 2012年12月10日，为加大公共文化服务体系的建设力度，构建覆盖城乡的公共文化服务体系，改善人民群众文化活动环境，设立县群众文化促进中心，将原县文广局下属的事业机构：县文化馆、县美术馆、县文物管理所、县图书馆、县业余体育运动学校、县青少年学生校外活动中心等相关机构均划转在“县群众文化促进中心”挂牌（大编委发〔2012〕76号）；

20. 2012年12月11日，为全面落实国务院、省政府《关于当前发展学前教育的若干意见》和市、县人民政府《关于当前发展学前教育的实施意见》等文件精神，设立天星幼儿园、凉亭幼儿园（大编委发〔2012〕78号）；

21. 全年还向省、市机构编制部门争取到48个城市管理行政执法类事业编制、5名公安政法专项编制、1名检察政法专项编制、2名法院政法专项编制、1名司法政法专项编制。

2013年，大英县整合设立、撤销设立、新设立行政事业单位情况如下：

1. 2013年1月6日，设立了大英县机关事务管理局（大编委发〔2013〕2号）；

2. 2013年1月21日，设立大英县公共资源交易服务中心（大编委发〔2013〕12号）；

3. 2013年1月7日，将县国有资产管理委员会整合并入县财政局，在县财政局挂“大英县国有资产监督管理局”牌子，不再保留“大英县政府国有资产监督管理委员会”牌子（大编委发〔2013〕4号）；

4. 2013年1月21日，为加快现代农业产业发展，根据县委4届22次常委会精神，设立“中共大英县现代农业产业园区工作委员会”、“中共大英县现代农业产业园区纪律检查工作委员会”、“大英县现代农业产业园区管理委员会”（大编委发〔2013〕10号）；

5. 2013年3月11日，将“中共大英县现代农业产业园区工作委员会”、“中共大英县现代农业产业园区纪律检查工作委员会”、“大英县现代农业产业园区管理委员会”更名为“中共大英县现代农业园区工作委员会”、“中共大英县现代农业园区纪律检查工作委员会”、“大英县现代农业园区管理委员会”（大编委发〔2013〕16号）；

6. 撤销原县国资委下属事业单位“大英县国有资产管理服务中心”，将原“县国有资产管理服务中心”的6名全额拨款事业编制及人员，连人带编划转2名到县机关事务管理局，连人带编划转4名到县财政局下属事业单位“大英县投融资管理办公室”（大编委发〔2013〕17号）；

7. 2013年4月10日，根据国家关于取消政府二级还贷公路相关政策，撤销了县路桥收费管理所，对其人员进行了妥善分流，将原“路桥收费管理所”27个自收自支事业编制调整为全额拨款事业编制后，划转12个到县公路管理所、划转7个到县渡口管理所、划转2个到县政务服务中心、划转1个到县商务经济信息中心、划转1个到县人民渠七期工程大英灌区管理所、划转1个到县农民专合经济组织服务中心、划转1个到县市政管理中心（以上共计25个事业编制），另有2个事业编制由县编制部门收回（大编委发〔2013〕22号）；

8. 2013年4月10日，为加强全县机构编制电子政务建设和管理，设立大英县机构编制电子政务（信息）中心，为县委编办下属事业单位（大编委发〔2013〕23号）；

9. 2013年4月25日，撤销县新型农村合作医疗管理局和县医疗保险事业管理局，将两局原有职能进行整合，设立“大英县基本医疗保险事业管理局”（大编委发〔2013〕27号）；

10. 撤销“县住房公积金管理部”，划转市上统一管理（大编委发〔2013〕30号）；

11. 2013年7月31日，设立大英县政府服务热线办公室事业机构（大编委发〔2013〕31号）；

12. 2013年7月31日，为理顺县文化产业园区编制人事管理体制，适应园区发展需要，重新核定县文化产业园区管委会行政编制4个，原核定县文化产业园区管委会的12个全额拨款事业编制由县机构编制部门收回；设立“大英县文化产业园区服务中心”，核定全额拨款事业编制10个，将园区管委会的10名事业人员全部划转到“园区服务中心”（大编委发〔2013〕36号）；

13. 2013年7月31日，为加快回马工业园区建设和发展，进一步做好工业服务有关工作，设立大英县回马工业服务中心，为回马工业园区管委会下属事业单位（大编委发〔2013〕44号）；

14. 2013年7月31日，按照全县水资源管理现状和水利工程分布情况，全县共设置5个片区流域水务管理站，即：寸塘口流域水务管理站（辖蓬莱镇片区）、五五流域水务管理站（辖天保镇、隆盛镇、金元乡片区）、四五流域水务管理站（辖玉峰镇、智水乡片区）、星花流域水务管理站（辖河边镇、卓筒井镇片区）、人民渠流域水务管理站（辖回马镇、象山镇、通仙乡片区）（大编委发〔2013〕46号）；

15. 2013年9月4日，为扎实推进事业单位法人治理结构建设试点工作，出台了《大英县开展事业单位法人治理结构建设试点工作实施方案》（大事改办〔2013〕1号）；

16. 2013年12月19日，整合县食品安全办和食品药品监管局的职能职责，以及同级工商、质监等部门食品安全监管和药品管理职责，以及县经济和信息化局的农产品加工环节涉及食品安全职责和县商务局的酒类流通食品安全监督管理职责，重新组建大英县食品药品监督管理局（大编委发〔2013〕48号）；

17. 2013年12月20日，撤销了县人民法院法警大队（大编委发〔2013〕54号）；

18. 为适应大英县公办幼儿园建设发展需要，全年共设立了5所公办幼儿园。

（徐青玲）

群众和信访工作

【概况】 2013年5月，遂宁市设立12345政府服务热线，县群工局原下属事业单位县长热线办公室同县效能办一起并入县惠民帮扶中心合署办公，原县长热线办工作人员调入县惠民帮扶中心。全县11个镇乡、城东社区管委会、城西社区管委会、工业集中发展区、现代农业产业园区、回马工业园区、文化产业园区都设立了群众和信访工作办公室，60余个县级部门设立了信访股（室），全县322个行政村（居委会）设立了群众和信访工作站，基层各村民小组（社区）都配备了1名专（兼）职群众和信访代理员。

2012年以来，全县信访工作紧紧围绕全县中心工作，按照“五个到位”的要求，依法、用心、用情强力推动化解群众反映的突出信访问题，一大批信访问题得到及时妥善解决，实现信访工作平稳可控，为维护大英和谐稳定作出了积极贡献。

【群众来访情况】 2012—2013年，全县共受理群众来信来访1356批3910人次，其中受理来信193件次，接待个体访1085批次，集体访78批次，结案率达90%以上。

【县级领导接访】 原则上每月第一周由一名正县级领导（县委书记、县长、县人大常委会主任、县政协主席）带班接访，其余时间每周轮流由其他副县级领导带班接访。2012—2013年，全县19名县级领导共接待群众来访560批次，解决群众反映合理诉求518起。

【矛盾纠纷排查】 县信访局坚持定期排查全

县重点案件，重大节假日和非常时期开展大排查大化解活动，对排查出的重点信访突出问题建立台账，实行领导包案，明确责任单位化解稳控。2012—2013年，累计排查重点信访问题135件次，涉案重点稳控人员280余人，化解重点领域突出信访问题和信访老案89件，有力维护了全县大局稳定。

【维稳研判】 坚持预测工作走在预防前，预防工作走在处置前，定期组织协调全县各级各部门做好信访信息的收集、分析、研判和处置，在应对土地征用、房屋拆迁安置、辞退民师、残疾盲人、出租车群体等集访事件中，做到了监管不失控、情报早掌握、处置零失误。

（皮永江）

党校工作

【概况】 大英党校实行四块牌子、一套人马的管理模式，集中国共产党大英县委员会党校、遂宁市委党校分校（旅游文化）、大英县行政学校、四川电大直属学院大英分校于一体。2012年2月，经县委机关党委批准，改选了党支部。2012年，获得遂宁市委党校专特实工作先进单位、四川电大教学业务工作先进单位、四川电大招生工作先进单位，2013年获得四川电大招生工作先进单位、四川电大直属学院优秀办学单位、遂宁市委党校专特实工作先进单位。

【学历教育】 本着为大英培养“来有所学、学有所用”的多层面、广覆盖、实用型人才的理念，大英党校与四川电大、奥鹏中心等单位联合，加强了学历教育教学管理与服务。两年来，共举办学历教育培训班60余个，开办专业30余个，为全县及周边县区输送“留得住、用得上”的应用型专门人才500余人。每年计划招生120人，实际超过招生200人，目前在校学生数超700人。连续两年被四川电大、四川电大直属学院等评为“办学先进单位”、“招生先进单位”、“先进班集体”、“电大业务工作先进单位”等。

【干部培训】 按照县委组织部安排，承担了新任副科干部培训、科级领导干部轮训、招商引资干部、优秀年轻干部、村社区干部、大学生村官、入党积极分子的培训等31个培训班次、5200余人次的干部培训。

【理论宣讲】 配合县委宣讲团、大英讲坛、学习研讨、社会选学、巡回宣讲、流动课堂、送教上门等形式，积极开展校外专题宣讲培训，特别是结合党的十七届六中全会、十八大、十八届二中全会、十八届三中全会、中国梦主体教育、党的群众路线教育实践活动等，深入机关、农村、社区、企业、学校等，开展理论政策宣讲90余场次，培训干部群众15000余人次。

【学员管理】 抓入学教育规范，无论是学历教育，还是主题班培训，坚持邀请县委和县委组织部主要领导参加开学典礼，并向学员明确提出培训目的要求。坚持把党性锻炼贯穿于教育培训全过程，充分发挥班委会和临时党支部的骨干带头作用，积极探索党性锻炼的有效载体，开展丰富多彩的党性锻炼活动。先后制定了《班主任职责》、《主体班实施教学计划的若干规定》、《主体班教学质量评估表》、《主体班学员管理办法》等相关制度，突出学员自我教育、自我管理、自我服务的“三自我”途径，注重抓好纪律作风、学风考风和日常规范，坚持对学员实行量化考核，防止了学习走过场，提高了教育培训效果。

【科研成果】 开展科研、教研和调研（简称“三研”）工作，将其纳入教职工年度目标考核，并不断完善奖惩激励机制。围绕党校工作目标任务、全县经济社会发展和党建工作中的重点难点问题，以制定中长期规划为龙头，分年度确定科研课题，深入实际调查研究，科研工作取得明显成效。到2013年底，共有10篇（项）科研论文在市级以上刊物发表或参加学术交流，10余篇（项）获得市级以上奖励和表彰，多篇在国内外公开发行的中文核心期刊发表。

（唐立志）

民族宗教工作

【概况】 2012年3月，原“大英县人民政府民族宗教事务办公室”更名为“大英县民族宗教事务局”，增加事业编制1名，与县委统战部合署办公。

【民族工作】 截至2013年底，全县有34个少数民族成分1983人，占全县总人口的0.36%，多为婚姻迁入，91%为妇女。两年来，深入开展民族团结进步创建活动，县中职校被定为“省民族团结进步示范学校”和“市民族团结进步示范单位”。县教育局被评为“市民族团结进步模范集体”。为河边镇下埝村、象山镇永乐村、回马镇枯井村、智水乡智水村等4个村在省民委、省民开办争取项目4个60万元，经与其他项目综合安排，新建公路4条7.3公里。少数民族机动金由每年10万元增至15万元。新建少数民族安身住房15户，总投入1.53万元。县级相关部门领导对15户少数民族家庭重点结对帮扶。12户少数民族家庭被纳入城乡低保。更改少数民族成分12份。县相关部门认真做好了羌族等110多名少数民族来县经商服务管理工作。节日期间为218户少数民族送去慰问金及物品价值85850元。

【宗教工作】 完成对大英县29处（其中佛教28处、基督教1处）宗教活动场所的登记换证工作，上报备案教职人员70人。截至2013年底，有宗教教职人员53人。完成宗教基础信息采集共计83条。深入开展“和谐寺观教堂”创建工作，解决宗教领域各类矛盾纠纷20项，长潭寺被评为遂宁市“和谐寺观教堂”先进集体。开展“宗教政策法规学习月”活动，组织200余人参加了宗教知识竞赛答题活动。加强宗教场所财务监督管理工作，完善场所财务监管制度，培训财会人员，有条件的长潭寺、承天寺等6个场所开设了对公账户。为长潭寺、寂光寺、承天寺等3个场所争取省寺观教堂维修资金50万元，加强长潭寺药师殿、高观寺大雄宝殿等20个场所的改建、扩建、维修、灾后重建工程的管理。积极开展规范宗教场所燃香活动，大英县政府组织召开相关部门负责人参加的会议，并多次对全县重点宗教场所安全消防工作进行检查。积极推进教职人员社保工作，100%的教职人员参加了医保。查处非法宗教活动10起，拆除会佛寺、佛爷庙、神龙佛堂、玉皇庙等非宗教场所4处。积极开展宗教“慈善周”活动，宗教界捐赠30余万元用于抗震救灾、扶贫济困、捐资助学等。

（杨春蓉）

台湾事务工作

【概况】 两年以来，大英县台湾事务工作认真贯彻党的十八大精神和中央各项对台方针政策，深入贯彻落实中、省、市对台工作会议精神，牢牢把握“稳定增长、高位追赶、转型升级、跨越发展”工作基调，围绕“新型工业县、优秀旅游城、生态示范区”奋斗目标，把“为招商引资服务、为台胞台属服务”作为对台工作重点，以做台湾人民工作为主线，积极联系沿海台商，加强对台经济工作，扩大对台交流与合作，开展对台宣传工作，全县对台工作取得了新的进展。

【对台经济工作】 对台经济工作是对台工作的重要组成部分。2012年，通过走出去、请进来、网络、电话联系等多种形式，邀请台商来大英县考察投资，积极搞好招商引资工作。2012年5月，迎来台湾“议员”谢文俊、台湾省糕饼公会理事长韩兴松、中华大学教授林文宏博士、苗栗县糕饼公会理事长吴王贵到大英县考察。2013年8月台湾“议员”谢文俊、中华大学教授林文宏博士、苗栗县糕饼公会理事长吴王贵等到大英县考察。

【对台宣传工作】 2012年，共筹集投入资金5000余元，丰富完善了台办网站的“聚焦大英、涉台信息、招商项目、寻找亲人”等七个栏目的具体内容，在网站上及时发布了中国共产党的两岸政策信息、岛内及时信息等相关内容，及时公开大英县招商引资项目及优惠政策，点击率达到了8000余人次。2012年7月14日，台湾中时媒体集团10余人到中国死海拍摄专题片入岛宣传。2012年8月8日，台湾“立法委员”高金素梅女士率台湾少数民族参访团一行13人到中国死海访问，促进了两岸双向交流与合作。2013年，进一步完善了台办网站的“聚焦大英、涉台信息、招商项目、寻找亲人”等七个栏目的具体内容，点击率达到了3000余人次。10月，在成都西博会上向台商及国内投资商发放宣传资料150余份，提升了大英形象，增强了大英的知名度。

【台胞台属工作】 认真落实台胞台属政策，了解关心在大英县定居台胞情况，对已定居的台胞，逢年过节定期探望慰问，使他们感受到党和政府的温暖。春节、清明节等重要节日，坚持看望台胞台属。2012年共接待台属3批6人次，台胞2人次，积极帮助台属朱家玉寻找在台亲人。2013年共接待台属6批10人次，台胞2人次，积极帮助台商洪督荣在大英花园干道开台湾休闲餐厅。

（李前锋）

政　权

大英县人民代表大会常务委员会

【概述】　2012—2013 年，大英县依法行使地方国家权力机关的职能，对县人民代表大会负责并报告工作。同时，接受上级人大常委会的指导，并对乡镇人大主席团的工作进行指导。组织召开了县人民代表大会会议 2 次，县人大常委会会议 13 次，县人大常委会主任会议 8 次，听取和审议县人大常委会和“一府两院”工作报告 12 个，专项工作报告 39 个，作出决议、决定 27 个，提出书面审议意见 13 个、建议意见 9 个、评议意见 2 个。2012 年 3 月 13 日，县四届人大一次常委会议通过了《大英县人民代表大会常务委员会议事规则》、《大英县人民代表大会常务委员会任免国家机关工作人员办法》、《大英县人民代表大会常务委员会对提请任命人员任前法律知识考试暂行办法》、《大英县人民代表大会常务委员会组成人员守则》，修订了《大英县人民代表大会常务委员会组成人员联系县人大代表暂行办法》。2013 年 3 月 21 日，县四届人大八次常委会议修订了《大英县人民代表大会常务委员会工作评议办法》。

【审议决定】　两年来，县人大常委会认真听取和审议了县人民政府的报告，作出《关于同意将毗河供水一期工程项目贷款还本付息资金纳入财政预算统筹安排》、《关于同意将毗河供水一期工程项目代融资还本付息资金纳入财政预算统筹安排》等决议，批准了《大英县城市公共空间管理办法（试行）》。

【代表大会选举及常委会人事任免】　两年来，大英县人民代表大会依法选举县人大常委会主任 1 人、副主任 4 人、委员 22 人；县人民政府县长 1 人、副县长 6 人；县人民法院院长 1 人；县人民检察院检察长 1 人。先后接受县人大常委会组成人员 3 人、代表 1 人辞去职务。

大英县人大常委会始终坚持党管干部与依法任免干部的统一，坚持任前法律知识考试、任前供职发言、集中颁发任命书和国徽下就职宣誓。两年来，共依法任免国家机关工作人员 80 人次，决定任命副县长 2 人。

【工作监督】　两年来，大英县人大常委会紧扣县委决策部署和全县工作大局，寓监督于支持之中，综合运用视察、调研、审议专项工作报告等方式，加强对“一府两院”的工作监督。

工业发展及软环境建设方面。听取县人民政府关于培育壮大骨干企业、推动工业经济快速发展和招大引强两个专项工作报告，听取和审议全县100个重点工程项目建设情况，开展县域公路建设管护工作评议。组织部分市县人大代表视察特色产业园区建设、场镇生活污水处理设施建设、城乡环境综合治理工作、城市基础设施及重点工程建设，以及重大工业项目引进及特色产业园区建设情况。

农业农村方面。听取农村机电提灌设施建设和管理工作、现代农业产业园建设两个专项工作报告，听取和审议重点水利工程建设、优质绿色蔬菜基地和现代柑橘产业示范园建设情况，评议现代畜牧产业发展工作并听取和审议了县人民政府落实工作评议意见专项报告。组织部分市县人大代表视察了新农村建设、林业重点工程建设、土地整理项目情况。

社会事业方面。听取县人民政府关于理顺农村文化管理体制、推进农村文化繁荣发展，城镇低保工作，创新社区管理、发挥社区职能作用三个专项工作报告，听取县人民法院执行工作开展情况报告。听取和审议县人民政府关于进一步加快职业教育发展、服务县域经济、创新社会管理、推动法治大英建设的情况报告，县人民检察院开展刑事诉讼监督工作的情况报告。组织部分市县人大代表视察重点旅游景区建设、计划生育服务网络建设、餐饮服务业食品安全监管、农村广播及有线数字电视建设、文化产业园建设、重点行业安全生产监督管理工作、基层法庭建设、城乡电网建设及发展、2012年“9·10”洪灾毁损农房重建以及看守所、社区戒毒康复中心、车辆管理所建设情况。

计划预算方面。县人大常委会议于每年初审议部门年度预算，年中审议上半年国民经济和社会发展计划、财政预算执行及审计工作报告，年末依法部分调整财政收支预算，确保计划和预算执行到位。听取和审议大英县“十二五”规划纲要实施情况的中期评估报告，对确保大英县顺利完成“十二五”规划纲要起到了积极作用。

【法律监督】 两年来，开展执法检查2次，撰写调查报告和执法检查报告共4个。对县人民政府贯彻实施《国务院城市绿化条例》、贯彻执行《人口和计划生育法》的情况开展执法检查。听取县人民政府关于贯彻《禁毒法》专项工作报告。

【代表工作】 强化履职保障。按规定拨付代表活动经费，给县人大代表订阅《人民权力报》、《民主法制建设》等报刊，组织代表参加全国人大和省人大举办的学习培训班，邀请代表列席县人大常委会议，组织代表参加专题调研，邀请代表参加常委会视察、调研、工作评议和执法检查等活动，为代表搭建更为宽广的履职平台。

加强常委会组成人员与代表、代表与选民的联系。印发了加强和改进人大代表工作意见，制发常委会组成人员联系县人大代表通知，每名常委会组成人员届期联系3名县人大代表。认真落实省、市关于人大代表联系群众制度，加强代表与原选区选民的联系，广泛开展“四个一”活动，即县人大代表每年至少要走访一次选民，开展一次接待选民活动，提出一条可行性建议，反映一个群众普遍关心的问题，帮助群众解决困难，真正发挥代表作为党委、政府联系群众的桥梁纽带作用。

加强代表议案、建议、批评和意见的跟踪督办。县人大常委会主任会议对事关国计民生的代表建议实行重点督办，两年来督办代表重点建议20件，督促“一府两院”及政府组成部门办理县人大代表建议、批评和意见216件，办结率100%，满意率在90%以上，受理人民群众信访51件次。

【自身建设】 2012—2013年，县人大常委会建立健全了常委会议、主任会议相关工作制度，修订完善了机关内部管理制度。按照县委统一部署，在机关开展了“实现伟大中国梦、建设美丽繁荣和谐四川”主题教育活动。坚持每周学习制度，加强人大机关思想、组织、作风建设，切实开展好学习型、效率型、服务型、和谐型、廉洁型等“五型人大机关”建设，全面提升人大干部队伍综合素质和履职能力，提高办事和服务水平。加大干部的培养、选拔、任用和交流工作力度，累计调入干部3人，调出干部2人，进一步优化人大机关干部结构。加强对乡镇人大工作的监督和指导，定期召开乡镇人大主席联系会，相互学习交流工作经验，提升全县人大工作整体水平。

（杨卫国）

大英县人民政府

2012年度工作综述

【概况】 2012年，大英县人民政府坚持以科学发展观为统领，紧紧围绕“新型工业县、优秀旅游城、生态示范区”的发展战略，团结带领全县人民，克难求进，奋力拼搏，全县经济社会呈现持续快速发展的良好态势。地区生产总值突破100亿元、达到102亿元，增长14.3%；公共财政预算收入突破3亿元、达到3.12亿元，增长20%；全社会固定资产投资突破100亿元、达到110.1亿元，增长17.7%；社会消费品零售总额突破40亿元、达到40.5亿元，增长15.9%；外贸出口额突破5000万美元、达到5100万美元，增长16%；实际利用市外资金突破50亿元、达到52.1亿元，增长27.1%；旅游总收入突破30亿元、达到30.2亿元，增长26.2%；城乡居民储蓄余额突破60亿元、达到62.75亿元，增长20.7%。三次产业结构由2011年的22.8∶57.3∶19.9调整到了21.5∶58∶20.5。

【突出发展抓产业，经济实力不断提升】 新型工业升级扩张。新增规模工业企业7户，规模工业增加值增长17.6%；完成工业投资52.3亿元，占全县固定资产投资的48%；淘汰落后产能企业4家、工艺2套，万元工业增加值综合能耗下降6.5%。新增国家级高新技术企业2家，省级创新型试点企业1家，县工业集中发展区创建为省级知识产权试点园区。专业园区加快建设，石化产业园、盐化产业园强势提升，机电产业园快速推进，回马建材产业园挂牌成立。

现代农业提质增效。战胜特大洪灾，粮油喜获丰收，实现粮食总产27.6万吨，增长1.3%。新建优质甜橙1.65万亩，薄壳核桃和九叶青花椒8000亩，巩固绿色蔬菜基地3.38万亩。发展规模养殖户229户，出栏生猪81万头，森福猪场荣获国家级标准化示范场称号，“五统一保”全省推广。引进投资500万元以上的农业项目29个，新申报认证无公害农产品15个、绿色食品7个、有机食品4个。成功争创为“全省现代农业、现代畜牧业建设重点县”。实现农业增加值21.07亿元、增长4.3%。

第三产业加速发展。建立完善旅游服务标准体系，被评为全省首批旅游标准化示范县，中国死海荣获首批省级旅游度假区称号，东方国际酒店通过国家四星级评定。餐饮、商贸、娱乐、金融、保险等服务业持续发展，金融机构各项贷款余额达52.55亿元，比年初增长43.76%，创历史新高。

【突出规划抓项目，发展后劲更加坚实】 规划水平大为提升。围绕规划上项目，先后聘请16家国内外知名规划设计团队，对专业园区、城市新区、旧城改造、全域旅游、城乡统筹等进行高端规划设计，生成了祥凤寨水库、郪江新城湿地公园、郪江生态养生岛、粮食物流园、建材产业园、现代农业产业园、城市和新村综合体等30余个重大项目。

招商引资成效明显。全年引进投资3000万元以上产业项目70个，协议投资360.56亿元；

引进“369”工程项目23个，其中1亿—5亿元项目12个、5亿—10亿元项目7个、10亿元以上项目4个。成功引进中益燃气、圣海包装等11家优势企业，中腾能源30万吨碳四改质项目、彰骏光学玻璃镜片等项目实现了“当年签约、当年投产”。新建的文化产业园区，成功引进光华大学等文化项目，成为省政府确定的全省重点发展的26个特色文化产业园区之一。

项目攻坚强力推进。全县储备重点项目360个，总投资739亿元；累计开工项目105个、竣工62个。100个重点项目完成投资122.6亿元，其中12个市级重点项目完成投资57.8亿元，7个省级重点项目完成投资36.7亿元，均超额完成全年计划目标。圣海包装产业园、回马建材产业园、中国死海升级改造、遂宁服务拓展区等重点项目扎实推进，久大60万吨/年真空盐、蓥峰化工20万吨/年硝基复合肥一期、宏诚科技等现代科技项目建成投产。

要素制约破解有力。依法清理闲置低效用地750亩，整理土地4.7万亩，新增耕地4560亩，报征土地1626亩，是省下达年度计划指标的2.25倍。全年交流引进技术型党政人才20余名，引进规划、金融、文艺等专业人才50余名。采取BT模式建设“两馆一中心广场”、标准厂房、快捷通道、“三路两桥”等重点项目，吸纳社会资金13.9亿元。争取到位上级项目资金13.7亿元，增长25.9%。做大政府融资平台，顺利完成城投公司等6个政府性公司改组，注册资本金由7亿元增至30亿元，创新信贷、租赁、信托等融资方式，银政关系更加巩固。红旗桥110千伏变电站建成投用，县城第二水厂启动建设，郪口至县城天然气复线已启动规划设计，要素保障不断加强。

【突出重点抓民生，社会保持和谐稳定】 民生保障切实加强。优先实施十大民生工程，累计投入12.2亿元，162个子项目全面完成计划目标。大南街棚户区改造、凉湾三期安置房开工建设，新建城市保障性安居住房508套、2.86万平方米。社会保障体系不断完善，新农保参保突破11万人，新农合参合39.2万人；城镇居民医疗保险6.45万人；城乡低保实现应保尽保；农村“五保”集中供养率达52%；城乡医疗救助5845人次；积极推进4300名失地农民参加职工养老保险。火车东站扩能改造基本完成，火车停站趟次由原来每天6趟次增加到13趟次。科学应对“9·10”特大洪灾，积极争取灾后重建资金8979万元。城镇新增就业5426人，城乡劳动力转移20.84万人，实现城镇居民人均可支配收入17068元、增长15%，农民人均纯收入7732元、增长15.5%。

社会事业协调发展。全面实施农村义务教育阶段学生营养改善计划。高考本科上线1100人。规划新建2所公办幼儿园和1所九年制学校，教育结构更加优化。严格实施国家基本药物制度，公共卫生和医疗服务体系不断完善。全面启动文化建设十大工程，被确定为全省文艺创作和电影创作培训基地。在全市领先完成数字电视公司化改革平移。率先在全省推行优抚对象医疗“一站式”报销试点，成功创建为国家免费孕前优生健康检查项目试点县、全省人口计生依法行政示范县、全省“量服”工作示范县、省级餐饮服务食品安全示范县，被确定为省级食品安全示范创建单位。

城乡环境日益改善。深入开展城乡环境综合治理，完成农村危房改造1450户，集中建设新村示范点6个，新建通乡公路16公里、通村水泥路287.3公里，安装波形防护栏6.22公里；完成成南高速县城进出口升级改造，规划实施“四街一线”城市风貌塑造、郪江流域环境连片治理项目，成功创建省级环境优美示范县、省级绿化模范县，卓筒井镇、幸福村等“一镇十一村”荣获全省环境优美示范镇村称号。

社会管理不断创新。平安创建扎实推进，依法关停回马烟花爆竹厂、精峰明胶厂，安全生产事故、死亡人数分别下降1%、12.5%。妥善处理南华纺织老厂、基井湾市场建设以及金泰市场争议土地权属等遗留问题，解决信访突出问题74件，群众集访批次、赴省进京上访人次分别下降35.3%、32.5%。加强小区规范化建设和管理，成立小区业委会66个，规范小区物管25个，设置县城社区网格112个。完成天网一、二期改造和三期建设。探索建立大情报网络体系，网络舆情引导机制被省市推广。

【突出服务抓效能，发展环境不断优化】 民主法治建设取得新成效。坚持政府常务会集中学法制度、重大决策事项专家咨询制度、专业机构分析评审制度。自觉接受人大法律、工作监督、政协民主监督和社会舆论监督，全年办理人大代表议案、建议102件，政协委员提案105件、意见12件，办复率100%。深入开展“六五”普法教育，深化“法律六进”主题活动，“法治大英”创建卓有成效。

政务环境建设取得新突破。积极推进政府作风转变，扎实开展服务提升年活动，“三馆两中心”建成投用，政务服务环境不断优化。全县共受理行政审批事项19974件，按期、现场办结率均为100%，群众满意率99.96%。大力倡导“四个特别”，效能建设不断深化，“庸懒散”治理取得实效，查处单位7个、责任追究14人。

政府自身建设取得新进展。邀请23名国内外知名专家教授，围绕全县重大课题，给副科级以上干部专题授课。严格落实党风廉政建设责任制，认真遵守廉洁自律各项规定。扎实推进惩防体系建设，行政监察、审计监督、廉政建设和纠风工作持续深入，政府的公信力和执行力进一步增强。

（李　超）

2013年度工作综述

【概况】 2013年，大英县人民政府团结和依靠全县人民，紧紧围绕“规划实施年、项目落地年”主题，着力创新实干、攻坚破难，开创了经济社会全面发展的新局面。全年实现地区生产总值114亿元、增长11.4%，地方公共财政收入3.81亿元、增长22%，全社会固定资产投资133.3亿元、增长21%，城镇居民人均可支配收入19030元、增长10.5%，农民人均纯收入8654元、增长12.8%，外贸出口5400万美元，三次产业比调整为19.8∶60.5∶19.7。被联合国环境基金会评为杰出绿色生态城市，成功创建省级环保模范县、第三届省级文明县城，跻身全省现代农业重点县、畜牧业建设重点县。

【致力抓产业、促转型，经济保持较快增长】 新型工业加快发展。新增规模工业企业10家，规模工业增加值增长13%。工业集中发展区创建省“51025”重点产业园区和新型工业化产业示范基地。化工产业园强势提升，盛马重油深加工技改完成，中腾能源二期建成投产，久大盐化升级改造顺利推进。机电产业园30万平方米标准厂房如期建成，招商入驻企业6家。回马新型建材产业园总规、详规编制完成，招商入驻企业11家，新材料生产线试生产。粮药物流园主干道、5万吨仓库和5000吨油罐启动建设。新增国家级高新技术企业2家，关闭落后产能企业11家，万元工业增加值综合能耗下降6.8%。

现代农业快速发展。努力推进现代农业园区建设，整合项目23个、资金1.24亿元，整理土地1.42万亩、流转土地1.7万亩，核心区7.5公里骨干道路建成通车；引进农业项目12个，总投资40.4亿元，集聚云南天丹药业、四川永逸集团等企业24家。引进新村旅游开发公司投资5亿元建城市农博园，成功举办城市农业发展学术交流大会。大力发展种养业，实现粮食总产25.13万吨、油料2.3万吨，出栏生猪56万头。培育省市级龙头企业5家，发展专合组织25个、家庭农场12个，3个专业合作社被评为“部级示范建设社”。

第三产业蓬勃发展。实现旅游总收入37.8

亿元、增长25.1%。通过省级乡村旅游示范县复核。中国死海升级改造基本完成，被省政府授予“四川旅游金熊猫奖”，被评为全省首批、全市首个省级旅游度假区。中华梦幻谷开工建设，浪漫地中海旅游度假区前期工作有序推进。大南街中心商务区、遂宁服务区城市综合体推进顺利，永逸商业综合体、服装批发城启动建设。新发展私营企业215家、个体工商户1942户。实现社会消费品零售总额45.8亿元、增长14.1%。金融机构各项贷款余额69.89亿元、增长34.4%，城乡居民储蓄余额72.32亿元、增长15.1%，荣获市级“金融生态环境示范达标县”。

【致力抓招商、攻项目，发展后劲显著增强】

招商引资量增质优。编印招商引资工作手册，完善项目准入退出机制和履约保证金制度，招商水平和实效进一步提高。全年引进项目75个、协议投资258亿元，其中引进东煜光电、天丹药业、金融中心等投资5亿元以上项目20个，能宝电源、蓝山咖啡、常青树化工等投资1亿元以上项目21个，实际利用市外资金53.2亿元。跻身中国最具投资潜力中小城市百强县。

项目建设成效明显。全县100个重点项目新开工74个、竣工32个，其中16个“六大兴市计划”项目完成投资57.45亿元，5个省级重点项目完成投资30亿元，均超额完成年度目标。争取到位项目资金16亿元、增长16.8%。现代农业园区、快捷通道、光华学院等重点项目快速推进，圣海包装一期、天骄节能技改、精密模具制造等项目竣工投产。

要素保障不断加强。实施大企业培育服务计划，落实联系重点企业工作制度，清理涉企收费项目，支持企业发展壮大。推进集约节约用地，清理企业闲置低效用地303亩、依法收回128亩，整理土地4.9万亩，报征土地3045亩。加强生产要素配套，改造完成工业园区供水管网，启动实施化工产业园双回电力线和325天然气管线扩建工程，协助企业新增贷款6.8亿元。

【致力抓建设、强基础，城乡面貌日益改善】

城市建设提档升级。统筹推进城市新区拓展、老城改造和新城功能完善。编制完成郪江新城、太吉新区的控制性详规以及城市绿地系统、风貌景观、供水供气等专项规划。郪江新城蓬莱大道和滨江路加快建设，采和大道和湿地公园启动建设。棚户区改造扎实推进，大南街工程主体完工，交通下街1、2、3组团启动实施。完成高速公路进出口、中海大道风貌改造和商业长廊道路管网改造，启动环城路、胡家坝安置区风貌改造。天网四期、治安卡口工程启动建设，“一标三实”基础信息采集工作全市领先，“智慧城市”建设稳步推进。

镇村建设品质提升。11个镇乡总体规划编制完成，象山、隆盛、玉峰、卓筒井、回马等场镇开发建设有序推进。新编农房标准图集22套，农房建设品质进一步提高。隆盛永逸药香小镇新村综合体和卓筒井镇吴家桥村等20个新村聚居点开工建设，象山镇长园村等8个新村聚居点竣工入住。通仙乡创建省级环境优美示范乡，河边镇铜鼓村、隆盛镇赵坝村等10个村创建省级环境优美示范村，蓬莱镇泉水村被评为全国规划示范村。

基础设施不断完善。世行贷款项目启动实施，书院街道路管网改造完成，郪江中路、南华街春节前通车。新建和改造农村公路61公里，快捷通道3个标段开工建设，青狮大桥、蓬莱大桥主体完工。新建和整治渠道97.1公里。祥凤寨水库前期工作基本完成，县城第二水厂、城区排水工程开工建设，污水处理厂二期截污干管及B标升A标项目竣工投用，建成镇村污水集中处理设施10座。郪江流域环境治理、县域通道绿化、植被恢复等生态项目顺利推进。

【致力抓民生、创和谐，各项事业全面进步】

社会事业协调共进。全面实施义务教育学生营养改善计划，天星、河边等5所新建公办幼儿园投入使用，引进现代物流职业技术学院、华康医学专科学校、卓同国际学校入驻大英，2013年高考取得新佳绩。新建和改扩建医疗业务用房4.4万平方米，华康三甲医院和精神病专科医院开工建设，县中医院达二甲标准。食品药品监管体制改革顺利完成。深入实施文化建设十大工程，率先成立群众文化促进中心，反映大英城镇化进程的剧本《转移》获广电总局批准拍摄，卓筒井被确定为第七批全国重点文物保护单位。省十二运会筹备有序，体育馆、射击馆主体完工。完成人口信息采集系统建设，人口自然增长率2.15‰，成功创建全省阳光计生示范县。

民生保障更加有力。投入19.5亿元完成十二大民生工程。建成公租房400套，改造城市棚户区1181户、农村危房2600户。柑子园、玉山香林、熊家大湾安置房分配入住，凉湾三期安置房即将完工，凉湾四期、山水乐居安置房开工建设。组建县医保局，实现城乡医疗保障一体化，着力解决近2万名失地农民养老保险问题。扶贫解困11780人，新增城镇就业5812人，转移城乡劳动力20.8万人、实现劳务收入24.8亿元，成功创建省级创业型城市。县救助站被评为省级文明救助管理站，朝阳街社区被评为社会化省级养老服务示范社区，隆盛、河边等7所中心敬老院被评为省级敬老院。

社会管理规范有序。初步构建“网格化管理为前提、物业化管理为基础、信息化运行为支撑”的社会化服务体系，向社会购买公共服务20项。加快实施乡镇政府“两办一所两中心”内层机构改革，全面推行社区网格化管理和村民议事代表制度，第九届村（居）民委员会换届选举顺利完成。建立完善应急处突机制，科学组织抗灾减灾，战胜“6·30”特大洪涝灾害。完善“大调解”和信访责任体系，妥善处理劳资纠纷、医患纠纷、经营权处置等群访事件23件。深入推进平安建设，严厉打击违法犯罪，成功创建省级无毒害县。

【致力抓创新、破难题，发展潜力不断挖掘】
创新招商和项目推进机制。建立“1个招商领导小组、3个专业招商分局、6个重点招商部门、13个招商引资协作组”和督办、考核“两个中心”的全员招商新模式，激发各级各部门的招商热情。创新实施“项目进度每月通报、联系领导现场办公、重点企业派员挂职、责任领导半年述职”四项制度，确保项目快速推进。

创新开发建设保障机制。深化农村“三权制度”改革，用活土地承包经营权，打破村组管辖和平地建房习惯，推进农用地、宅基地流转和缓坡高效利用，有效破解土地供需难题。充分发挥群众主体作用，实行“申建制”，推进棚户区改造和新农村建设。采取“征地拆迁与安置开发”相结合的新模式，开工建设文化产业园区安置房。组建顺亿融资理财公司，拓展卓旅公司建设开发职能，以项目贷款、金融租赁、信托融资等多种方式，筹集发展资金10.1亿元。以道路建设、民生工程为主的BT建设项目有效推进。

创新安全生产监管机制。完善落实“四员到三点、责任到人头、查处到岗位”的安全生产分片责任制，创新实施“高危企业专家巡诊、重点企业派驻安全员、烟花爆竹企业技术员全年驻厂、建筑行业岗前十分钟安全警示、安全知识普及教育”五项制度。全年未发生较大及以上级安全生产事故，县供电公司被国网公司评为安全管理标杆单位。

【致力抓服务、转作风，自身建设切实加强】
坚持依法行政，自觉接受人大法律监督、工作监督和政协民主监督，办理人大代表建议、批评和意见111件，政协提案、意见105件，反馈均为满意和基本满意。重大事项集体决策机制有效贯彻，专项资金和重大项目建设资金跟踪审计得到强化，政府执行力不断增强。启用标准化行政服务中心，全面推行“导办员”制度，开通12345政府服务热线，群众办事更加方便快捷。取消行政审批事项6项，建成行政权力公开透明运行平台，成立公共资源交易中心，着力规范行政自由裁量权。全面推进“六五”普法，荣获全国法治县创建活动先进单位。

（李 超）

重要决定

2012年县政府重要决定

城市管理。县政府下发《大英县城市公共空间管理办法（试行）》，对违法搭建、堆放、吊挂物品影响市容市貌；不按规定停放车辆；乱涂、乱刻、乱画或者擅自张贴各种宣传品；未经批准挖掘城市其他公共场地，占用城市公共场所设摊经营、堆放物料，影响市容市貌和环境卫生；未按照批准的位置、面积、期限占用或者挖掘城市道路，或者需要移动位置、扩大面积、延长时间，未提前办理变更审批手续等违反该办法规定的情形，由县城市管理行政执法局、县城乡规划管理局、县住房和建设局、县国土资源局、县交通运输局、县公安交警大队根据各自的职责，依据有关法律法规进行处理；构成犯罪的，依法追究刑事责任。

招商引资。县政府下发《关于成立大英县招商引资法律事务领导小组的通知》，进一步完善招商引资有关政策，强化招商引资风险防控，强力推进BT模式建设工程。

依法行政。县政府下发《大英县人民政府2012年度推进依法行政工作安排》，明确2012年度推进依法行政重点工作：围绕县委、县政府中心工作，深入贯彻落实全国依法行政工作会议精神，以《大英县全面推进依法行政第二个五年规划（2010—2014年）》为主线，深化创建措施、巩固创建成果、不断提升创建水平，为加快推进“四个提升”，建设“五个大英”创造良好的法治环境。

安全生产。县政府下发《关于印发〈大英县生产安全事故隐患举报奖励办法（试行）〉的通知》，进一步完善安全生产监督管理体系，加强安全生产的社会监督，鼓励社会公众发现并举报生产安全事故隐患，对举报安全生产监督管理部门事先并未掌握监控的安全事故隐患，经依法调查核定，情况属实，符合奖励条件的，按照100元、500元、1000元、2000元四个不同等次给予举报人奖励。

社会保障。县政府下发《关于进一步加强孤儿保障工作的实施意见》，从孤儿安置方式，保障孤儿基本需求，加强儿童福利机构、队伍等建设，完善孤儿保障工作管理体制等方面予以规范，确保生活在大英的孤儿身心健康成长。

食品安全。县政府下发《关于进一步加强餐饮服务食品安全工作的实施意见》，要求加强县、镇乡、村三级餐饮服务食品安全监管工作网络建设，强化食堂食品安全管理，加强餐饮服务食品安全应急管理，严厉打击假冒伪劣食品进入餐饮服务环节，加大餐饮服务食品安全宣传教育，保障广大人民群众饮食安全，推动饮食服务业健康发展。

环境保护。县政府下发《关于印发〈大英县2012年整治违法排污企业保障群众健康环保专项行动实施方案〉的通知》，要求全面整治重点行业重金属排放企业环境污染问题，加大对各类违法排污企业查处力度，加强重点区域环境监管，全面整顿危险废物产生、利用、处置行为，规范和加强畜禽养殖行业管理，继续加大污染治理和污染减排重点企业监管力度，并决定成立2012年整治违法排污企业保障群众健康环保专项行动领导小组。

医疗保障。县政府下发《关于印发大英县2011—2015年医疗机构设置规划的通知》，从健全医疗服务体系、扩大医疗服务供给、提高床位使用率、提高医疗质量等方面提出了明确目标，以不断满足人民群众日益增长的医疗服务需求，提高人民群众健康水平。

人口计生。县政府下发《大英县“十二

五”人口发展规划》，2015年，全县总人口控制在57.6万以内，年平均人口增长率不超过6‰，年平均人口出生率控制在10‰以下，年平均自然增长率控制在3.5‰以下，符合政策生育率稳定在82%以上，妇女总和生育率保持在1.5以内。人口素质大幅度提高，出生缺陷率、孕产妇和婴儿死亡率持续下降，出生婴儿性别比趋于正常，育龄群众普遍享有优质的生殖保健服务；基本形成覆盖城乡居民的社会保障体系；基本形成新的婚育观念和人口文化；建立完善调控有力、管理有效、政策完备的计划生育保障体系和工作机制。

农业农村。县政府下发《关于农业科技创新与转化工作的实施意见》，明确2012年全县引进畜禽水产新品种3个，引进农作物新品种46个，推广农业先进适用技术16项；实施重点农业科技专项5项；抓好3个科技特派员团队建设；申报农业科技园区2个、星火科技专家大院2家；大面积示范转化“四新”协调和“六良”配套，带动项目区农户人均年增收1600元以上。

2013年县政府重要决定

城市建设。县政府下发《大英县加快推进可再生能源建筑应用示范城市建设实施方案》，以国家可再生能源建筑应用示范城市建设为契机，以节约能源、提升人居环境为宗旨，加强可再生能源建筑应用系统建设，加强可研立项、规划设计、施工验收和运行使用全过程管理，推动可再生能源在全县建筑领域广泛应用，带动可再生能源建筑应用技术产品产业发展，力争到2014年底，完成地源热泵等建筑应用面积10万平方米，完成余热热泵建筑应用面积10万平方米。

低保救助。县政府下发《大英县最低生活保障对象分类施保实施办法》，明确分类救助标准。（一）城市“三无”人员，在享受全额低保待遇的基础上，每人每月增发100元低保金。（二）低保家庭中的残疾人，在享受差额低保金的基础上，一级肢体残或一级精神（智力）残每人每月增发150元低保金；一级视力残、二级肢体残或二级精神（智力）残每人每月增发100元低保金；上述外的残疾每人每月增发50元低保金。（三）低保家庭中患重大疾病的，在享受差额低保金的基础上，每人每月增发100元低保金。（四）低保家庭中的在校大学生，每人每月增发100元低保金。

教育事业。县政府下发《关于加快推进县域义务教育均衡发展的通知》，明确三年目标：2013年夯实均衡发展工作基础，实现县域内义务教育达到初步均衡，切实搞好县级自评。2014年对照《四川省县域义务教育均衡发展督导评估实施办法（试行）》指标体系，进一步查漏补缺，接受市级复核。2015年实现县域内义务教育基本均衡，年内接受国家督导评估，确保达到合格标准以上。

环境整治。县政府下发《关于郪江流域农村环境连片整治示范工作的实施意见》，确定郪江（大英段）干流沿岸5公里范围内的所有村庄为连片整治示范区域，涉及蓬莱镇、隆盛镇、玉峰镇、象山镇、回马镇、通仙乡、金元乡的93个村，按照2012年、2013年、2014年三个阶段逐步推进，经过3年努力，使全流域水质达到功能分区的水环境质量标准，集中式饮用水水源地水质全面达标，环境污染和生态破坏的趋势得到有效控制，水生态环境进一步改善，水生态功能明显增强，把郪江流域建设成为经济社会快速发展、人居环境优美舒适、生态环境全面优化、人与自然和谐的可持续发展区域，走上生产发展、生活富裕、生态良好的文明发展道路。

交通运输。县政府下发《大英县农村便民小客车安全管理方案》，明确总体目标：扎实推进农村道路客运管理新举措，引导客运企业实施公司化经营；对符合条件的乡村道路开通镇村便民小客车；力争乡村道路客运车通村率达到100%，使农村客运由无序到有序，由管理薄弱到有效监管，建成覆盖全面、运行稳定、安全规范、经济便捷的农村客运系统。

消防工作。县政府下发《关于加强和改进消防工作的实施意见》，进一步明确工作目标：建立健全“网格化”、“户籍化”管理机制，基本形成社会化消防工作格局，促进全民抗御火灾能力明显提升，最大限度遏制重特大尤其是群死群伤火灾事故。全县城乡消防规划修编率达到100%，市政消火栓建设率达到100%。消防部队车辆器材装备达到《城市消防站建设标准》，基本满足灭火和应急救援需要。认真落实《全民消防安全宣传教育纲要》，组织开展单位消防安全责任人、管理人、特殊工种等从业人员培训。完善消防经费保障机制，拓宽消防经费保障范围和渠道。健全完善应急救援响应机制、处置预案和指挥体系，应急救援装备配置满足实际需要。

医疗卫生。县政府下发《大英县打击非法行医工作方案》，坚持属地管理、综合治理、重点查处和日常监管相结合的原则，坚持“政府统一领导、部门齐抓共管、各方联合行动”工作思路，建立健全县域医疗服务市场长效监管责任体系，坚决打击无证行医窝点、“江湖游医”、“假医”，彻底清除虚假医药广告，坚决杜绝因非法行医致人死亡或伤残事件，坚决杜绝利用B超非法鉴定胎儿性别和选择性别的终止妊娠手术等行为，确保医疗机构执业规范、群众就医安全。

惠民帮扶。县政府下发《大英县城乡困难群众重特大疾病医疗救助暂行办法》，进一步明确救助标准：（一）门诊救助标准。对未住院治疗的重特大疾病患者，凭县级或县级以上医疗机构出具的诊断书和相关检查报告及当年门诊医药费发票（计算机打印），按50%比例予以救助，全年累计不超过2000元。（二）住院救助标准。1. 0—14周岁儿童先天性心脏病、儿童白血病按照省政府办公厅《关于开展“挽救生命、再造健康”行动的通知》（川办函〔2012〕128号）规定进行救治。重度精神病人按照县民政局与遂宁市民康医院、射洪县精神病医院签订的协议进行救助。妇女乳腺癌患者按市慈善总会和市民政局印发的《遂宁市慈善总会困难家庭乳腺癌患者救助行动实施方案》（遂慈文〔2012〕10号）规定进行救助。其他重特大疾病患者，政策范围内个人自付住院医疗费用在10000元（含10000元）以上的，按50%给予救助；在30000元（含30000元）以上的，按55%给予救助；在50000元（含50000元）以上的，按60%给予救助。个人当年累计救助金额不超过30000元。

教育事业。县政府下发《大英县农村义务教育学生营养改善计划实施方案》，决定从2013年春季起，卓筒井中心校、卓筒井小学、安乐小学、转轮小学试行食堂早餐配餐制，玉峰小学试行食堂午餐配餐制，其余学校使用蛋奶供餐模式，切实改善全县中小学生膳食营养状况，促进学生正常发育和健康成长。

（李　超）

重要会议

2012年县政府重要会议

2月27日，县政府召开四届一次常务会议，学习《四川省城乡规划管理条例》；研究《大英县向上争取资金工作实施方案》；研究《大英县2012年目标考核工作办法》；研究《大英县城市公共空间管理办法》；研究《大英县城市户外广告及店招店牌设置管理办法》；研究《关于加强政府投资项目规划设计的通知》；传达全省现代农业产业基地建设工作会议精神；研究《关于农村集体建设用地使用权流转试点的意见》；学习传达省市国土资源工作会议精神。

4月12日，县政府召开四届二次常务会

议，学习《中华人民共和国统计法》；研究《大英县工业企业节约集约用地实施办法》；研究《大英县当前发展学前教育的实施意见》；研究县气象局管理体制调整及气象站建设有关问题；研究祥凤寨（永乐湖）水库建设前期有关问题；研究讨论给县公安局记集体三等功。

5月7日，县政府召开四届三次常务会议，学习《四川省城市供水条例》；研究南华纺织公司老厂区资产处置问题；研究《大英县2012年农村危房改造实施方案》；研究《关于加强畜禽养殖业污染防治推进生态畜牧业发展的实施意见》；研究广电网络公司改革问题。

7月6日，县政府召开四届四次常务会议，学习《中华人民共和国招标投标法实施条例》；讨论《大英县行政事业单位差旅费管理办法》；研究《关于加强乡镇财政队伍建设的建议》；研究郪江流域农村环境连片整治项目及省级生态县创建工作；研究《关于祥凤寨（永乐湖）水库工程区域内禁止新增建设项目和迁入人口的通告》；研究《大英县创建省级经济开发区的实施意见》；研究《大英县创建全国文明城市实施意见》；研究《大英县创建国家卫生县城实施意见》；研究《大英县创建国家园林县城实施意见》；研究《大英县创建全国绿化模范县实施意见》；研究《中华梦幻谷·狂欢世界旅游度假区》项目投资协议。

7月16日，县政府召开四届一次全体会议，贯彻落实市政府六届一次全体会精神，总结上半年政府工作，分析存在的问题，安排部署下半年工作，进一步动员全县各级各部门加力加劲、实干快干，努力完成全年各项目标任务。

8月16日，县政府召开四届五次常务会议，学习《四川省行政效能告诫办法（试行）》、《遂宁市行政效能监察工作暂行办法》；研究《大英至遂宁快捷通道（大英段）项目BT建设招商建议方案》、《大英县罗家湾电子产业园项目BT模式投资建设合同》；研究《朝阳南街片区房屋征收补偿安置方案》；研究《进一步规范建筑工地管理的通知》；讨论研究《玉锋镇总体规划（2009—2020）》；讨论研究《大英县农村扶贫开发规划（2011—2020）》。

10月12日，县政府召开四届六次常务会议，学习《中华人民共和国突发事件应对法》；研究加强政府投资工程招投标和工程建设监管问题；研究征地拆迁安置资金管理问题；研究《污水处理厂升级改造BOT合同》；研究《电力销售价格调整方案》；听取《关于进一步加强国土资源管理工作提升“双保”水平的情况汇报》；研究“三馆两中心”搬迁入住问题；研究《大英县加快地面数字电视建设实施意见》；研究郪江新城学校、医院、商业综合体招商方案。

12月18日，县政府召开四届七次常务会议，学习《机关事务管理条例》；研究讨论《大英县食品安全举报奖励办法》；研究讨论《大英县妇女儿童发展纲要（2011—2020年）》；研究《郪江流域农村环境连片整治示范工作实施意见》、《大英县2012年度农村环境连片整治工作方案》；研究讨论《关于进一步规范全县房地产市场秩序的通知》；研究讨论《关于加强镇乡规划区内建设规划管理的通知》；传达贯彻全省农村公路工作现场会精神；研究《关于进一步健全乡镇公益性农技推广体系的实施意见》；研究讨论《大英县水利建设资金筹集和使用管理实施细则》；研究讨论《大英县小型农田水利专项“五小水利”工程建设管理办法》；研究讨论给予邓承亮行政处分的决定。

12月31日，县政府召开四届二次全体会议，县政府领导分别对2013年分管的主要工作进行了安排部署，动员全县干部职工以只争朝夕、时不我待的劲头，心无旁骛抓落实，同心协力开新局，积极投身到新一轮发展大潮中来，为大英新一年的加快发展、跨越发展贡献力量！

2013 年县政府重要会议

1 月 11 日，县政府召开四届八次常务会议，学习《闲置土地处置办法》；研究《大英县文化产业园区安置小区项目 BT 模式建设工程招商招标方案》；讨论《政府工作报告》；研究《2013 年春节慰问活动方案》；传达贯彻全市对外开放和服务业发展会议精神。

3 月 15 日，县政府召开四届九次常务会议，学习《中华人民共和国水污染防治法》；学习《大英县关于改进工作作风、密切联系群众的规定》；研究《大英县公路沿线户外广告位经营权公开转让方案》；研究农村土地承包经营权确权登记工作有关问题；研究《大英县农民新村聚居点建设申建制暂行办法》；研究《大英县 2013 年度目标绩效考核办法》；研究《大英县 2013 年度项目资金争取工作考核办法》及《大英县 2013 年度重点建设项目考核办法》；研究闲置廉租房转为公租房相关问题；研究《大英县医疗保险体制改革方案》。

5 月 30 日，县政府召开四届十次常务会议，学习《中华人民共和国食品安全法》；传达贯彻国务院、省、市廉政工作会议精神；研究 2013 年新村建设申建工作；安排部署 12345 政府服务热线工作；研究《大英县人民政府办理人大代表建议和政协提案办法》；研究《大英县涉企（工业）收费项目》；研究《大英县工业企业技术改造政策》；研究《大英县“十二五”深化医药卫生体制改革规划暨实施方案》；研究《大英县城市农业博览园文化旅游项目投资合作补充协议书》。

9 月 29 日，县政府召开四届十一次常务会议，学习领导干部履职尽责有关规定；研究《关于规范公文拟制管理的规定》；研究《大英县政府合同管理办法》；传达贯彻省市政府机构职能转变、深化行政审批制度、推进依法行政工作会议精神；研究《大英县十二五大企业培育服务计划》；研究《加快遂宁至大英快捷通道建设建议方案》；研究《大英县城市棚户区改造实施方案》、《大英县城市棚户区改造房屋征收补偿实施细则》；研究《大英县“十二五”社区服务体系建设规划》；研究《大英县老龄事业发展“十二五”规划》；研究《县级公立医院综合改革实施方案》；研究支持回马工业园区发展相关事宜。

12 月 13 日，县政府召开四届十二次常务会议，学习《中华人民共和国旅游法》；研究关于当前几项重要工作；研究《大英县政府向社会力量购买公共服务实施办法》；研究《进一步规范土地房屋征收安置补偿资金支付程序》；研究《关于进一步做好县内企业用工服务的实施意见》；研究《大英县政府合同管理规定》；传达贯彻中省市安全生产工作会议精神；研究《大英县加强重点污染物防治工作实施方案》。

（李　超）

大英县人民政府办公室工作

【办文办会】　2012 年，起草大英县政府工作报告、经济工作会、政府全体会等综合性材料 170 余篇，会议讲话材料 300 余篇，总结汇报材料 120 余篇；起草、审核、出台县政府文件 323 件，县政府办文件 250 余件；制发《领导批示》10 期、《政务通报》9 期、《会议纪要》39 期、《常务会议纪要》7 期、其他各种文件 130 余件。全年承办了经济工作会、项目集中开竣工仪式和文化产业园区、城东城西管委会、回马工业园区成立等大型会议 20 余次，考察学习会 30 余次，其他会议 300 余次。

2013 年，严格贯彻执行《党政机关公文处理工作条例》和《党政机关公文格式》，全年印发公务处理失误通报 2 期，通报单位 18 个次。严格会务承办，圆满完成经济工作会、政府全体会、政府常务会、城市农业发展学术交流大会、二季度、四季度项目集中开工仪式、四季度项目建设攻坚大会等大型会议活动。

【信息调研】 2012年，累计整理上报信息1200余条，编印《政务信息》21期、《决策参考》11期，编印调研报告专报2期，刊登《关于大英县工业园区上档升级的思考》、《实现2012年“开门红”目标存在的问题及建议》、《关于我县企业科技创新的调查与思考》等调研报告10篇。

2013年，共印发《政务信息》24期，完成重大调研课题4个，组织撰写调研报告12篇，上报信息2000余条。

【招大引强】 2012年，成功引进遂宁盛奇公司投资5000万元建设大英县应急抢险救援设备中心；成功引进重庆柯恩公司投资50亿元建设回马光碳工业园区，该项目一期已开工建设。

2013年，县政府办报送有效招商信息5条，签约项目4个，成功引进国联众合建设光电科技产业园项目，项目计划投资5亿元，占地300亩，陆续引进关联工业企业10家以上。

【督查督办】 2012年，开展全面督查80余次，重点督查、阶段性督查60余次，专项督查30余次，配合上级督查20余次，与县委督查室联合督查20余次，跨区县交叉督查9次，陪同市县领导参与各种现场督查20余次，办理市委、市政府交办件40件，单独印发《督办通报》43期，与县委督查室联合印发《督查通报》23期，制发规范性文件26个，发出重点督办通知单20份，有力地促进了县委、县政府各项重大决策部署的推进落实。

2013年，全年开展各类督查220余次，印发督办通知23份、《督办通报》26期、《督办专报》5期。办理人大代表建议110件，政协提案、意见104件，党代表建议13件，办结率100%，满意率100%。

【应急管理】 2012年，研究制定了《大英县自然灾害救助应急预案》、《大英县维稳应急准备工作方案》，修订完善了《大英县突发地质灾害应急预案》等9个预案。建立健全了危险源排查整治、应急宣教演练、突发信息报告、突发事件处置等4个长效机制，全年排查整治各类安全隐患138处；组织开展集中宣传30场次、培训21场次、各类应急演练200余场次；共收报、研判、上报突发信息300余条，快速、科学、妥善处置了东方生态园厨师煤气中毒事故、“7·23”重大交通事故、“9·10”特大暴雨灾害、“10·23”油罐车侧翻事故等突发事件40余件。

2013年，全年接报处置各类突发事件信息500余条，向社会公众发布气象预警信息7.1万余条，通报应急工作不落实单位6个。制发应急处突作战地图、应急救援力量分布图200余份。新组建应急联动队伍3支1200人。有力、有序、有效处置了“4·20”芦山强震、“6·30”特大暴雨洪涝灾害等突发事件、“7·29”鸿发食品厂火灾事故和自然灾害54件。成功组织开展了大英县2013年危险化学品企业抢险救援应急演练。

【法制建设】 2012年，全年共清理51个部门、行政审批219项、行政处罚4556项、行政征收81项、行政强制149项、行政确认179项、行政裁决9项、行政给付80项、其他行政权力199项。代理县长出庭应诉1件。持续开展规范性文件清理、审查，全年共清理出废止文件32件，失效文件34件。认真开展执法培训，提高从业人员执法水平，组织180余名执法人员进行了集中培训学习，并全部通过考试。加强矛盾纠纷化解，认真办理群众来信来访，全年共接待群众来访113人次，提供法律咨询和帮助51人次。

2013年，审核备案规范性文件8件、合同21件，并制定了《大英县政府合同管理规定》。全年共清理34个单位行政审批事项258项，保留252项，取消6项。受理行政复议案件2件、行政诉讼案件1件，均已办结。加强政务公开，推动行政权力公开透明运行，全年已公开政务信息6134条，比上年增加1182条。组织开展了2013年依法行政培训，培训行政执法人员235名。

（李　超）

人力资源和社会保障工作

【概况】　2012—2013年，大英人力资源和社会保障工作，坚持以科学发展观为指导，以服务大局为主线，以"民生为本、人才优先"为出发点和落足点，认真贯彻落实十七届六中全会、党的十八大和中共大英县第四届党代会、经济工作会精神，以实现伟大"中国梦"为动力、切实抓好就业促进、社会保障、人才强县"三大工程"，收入分配制度改革、事业单位改革"两大改革"、和谐劳动关系构建"一大创建"工作。

【就业再就业工作】　2012年，全县城镇新增就业4798人，下岗失业人员再就业233人，建立高校毕业生见习基地2个，促进高校毕业生实现创业20人、就业见习38人，"9+3"藏区毕业生就业125人，定向推荐到富士康成都群康科技公司就业1168人，技能培训2455人，企业职工在岗培训2450人，劳务品牌培训350人，创业培训893人。发放小额担保贷款1470万元，开发公益性岗位1070个。城镇登记失业率4.2%，控制在4.49%目标范围内。劳务输出20.47万人，劳务产值19.35亿元。

【城乡居民基本养老保险】　2012年7月，启动实施了城乡居民养老保险。在同年7月1日前年满60周岁以上的68090名城乡居民和60周岁以下符合参保条件的68551名城乡居民参保登记。2013年，全县城乡居民参加养老保险158900人（其中，参保缴费95036人，领取养老保险待遇63864人），实现了60岁以上人员养老保险待遇100%全覆盖，清理城乡居民重复保险、重复享受待遇4324人。

【企业基本养老保险】　全县企业基本养老保险工作紧紧围绕扩面、征缴、清欠和社会化管理服务工作为重点，不断完善社会养老保险制度，加快社会保障体系建设步伐，把民营企业、个体经济组织、农民工、失地农民、灵活就业人员、断保人员等作为扩面、续保重点，强化政策宣传和优质服务工作。2012年全县企业基本养老保险人数达44086人，征收企业基本养老保险费10989万元，2013年全县补缴企业养老保险41512万元。2012—2013年全县24074名企业退休人员的养老金领取资格认证率达99%以上，养老金按照足额发放率保持100%。

2013年，继续坚持以非公企业、个体工商户、灵活就业人员和农民工扩面参保工作，积极研究解决被征地农转非人员、民办教师养老保险问题。代课教师参保1169人、失地农转非人员参保14073人。认真宣传贯彻落实《军人保险法》转移接续退役军人及随军配偶的基本养老保险关系、县内外其他人员的社保关系325人。

【机关事业单位基本养老保险】　2012—2013年，年年做到基金征缴率、入库率和离退休人员建档费，年审率100%。2012年，深化机关事业单位养老保险工作，借用电话预约、银行委托、上门服务等举措，严把基金征收、缴费基数审核等关口，确保基金足额征收。全县参保单位302个，参保职工9852人，参保率100%；征收保险费7686万元，征收率100%；发放养老金7441万元，发放率100%。开展退休人员移交管理工作，接收差额拨款和自收自支事业单位退休人员7名，清收移交费用20万元。加发退休人员个人账户养老金47万元，退休人员人均月发放36元。做好了退休人员死亡后丧葬抚恤金发放工作，领取丧葬抚恤金47人221万元。2013年，机关事业单位养老保险继续保持全覆盖，参保单位达291个，参保人员10101人。

【医疗保险和新型农村合作医疗】 全县基本医疗保险截止2012年12月底已达86073人。其中，城镇职工参保22073人，城镇居民参保64000人。征收城镇职工医保费1920万元，个人账户建账率100%；征收城镇居民医保费2047万元。上调城镇职工医保封顶线至20万元，平均报销比例达到82.6%；上调城镇居民医保封顶线至10万元，平均报销比例达到71.3%。为方便参保群众及时报销儿童重大疾病救治费用，与遂宁市中心医院、大英县人民医院签订了《遂宁市儿童重大疾病定点救治及时结报协议》。在全市率先开展了各镇乡、社区信用社办理城镇居民医保银行卡，为城镇居民、外地务工人员参保缴费、待遇领取、银行储蓄等提供便利。

2013年，县政府全面深化医疗保险机构改革，将县农合、城镇职工医保、城镇居民医保整合为县基本医疗保险事业管理局，实现了医疗保险事业的统一组织、统一领导、统一实施、统一管理、统一办公，解决了以前资源浪费、职能交叉、难以协调等诸多问题，机构整合后运转有序。全县新农合参合人数达到377495人，覆盖率100%，参保率97.03%；城镇居民参加医保69178人，城镇职工参加医保22073人，覆盖率100%。

【失业保险】 2012年以来，大英县充分发挥失业保障在就业再就业工作中的职能作用，在深入贯彻实施《四川省失业保险条例》的同时，努力拓展失业保障空间，将失业保险参保、失业人员登记、失业人员培训、失业人员创业指导以及失地无业农民就业等纳入重点工作范围。2012年12月，全县失业保险参保5905人，征收失业保险费308万元。新增享受失业保险待遇29人，累计为390人次发放失业保险金、缴纳基本医疗保险费23万元。到2013年，全县失业保险人员达5962人。

【工伤保险】 2012—2013年，大英县继续深入实施国务院颁发的《工伤保险条例》，省政府制定的《工伤保险条例》和市、县人民政府印发的《关于贯彻实施〈工伤保险条例〉的通知》，重点加强高危作业企业的工伤保险工作。2012年、2013年工伤保险参加人数分别为10771人和10502人，其中农民工参保2556人。工伤认定67起，“老工伤”人员全部纳入工伤统筹管理范围，年工伤保险费征收达170余万元。

【生育保险】 2012年、2013年全县生育参保人数分别达到6458人和6463人，年征收生育保险费分别达到135万元和129万余元。年支付生育保险基金分别为86万元和104万元。

【社保基金的征缴、支付和监督管理】 2012年，着重加强了冒领养老金的监控管理工作，追回机关事业单位退休人员死亡多领的养老金15万余元，停发了5名退休人员死亡未报的养老金。查处少报缴费基数企业2家20余万元，督促企业补缴少交的社会保险费6.12万元。探索建立了总额控制、均次费用控制、指标控制、单病种付费、即时结算“五结合”的医保管理模式，查处违规医院2家，骗取社会保险待遇3人1.2万余元，查处定点医院违规案件50余件，拒付医保违规金额5万余元。实地稽核少报瞒报医保缴费基数单位1个14万元。追收城镇职工医保费1.3万元。

2013年，共征收养老、医保、失业、工伤、生育、新农合等社会保险费76810万元（其中补缴企业养老保险41512万元），发放机关企事业单位退休人员、城乡居民60岁以上人员基本养老金以及新农合、职工医保、城镇居民医保、工伤、生育、失业等保险待遇 64900 万元，做到了按时足额发放和 100% 支付。发放改制事业单位人员生活补贴 602 万元、机关事业单位退休人员死亡丧葬抚恤金 320 万元。代财政发放退休人员生活补贴 5533 万元、森工退休金 629 万元。对 3 年内未看病的 55 岁以上参合农民免费体检 452 人。上报特殊工种提前退休 12 人次。加强基金的收支、预决算管理，重点监督管理定点医疗机构和药店的医疗服务行为。暂停定点零售药店资格 1 家，查处违规医院 4 家，定点医院违规医疗不符合报销 2894 件，拒付违规医保金额 5765939 元。清理慢性病不符合门诊管理范围 59 人。对城乡居保的制度建设、参保缴费、基金监管支付发放、个人账户管理、经办服务等六个环节 11 个方面进行了现场监督，对存在的问题进行逐项整改。暂停城乡居民养老保险死亡人员 4176 人。督促农村信用社按规定补记新农保和城居保基金利息 67226. 36 元。

【统筹推进人才强县战略】 一是深入推进人才培养计划。会同县委组织部研究制定了《大英县高技能人才队伍建设中长期规划》、《大英县高层次人才认定评审细则试行》、《大英县进一步加强人才队伍建设的意见》等人才开发纲领性文件，为进一步完善人才工作体制机制夯实了基础。2012 年，推荐 2 名同志享受政府特殊津贴选拔工作，1 名已经市人民政府评审通过。新增高级专家信息入库 94 人，新增高级工 74 人，技师、高级技师 22 人，为人才兴县提供了智力保障。强化专业技术人员晋升专业技术职称任前公示制度和专业技术人员经常性评聘工作，评聘高级职称 94 人，中级职称 355 人，初级职称 181 人，各类职业（执业）资格 18 人。启动实施了专业技术人员网络在线学习继续教育工作，5196 人合格，注册 28 人。为全县各部门招聘引进各类急需紧缺专业技术人才 239 人。其中硕士研究生以及高层次和紧缺专业人才 14 人。调（流）动引进专业技术和管理人才 149 人。安置军转干部 2 人。公开考试重新聘用了原改制分流的 21 名广电局人员。万亩绿色蔬菜基地引智建设项目获省外专局批准，无偿获得省优政策和智力支持。

2013 年，首次在全县广泛开展专业技术人员“职业道德与创新能力建设”网络在线学习、公务员职业道德网络在线学习活动，3956 名专业技术人员、1176 名公务员参加学习并考核合格。加强专业技术人才的评聘管理，评聘高中初级专业技术职称 372 人，各类职业（执业）资格 51 人，职级晋升 397 人，组织考工定级 200 余人，审核事业单位岗位设置方案 7596 个、岗位聘用变动 495 人，新增高级专家入库 65 人，发放高层次人才津贴 26 人次。组建了大英县专家资源库，明确了专家下基层活动责任制。向省人社厅申报了四川蜀泰化工科技有限公司引进海外新材料研发岗位、高层次专业管理人才、新材料 CDM 催化剂研究和技术难题攻关以及“鲵驯养繁殖技术”省级专家免费服务、“大英县润丰禽业有机肥厂建设”市级专家免费服务项目。引进以色列柑橘栽培及管理领域专家到县作万亩绿色柑橘基地建设技术指导和服务。

【推进和深化人事制度改革】 一是大力推进事业单位岗位聘用制。2012 年，全县人事制度改革按照因事设岗、按岗聘用原则，新核定事业单位岗位设置方案单位 5 个，重新核定事业单位岗位设置方案 9 个。审核备案聘用高级职称 98 人，中级职称 437 人，初级职称 174 人。二是全面推行事业单位绩效工资制。在巩固义务教育、公共卫生与基层医疗卫生事业单位绩效工资的基础上，制定了《大英县其他事业单位绩效工资实施方案》，在全县全面实施，并进入常态化管理，全县事业单位绩效工资制度改革实现了全覆盖。三是加强机关事业单位退管服务工作。制定了《大英县改制事业单位退休（职）人员生活补贴实施方案》，进一步规范和加强了退休人员生活补贴的管理。办理退休人员107人，重新计算退休费95人，办理死亡抚恤42人。

【公务员管理】 2012年，任命副县长2人，正科级职务36人、副科级职务56人。免正科级职务5人、副科级职务29人。试用期按期转正正科级1人、副科级11人。晋升非领导职务13人。对2011—2012年57名公务员进行了政审和录用。申报了2012年下半年30名公务员（参公人员）拟录用计划，为大英县补充急需人才。2013年，任命科级干部62人，免去科级干部职务36人，晋升非领导干部职务62人，确定新录用公务员职务6人，重新确定职务2人。

【劳动者合法权益保障】 一是加大劳动监察执法力度。2012年与全县用工单位签订集体合同153户13000人，签订率89%以上，其中规模以上企业劳动合同签订率95%以上，已建工会企业劳动合同签订率90%以上。督促用人单位补交社会保险237人。2013年查处受理举报投诉案件75件，为392名劳动者追计工资81万元，勒令企业退还违规收取的风险抵押97人1万余元。督促欠费企业补缴保险费522万元，补签劳动合同565份。二是狠抓和谐劳动关系构建工作。久大蓬莱盐化、盛马化工、中国电信大英分公司等14家企业被命名为省、市和谐劳动关系企业，其中久大蓬莱盐化公司被命名为全国模范劳动关系企业。工业集中发展区、蓬莱镇、天保镇、回马镇、朝阳社区、基井湾社区分别被命名为省、市级和谐劳动关系园区、乡镇、社区。回马镇正在创建省级和谐劳动关系乡镇，玉峰镇、隆盛镇正在创建市级和谐劳动关系乡镇。

2013年3月，大英县市级以上和谐劳动关系乡镇、园区（社区）达到11个，市级以上和谐劳动关系企业37个，其中国家级1个、省级4个。全县企业劳动合同签订率达到91%以上，其中规模企业劳动合同签订率97%以上、小企业劳动合同签订率87.5%以上。全县签订集体合同152户，涉及职工23000余人。劳动用工备案27个单位。

【争取上级项目和资金】 2012年，共争取上级项目12个，项目资金38396.4万元，同比增加12448.6万元，增长48.0%，其中，政策性资金31169万元，非政策性资金7227.4万元，同比分别增加52.8%、30.1%。2013年，共争取并列到位上级资金42626万元，同比增加45%。民生工程方面。2012年，21项民生工程全部超额完成市县下达的目标任务，其中，全县城乡居民参加新型农村养老保险和城镇居民养老保险覆盖人数达到136641人，小额担保贷款1470万元。富士康招募1168人。2013年，28项民生工程全部超额完成年度目标任务。其中，全县城镇新增就业5812人，发放小额担保贷款1637万元，城镇登记失业率4.1%，转移输出农村劳动力20.8万人，劳务收入24.8亿元，养老、医疗、失业、工伤、生育、新农合参保总人数达到72.0万人次，有效解决了民办教师、失地农转非人员养老保险问题。

（曾　石）

民政工作

【概况】 2012—2013年，全县民政工作按照以“创建引领民政工作，项目支撑民政工作，民生保障夯实民政工作”的总体思路，以保障民生、发展民主、服务社会为基本目标，以服务大英科学发展、跨越发展为重点，锐意进取，开拓创新，发挥了民政工作在社会建设中的骨干作用。县救助站成功创建为省级文明救助站，县民政局成功创建为省级文明单位。成功创建全国综合减灾示范社区2个，省级养老服务示范社区2个，省级敬老模范乡镇3个，市级精品社区2个，市级示范社区2个。新建成县烈士陵园，建成21个农村互助养老幸福院，建成

2 个社区市民中心。

【救灾工作】 2012—2013 年，全县累计下拨冬春生活救助资金 361 万元，发放棉衣 5800 件，棉被 5940 床，轮椅 55 辆，救济灾民 31.7 万人次。争取到上级救灾和重建资金 1781.5 万元，及时完成了 2012 年“7·4”、“9·10”洪灾和 2013 年“6·30”特大洪灾等重大救灾救济任务，保证了灾民基本生活。

【农村五保供养】 制定出台了五保供养标准自然增长长效机制，建立农村散居五保对象管理服务“三项制度”，建立健全了领导和部门联系敬老院制度。五保集中供养率由 2012 年的 52%提高到 2013 年的 55%。分散供养五保对象年供养标准由 2012 年的 1800 元提高到 2013 年的 3000 元，集中供养对象年供养标准由 2012 年的 3000 元提高到 2013 年的 4800 元。

【城乡低保】 先后制定出台了《大英县临时生活救助实施办法（试行）》、《大英县城乡低保规范化管理制度》、《大英县城乡低保工作联席会议制度》、《大英县城乡低保专项工作巡查制度》、《大英县城乡低保固定公示栏管理考核暂行办法》。严格执行低保申报、公示、审批程序，切实做到了动态管理下的应保尽保，低保对象公开率、公开规范化率分别达到 100%。2013 年，城市低保保障标准达到每人每月 300 元，截止 2013 年 11 月城镇低保对象累计保障 74397 人，发放城镇居民生活保障金 1384.05 万元，累计月人均补差达到 186 元；农村最低生活保障标准为 1800 元/人·年，低保对象累计保障 122219 人次，发放农村低保金 1095.51 万元，累计月人均补差达到 89.6 元。

【城乡医疗救助】 2013 年，城乡困难群众门诊救助人均水平分别达 292.30 元、211.32 元，住院救助人均水平分别达 2302.71 元、1949.95 元；城乡低保对象、农村五保对象、精神病、高龄老人参保参合率达到 100%；政策范围内住院自付费用救助比例达 67%；救治 0 至 14 周岁符合救治条件的先心病儿童 10 名；以规范性文件方式出台《大英县城乡困难群众重特大疾病医疗救助暂行办法》。城镇大病住院救助 225 人次 104.69 万元；门诊大病救助 65 人次 1.9 万元。农村大病住院救助 499 人次 199.13 万元，门诊大病救助 3540 人次 74.81 万元。

【社会福利】 严格把好孤儿身份审核关，明确了监护人，拓展了孤儿安置渠道，及时足额发放了孤儿基本生活费。2013 年为 63 名孤儿和 2 名艾滋病感染儿童打卡发放基本生活费 53.5 万元。依托县社会救助福利中心，成立大英县儿童福利服务指导中心，调配 2 名编制专职从事儿童福利指导工作。

【老龄工作】 2013 年，为 1910 名 90 岁以上高龄老年人发放长寿生活补贴金 93.6 万元。投入福彩公益金 33 万元，整合农村敬老院、村级活动室等集体资源，在全县 11 个镇乡建成 21 个农村互助养老幸福院并投入使用。全县新增农村养老床位 78 张，解决 1.6 万余名农村老年人的养老问题。以全面创建星级敬老院活动为契机，先后投入 300 余万元，对全县 9 所新建县中心敬老院进行提标升级改造。隆盛镇、河边镇中心敬老院创建为省三星级敬老院，蓬莱镇、象山镇中心敬老院创建为省二星级敬老院，回马镇、卓筒井镇、金元乡中心敬老院创建为省一星级敬老院。

【双拥活动】 全面启动新一轮省级“双拥模范县”创建工作。2012—2013 年全县共走访慰问重点优抚对象 6138 人次，召开优抚座谈会、联谊会 108 场次，发放慰问金 39.57 万元。

【优抚安置】 2012—2013 年共通过社会化发放各类重点优抚对象抚恤补助金共计 3564 万元。100%的乡镇做到了优待抚恤补助标准政务公开。在全省率先开展优抚医疗报账“一站式”服务试点，为680名重点优抚对象发放医疗补助150.2万元。解决全县伤残优抚对象参加新农合、城镇居民医疗保险费用共计15.8万元。更新优抚对象数据3780条。兑现义务兵家属和烈属优待金134.5万元。城乡义务兵家属优待金统一提高到1500元/年/人。接收退伍军人628人，接收军队军休人员1名，政策安置工作9人。发放自主择业退伍军人地方经济补助228人744万元。公安协警、城管协管、死海等单位聘用退役士兵50名。退役士兵就业技能培训工作达到三个100%：即培训知晓率100%，自愿参训的培训率100%，推荐就业率100%。共培训退役士兵409人。

【城乡社区建设】 按照社会管理和创新要求，积极参与和落实城市社区建设“三有一化”（有人管事、有钱办事、有场所议事、党建区域化）工作，加大社区基础设施建设力度。全县已建成城市社区办公用房100平方米以下4个，100—200平方米4个，200平方米以上12个。在县城火车站、殷家沟社区开展社区网格化管理服务试点基础上，已在其他城镇社区推行社区网格化管理服务。实现打造城市社区10分钟快捷服务圈计划，殷家沟社区市民中心、朝阳社区市民中心已全面完成建设工作。积极探索建立镇乡（园区、社区管委会）政务公开和村（居）务公开联运机制和衔接配套制度，村（居）务公开率达到100%，规范化率达到90%。指导村（社区）成立村（居）务监督委员会，有效维护了群众的知情权、参与权、表达权和监督权。依法扎实开展第九届村（社区）换届选举工作，村（居）民自治、村（居）务公开和民主管理水平进一步提升。

【民间组织管理】 截至2013年末，全县共有各类民间组织255个，其中社团211个，民办非企业单位44个。其中2013年新登记社会团体67个，民办非企业单位7个。在全县211个社团中，有行业性社团193个、学术性社团5个、专业性社团8个、联合性社团5个；在登记注册民办非企业单位44个中，有教育类30个、卫生类2个、劳动类5个、文化类3个、中介服务类1个、其他3个，拥有从业人员588人。在全县255个社会组织中，已建立党组织的有130个，有党员368人。

【婚姻登记】 2013年，成功创建为国家4A级婚姻登记机关，婚姻登记合格率达100%，收养登记合格率达100%。

【流浪乞讨人员救助】 加强街头救助工作，坚持做到巡查工作经常化。2012—2013年，共救助841人，专车护送228人，其中：老、弱、病、残、孕186人，未成年人32人。

（彭　志）

城东社区管理

【概况】 大英县城东社区党工委、管理委员会成立于2012年9月，辖大英县老城7个社区居委会（凉亭社区、火车站社区、田坝子社区、朝阳社区、唐家湾社区、基井湾社区、殷家沟社区），内设党政办公室（增挂“财政所牌子”）、社区事务办公室（增挂“计划生育办公室”牌子）、城市管理办公室（增挂“环境综合治理办公室”牌子）、群众工作办公室（增挂“大调解中心”和“社会治安综合治理办公室”牌子）等中层机构。领导班子职数6名，其中：城东党工委书记1名（正科级），管委会主任1名（正科级，兼任党工委副书记），专职副书记1名（副科级，担任纪工委书记），副主任3名（副科级，其中1名担任人武部部长）；现城东党工委、管委会系统有干部职工20名。社区工作人员40名。城东管委会主要负责县老城区社区建设、城市管理、城区拆迁安置以及城市安全稳定等方面工作。

【队伍建设】 2013年下旬，7个社区党支部委员会换届，选举产生了社区支部书记。2013年12月31日，7个社区居委会换届选举产生了居委会主任。2013年7月，重新聘用社区工作干部40名，进一步优化了社区工作干部的知识、专业和年龄结构，加强了对年轻干部的培养选拔。

【社会事务】 健全最低生活保障制度，落实应保尽保。城东社区共有低保户347户541人（包括新增的12户23人），2013年对其进行了逐户核查，对其中3户6人不符合享受条件的城市低保户（包括死亡人员）及时上报，并取消了对他们的低保金发放，对符合条件的344户535人、新增的12户进行入户调查并及时上报审批；办理失地农民进社保1185人，互保进社保（使用失地农民保障金参保）317户751人；积极做好城镇大病医疗救助工作，严格按照使用原则和救助标准，妥善安排困难群众生活，努力改善困难群众“小病扛、大病拖”的现状，先后救助146人、金额401336元，解决了群众困难，促进了社会和谐；经过摸排，对辖区内90岁以上高龄老人48人每季累计发放老年补贴9000余元；为雅安庐山县“4·20”地震灾区捐款16544元，为灾区人民奉献自己的一份爱心；在朝阳社区积极创建省级居家养老示范社区已顺利通过验收。

【残联工作】 对475名残疾人进行了“两表一册”的填写，并将信息全部录入了四川省个性化服务平台；认真对各社区残协“量服”工作进行指导，检查社区残联资料完成情况和“量服”工作落实情况，在量体裁衣中，计划人数475人，落实人数475人，落实总项次3149次，落实人均项次达6.6次。对新增加的6名残疾人，也及时上报残联审批；为64名没进入低保重度残疾人补助城镇居民医疗保险费用每人80元。为196户低保户继续申请低保，帮助6户残疾人新申请低保，做到应保尽保。为20名重度残疾人申请发放阳光家园补贴共12000元。对3名残疾人申请发放机动轮椅车燃油补贴每人365元。对10名贫困精神残疾人提供免费服药卡，每年资助500元。新增残疾人办理残疾证60多人次。2013年7月对30名残疾人进行无障碍改造，发放轮椅20辆、坐便椅18把、安装扶手30余米。

【矛盾纠纷排查工作】 共排查各类民事矛盾纠纷202起，调处率99%，其中12345信访件135件，群众来信来访39起，涉及征地补偿、拆迁安置、劳动保障、低保、建筑纠纷等各类社区矛盾以及一些个体性问题28件，涉及人数927人，调解率达100%，调解成功率达98%。有力地维护了社会的整体稳定。

【网格管理工作】 积极构建小区防控网络，督促每个规范小区及单位集中居住小区必须安装视频探头及自动报警装置。规范小区的巡防队员由物业管理部门聘请保安组成，单位集中居住小区巡防队员由单位安排职工或聘请人员组成。散住居民区原则上以社区为单位建立网格化巡控区，辖区划分72个网格，面向社会公开招聘72名网格管理员，做好网格内的信息传递和民情反馈，社区管理服务水平显著提高。深入开展“七员三进”活动，切实解决居民实际问题。加快推进“社区网格化、综治信息化”服务平台建设，落实平台操作人员，服务居民质量显著提升。

【城市管理】 小区管理。对住户四十人以上并且封闭的小区，达到百分之百成立业主委员会，百分之七十以上的小区有物业公司或自治物管。按照《大英县星级小区评定办法》，组织辖区小区开展“环境优美星”、“风貌塑造星”、“平安和谐星”、“精神文明星”、“管理创新星”等星级小区建设，以点带面逐步推进，全力打造良好居住环境。

“门前五包”。管委会各社区与门店业主签订年度“门前五包”目标责任书，常年保持率达到百分之九十三以上。组织社区干部、网格管理员坚持每天上街值守，加强街面的监管，并劝诫和纠正“门前五包”的人和事。积极配合相关责任部门搞好城乡环境综合治理的集中整治、迎检等相关工作。每季度组织对辖区商家店铺评分并进行公示，开展“门前五包”示范店铺评选活动，引领商家店铺共同维护城市良好环境。

环境治理。积极配合相关部门工作，逐步清理整治乱搭乱建和违规安装的防护栏。各社区加强对街面巡查和监管力度，坚决杜绝新的违章搭建和违规安装防护栏行为，做到及时发现、及时申报、及时处置。组织各社区对辖区内无人清扫的卫生死角进行详细登记，每处卫生死角合理安排公益性岗位进行清扫，建立城市管理工作开展台账和卫生死角清扫保洁日台账，各社区安排专人每天对辖区内全部卫生死角进行检查，发现后及时进行整改，并将卫生死角清扫保洁情况记录到台账。定期和不定期组织人员清理辖区内的“牛皮癣”与“小广告”。

【城市建设】 从2013年度开始，对交通上街、交通下街、唐家湾等地段棚户区范围的居民房屋进行调查摸底，涉及451户居民，总人口3285人，面积达20万平方米。经过科学规划布局，划分为14个组，根据县人民政府《大英县棚户区改造房屋征收补偿实施细则》。管委会积极行动，大南街棚户区改造工作从2010年6月开始启动，被征收对象353户，拆迁面积35000平方米，建房150000平方米，其中安置房76000平方米，2013年底，主体工程已基本完成，其中，玉山香林、招待所安置房已全面竣工。朝阳南街被征收对象19户，已签协议11户，并对旧房进行拆除，2013年11月29日，已对A、B区地块成功拍卖，即将启动建设。2013年12月全面启动交通下街、交通上街棚户区改造工程。

【创建工作】 火车站社区2012年12月创建为全国综合减灾示范社区，2013年12月创建为全国人口计生基层群众自治示范村（居）。唐家湾社区2013年3月创建为全国综合减灾示范社区。朝阳社区2013年12月创建为四川省养老服务社会化示范社区。殷家沟社区2012年12月创建为四川省养老服务社会化示范社区。

（宋　敏）

城西社区工作

【概况】 2012年9月成立中共大英县城西社区工作委员会（正科级，简称城西党工委），大英县城西社区管理委员会（正科级，简称城西管委会），属大英县委、县政府派出机构，下辖大英县新城区共4个社区及相应城市拓展区，分别是同心路、花园街、转轮街、胡家坝等4个社区，辖区面积9.3平方公里，人口4.5万人。是大英县政治、文化、旅游中心，县委、县府办公所在地。城西党工委、管委会行政编制共20名，工勤编制共2名，其中副科级以上领导6人，工作人员14人。城西管委会下设4个办公室即党政办公室（增挂“纪工委”、“财政所”牌子）、社区事务办公室（增挂“计划生育办公室”牌子）、城市管理办公室（增挂“环境综合治理办公室牌子”）、群众工作办公室（增挂“大调解中心”和“社会治安综合治理办公室”牌子）。

【社区建设】 一是社区党建工作。在全县范围内公开考聘4名社区工作者和16名公益性岗位人员，干部队伍素质不断得到提升。投入资金对转轮街、花园街社区办公室进行规范化建设，落实了胡家坝社区办公用房方案。制定了星级党员评定办法，成立社区大党委 1 个，新组建 4 个党支部，11 个党小组。二是社区美化工作。动员居民自拆彩钢棚 130 户 3970 平方米，临时工棚 46 户 1700 平方米，规范整治临街防护栏 23000 平方米。对环城路、花园街社区 368 户居民安置房房顶进行平改坡，完成高速路出口风貌改造，胡家坝 2 号安置房风貌整治工程快速推进，城市面貌焕然一新。三是社区管理工作。公选 43 名网格员做好社会管理网格化综治信息化工作，协办全市社会创新“两化”互动现场会。及时处理各类矛盾纠纷及信访件，“一标三实”工作在全市现场会上交流。四是民生改善工作。熊家湾安置房全面竣工，张家湾安置房办证工作有序推进，搞好了就业服务，完善救灾、救助服务。城镇低保、五保做到了应保尽保。五是社区文明有新提升。组建 16 人文明劝导队，组建社区文娱队 7 支，设立社区图书室，书籍涵盖各类知识，达 6000 余册。4 个社区全部创建成功市级文明社区。组织小区居民参加太极拳、广场舞等比赛，开展“送文化进小区”活动，丰富居民文化生活，不断提升社区凝聚力、向心力。

【平安维稳】 高度重视安全工作，进一步落实安全生产“一岗双责”与“层级动态责任制”，与各社区分别签订安全生产目标责任书，对安全隐患进行了全面排查、整治。对辖区内地质灾害点全部制定应急预案、发放明白两卡 294 份，增添标识标牌 12 块。汛期实行 24 小时值班值守制度，落实汛期防汛物资准备，加强暴雨天气地质灾害点的预警、监测巡查工作，确保汛期地质灾害及防洪安全万无一失。坚持协同质监部门定期对辖区内特种设备进行专项检查。每月两次对辖区内餐饮店、超市、食堂等餐饮经营单位卫生状况等进行检查，对辖区内未办餐饮服务许可证、健康证的餐饮经营单位进行全面整治，全年未发生一起安全责任事故，确保了安全形势平稳有序。在引导社会力量参与社区建设方面，注重群防群治队伍建设，各社区成立专（兼）职治安巡逻队 4 个，队员 27 人，平安志愿者 185 人，物业保安 150 人，社区登记在册志愿者人数 6000 人，有效缓解了基层警力不足的困境，保障了社区的长治久安。同时，组织、指导各社区开展了无毒社区、安全社区创建工作。共计排查出矛盾纠纷 245 起，调查处理 232 起，调处成功率达到 93.2%以上，千方百计做好转轮街、熊家湾安置房、胡家坝渔船死人、郪江中路改造等重大事件的稳定工作。组织“一标三实”采集工作。在登记中发现了破案线索，抓获了 3 名犯罪嫌疑人，为城市的稳定和和谐奠定了坚实的基础。在法定假日及“全球财富论坛”会议、省级文明城市迎检、西博会召开、三中全会及重大活动期间、认真制定了维稳工作预案，落实措施、人员、经费等应急保障，较为出色地完成了各次各项重大活动的安保工作。

【社会事业】 社会保障工作。组织参加大型招聘会 3 次，参会人数达到 600 余人，实际签订就业劳动合同 100 余人。鼓励互保内人员参加社保，实现城乡居民医保全覆盖。帮助妇女贷款 400 万元。

老龄、残联工作。积极关注困难群体和弱势群体，发放困难生活救助 10 余万元，办理医疗救助 50 余万元。对辖区内低保户进行全面清理，将辖区内符合条件的困难群众全部纳入低保，做到应保尽保，实现了动态管理。完成残疾人的入户调查、信息平台录入。发放轮椅、助听器、盲杖等生活用品帮助残疾人居家灵活就业。

计划生育工作。人口自然增长率控制在 0.3%以内，计生率 95%，对流动计生人口清理登记造册，收取社会抚养费 90 余万元。

党群组织工作。签定独立工会工资集体协商合同 51 份，组建独立工会 32 家；新建“大团委”新属团支部 8 个，组织妇女、青年参加参加 SYB 创业培训 50 余人次，贷款 400 余万元。利用多种载体宣传《妇女儿童权益保障法》和新《婚姻法》组织200余名妇女到妇幼保健院参加免费体检。

【项目拆迁】 妥善处置了转轮街安置房部分居民长期上访的问题，大英县级相关部门对片区安置房等违法行为进行打击，对安置户私自交易违反合约等行为，进行了调解，维护了社会稳定。在3个月内完成了县看守所片区33户干警和居民的拆迁工作。

【精神文明建设】 以社区党员远程教育站点建设为契机，进一步加大社区文化活动室建设力度，充实社区图书室，提升社区文化阵地的为民服务能力。以元旦、春节等节庆日为契机，组织了"送文化进小区"等文艺活动，丰富了社区群众文化生活。在县城新区广泛开展了环境卫生集中整治活动和"党员双报到"活动，积极动员广大干部群众参与社会捐助、爱心助残、送温暖献爱心道德实践活动，营造了良好的社会氛围。

（黄琳　彭超）

政务服务工作

【概况】 2013年1月21日大英县公共资源交易服务中心在政务中心挂牌，实行"两块牌子、一套人员"，将"县政府采购中心"并入县公共资源交易服务中心。

大英县政务服务工作认真贯彻实施《行政许可法》、《四川省政务服务监督管理办法》，坚持"公开、公正、高效、廉洁"的服务宗旨，不断创新管理运行机制，规范行政审批行为，进一步转变政府职能，提高办事效率。2012—2013年共受理各类行政审批事项84520件，办结84520件，其中：承诺件14677件，即办件69843件，超期未办件0件，按期办结率为100%，现场办结率达100%，群众满意率99.96%。

【深化行政审批制度改革】 一是全面推行行政审批"两集中、两到位"。二是优化行政审批流程。三是加强行政审批项目的监管。四是完善政务电子网络应用系统和三级便民服务体系。五是强化全程代办服务。六是延伸服务链条，方便办事群众。

【延伸服务链条】 不断拓展服务领域，完善服务功能，建立和完善真情为民、方便群众的服务机制。一是免费为群众快递相关证照。如群众已提供完备的资料，但县政务服务中心不能立即办结的，由中心免费为群众提供快递证件或资料的服务，不让群众再跑回头路。到2013年底，已为群众免费快递相关证照138件。二是继续发挥入驻中心会计师事务所作用，会计师事务所高效、快捷地为企业办理相关的服务事项，已为75家企业办理了验资报告，为68家企业办理了年检报告，为32家企业办理了年度审计报告。

【乡镇便民服务中心标准化建设】 开展乡镇（街道）便民服务中心建设，做到了名称统一、标识牌统一、公告栏统一、服务指南统一，并将主要服务项目、收费标准、承诺时限等内容标识进行公告。各中心都建立健全相关制度，严格考核，逗硬奖惩，确保了入驻部门全面规范地运行便民服务工作。同时，在全县的村建立了便民服务站，极大地方便了办事群众。

【政府采购和公共资源交易工作】 严格执行《政府采购法》，在完成日常采购任务的同时，不断扩大政府采购范围和规模。先后组织实施了全县政府采购共104次，政府采购活动均邀请了县监察局、县检察院、县财政局等单位对全过程进行监督，累计中标金额合计11697.92万元，与采购预算相比，直接节约采购经费1280.38万元，节约率达10.53%。

2013年，公共资源交易中心成立以来，根据相关法律、法规政策，按照“六统一”原则，对全县进入县公共资源交易平台运作的建设工程招投标、政府采购、土地和矿产资源交易、国有产权和国有资产交易以及特殊资源交易等公共资源提供现场服务和管理。负责对进入县公共资源交易平台的交易各方进行现场监管、记录、制止和纠正违反交易现场管理制度的行为，接受有关咨询、投诉。2013年组织工程招投标项目40宗，交易金额7948万元；土地拍卖16宗，交易金额80871.5万元，土地挂牌交易24宗，交易金额37467.5万元；组织国有资产拍卖3宗，成交金额343万元。

（舒雯雯）

惠民帮扶工作

【概况】 两年来，大英县紧紧围绕“改民生、惠民利、解民难”工作目标，以县惠民帮扶中心、各帮扶窗口为着力点，切实抓好惠民帮扶工作。扎实开展了慰问帮扶、法律援助、就业帮扶、就学帮扶等工作。

【慰问帮扶】 2012年，共接待困难群众51733人次，慰问困难群众、贫困党员7267户；接受了10165名困难群众的救助申请，实施救助9015人；累计发放各类帮扶资金279.9万元。2013年，共接待困难群众55696人次，慰问困难群众、贫困党员4100户；接受了9607名困难群众的救助申请，实施救助7754人；累计发放各类帮扶资金229.39万元。

【法律帮扶】 2012年，为258名困难群众提供了法律援助咨询，代写法律文书131份，受理法律援助案件137件，妇女维权服务18起。2013年，为136名困难群众提供了法律援助咨询，代写法律文书24份，受理法律援助案件15件，妇女维权服务155起。

【就业帮扶】 2012年，接受外派劳务输出报名、咨询2093人，为220名女职工办理了224份大病保险；为5076名残疾人办理了残疾证；为1569名下岗失业人员、农民工、困难群众提供了职业培训，介绍896名困难群众和残疾人择业就业。2013年，为120名女职工办理了200份大病保险；为1771名残疾人办理了残疾证；为1458名下岗失业人员、农民工、困难群众提供了职业培训，介绍727名困难群众和残疾人择业就业。

【就学帮扶】 2012年，资助在校孤儿、特困、留守学生，考上大学本科的贫困家庭学生和高中在校特困家庭学生共478名，发放助学金和慰问金（含慰问品）合计48.2万元；组织募集善款35.1万元。2013年，资助在校孤儿、特困、留守学生，考上大学本科的贫困家庭学生和高中在校特困家庭学生共537名，发放助学金和慰问金（含慰问品）合计47.5万元；组织募集善款68.62万元。

【政府服务热线办理工作】 2013年5月至2013年12月，热线办共受理热线工单6251件，交办相关责任单位4087件，热线办直办2164件。全年共电话督办催办167件，对于多次催办未果的发督办单12件。现场督办重复投诉事项或需要多部门联合办理的事项13件。呈请领导批示督办重要事项或难办理事项16件。召开会议集中督办市民投诉的热点、难点问题4件。共编发《效能热线简报》32期。全年工单办结率99.3%，来电人满意率92.7%。收到锦旗2面，感谢信27封，感谢电话137个。

（胡 麟）

档案工作

【概况】 2012—2013年，大英县档案工作始终以党的十八大精神为指引，积极创新档案工作思路和机制，跳出只重馆藏档案管理的传统意识，树立加强全县档案行政管理的理念，对县级机关档案工作的监督指导形成常态化、制度化，有力地推动了全县档案工作的健康发展。

【数字化建设】 为适应电子政务和信息社会日益增长的对档案信息资源管理、利用的需求，提升档案馆工作效率和现代化管理水平，进一步推进大英县数字档案馆建设进程，根据国家档案局《数字档案馆建设指南》和《四川省档案信息化建设实施意见》要求，结合大英县实际，制定了大英县数字档案馆建设十年规划。

【规范化建设】 一是认真落实国家档案8号令和9号令要求，全面完成了《大英县档案馆收集档案范围实施细则》的编制报审工作。二是对全县档案系统继续实行档案工作规范化管理，重新确定单位档案全宗号。两年来，全县各级机关单位档案规范化管理达标工作进展顺利。三是推进民生档案的规范化管理。重点监督指导了社保、民政、国土、林业、水利等涉及民生档案的收集、归档、管理和利用。

【法制建设】 加强对《中华人民共和国档案法》、《四川省〈档案法〉实施办法》等档案法律法规的学习，结合“六五普法”，充分利用会议、培训班、宣传栏等多种形式，扩大档案工作的认知度，使社会了解档案、认知档案、认可档案，自觉增强档案法律意识。一是组织业务人员对全县乡镇、县直各部门进行档案执法检查，并提出可行的建议和整改措施；二是加强新农村档案建设的业务指导工作，智水乡、回马镇先后获得“四川省社会主义新农村建设档案工作示范乡镇”。通过对《档案法》的宣传贯彻，各级领导、干部职工以及全县公民的档案法制意识得到进一步提高，依法治档的局面更趋成熟。

【丰富馆藏】 2012年蓬溪县档案局（馆）移交大英区域内建县前的5401卷档案至大英县档案局（馆）进行保管和利用。截止2013年底，县档案馆共接收各门类档案进馆案卷11944卷，其中文书档案8915卷；会计档案2115卷；婚姻档案914卷。以件为单位保管档案49765件。

【利用情况】 2013年，接待档案查询人数1163人次，调阅档案资料1426件（卷）次，主要为落实政策、调解纠纷、核实工龄、工作调动、户口迁移、养老保险、婚姻状况等方面提供了翔实的原始资料。

（岳盛梅）

机关事务管理

【概况】 大英县机关事务管理局，于2013年1月经中共大英县委机构编制委员会2012年第五次会议研究决定设立，归口县政府办管理。核定全额拨款事业编制9个。其中：局长1名（正科），由县政府办副主任兼任；副局长1名（副科），纪检组长1名（副科）；股级干部职数3名。内设综合科、资产管理科、后勤科三个科室。主要职能职责：负责公共机构节能办公室日常事务工作。

【公务用车】 大英县建立了公务用车管理信息平台，全县各行政事业单位的人员编制、车辆编制、实有车辆等信息实现了网络化管理；明确了配备公务用车的审批程序，以文件的形式明确了公车不得流入市场、不得超标准购车、严禁先购买后审批行为，公务用车的规范化系统化管理机制初步建立。目前，市机管局核定大英县部分党政机关一般公务用车编制121辆，从2013年机管局成立以来，大英县新购公务用车9台，救护车上户3辆。

【办公用房情况】 合理调配办公用房，较好地发挥了国有非经营性资产的使用效益。利用“三馆两中心”投入使用的契机，为县人社局、审计局、安监局、政务中心、帮扶中心、文化馆、图书馆、博物馆、民政局、科技局、环保局、执法局、机管局、移民扶贫局、信访局、新村办、金融办、城西办事处等单位重新调整了办公用房，在改善办公环境的同时，还节约两处房产转为经营性资产，较好地发挥了资产的综合效益。全县行政事业单位对办公用房进行了自查，掌握了各行政事业单位办公用房的基础数据。目前全县行政事业单位办公用房的建筑面积为117973.28平方米，使用面积为69768.5平方米。

【公共机构节能】 狠抓《公共机构节能条例》的宣传贯彻，有效推动了全县各公共机构节能降耗工作。一是强化宣传，大力宣传《公共机构节能条例》等法律法规，宣传节能降耗的意义，普及节能知识，紧紧围绕“践行节能低碳，建设美丽家园”主题，扎实开展2013年公共机构节能宣传周活动。二是提高节能管理能力，制定了《关于2013年公共机构节约能源资源工作要点的通知》。三是强化培训，通过下发资料、现场指导、上门辅导等形式对部分乡镇、部门的节能工作人员进行能耗统计培训，接受培训人员达40余人次。四是突出公共机构节能重点，强化节水、节电、节约办公用品，合理配置办公用房，强化公务用车配备管理。五是做好能耗统计，实施用能统计，实行季度能耗上报制度和通报制度，以数据的分析比对促节能。六是健全考核机制，明确了公共机构节能工作考核的对象、内容、依据、方式及计分方法，以提高能源利用效率、建设节能型机关为目标，强化监督检查，严格目标管理，以业绩考核促节能。

【后勤工作】 加强行政办公楼的管理，县委办、县府办出台了《大英县行政办公大楼后勤管理服务规定》，将政府行政大楼、演艺中心的物业管理推向社会，委托遂宁市奥美物业管理公司对行政办公大楼、演艺中心的日常养护和管理、物业经理服务、安保服务、水电服务、保洁服务、会议服务等进行规范化管理，进一步提升物业管理水平。定时检修保养升级消防设备、电梯、监控等重要设施，加强供电、供水、空调等系统设备日常安全巡查，保障设备正常运转。2013年安排资金10余万元，对政府大楼电梯进行了维修改造，对政府七楼会议安装了雨棚，对县委办公大楼楼顶进行了防漏处理等，保证了政府办公大楼的正常运转。为贯彻中省市关于厉行节约的有关规定，根据县委、县政府安排，投资100余万元筹建了政府机关食堂。

（曾 艳）

地方志工作

【概况】 两年来，大英县地方志工作以科学发展观为指导，认真落实国务院《地方志工作条例》和省、市有关文件精神，紧紧围绕大英县委、县政府建设“新型工业县、优秀旅游城、生态示范区”中心工作，强化领导、精心组织、克难攻艰，顺利推进《大英县志》发行、《大英年鉴》编纂发行、《大英抗震救灾志》审核发行等工作，全县地方志工作取得明显成效。

【《大英县志》发行】 2012年3月13日，大英县人民政府召开了大英县首部县志发行暨综合年鉴编修工作会议。大英县人民政府县长刘辉，遂宁市地方志办公室主任马兴隆、副主任王前明，县人民政府副县长朱俊华，县政协副主席彭哲志出席会议。县级各部门、各镇乡分管领导，《大英县志》责任编辑参加会议。会议总结了《大英县志》编纂工作，安排部署了第三部《大英综合年鉴》编写工作，县政府表彰了县地方志工作10个先进集体和10名先进个人。为全面做好首部县志发行工作，切实发挥好地方志书“资政、存史、育人”功能，让全县人民特别是领导干部养成读志用志习惯，县志办认真落实县委办和县府办《关于切实做好〈大英县志〉征订发行工作的通知》（大委办〔2011〕82号）精神，精心组织，缜密部署，成立了《大英县志》发行工作领导小组，实行电话预定、上门征订、送书上门等服务全面开展县志征订发行工作。同时，加大县志宣传发行力度，县志宣传发行工作得到各级各部门、社会各界的大力支持，做到了县级各部门副科职以上领导干部人手一册，到2013年，已发行近700册，为县级领导、部分退休老领导及客商等赠送近300册，基本做到全县部门、乡镇、学校、社区全覆盖。

【《大英年鉴》编纂】 截至2011年底，大英县已连续6年未编纂大英年鉴，2012年初，经请示县政府领导，同意启动《大英年鉴》（2006—2011）年卷编辑工作。县志办立即成立《大英综合年鉴》编写领导小组，安排专人拟定年鉴编写纲目。纲目充分借鉴了省、市年鉴及其他市县年鉴，在结合大英实际，并在征求相关部门意见的基础上，反复推敲，不断完善，最终形成《大英综合年鉴编辑提纲》。提纲设特载、大英概况等18个纲目，为突出反映这6年大英县经济社会发展成就，此部年鉴把工业、产业园区等单列为纲目，进行重点记述。3月13日，大英县人民政府召开了大英县首部县志发行暨综合年鉴编修工作会议，3月15日，县委办、县政府办印发《关于编辑出版〈大英综合年鉴〉（2006—2011）的通知》（大委办〔2012〕41号），成立了《大英综合年鉴》编辑委员会，明确了资料编辑及报送要求，印发了《大英综合年鉴编辑提纲》等。县志办通过会议培训、印发简报、上门指导、重点协办等措施，全力做好部门撰稿人员业务培训和资料收集工作，努力提高部门稿件质量。2012年印发简报3期，刊登年鉴编撰格式和部门优秀稿件范文，对如何收集年鉴资料和年鉴条目撰写应注意的问题等进行了介绍。2013年2月，全县120余个单位已报送齐全年鉴资料，收集基础资料80余万字，反映全县社会经济发展成就彩色照片700余张，2013年3月，正式进行文字总纂和图片整理工作，2013年9月底完成文字总纂工作，完成总纂稿近70万字，10月，完成“三审三校”工作，11月，完成终审工作并经县政府审批同意印刷出版，12月，完成印刷工作，由光明日报出版社公开出版发行。

此部年鉴共65万字760余张图片，由图照、特载、大事记、专题记述、大英概况、党派、政权、政协·群团、军事·政法、工业经济、产业园区、项目投资、城建·环保·交通·通信、商贸·旅游、财税·金融、管理与监督、教育·文化·卫生·科技、农业、镇乡概况、附录等19个篇目组成，全面、翔实、系统地记载了大英县2006—2011年的发展成就，此部年鉴是继《大英年鉴（2002—2005）》之后的第三部年鉴，也是大英历史上印刷装订最精美规范、第一部全国公开发行的年鉴，版式设计做到了美观、大方、富有创意，年鉴封面保证了硬封精装、锁线胶包、平背、烫金印刷。

【《大英抗震救灾志》审核发行】 2012年3月，完成《大英抗震救灾志》初纂和图片收集工作，初稿共计45万字，700余张彩页图片，4月，安排专人，继续开展地震志初稿审核工作。为确保事实真实，数据准确，统计全面，县志办积极与县应急办、县统计局、县民政局、县建设局等相关部门协调联系，切实做到无差错。同时，从700余张征集到的照片中筛选出300余张彩色照片，按领导慰问、灾情、抢险救灾、医疗救助、赈灾、支援重灾区、避险、灾后重建、荣誉等进行分类整理，全面展示了全县干部群众万众一心、众志成城抢险救灾的恢宏画面。到2013年8月底，完成“三审三校”工作，9月底完成终审工作并经县政府审批同意印刷出版，2013年12月，在遂宁市各区县中率先完成印刷出版工作，内部发行。

全书共9章51节43万字160余张图片，由总述、大事记、自然环境、灾情、抢险救灾、赈灾、医疗防疫、支援重灾区、灾后重建、先进集体与先进个人、附录等内容组成，全面系统真实客观地记述了“5·12”汶川特大地震对大英县造成的巨大损失和全县各级各部门投入抗震救灾与恢复重建的过程，图文并茂编排，精装装帧印刷。所收录的文字资料起止时间为2008年5月12日14时28分至2010年9月。

【省、市年鉴协编】 按照《四川年鉴》、《遂宁年鉴》一年一鉴的要求，县志办每年均及时成立省、市年鉴编写小组，落实专门人员，全方位收集大英自然、经济、政治、文化和社会发展变化的资料，精心拟定写作提纲，选取展示大英建设“新型工业县、优秀旅游城、生态示范区”的特色、亮点和重点工作的典型材料进行精心编写。《四川年鉴·大英县》每年设10个条目撰写近3000余字按时上报，《遂宁年鉴·大英县》每年设10余个条目撰写5000余字按时上报。

【《四川当代县域经济·遂宁卷》大英篇协编】 根据四川省和遂宁市安排，大英县于2012年9月启动《四川当代县域经济·遂宁卷》大英篇资料收集和协编工作，大英县委、县人民政府成立了编辑委员会，编委会下设办公室在县地方志办公室，具体负责牵头协调和编辑工作。县志办克服了人手少、时间紧、任务重的压力，安排专人承担资料收集和编辑工作，明确了编纂体例和要求，拟定了《四川当代县域经济·遂宁卷》大英篇提纲。主要内容包括领导致辞、成就综述、重要文件、图片集锦、发展成就、荣誉展示、优秀企业简介等七大篇目。发展成就篇目共计5万余字，分工业经济、农业经济、城乡建设、环境保护、招商引资、财政管理、城乡旅游、镇域经济等22个方面。到2013年6月，已收集图片60余张并整理完毕，整个文稿编纂结束，8月上报省市相关单位，为全市最早完成稿件区县之一（由于部分区县到2013年底未完成稿件，所以此书暂时未出版）。文稿内容客观、翔实地反映了大英“十一五”期间发展县域经济方面取得的重要成就和宝贵经验，集中展示了大英县域经济的整体形象。

（唐元林）

政协·群团·民主党派

中国人民政治协商会议大英县委员会

【概况】 中国人民政治协商会议大英县第四届委员会，设主席1人、副主席4人，秘书长1人，政协常委33人。2012—2013年，政协大英县第四届委员会共组织召开全委会议2次、常委会议8次、主席会议16次、专门委员会会议和工作会议8次，审议重大议题8个，组织全委会议政协发言材料25篇，听取县政府及有关部门情况通报3次，召开对口协商会议、联系会议、座谈会议8次。

【全委会议】 2012—2013年，县政协共召开2次全委会议。

县政协四届一次会议于2012年1月11日至13日召开，157名委员参加会议。经县政协三届常委会协商提名，大会选举了33人组成主席团主持会议。县政协三届常委会作工作报告；县政协三届常委会作提案工作情况报告。会议听取和讨论《政府工作报告》的情况通报；阅读和讨论县财政、计划、法院、检察院的工作报告；选举产生县政协第四届常务委员会组成人员；9名政协委员作大会发言；通过相应的决议。

县政协四届二次会议于2013年1月20日至22日召开，159名委员参加会议。会议听取和审议县政协常务委员会工作报告和县政协四届一次会议以来提案工作情况报告。听取和讨论《政府工作报告》的情况通报；阅读和讨论了县财政、计划、法院、检察院的工作报告；16名县政协委员作大会发言；通过相应的决议。会议期间委员们集中视察了全县经济社会发展情况。

【主席会议】 2012—2013年召开主席会16次。主要是传达学习中、省、市、县重要会议和领导讲话精神，研究部署县政协年度重要工作及日常工作推进，围绕全县中心、重点工作开展重要协商。2012年就城市公共空间立法管理、县城星级酒店建设、县域交通建设、人才队伍建设等问题开展重点协商讨论。着重对县委、县政府出台的重要政策措施、县政府年度工作安排、统一战线和人民政协的重要问题等进行协商。2013年组织各界别政协委员就郪江新城规划建设、郪江新城医院建设、大英县“十二五”规划、招商引资考核奖励办法进行专题协商，提出意见建议8条。对县政协工作要点、常委会议题、重要调研、视察、报告等进行专项研究，对全委会议程、日程、重点提案的审查和督办、优秀提案的评选和办理先进单位的确定等工作进行研究和决策，并作出相应的决定。

【常委会议】 2012—2013年，县政协四届委员会共召开常委会议8次。

2012年召开3次，讨论审议通过《政协大英县委员会2012年工作要点》、《政协大英县委员会关于委员履职服务与管理的试行办法》、《中国人民政治协商会议大英县委员会常务委员会工作规则》、《政协大英县委员会提案工作条例》和《中国人民政治协商会议大英县委员会专门委员会工作通则》，协商决定委员分组名单和各委室主任、副主任人事任免。讨论审议《关于我县农产品品牌建设的调查与建议》、《关于县工业集中发展区低效企业、闲置土地情况的调查与建议》、《关于县城区中小学生入学难的调查与建议》、《关于县城社区服务管理工作的调查与建议》；协商决定人事任免。听取县人民政府《关于2012年上半年国民经济运行情况和财政预算执行情况的通报》、《关于政协四届一次会议委员和集体提案办理情况的通报》。

2013年召开5次，审议通过《政协第四届大英县委员会常务委员会工作报告》（2012年）、《政协第四届大英县委员会常务委员会关于四届一次会议以来提案工作情况的报告》，协商决定了县政协四届二次会议议程和日程安排；协商通过人事事项。协商通过了《政协大英县委员会2013年工作要点》。讨论审议《关于我县新型农村社会养老保险工作情况的调查与建议》、《关于我县新型农村合作医疗运行情况的调查与建议》、《关于电网建设与发展的调查与建议》、《关于我县场镇居民安全饮水的调查与建议》。听取县人民政府通报2013年上半年国民经济计划执行情况和财政预算执行情况、听取县人民政府通报县政协四届二次会议委员和集体提案办理情况，听取县纪检监察机关通报大英县2013年党风廉政建设工作情况。审议讨论通过了《县政协大英县委员会第四届委员会常务委员会工作报告》（2013年）、《政协大英县第四届委员会常务委员会关于四届二次会议以来提案工作情况的报告》；协商通过《县政协四届三次会议议程和日程安排》；协商决定人事任免。

【重大活动】 2012—2013年，县政协结合县委、县政府工作重点、工作中心，按照年初工作安排，有计划地开展专题调研、专项视察和督查调研。

开展专题调研8次。涉及县工业集中发展区低效企业和闲置土地处置、创新社区管理和服务、县城区中小学生入学难、农产品品牌建设、电网建设与发展、“新农保”工作情况、“新农合”运行情况、场镇居民安全饮水等8个课题，形成具有较高质量的调研报告，得到县委、县政府的高度重视和有关部门的采纳和落实，推动相关部门的工作开展及问题的解决。

组织专项视察19次。主要开展了对工业园区建设情况、文化产业园区建设、现代农业发展、新农村建设、乡镇就业和社会保障公共服务平台建设、乡镇敬老院建设管理工作、食品药品安全监管工作、工业园区重点项目建设、城市基础设施、电网建设、安全生产监管、现代农业产业园区建设、城市绿化工作、土地整理、气象站建设、省“十二运”大英赛区筹备、公办幼儿园建设、基层司法所建设、城市管理行政执法等重点工作，提出具有一定前瞻性、针对性和可操作性的意见和建议、推动了相关部门工作落实。

开展督查调研8次。按照安排部署，由一名副主席牵头，相关委室参加，开展河边镇人工治理污水处理运行情况、民生工程、重点项目、重点提案督办、提案现场督办等工作进行专项督查调研。目的在于发展问题、提出建议意见、推进工作落实。

【提案工作】 进一步健全完善机制，突出提高提案质量、办理质量和服务质量三大重点，着力推进提案工作创新发展，委员提案更加关注民生。县府办印发了《关于切实做好2013年人大代表建议及政协委员提案办理工作的通知》，县政府四届十次常务会讨论并通过了《大英县人民政府办理人大代表建议和政协提案办法》，使办理工作措施更加有力，办理程序更加规范。2012—2013 年，共征集提案 232 件，其中各民主党派、工商联、人民团体和政协专委会集体提案 54 件，审查立案 212 件，其中涉及社会事业民生方面 93 件，已全部办理完毕，满意或基本满意率达到 97%。县政协主席会议确定重点提案 12 件，由主席或一名副主席牵头组织委员进行现场督办。2013 年县政府督查室对提案承办单位进行督查，有效地推动了提案办理落实。

【日常重要工作】 广泛开展民主监督。开展民主监督活动 20 余次，支持推荐 40 余名政协委员为特邀监察员、选人用人公信度监督员、人民陪审员、政风行风评议代表，广泛参与政风行风等民主监督、民主评议活动。认真列席县委常委会、人大常委会、政府常务会议，及时反映群众愿望和呼声，诚恳提出改进工作的意见和建议，民主监督作用不断强化。

强化宣传文史工作。重视做好文史资料工作，搜集文史资料 10 余万字；编辑出版《大英文史》第七辑，充分发挥政协文史资料存史、资政、育人作用。组建信息员、特约通讯员队伍，组织编写各类信息 80 余篇，《四川政协报》刊用 21 篇、《大英县专刊》刊用 16 篇，较为全面地反映了县政协工作动态和重点工作。

搭建委员活动载体。积极做好政协委员履职“五个一”活动，参与率达到 95%以上。积极搭建活动载体，充分利用委员小组活动平台，组织开展近 40 次活动，委员参与率达 96%；组织委员参加视察、调研、考察学习等活动 20 余次，参与委员达到 300 余人次。注重搭建履职平台，组织 260 余名政协委员参与调研座谈和议政建言活动。积极支持委员围绕党政中心工作献计出力。组织和动员全体政协委员为芦山“4·20”地震捐款献爱心。

助推县域经济发展。县政协领导积极参与中心工作，联系、服务重点企业、重点项目，推进项目建设和推动企业发展；联系乡镇、村（社区）和“挂包帮”工作，协助解决具体问题 10 件；负责的凉湾安置房建设、长滩寺乡村旅游一期建设、玉峰小城镇建设、大南街棚户区改造、沪蓉高速公路遂宁服务区拓展项目、玉峰缓开站建设等工作付出了大量心血，做出了积极贡献。副主席分别担任招商协作组、省级文明城市创建工作领导小组副组长，积极参与招商引资和省级文明城市创建，为鼎象润石化项目落户大英、引进光电科技产业园和软件技术产品开发等项目做了大量工作。

合作共事氛围浓厚。加强与民主党派、工商联和无党派人士的沟通联系，通过开展联谊活动，听取意见，强化合作。重大活动、重要会议、专题协商，主动邀请他们参加。按照市委、县委有关规定，及时将民盟、农工民主党、民主建国会副主委增补为县政协副秘书长。

联谊交流活动扎实。积极配合省、市政协到大英开展调研视察工作，形成履职合力；邀请兄弟市县（区）政协来大英考察学习，交流经验，沟通信息，增进友谊。先后有云南省安宁市政协、成都市新津县政协等单位来大英考察学习。

自身建设不断加强。2012—2013 年积极开展了“大英美·我为大英做什么”大讨论活动（2012 年 5 月至 8 日）、创先争优活动、实现“伟大中国梦，建设美丽繁荣和谐四川”主题教育活动，加强机关自身建设、以“五型”机关建设为载体，结合工作实际，突出政协特色，创新活动载体，丰富学习内容，加强了干部队伍建设，干部职工能力素质进一步提升。

（王世坤）

工会工作

【概况】 2012—2013年，大英县工会工作把握“新型工业县、优秀旅游城、生态示范区”的战略定位，围绕主题主线，坚持中国特色社会主义工会发展道路，大力实施素质提升、依法维权、困难帮扶和机制创新四大工程，团结带领全县职工服务“科学发展、绿色发展、跨越发展”大局，圆满完成了各项目标任务。先后荣获“全市工会信息工作先进单位”、“全市工会调研工作先进单位”、“2012年度工会报刊发行工作先进单位”、中华全国总工会研究室“2013年度《中国工运》宣传通讯工作先进集体优秀奖”、遂宁市“三个十万”职工劳动竞赛优秀组织奖、遂宁市“安康杯”竞赛组织优秀单位、“遂宁市工运理论研究优秀调研成果优秀组织奖”等荣誉。

【依法维权工作】 2012年，主动融入全县大调解工作体系，建立健全职工维权组织网络及体系建设。在全县乡镇（街道）、园区、社区工会建立劳动争议人民调解委员会或劳动争议调解组织17个；与县司法局进一步完善了县工会维权律师团，聘请执业律师6人为律师团成员，6名工会维权律师分别派驻到全县各镇乡、园区、社区管委会、行业及各企事业单位；与县人社局建立了企业工会劳动法律监督委员会，完善了工会劳动法律监督与劳动保障监察协作机制；指导新建企业工会（136个）配齐企业劳动争议调解员、工会劳动法律监督员、工会劳动保护监督检查员。全年共接待职工群众法律咨询15件次，处理15件次；收到职工法律援助申请1件次，办结1件次，办结率100%。

2013年，针对劳动争议案件，坚持及时受理、分类处置、全程跟踪的原则，有效处置了重大劳动争议案件。妥善处理了阳光酒店劳动争议，为50名被解聘员工争取养老保险和解聘补偿金23万元；成功处理了南华纺织劳动纠纷，县总工会与县人社局派出专人，连续十天在企业现场办公，耐心做好宣传解释，督促企业补交2011年至2013年5月职工养老保险金346万元，有效化解了纠纷；有效处理了宏益织布厂劳动争议，县总工会在与企业主多次协调未果的情况下，为职工提供了法律援助，指定专门律师代理案件，为职工争取经济待遇20余万元。全年共处置重大劳动争议案件16件，为企业职工争取各种权益，涉及金额800余万元，受到职工好评，维护了社会稳定。

【困难帮扶工程】 2012年，安排20万元资金帮助下岗失业人员150名、为100名农民工实施职业技能培训、帮助300多名困难家庭子女上学，投入25万元为20名符合条件的大病女职工实施医疗救助、为15名应届大学生实施了助学救助，安排110万元为3370名困难职工实施了免费健康体检，创业贷款贴息援助10家企业5万元。开展高温“五送”活动，深入63家企业，送去防暑降温物资6.5万元，各类法律法规资料1.5万册，免费义诊职工500名；累计日常救助45人次、法律援助28人次，技能培训16620人次，推荐就业1310人。完成部门联系镇乡和“挂包帮”工作任务，送去帮扶发展资金8万元。

2013年，组织务工人员参加了全县2013年大型用工招聘会，协助200余名职工找到工作岗位，为150名下岗失业人员和进城务工人员举办了职工职业技能培训班。深入开展“四季”送活动，慰问困难劳模、困难职工、农民工、一线职工近3000人次，发放安全教育资料8000余份，防暑降温物品价值近11万元，现金100余万元。

【职工素质提升工程】 2012年，各级工会累计培训职工5000人次，提出并实施优秀合理化建议24条（项），技术创新攻关12项，评选首席职工、技能标兵8人，晋级职工25人。创建市优秀工人先锋号3个，市级工人先锋号2个，命名县级“工人先锋号”12个，完成了11个镇乡工会图书室的建设；5篇作品获全市首届工会“五一新闻奖”二、三等奖，完成工运理论调研文章10篇，完成信息和经验交流材料52篇；成功举办“劳动者之歌”文艺晚会，参与职工百余人；在久大蓬莱盐化公司首创“劳模工作室”，引领带动全县职工不断向技能型、知识型和创新型职工队伍转型。

2013年，全年参加技术练兵比武职工1.2万人次，职工参与面达85%，提出并实施优秀合理化建议56条（项），技术创新攻关32项，选树表彰全市“三个十万”职工劳动竞赛首席职工2名、晋级职工4名、创新成果奖3个，取得了良好的经济和社会效益。深入开展“工人先锋号”创建，把“工人先锋号”作为工会品牌来打造，新创建省级工人先锋号1个，市级工人先锋号2个，原有13个市级工人先锋号全部成功通过年审。全县荣获市级精品工（联）会称号3个，示范工（联）会称号7个，达标工（联）会称号20个。

【工资集体协商】 2012年，联合县人社局、经信局、工商联等部门，先后2次召开工资集体协商工作推进会和现场观摩会，加大对企业的宣传和督促力度，转变企业及职工思想意识。开展工资集体协商业务培训2期，培训园区、社区、镇乡、行业等工资集体谈判指导员44人次，提升了操作人员业务能力。全县共签订工资专项协议14家，签订区域性、行业性集体合同17份，覆盖企业385家，覆盖职工18430余人，签订率、覆盖率、履约率均达到96%以上。

2013年，着力规范协商程序，召开了业务培训会、工作推进会，从严规范，协议规范率达到95%。严格实施履约监督，成立了企业工资集体协议履约监督委员会，建立了《工资集体协议违约举报制度》、《工资集体协议违约案件首问责任制度》、《工资集体协议违约案件限时办理制度》和《工资集体协议违约案件逐级回访制度》，新确定6家典型企业开展协商，56家规模以上企业独立开展协商，全县签订工资集体协议74份，覆盖职工1.5万人，建会企业签约率达到100%。

【创新工作】 2012年，突出“工作主体以女性司法工作者为主、工作对象以广大妇女为主、工作内容以维护妇女合法权益为主”的“三为主”工作特色，由县总工会、县法院、县妇联联合组建了蓬莱女子法庭。建立了职工权益保护案件快速处理机制，对相关案件立案提供“一站式”服务，提升了维权效率。规定了法制宣传、案件受理、争议调解、案件判决以及案件回访目标任务，丰富了维权方式。统筹工会、法院和妇联的法律援助和困难帮扶项目，整合了维权资源。女子法庭充分发挥女性司法工作者温柔细心、亲和力强、易为女职工接受的性别优势，创新工作，有效维护了女工权益。

2013年，在四川中腾能源科技有限公司进行非公企业工会主席直选的试点，采取以公开推荐、差额选举、一票直选为主要特点的工会主席直选。截止2013年11月，全县67家新建工会组织全部实行工会主席直选，有效提升了工会群众化、民主化水平。

【工会自身建设】 2012年9月，召开了大英县工会第四次代表大会，大会审议通过了大英县工会第三届委员会作的《工作报告》、《财务工作报告》和《经审工作报告》，选举产生了大英县工会第四届委员会主席1名、副主席2名，同时选举产生了经审委员会组成人员，配齐配强了工会班子。

进一步完善工会经费委托代扣代收机制，以全额代征工会经费为契机，稳步推进地税代征并确保工会经费稳步增长。逐步完善基层工会（尤其是区域性、行业性工联会）独立建立工会账户，加强工会财务、经审规范化管理，完善制定《工会财务管理》等7个制度，营造基层工会独立开户建账的政策环境。加强经审工作制度建设，完善规章制度7个，加大对基层工会经费使用的审计监督，确保了工会经费规范运作，促进工会资产保值增值。

2013年，成功把工会工作纳入了县委保证目标考核体系，县工会文化宫主任1名按副科级领导干部配备（大编委发〔2013〕62号）。新增工作人员1名，新设立内存机构1个（保障部），人力资源得到充实。同时，县总工会职工服务中心建设已被县委县政府以议事纪要形式得到确认并被省总工会立项，工作环境进一步得到优化和提升。

（冯　彪）

大英县工商业联合会（总商会）

【概况】　2013年7月，县工商联召开第四届会员代表大会，选举产生县工商联第四届执行委员会委员61名，选举主席（会长）1名、专职副主席（副会长）1名、兼职副主席（副会长）25名（其中非公有制经济代表人士24名）、秘书长1名、常委41名。到2013年12月，县工商联共有会员767个，其中企业会员81个，个人会员686个；有镇乡分会8个；有行业商会5个。

【代表人士工作】　2012年以来，县工商联（总商会）组织代表人士共召开学习会、座谈会20余次，共计850余人次参加，培养非公有制经济人士积极分子500余人，1人被推荐安排为省人大代表，5人被推荐安排为市人大代表，4人被推荐安排为县人大代表，3人被推荐安排为市政协委员，10人被推荐安排为县政协委员。截止2013年，先后被安排为市工商联执委6人、常委5人、副会长4人；县工商联执委56人、常委36人、副主席11人、副会长13人，乡镇分会会长8人；安排任省人大代表1人、市人大代表5人、市政协委员3人、县人大代表4人、县政协委员10人。

【参政议政】　2012年以来，县工商联（总商会）组织会员及工商界的人大代表、政协委员积极参政议政，对社会“热点”开展专题调研，先后组织撰写《大英县工业经济发展面临的问题及建议》、《大英县中小企业融资面临的困惑》等调研报告5篇，提出意见、建议10余条，均得到县委、县政府及相关部门的重视和采纳。

【服务网络】　2012年以来，县工商联先后接待各地工商联、友好商会企业家100余人到大英考察，到企业调研50余次，召开了15次会员企业联谊会，帮助企业协调解决问题10余个。同时，印发《大英商会》期刊24期，向会员传递经济信息。

【企业荣誉】　2013年，鑫燕商标品牌获得全国百家农产品品牌、遂宁市名优特十大农产品称号；中国死海荣获四川省人民政府金熊猫奖、四川省旅游局省级旅游度假区称号；东方集团获得四川省2012年度守合同重信用企业称号。

【光彩工程】　县工商联积极开展“致富思源、富而思进”活动，组织引导会员企业资助孤寡老人、捐资助学助教、抗洪救灾等社会公益活动。2012—2013年，全县会员企业共送出帮扶资金150多万元，大英县盛马化工、久大盐化、中腾能源、汇强油脂、鸿建商砼建材等多家非公企业向“4·20”芦山地震灾区捐款53.2万余元。

（杨艳玲）

共青团工作

【概况】 截至2013年底，全县共有基层团组织779个（乡镇团委11个，社区团工委2个，园区团工委1个，企业团委4个，驻外团组织7个），共青团员3.56万余名，青年18.03万余名，少先队员2.96万余名，少年儿童8.21万余名。积极开展农村金融知识培训，共培训团干部465人次，农村青年3000人次。全县共建立留守学生之家39所，七彩小屋3所，农村青年中心4处，发展青年志愿者6000余名。扶持发展市级青年创业基地10处，培养农村青年经纪人13名，创办青年科技示范基地4个，培养县级青年星火带头人42名，市级青年致富带头人4名，省级农村青年增收成才先进个人2名，四川青年五四奖章1人，国家级农村青年致富带头人1人，省级农村优秀青年经纪人3名，市级青年技术创新带头人2名，省级优秀共青团干部4名，全国优秀共青团干部2名，全国五四红旗团委1个。

【青少年思想道德建设工作】 一是用社会主义最新理论成果构建当代青少年的精神支柱。坚持用邓小平理论、“三个代表”重要思想、科学发展观教育武装青年，用社会主义共同理想凝聚青年，引导他们牢固树立永远跟党走中国特色社会主义道路的坚定信念。二是大力开展主题实践活动，加强青少年思想道德建设。结合新中国成立63周年、建党91周年、五四运动93周年、建队62周年等重大契机，团县委先后开展了“继往开来弘扬大英精神、青春激扬共建美好家园”大英历史文化和发展战略知识竞赛、“志愿服务显风采、创六争四作奉献”志愿服务进社区暨大英文明短信创作传播比赛、“红领巾心向党”主题活动暨关爱留守儿童爱心捐赠、“牵手工行，让梦远航”爱心资助、“大英发展，青年怎么做”大讨论、“放飞中国梦·建设新大英”万人签名活动、“红领巾相约中国梦”——大英县“圆梦”公益行动等活动。三是组织各学校、乡镇等中小学生300余人次开展形式多样的课外活动，促进学生课外活动知识面，增强学生的团员意识。召开大英团系统学习宣传党的十八大精神会，组织全县各镇乡、园区、社区、机关事业单位团干部、农村青年致富带头人、企业优秀青年代表和社区优秀青年300余人集中学习贯彻党的十八大精神。

【青年创业就业工作】 为切实帮助青年创业就业，团县委积极协调各方，努力构建青年创业就业工作宣传、培训、政策帮扶、信息沟通、融资支持一条龙的系统机制。协调农村信用合作社、遂宁市商业银行等金融机构，联系县就业局等相关单位创新信贷模式，共同开展青年创业专项贷款。截至2013年底，累计贷款额600余万元。建立了南华纺织、久大蓬莱盐化等10家创业就业见习基地，开展创业培训12期，培训青年3000余人次。成功与西南交通大学、西华大学、川北医学院等6所高等院校建立合作关系。

【志愿者工作】 积极开展了“城乡环境综合治理”、“我为大英植棵树”、“志愿服务进社区”等活动，组织团员青年20000余人次，开展活动60余次，种植树木4000余株。结合“五一”、国庆等重要节点，通过旅游行业服务明星评选、“青年文明号”创建、游客志愿服务宣传等多种活动，服务国省旅游示范区创建工作，提升大英对外形象。组织开展了“学雷锋、齐修身、做好人”、四川省青少年射箭锦标赛会服务、快乐学校、“助困送温暖，文化进社区”关爱空巢老人等志愿服务活动80余次，组织20余名志愿者深入玉峰镇敬老院开展“互助友爱、共度中秋”志愿服务活动。在回马镇、金元乡组织开展了2次“四下乡”（法律、科技、卫生、文化）活动、印发未成年人自我保护、学习雷锋精神、创建文明县城等宣传资料8000余份，开展了10余次社会治安综合治理宣传活动、印发未成年人保护法知识等宣传资料4万余份。出台了《关于试点建立社区志愿服务工作长效机制的实施意见》，建立“按需服务”工作机制、团组织和社区双向考核机制，探索和推动了志愿服务长效化建设。

【留守学生关爱工作】 一是落实载体。针对已建的留守学生之家，进行了督查和摸底，督促其落到实处、发挥作用、取得实效；对未建留守学生之家的学校进行了调查，深入了解了存在的困难和问题，积极帮助协调解决。二是完善机制。建立健全了留守学生动态管理、领导结对帮扶、定期走访、节点慰问等机制，开展了社会帮扶探索，累计募集资金300余万元，帮助留守学生4000余人次。三是创新管理。把关爱留守儿童的主题进行网格化划分，划为教育口和乡镇口两个大网格，各学校和各社区为若干小网格，针对留守儿童在校和在家不同的实际情况，各司其职，交叉管理。四是品牌效应。品牌打造圆梦公益行动，通过征集留守儿童心愿，有针对性地满足他们的需求，倡导全社会共同关注留守学生（儿童），累计完成留守儿童心愿800余名。

【未成年人保护工作】 进一步加强了“12355”青少年维权热线的宣传力度，深入实施“未成年人保护行动”和“为了明天——预防青少年违法犯罪工程”。全县范围内创建青少年维权岗30余个，开展各类宣传活动40余次。以“四下乡”活动为契机，深入到蓬莱镇、蓬莱中学等宣传讲解了《未成年人保护法》、《信访条例》、《预防青少年违法犯罪法》、《禁毒法》等法律法规，发放相关宣传资料1.8万余份。

（杨　帆）

大英县残疾人联合会

【概况】 大英县残疾人联合会（以下简称县残联）充分发挥“代表、服务、管理”职能。2012年3月，设立县残疾人服务中心，核定事业编制2人。大英县被中残联评为2013年“两刊”宣传工作先进单位。

【大英首届残疾人特殊艺术大赛】 由四川福美来新型建筑材料有限公司赞助，中共大英县委宣传部、大英县残联和成都蜀地文化传播有限公司共同举办的大英县“福美来”杯残疾人特殊才艺大赛总决赛在大英县演艺中心举行。县人大常委会主任唐先培、县委副书记、县长刘辉等领导莅临晚会现场。县委副书记、县长刘辉作了重要讲话。

【扶贫就业】 2012—2013年，完成外向型劳务输出培训160人，投入8万元，免费对16名视力残疾人开展了为期三个月的盲人保健按摩培训，并全部推荐就业；聘请农业科技及康复专家，开展种养殖业和康复知识培训11场次，培训残疾人1895人次；筹集35万元购买鸡苗，免费发给全县600多名农村贫困残疾人饲养增收，并培育发展两户为残疾人创业扶贫基地。

【康复救助】 2012—2013年，大力实施白内障患者复明手术212例；精神病免费服药补贴200人；脑瘫儿童康复训练完成86例，邀请省八一康复中心专家为全县28名脑瘫儿童进行免费筛查，最终确诊9名儿童将前往成都八一康复中心进行免费手术治疗；投入32万元购买残疾人轮椅车400多辆，其他辅助器具200多件；为符合要求的5名聋儿实施“聆听世界”人工耳蜗康复救助；救助贫困听力残疾人12名；为10名残疾人安装大小腿假肢；为152户城乡贫困残疾人家庭实施无障碍改造；每年对全县379名重度残疾人实施居家托养服务。

【残运会筹备】 四川省第八届残疾人运动会将于2014年8月25日在遂宁市召开。大英县将承办射击、射箭两个比赛项目，同时将组队参加这两个比赛项目。在全市选拔了40名具有培养潜质的残疾人运动人才，与四川省十二运会运动员一起在大英县体校进行集中训练。按照大英县县城总体规划范围（约30平方公里）内的交通、宾馆、酒店、商场、道路、医院、体育场馆等区域的无障碍基础设施提出了改造规划，增加残疾人的一些专用设施，确保道路、交通、比赛场馆和相关宾馆、景区满足残运会正常运行要求。

【个性化服务工作】 2013年大英县残疾人个性化服务信息平台录入15069人，个性化服务计划率为100%，服务落实率为100%，落实了城乡低保3165人，居家托养379人，农村危房改造82户，城镇养老保险398人，农村养老保险9421人，城镇居民医疗保险1099人，农村合作医疗保险13700人等普惠、特惠政策措施，有力地推动了全县残疾人社会保障体系和服务体系建设。

（陈德清）

大英县妇女联合会

【概况】 大英县妇女联合会切实履职尽责，认真为妇女儿童服务，加强与社会各界的联系，协调和推动社会各界为妇女儿童办实事、办好事。组织全县广大妇女开展了“巾帼建功”、“双学双比”、“五好文明家庭”创建等活动，县妇联2012年被大英县委、县政府评为先进集体。

【“巾帼建功”活动】 广泛动员全县妇女切实参与“六城联创”，在全县各行各业女职工中开展了创“一流的环境、一流的服务、一流的管理、一流的队伍、一流的业绩”的“五个创一流”竞赛活动，使“巾帼文明岗”创建活动由窗口行业延伸到社区和民营企业等领域。两年来，创建了全国基层组织建设示范乡镇1个、示范村5个、示范社区2个，创建了市级“巾帼文明示范村”4个，创建了省、市、县“巾帼文明岗”6个，新建立了巾帼志愿者队伍5支，“下岗女工创业就业”等“妇”字号示范基地11个，2012—2013年有2名女性分别荣获“全国城乡妇女岗位建功先进个人”、“全国三八红旗手”称号，74名妇女先后创建了“建功品牌”获县级及以上奖励表彰。

【“双学双比”活动】 两年来，县妇联努力破解妇女发展资金瓶颈，强力争取妇女儿童项目资金，一是争取了全国妇联的消除婴幼儿贫血项目，为全县2122名贫血儿童发放价值80万元的营养包；二是争取了全国妇联的农村妇女“两癌”免费检查项目，为20000余名农村妇女及12个企业女职工进行了“健康”检查；三是争取了全国妇联“两癌”救助资金15万元，为15名“两癌”贫困妇女送去了帮扶慰问金；四是实施了妇女小额担保贷款财政贴息项目，为妇女发放小额贴息贷款9450万元，帮助1000多名妇女成功创业就业。

【“五好文明家庭”创建活动】 以家庭为载体，着力开展“学习型家庭”、“助廉家庭”、“平安家庭”、“净美之家”、“环境优美示范家庭”、“不让毒品进我家”等特色家庭创建和宣传活动，积极倡导健康向上的家庭价值取向，两年来，新创建各种特色家庭1000余户；全县“五好文明家庭”创建率达到80%以上。

（覃　艳）

大英县科学技术协会

【概况】 2013年，大英县科学技术协会（以下简称“县科协”）由县级自然科学、社会科学、工程技术类社团、乡镇科协和企事业科协组成有县级学（协）会有19个，会员2195人；在有100名以上科技人员的企事业单位中100%以上都建有科协组织，有企业科协29个，学校、医院、气象站等事业单位科协26个。有11个乡镇科协、6个社区科协。全县所有行政村建立了科普小组，各社落实了专兼职科普员1—2人；有农技协134个，会员总数6.47万人；有科技示范户37623户，科普中心户16395户，农广校1所，县农村实用技术讲师团1个共15人，乡镇农村实用技术讲师团11个共89人。有科技工作者6290人（主要是有专业技术职务的）。

【科普工作】 大型科普宣传。开展“科普宣传月”、“全国科普日”、“科教进社区”和“送科技下乡”等大型科普活动10次，张贴宣传标语600余幅，发放《科普法》等各种科普技术宣传资料4万余份，受益群众12.6万余人。围绕农业增产、农民增收，广泛开展农村实用技术培训。两年来，扎实有效地开展以农村党员、基层干部为重点的农村实用技术培训340余次；聘请川农大专家在全县举办“科学养殖技术知识讲座”12场次；组织全县技术人才进行种养殖培训达100多场。

重点人群宣教。2012—2013年，县科协和县教育局联合举办了大英县第十四届、十五届青少年创新大赛，共收到各中小学、民办学校上报的作品439项，评出一等奖198项，县级优秀组织单位19个，优秀科技辅导员56名。并将获奖作品组织参加第二十五届、二十六届遂宁市青少年科技创新大赛，获得一等奖65项、二等奖57项、三等奖41项；两年来，共组织98项优秀作品参加第二十七届、二十八届四川省青少年科技创新大赛，获得省级一等奖19项、二等奖20项、三等奖37项。

科技推广项目。“科普惠农兴村”项目争取到全国先进农技协1个，全国先进科普示范基地1个，全国科技工作者状况调查点1个，省级先进农技协1个，省级科普社区1个，省级科普带头人1个，共获奖补资金63万元。全面推进“站、栏、员”科普能力建设工程。自2009年全民科学素质行动实施以来，全县已完善科普文化站298个，新建科普图书室298个；制作科普橱窗38个，建成科普文化墙750余米。全县298个村都配齐了专兼职科普员，新建蓬莱镇吊脚楼村和卓筒井镇骑龙寨村等2个科普惠农兴村服务站和科普宣传栏。

科普品牌打造。2013年四川省首届科普资源双年展览会上，大英县选送6件自制作品参展，其中魏学荣创作的《古今百科知识文选》科普读书，被评为优秀科普资源奖，并被成都市九中图书馆列入校科普普及图书收藏入馆。

【学会工作】 “金桥工程”和“讲理想、比贡献”活动。两年来共选立县级项目36项，推荐市级立项31项，推荐省级立项26项，取得显著经济社会效益。荣获四川省表彰的优秀项目5项，其中一等奖1项，二等奖2项，三等奖2项。

科技咨询工作。广泛开展咨询服务活动，开展咨询师等职称评定工作，为咨询师换证20个，为企业引荐优秀科技人才2名。

学术交流活动。县科协充分发挥学术交流主渠道作用，广泛组织全县科技工作者围绕科技、经济、社会发展中的重点、难点、热点问题，积极开展对策性研究，为大英县委县政府决策提供参考。按照中国科协对调查站点的要求，做好站点信息的报送工作，共上报5条信息，通过4条；配合中国科协开展第三次全国科技工作者状况调查，发放问卷1000份，回收

800多份，回收率达80%。

（邱　沉）

中国民主同盟大英县总支委员会

【概况】　两年来，民盟大英县总支在中共大英县委和民盟遂宁市委的领导下，高举中国特色社会主义伟大旗帜，积极学习宣传中共“十八大”精神，深入贯彻落实科学发展观，按照“内聚人气，外树形象，履好职能，服务社会”工作思路，积极将“促进发展、维护公平、关注民主、推进民主”的社会责任践行在“为发展建功，为民盟添彩”活动中，取得了一些成绩，盟总支被盟省委授予“四川民盟思想宣传理论工作先进集体”、“2007—2012年参政议政工作先进集体”，荣获盟市委“2007—2011年为发展建功，为民盟添彩活动二等奖”。

【自身建设】　一是重视政治理论学习，坚持正确政治方向。2012年12月1日，盟总支组织全体盟员在东方生态园召开学习宣传中共“十八大”精神暨参政议政工作会议。2013年12月20日盟总支组织召开学习宣传中共“十八届三中全会”精神会议，组织学习了“十八届三中全会”精神。二是深化“学教活动”和开展“中国梦”学习教育活动。2012年盟总支积极开展纪念张澜、童第周、苏步青、钱伟长、闻一多等民盟先辈诞辰140、110、100周年系列活动。2012年6月4日，盟总支在象山中学开展“走进象山书院，弘扬民盟传统”活动。2013年5月10日盟总支召开扩大会议，开展“中国梦”学习教育活动，安排各支部开展学习教育活动相关工作。三是两年发展7位同志入盟。

【参政议政】　一是认真参与高层协商建言。盟总支领导在参加和列席县委、县政府、县人大、县政协的协商会、情况通报会等活动中积极建言献策。二是“两会”献策获好评。2012年1月，在县政协四届一次会上，盟总支提交了《关于采取BT模式解决城市基础设施建设资金短缺问题的建议》等14篇集体提案，其中《关于采取BT模式解决城市基础设施建设资金短缺问题的建议》、《关于在店招店牌及卷帘门标准化建设中融入大英县域文化元素的建议》、《关于大力发展工业旅游的建议》、《关于大力发展循环经济，建设生态工业园区的建议》等四篇被县政协定为2012年重点提案。2013年1月，县政协四届二次会议，盟总支提交了《关于优化投资环境建设，深化项目服务的建议》等14篇集体提案。2013年2月，盟员代表大英县政协在市政协六届三次会议上作了大会发言，在市六届人大四次会议和市政协六届三次会议期间提交了两篇建议和提案。三是认真履行民主监督职能。聘为“政府工作监督员”的三位同志经常列席县政府常务会议，履行监督职责。聘为市“政风行风监督联络号”和县委组织部“选人用人监督联络号”的同志，认真履行职责，受到聘请单位和社会群众的好评。

【社会服务】　盟员文化创作。2012年，陈学知的长篇小学《卓筒井传奇》被光明日报出版社公开发行，短篇小说《爱你不怕受伤害》、《爱情使我如此美丽》在贵州人民出版社发表，报告文学《爱心奶奶》、《一个普通丈夫的坚守》在贵州人民出版社上发表。成朝根的《鱼》入选遂宁、南充等六地市书画联展，国画《寿》、《鸿运当头》参加市国画展，撰写的文史资料《忆轿岩山阻击战》刊载于《国防时报》，《中共大英县地下党组织活动纪实》、《地下党员谭卫中》刊载于遂宁文史资料第22期；颜明鸿的美术作品《血衣》、《疑是杨柳万千条》分别获首届中国当代优秀漫画展最佳创意奖和提名奖，《满街流行喊“美女”》获东方明珠杯“浪漫青春”漫画大赛佳作奖，《买菜乐趣图》在《晚霞报》发表，《不许动，缴枪不杀》、《逢会必讲》入选第二届“三毛杯”中国漫画大展，并被张乐平纪念馆收藏。2013年，成朝根被聘为四川国秀文化艺术传媒公司艺术顾问，国画《雄鸡》参加广元等川东北七地市联展获优秀奖，国画《鲤鱼》、《松鹤朝阳》入选《巴蜀诗书画集》，文史资料《忆轿岩山阻击战》入选纪念抗美援朝65周年《老兵回忆录》第三卷；华文国际出版社出版了《颜明泓漫画集》（第二部），颜明泓漫画《老当益“状”》在《晚霞报》上发表，漫画《四川雄起》、《千手观音》、《生命之光》被汶川博物馆收藏，漫画《吃葡萄不吐葡萄皮》获“长江杯”全国反腐倡廉漫画大赛优秀奖。

“盟遂合作”工作。2012年，协助盟省委做好盟中央开展的“农村教育烛光行动”在大英县的试点工作。在盟省委向玉峰小学捐赠价值3万多元的三套电子图书等图书室用品后，盟总支又向该校捐赠了价值5万多元的两间多媒体教室和350多册纸质图书。积极协助民盟省委作好对口扶贫大英十年的总结工作，在省政府的对口扶贫总结表彰大会上盟省委被评为“先进集体”，并在大会上作了交流发言。2013年，指导玉峰小学把该校打造成了市统战部命名的“同心思想教育基地”。2013年11月13日，协助中共遂宁市委统战部、民盟遂宁市委在玉峰小学举行了“农村教育烛光行动”暨“同心思想教育基地”揭牌仪式。

“盟地合作”工作。2012年3月盟总支在蓬莱镇吊脚楼村开展“盟地合作”系列活动，举行义诊，在村小学送课送研，向村委会赠送《新农村卫生健康手册》、《梦寐》、《山湾人家》等价值2300多元的图书，向村小学赠送价值6500多元的学生用书，在村小学建起了“民盟图书室”。2012年11月6日，盟总支向河边中学送去了语文和英语两堂示范课，河边片区近100名教师参加了观摩学习活动。2012年11月和2013年5月，盟总支分别再次联系到香港太阳教育文化有限公司在大英中学开展“托起明天的太阳——红色家易荟西部行”活动，资助奖励学校100名贫困和特优学生，每名学生1200元，活动从2009年开始已开展5年，资助资金已达60万元。2013年3月20日，开展了送绿进校园活动，为河边中学送去了100多棵栾树（俗称摇钱树）。

（任常荣）

中国民主促进会大英县总支部委员会

【概况】 2013年末，民进大英支部现有会员32人，其中市政协委员4人，县人大代表1人、常委1人，县政协委员8人、常委3人、副主席1人。科局级及学校中层干部10人，特约督导员4人。特级教师1人，高级教师13人，工程师、农技师、药剂师4人。

【思想建设】 加强理论研究，开展思想政治宣讲活动。大英总支把理论研究作为长期的重点工作来抓，“以宣讲促学”和“以研究促学”兼以讨论考察来加强理论研究，经过长期的努力，逐渐形成民进大英总支的一个特色和亮点。领导班子成员和理论骨干负责思想政治宣讲活动，确定固定的宣讲员，开展了中共“十八大”的宣讲活动，深入开展了“我看社会主义核心价值体系”主题活动。民进大英总支连续7年荣获中共遂宁市委统战部统战理论组织奖。

【组织建设】 搭建会员发展平台，民进大英总支为宣传推荐优秀民进会员，遴选出在会务工作、参政议政、本职工作、专业领域做出优异成绩的优秀会员，将他（她）们的事迹整理，在每次新会员入会时，进行宣讲，帮助会员搭建单位岗位职位平台。到2013年，会员中有科局级及学校中层干部10人，特约督导员4人。会员素质得到长足提高，在各自领域取得了较好的成绩。会员在各自岗位获得了奖励和表彰。在大英县“教师风范”宣讲暨29个教师节庆祝大会上，4名会员被评为首届“大英县知名教师”。2014年3月，1名会员获得大英县唯一的四川省“五一”劳动奖章。

【社会服务】 民进大英总支提出了搭建共同参与平台的思路，在会员里启用会务、教育、文化、科技、社会等5个领域的专家，成立民进大英总支的“智囊团”。由民进大英总支主要领导领头承担社会问题的调研；由教育问题“智囊团”领头承担课改问题的研究；由科技“智囊团”领头承担农技科学知识普及的推广；由文化“智囊团”等领头承担文化会务等方面问题的调研。

开展“送名师下乡，送名家到村”的活动，大英总支按轮次送名师（高级教师17人，遂宁市名师3名，省级优秀教师1名，省级优秀班主任1名，大英名师3人）到乡镇支教，民进现已经形成大英送课支教的品牌；将农技专家送进乡村，在指导农民饲养、果树培育、水稻育种、土壤改善等方面做出总支的贡献，在庆祝中国重要的传统节日中，深入社区，举办社区赏月晚会，请有表演特长的民进会员奉献出高水平的精彩演出。组织会员军属、孤寡老人、留守儿童等召开联欢会。

【组织活动】 总支领导多次深入大英县玉峰镇调研新农村建设，多次到河边镇、卓筒井中学调研初中教学，看望贫困学生，送学习资料等；2013年，民进大英总支先后到大英幸福村、澎湖湾等地考察新农村；2013年5月，组织会员多次宣讲中国梦；2013年8月，组织会员参观了红军1935年5月29日强渡大渡河遗址和二滩水电站、攀枝花学院、攀枝花森林公园、金色攀枝花等地，并与攀枝花部分单位结成了友好单位。

【参政议政】 实行调研课题立项制度，由课题领衔人选题申报，经专家组确定立项，保证了调研课题在选题论证、人员组成、实施环节、报告撰写、经费保障等各方面的科学性和可行性。课题立项后按50元/件领取课题启动经费，由机关人员担任课题联络员负责课题协调服务，每两个月召开一次课题协调调度会。2013年立项20项调研课题，其中4项作为重点调研课题。

2013年，大英县“两会”民进共提交提案建议46件，在遂宁市“两会”中，《关于改善我市交通拥堵的建议案》等2件作为遂宁市政协主席重点督办提案，2013年5件提案建议评为市人大优秀建议和市政协优秀提案。优秀建议《关于为大英县城区无退休金老年人发放养老金的建议》被列为大英县政府2013年为市民要办的十件实事之一，组织提案《加快乡镇卫生院发展推进农村医疗保障水平的提高》被大英县政协采用并获优秀社情民意一等奖。组织提案《关于加快遂宁市动漫产业发展的建议》得到媒体的广泛关注，进行深入报道。

（彭哲志）

中国农工民主党大英县支部委员会

【概况】 两年来，中国农工民主党大英县支部委员会共发展5名优秀人员入党，到2013年末，共有党员17人，其中市政协委员3人，县人大代表1人，县政协委员5人，县政协常委3人。经常组织全体党员开展丰富多彩的联谊活动，以增强支部的凝聚力，每年开展支部组织活动4次以上。

【思想建设】 加强学习，提高党员的政治素质和思想水平，是参政议政的基础，也是民主党派发挥职能的根本保证，支部把它当作头等大事来抓。两年来，支部组织党员认真学习中共十八大会议精神，学习新时期统战理论政策，传达贯彻上级会议和文件精神。根据共产党的要求开展“中国梦”等主题政治活动，教育全体党员思想上与中共中央保持高度一致，使全体党员政治素质和思想水平有了一个较大的提升。同时，教育全体党员立足本职、爱岗敬业，在各自工作岗位上展示农工党员的风采。

加强支部成员爱国主义教育。支部组织全体成员到剑门关和巴中革命老区接受爱国主义教育，在参观学习过程中缅怀革命先烈，以提高支部全体成员的爱国主义情怀。

【参政议政】 政协提案是民主党派职能的重要体现，也是民主党派参政议政的主要形式。支部特别强调关注民生，在每年一次的政协全委会期间，支部政协委员向大会提出了关于加快卫生人才队伍建设、进一步加强社会医疗保险基金管理、预防艾滋病、重视城市建设、宣传节约用水、治理餐桌污染、宣传新农合制度等群众关心的医疗保健、身心健康方面的具体意见和建议，受到好评。2012—2013年，支部政协委员在市县政协全会上的个人提案和集体提案共计13篇，其中获市级重要提案3篇，县重要提案2篇。支部政协常委还经常参加县政协组织的视察调研活动，并积极建言献策。在充分调研、反复讨论的基础上，形成了《关于进一步加强药品监管的建议》等多篇政协全委会大会发言材料，其中《关于推进基本公共卫生服务均等化的建议》发言材料得到了大英县委、县政府的高度重视，被评为优秀提案。

【社会服务】 一是开展送温暖活动，组织全体党员在重阳节为大英县河边镇敬老院、象山镇敬老院开展敬老爱老及慰问活动，并进行了健康知识宣传教育，并向他们赠送了一批价值近3万元的药品和日常生活用品。2012年1月18日，农工党大英支部陪同农工市委、遂宁市红十字会领导到大英县玉峰镇中心敬老院开展了节前送温暖及义诊活动。为敬老院孤寡老人送去了50床棉被、50件被套及米、面、油等价值近万元的慰问品，还赠送了价值2000余元的药品。农工党的医卫专家们还为30名老人进行了义诊咨询。二是发挥农工党医药卫生人才优势，广泛开展义诊义治活动。与农工遂宁市委联合开展“国际科学与和平周”义诊活动，为老百姓提供一日免费诊疗、疾病预防和健康咨询等一系列社会服务活动共计4次。三是积极为灾区捐款捐物，2012—2013年两年时间，支部党员向遭受严重自然灾害的灾区捐款捐物共计5000余元。

（梁继学）

中国民主建国会
大英县支部委员会

【概况】 民建大英支部至2013年末，有会员23人，其中：担任市人大代表1人；市政协委员4人；县政协委员4人、常委2人；科局股级及学校中层干部5人；工程师5人；大英县选人用人公信度监督员1人；县监察局特邀监察员1人；教育督导员1人。

【组织建设】 领导班子切实加强自身建设，着力提高领导班子的政治把握能力、参政议政能力、组织领导能力和合作共事能力；健全民主集中制，强化领导班子作风建设，注重发挥领导班子的集体作用，不断提高领导水平。进一步改善和优化会员结构，努力提高全体会员的整体素质。坚持“三个为主”方针和注重质量、注意数量、保持特色、优化结构的组织发展原则，创新思路，慎重把握发展前的考察、教育、引导和发展后的培训、培养、锻炼等环节，不断优化结构，提升综合素质，把好会员发展质量关，为组织发展提供源头保证。2013年以来，民建大英支部发展会员7人，从民建蓬溪总支转来会员1人。

【思想建设】 坚持把思想教育贯穿于推动工作的全过程。每季度召开一次全体会员会，以十八大精神解读和党的群众路线教育实践活动等贴近时政、主题鲜明、内容丰富的专题学习和学习会章、会史，不断深化优良传统教育。2013年5月，支部与民建遂宁市城建总支在大英县东方生态园7楼会议室举行“圆中国梦、建新遂宁”主题联谊会。民建市委、县政协、县委统战部领导莅临会议指导。通过学习实践，增强广大会员的责任感、使命感，为更好地发挥参政党作用奠定坚实的思想基础。

【参政议政】 建立领导班子研究参政议政工作制度、课题调查研究制度、反映社情民意信息制度、骨干培训制度和激励制度等，努力激发广大会员参政议政的热情，形成积极参政议政的良好氛围。支部坚持把发展作为参政议政的第一要务，围绕经济社会发展的重大问题和人民群众最关心的问题，深入调查研究，建言献策，切实履行参政党职能。2013年以来，支部会员积极开展调研，广泛收集素材，反映社情民意，为大英经济社会发展建言献策。撰写议案3篇，提案9篇，反映社情民意18篇。

【社会服务】 服务企业，促进民营企业健康发展。深入企业了解发展情况，为企业提供政策咨询、法律帮助，帮助协调解决涉法问题，防范风险等困难和问题，维护企业合法权益，挽回经济损失150余万元 。民建会员围绕县委中心工作，积极服务招商引资企业。加快推进浪漫地中海、城市农博园、中国慢谷等重大旅游项目建设进度，为项目建设协调解决问题50余次。民建会员积极开展招商和产业转型招商工作，协助引进四川高福记农业科技有限公司投资3.8亿元建设高福记产业项目，开创大英工业旅游新篇章；大英县一合旅游投资有限公司投资30亿元建设中国慢谷生态文化旅游度假区项目；大英县新村农业旅游开发有限责任公司投资5200万元建设大英县城市农业博览园农民新居建设项目。

发挥会员多数是经济界的优势，积极捐资帮助困难群众。2013年，会员捐资10000元资助家庭困难、品学兼优的高三学生25名，激励他们在高考中取得优异的成绩，实现自己美丽的人生梦想。同年7月，积极组织全体会员弘扬中华民族“一方有难、八方支援”的传统美德，奉献一份爱心，送上一份真情，为雅安地震灾区捐款5000元。

（蒋灿辉）

军事·政法

大英县人武部

【概况】 两年来，大英县人武部坚持以邓小平理论和“三个代表”重要思想为指导，深入贯彻落实科学发展观，坚决执行两级军区和遂宁军分区指示要求，以创建全面过硬人武部为目标，扎实打基础，全面搞建设，反复抓落实，国防后备力量建设呈现持续健康发展的良好势头。

【思想政治建设】 围绕“三个确保”的时代课题，按照“三个紧贴”的根本要求，采取课题牵引、集中学习、党委机关同步的方法，抓好党委中心组带机关的理论学习。建立并坚持每周四理论学习日和每月一期专武干部理论学习制度。结合“坚定理想信念、忠实履行使命”培养当代革命军人核心价值观主题教育，深入开展“加强党性修养、锤炼思想作风”和倾向性问题整治活动，2012 年人武部主官轮流为机关干部职工上政治课，干部职工的宗旨意识、使命意识得到进一步的加强；把“三互”活动作为经常性工作落实，帮助干部职工解决实际问题，主动化解矛盾。7 月下旬，邀请国防大学教授为大英县委中心组成员和人武部机关人员上国防教育课。2013 年，注重先进军事文化熏陶，充分发挥荣誉室的教育功能，开展“看红色影视、唱红色歌曲”活动，筑牢了官兵职工精神支柱。开展“三互”、“三责”活动，保持官兵思想稳定。抓好意识形态工作，加强形势政策教育，在重大事件、敏感问题上加强教育引导，严明政治纪律，统一部队的思想和行动，增强广大官兵职工的政治意识、大局意识、条令意识，夯实干部职工忠诚可靠的思想政治基础。

【战备训练工作】 认真抓好战备工作，深入开展形势战备教育，修订、完善战备方案、预案，落实战备制度，加强战备值班分队建设，使战备队伍经常化，加强战备库室建设，落实战备物资。按照“精干、管用”的要求，加强作战队伍、应急队伍、救援队伍建设。2012 年，抓好机关干部军事理论、基础体能、手枪射击等基础科目的学习训练，重点组织机关干部进行识图用图、计算机（手工）标图、汉字录入、定下作战决心、拟制战斗命令等科目的训练；参加分区组织的“军警民联合反恐维稳”室内推演；先后投入 20 余万元，建成军官训练中心和作战指挥中心。3 月下旬至 4 月中旬，对军兵种预编人员、民兵应急分队、救援保障分队进行点验，人员、装备数质量按规定落实。3 月底，人武部对蓬莱镇太吉村发现的 3

枚手榴弹进行了销毁；7月中下旬，人武部组织回马战备值班分队民兵参加了回马鞭炮厂爆炸应急救援和善后事宜处理工作；7月底，大英县人武部在分区组织民兵比武竞赛中取得团体第三名的好成绩；7月，组织民兵300余人完成了成南高速公路两侧风貌整治任务；8月下旬，完成了4000名学生军训任务；年底，完成252名新兵征集任务。

2013年，依据《战备工作条例》，认真修订“应急、应战预案”及配套方案，完善人武部“三室两库”建设，投入2.5万元，购置干部战备物资12套，职工战备物资10套，升级改造移动视频、营院监控设施及完善军官训练中心设施，规范各类战备值班秩序；大力加强国防动员信息网络建设，建立健全民兵情报信息网，升级改造战备值班系统；依据《军事训练考核大纲》，突出军官业务和军事技能训练，强化首长机关组织指挥训练。按照“精干、可靠、管用”原则，加强民兵队伍组织建设，加强民兵军事训练，在练兵中用兵、在用兵中强兵，民兵遂行任务的能力明显增强。加强专武干部骨干培养，选派1名专武干部参加省军区组织的培训，选送7名专武干部骨干参加军分区专武部长培训，人武部每月集中1天时间组织专武干部进行培训，提高了专武干部骨干胜任本职的能力。扎实抓好民兵训练落实，6—8月，分4批共组织400名民兵进行军事训练，组织8名民兵参加市比武竞赛、60名民兵参加大英县防灾减灾大演练，40名民兵参加神舟九号载人飞船搜救演练。

【正规化建设】 2012年，深化两级军区《纲要》集训成果，加强“三个一线”、“四个基本”建设，提高八项经常性工作落实质量。通过短期培训、以会代训、观摩交流等方式，提高了干部职工和基层专武干部按纲抓建的基本知识和技能。对照《纲要》和《要则》，对每天、每周、每月必办的事情进行梳理归类，将八项经常性工作进行细化分解，绘制成流程图，细化工作内容、工作标准、工作要求、工作责任，确保日常工作有条不紊开展。坚持每天的点名制度、每周一的条令学习和队列训练制度、每月的安全分析和检查制度。对《四川省军区正规化建设标准细则》，抓好办公室、值班室、各类登统计等项目的规范和统一。

2013年，坚持把从严治军作为经常性基础性工作紧抓不放，深入开展“学法规、用法规、守法规”活动，扎实推进正规化建设清理整治活动，依据条令条例大力规范“四个秩序”，部队正规化建设水平进一步提升。

【党委班子和干部队伍建设】 坚持抓书记带班子、正风气树导向、强能力促发展，大力加强党委班子和干部队伍建设。2012年，坚持以能力建设和先进性建设为主线，党委班子建设为重点，广泛开展“争创学习型机关，争当学习型党员干部”活动，在机关努力营造勤学苦学、广学博学、真学真用的学习氛围，形成重视学习、崇尚学习、经常学习的学习导向。突出团结主题，始终抓住思想作风建设的基础性经常性工作不放松，坚持把思想作风建设作为党委民主生活会、党委中心组学习、理论集训和“两课一讲评”等工作的重要内容，坚持每季度对干部思想作风建设情况进行一次检查分析。不断深化创先争优活动，加强干部的在职培训，坚持把执行重大演训任务作为育兵的课堂、练兵的舞台、强兵的战场，结合担负的任务给干部压担子，为干部的成长创条件，在完成各项任务时练指挥、练技能、练作风。先后有2名干部、1名职工在分区组织的演讲比赛中获奖。

2013年，深入开展“讲党性、重品行、作表率”、“增强党性、严守纪律”和“加强党性修养、锤炼思想作风”教育整顿活动，以及“赞颂科学发展成就、忠实履行历史使命”主题教育，参加军分区组织的专题政工会分析研究人武部党建工作形势，制定《大英县人武部党委议事决策规则》和《关于进一步加强党委班子建设的措施》。深入开展创先争优活动，把握“五好”、“五带头”标准，落实“一诺三评”制度，营造了创先争优深厚氛围。加强干部在职培训，坚持把执行重大演训任务作为育兵的课堂、练兵的舞台、强兵的战场，结合担负的任务给干部压担子，为干部的成长创条件，在完成各项任务中练指挥、练技能、练作风，不断提高干部的能力素质。

【安全稳定工作】 2012 年，学习《共同条令》、《安全条例》，开展“条令学习月”、“安全检查教育周”、车辆专项整治、军容风纪专项整治等活动。修订完善人武部防范重大安全问题预案和个人安全预案。每月组织一次安全形势分析和检查，及时消除安全隐患；落实安全管理各项制度，按照“六个管好”的要求，抓好各项工作的落实；认真开展案例分析，从别人的教训中不断完善本单位的措施和办法，教育引导干部职工不踏制度“禁区”，不闯规定“红灯”，不触纪律“高压线”；扎实开展“三责”活动，树牢安全意识，形成“一人把关一处安，人人把关处处安”良好局面；组织召开“谈认识、明责任、表决心”责任制推进会，干部职工向部党委签订“履职尽责承诺书”；认真落实两级军区安全稳定工作电视会议精神，将安全责任层层分解，明确到科室、具体到岗位、细化到个人，建立纵向到底、横向到边的安全管理网络，确保了单位的安全稳定和集中统一。5 月，投入 1 万余元，对营区监控设施进行了维修和更换。

2013 年，深入贯彻条令条例，围绕防范六类重大安全问题，狠抓“六个管好”落实，建立健全重大安全问题防范与处置机制，定期分析安全形势，持续开展“六类倾向性问题”专项整治和“百日安全‘三无’竞赛”和“三责”活动，严格车辆动用审批制度，定期审查重要岗位人员。

【后勤保障】 2012 年，坚持党委集体当家理财和双主官审批制度，认真落实《基层建设纲要》和《基层后勤管理条例》，注重在执行规章制度上下功夫，在勤俭节约上做文章，认真落实管理责任制，着力改善办公和生活条件，营区建设效果显著。开展资源节约活动，纠正制止“三超”问题，上半年，还清了人武部全部历史遗留债务。3 月，投入 1 万余元，对营区大门进行了整治。

2013 年，按照遂行多样化任务要求，修订完善后勤保障预案；深化后勤保障社会化改革，加强伙食管理；坚持党委当家理财，制定《人武部财务管理规定》，严格经费使用审批权限和程序。加强后勤“三化”管理，细化油料、营房、车辆、伙食、卫生等管理措施，经费物资使用效益不断提高；坚持开展“军车交通安全月”活动；加大了人武部机关营院改造力度，投入 70 余万元对办公楼、干部宿舍、军官训练中心、会议室和营院进行了升级改造，在营区的重要位置和关口安装了红外线夜视监控仪，提高了人武部正规化建设水平和安防能力。

【完成军事志编纂】 历时 3 年，通过查阅资料、走访等方式，2012 年 3 月，完成了《大英县军事志》的编纂、审稿和出版。《大英县军事志》全书共 28 万余字，记述了从古代到 2005 年的军事环境、军事组织、民众武装、兵役、军事活动和军事人物等情况，重点记述了大英县建县、县境自然、社会、人文思想、军事要地情况。

（王　路）

政法工作

【概况】 全县政法工作深入贯彻落实党的十八大、十八届三中全会精神和省市政法工作会议精神，坚持以“三项重点工作”为统揽，以社会管理创新为主线，以政法队伍建设为保障，求真务实，开拓创新，有力地维护了“两节”、“三会”和党的十八大期间社会大局平稳，为加快“新型工业县、优秀旅游城、生态示范区”建设创造了良好的外部社会环境，并被市委推荐为全省平安建设先进县。

【综治工作】 2012年，创新社会管理，实行社区网格管理，聘请了123名网格管理员，有效提升了社区管理水平。强化特殊群体管理，建立了13个帮教工作站，327个村（社区）帮教小组，形成了一支有1600余人参与的工作队伍。加强精神病人、吸毒人员等人员服务管理，访视艾滋病感染者及病人156人次，发放救助金4280元和价值10260元的物品。创新开展驻校预防青少年犯罪检察室工作，共建青少年帮教站和帮教中心20个，驻校检查室7个，组建心理辅导队12支、家庭帮扶队16支、法制教育队16支。开展了打黑除恶、打击“两抢一盗”、夏季会战、“平安大英”行动等专项行动，打击5个黑恶势力团伙，抓获犯罪嫌疑人34人，破案27件。立拐卖案件50件，破50件。共破侵财性案件145件，抓获犯罪嫌疑人71人，追回摩托车、电瓶车54辆，挽回经济损失20余万元。开展了“无毒害县”创建工作，重拳打击各类涉毒犯罪活动，侦破各类毒品刑事案件15件，查处吸毒行政案件192件，摧毁制毒加工厂4个，斩断大英本土毒品通道2条。

2013年，深化突出社区“两化”建设，将城区13个社区划分为115个网格，每个网格落实了1名专职网格管理员，负责网格内各项事务。开展星级小区创建、星级物管评比、先进网格评选三项创新活动，深化社会管理创新。深化严打整治，组织开展了专项行动50余次，共立刑事案件290件，查处行政案件494件，破获“实际神”邪教案件1起。着力加强特殊人群管理、实有人口管理等基础工作，推动了平安大英建设纵向深入开展。建立“1+2+1”铁路护路工作责任机制，妥善处理6起涉铁矛盾纠纷和安全隐患。加强三电设施保护工作，全年三电盗割案件发生10件，侦破9件，实现了发案率、破案率“一降一升”。

全市社区网格服务管理推进现场会在大英县召开。

【维稳工作】 2012年，加强了维稳处突队伍建设，成立了公安情报大队和公安特警队，组建了由30名特警协警员组成的应急处突队伍，落实社会信息员1329名，公职人员信息员245名，进一步提升了应对各类突发性事件的能力。制发了《关于开展100个重大事项社会稳定风险评估工作的通知》，制定了《大英县开展社会稳定风险评估工作考核办法》，对全县78个重点项目开展了社会稳定风险评估，其中遴选10个重点项目开展了全程跟踪评估。全县共排查一般矛盾纠纷1806件，调解成功1734件，化解率96%；司法调解受理可调案件362件，调解成功264件，化解率73%；行政调解受理纠纷34件，调解成功27件，化解率79%。

2013年，制发了《关于全面开展重大事项社会稳定风险评估工作的意见》（大稳发〔2013〕1号），要求有关部门对全县12个领域的73个新建的重点项目开展稳定风险评估，全年完成69个，筛选了10个项目进行了重点评估。通过充分整合全县情报和信息资源，成立了公安情报大队，根据预警信息，成功化解了辞退民师串联上访、熊家大湾安置户意欲阻工、转轮街安置户企图到省集访等12起重大涉稳隐患。进一步加强了社会矛盾预警平台和社会舆论引导平台建设，建立了重大矛盾纠纷红橙黄绿警示制度和35个单位新闻发言人、49名网络舆情引导员，制定了《大英县互联网舆情引导处置暂行办法》和《考核奖励办法》，加强了对负面舆情的监控和引导。

【大调解工作】 2012年，针对社会稳定突出矛盾和问题进行了再排查、再研判，共排查出13个重点领域133件重大纠纷，化解113件，

14件已实现稳控，其余6件引入诉讼或信访终结渠道。调处各类医患纠纷10起，其中重大纠纷6起，无一例引起上访闹事。印发了《〈大英县社会矛盾化解层级管理办法〉和相关职责制度的通知》等文件，积极推进“调解文化大院”创建工作，在30个单位和全部镇乡均推行大调解综合信息管理软件，实现了矛盾纠纷案件实时输入。

2013年，以“夯基础、谋长效”为重点，以“降发量、减存量”为目标，进一步健全调解体系，完善调解制度，深入有效开展社会矛盾纠纷化解工作，探索建立了医患纠纷、劳资纠纷、房地产纠纷、拆迁安置纠纷等防范化解机制，发生医患纠纷10起，成功化解9起，成功引导1起进入了司法程序。开展“清积案、解难案、化初访”专项活动，共化解胡世明人身损害赔偿纠纷、唐琴劳务合同纠纷等在全县有较大影响的案件20余件，清理江南水乡拖办两证等历时3个月以上积案32件。全年，全县共排查各类矛盾纠纷1824件，调解成功1750件，化解率达95.94%。

【政法队伍建设】 2012年，强化队伍建设，塑造政法队伍良好形象。组织开展了“三心（事业心、进取心、责任心）”教育，组织开展政法干警核心价值观大讨论125次，撰写征文847篇，扎实开展教育培训工作，组织57人次参加省、市举办的政法领导干部专题学习班和县委组织的科局级领导干部培训班，举办素质大培训讲座3期，受训干警943人次，组织开展学习心得交流会4次。让干警在活动中受教育，在参与中受锻炼，提升了队伍综合素质。

2013年，强化队伍建设，促进公平正义，扎实塑造风清气正的内部环境，强化政法领导班子建设。全系统举办培训讲座2期，受训干警635人次。开展政法系统“转变作风，执法为民”活动，全系统走访群众14503人次，走访单位66个次，召开座谈会65场次。开展案件质量评比表彰活动，健全质量考评、执法责任、错案查究等制度。

（杨　俊）

公安工作

【概况】 两年来，大英县公安工作围绕“基层基础夯实年、执法质量深化年、群众满意度提高年”工作思路，大力推进公安工作职业化、规范化和现代化建设，务实履行公安主责和服务宗旨，全力维护了全县社会政治稳定和治安平稳。2012—2013年，共有65名民警被评为先进个人或记功嘉奖；62个单位受到县级以上表彰。2012年，情报、特警、经侦三个大队挂牌成立、增设出入境管理大队。县公安局被省公安厅命名为“全省公安机关执法规范化建设先进单位”；警营文化建设荣获全省三项重点工作暨三项建设优秀成果评选二等奖；蓬莱第一派出所再次被公安部命名为“全国公安机关执法示范单位”。全省公安机关国保网上斗争工作会、易制毒化学物品管理工作会、全市公安机关基层基础工作座谈会、纪检工作现场会在县公安局召开。2013年，县公安局被省公安厅评为“全省命案实战破案比武竞赛优胜县级公安机关”；被确定为“全省公安机关执法规范化建设先进单位”；获全市公安机关模拟现场勘查大比武第一名、全省第九名；蓬莱第一派出所被评为全省公安基层基础工作先进基层所队、全省公安派出所档案管理工作示范单位；全市“一标三实”基础信息采集现场会在大英召开。

【维稳安保】 2012年，妥善处置了隆盛镇梁家坝进场施工等涉稳事件26起。圆满完成了第十三届西博会环蓉护城河卡点执勤等安全保卫任务47次。2013年，妥善处置了同心路社区群众因分房问题赴县闹访等涉稳事件38起。圆满完成了财富全球论坛、华商大会环蓉护城河卡点执勤等安全保卫任务64次。

【刑事打击】 2012年，共立刑事案件732件，破324件，刑事拘留190人，逮捕140人，取保候审128人，移送起诉255人，抓获网上逃犯112名；命案发生4件、破案4件，打掉5个恶势力团伙。侦破了建县以来首例杀人焚尸案、省公安厅督办目标案梁某某贩卖毒品、非法买卖制毒物品案。2013年，共立刑事案件877件，侦查终结196起，刑事拘留287人，逮捕147人，取保候审195人，移送起诉292人。命案发生3件、破案4件，打掉4个恶势力团伙。侦破了"2002.8.17"河边镇命案积案，抓获犯罪嫌疑人覃某某、但某某。侦破了部督"6·8"特大网络制贩枪支案、"2013-112"号省公安厅督办毒品目标案件、熊某某等销售假药案、省公安厅督办高速公路遂宁服务区盗抢柴油系列案。

【治安管理】 2012年，共查处治安案件1110件，治安拘留392人，强制隔离戒毒21人，收缴各类赌博机569台。2013年，共查处治安案件1102件，行政拘留586人，强制隔离戒毒43人，收缴赌博机286台。

【安全监管】 2012年，共查处交通违法行为18338起，处理交通事故1984起。建成了交通事故快处快赔中心，在11个镇乡建立了重管办。开通了966669电话办理车管业务。看守所被省公安厅评为"全省安全文明监所"。收缴各类枪支11支，气枪弹500发。办理消防行政案件53起。查处各类林业行政案件38件。2013年，查处道路交通违法行为17501起，其中醉驾23例；处理道路交通事故2243起，刑事拘留5人。办理消防行政案件43起，处置火灾警情82起。查处森林火灾案件3件。看守所竣工投入使用，设置了卫生所，派驻了具有医师资格的医生。办理非法持有枪支案7件，收缴各类枪支11支。办理非法运输烟花爆竹案5件，行政处罚5人。查处易制毒化学品行政案件4件，罚款35万元。 （李 娟）

检察工作

【概况】 县检察院以科学发展观为统领，积极开展政法干警核心价值观教育实践活动及作风建设活动，牢固树立"六观"、坚持"六个有机统一"，以"三个强化"为总体要求，以服务经济发展、服务民生为出发点和落脚点，以执法办案为中心，以平安大英、法治大英和过硬队伍建设为着力点，以改革创新为动力，全面履行法律监督职责。

【刑事检察】 重点打击团伙犯罪、涉毒、严重暴力犯罪和抢劫、抢夺、盗窃等多发性犯罪。2012年，共受理公安机关提请批准逮捕的各类刑事案件122件184人，批准逮捕96件139人，不捕25件44人，建议公安机关撤回1件1人；受理移送审查起诉案件207件281人，审查后向人民法院提起公诉171件227人，决定不起诉21件25人，移送上级院审查起诉1件2人，移送他院处理1件1人，建议公安机关撤回案件11件17人。侦查监督、公诉部门提前介入重大、疑难案件10件。2013年，共受理公安机关提请批准逮捕的各类刑事案件121件203人，批准逮捕96件138人，决定不捕25件65人；受理移送审查起诉案件203件327人，审查后向人民法院提起公诉164件254人，决定不起诉6件12人，移送上级院审查起诉2件9人，建议公安机关撤回案件34件59人，纠正漏诉漏罪9件9人，提起抗诉1件1人，法院支持并改判1件1人。侦查监督、公诉部门提前介入重大、疑难案件10件。

【社会矛盾纠纷化解】 认真开展检调对接和刑事和解工作，在当事人双方自愿的前提下，2012年和2013年通过积极引导分别成功和解4件和2件刑事案件。完善执法办案风险评估预警机制，在拟作出不立案、不批捕、不起诉等决定时，对是否存在引发不稳定因素、激化社会矛盾等风险进行分析研判、预测，及时制定对策和预案。完善释法说理机制，有针对性地开展说理工作，增信释疑，化解矛盾，促进社会和谐稳定。积极开展控告申诉检察工作，以“接待室”为窗口，搭建与人民群众沟通的平台，积极开展为民服务，注重理顺情绪、化解怨气，解决好群众的诉求问题。

【社会管理创新】 积极探索办理和预防未成年人犯罪案件工作新机制，强化对不起诉未成年人帮教考察工作的“三一一”工作模式。积极促进检力下沉，延伸检察工作触觉，2012年6月29日，县检察院派驻回马检察室正式挂牌成立并开展工作，至11月底，已接待来访群众20余人次，收到举报线索2件，化解矛盾纠纷2起。2013年，县检察院设立了回马、河边2个乡镇检察室，全年共接待来访群众80余人次，收到举报线索5件，化解矛盾纠纷21起，有效推进了检察机关法律监督职能向基层一线延伸，提高了检察工作的社会认知度。

【控告申诉】 切实推进刑事被害人救助工作，2012年，制定了《大英县人民检察院刑事被害人救助操作规程》，对3个家庭特别困难的刑事案件被害人进行了司法救助，救助资金16000元。2013年共开展刑事被害人救助5件，解决救助资金1万元，并协调为其中一名被害人家属办理了困难补助。畅通群众控告申诉渠道，深入开展检察官进社区、进企业、进学校、进农村的“四进”活动，引导群众依法享受权利、依法履行义务、依法维护权益。加强控申接待窗口建设，坚持检察长接待日制度，开通网上举报信息平台，方便群众反映诉求。2012年，共受理群众控告申诉及举报信件32件，转纪委、公安、信访等有关部门办理8件，属县检察院管辖的24件有关业务部门及时进行了办理。2013年，共受理人民群众控告申诉及举报信件47件，转纪委、公安、信访等有关部门办理15件。

【预防职务犯罪】 一是严肃查办贪污贿赂犯罪。2012年，共受理贪贿犯罪线索10件，初查10件，立案侦查10件14人，贪污案件占6件9人，受贿案件2件2人，其他案件3件3人，大案比例100%。其中监所部门查办了受贿案件1件1人，实现了零的突破。突出办案重点，立案查办涉农惠农领域贪贿犯罪案件7件11人。所有案件提起公诉后法院均作了有罪判决。2013年，共受理贪污犯罪案件线索13件，初查13件，立案侦查13件14人，通过办案为国家和集体挽回经济损失300余万元。其中监所部门查办贪污案件1件1人。反贪局查处新农合领域犯罪窝案11件11人。重点依法查处了一批新型农村合作医疗门诊统筹补偿领域的职务犯罪案件，共立案查处乡村医生贪污门诊统筹基金犯罪系列窝案11件11人。

二是严肃查办渎职侵权犯罪。严肃查处严重危害民生民利和重大责任事故背后的渎职犯罪。2012年，共受理渎职犯罪线索5件，初查5件，立案查处县住建局工程质量监督站站长叶某某等人玩忽职守案件3件3人。2013年，共受理渎职犯罪线索4件，初查4件，涉及危害民生民利渎职侵权案件3件3人，涉及税务领域渎职侵权案件1件1人。

三是积极开展预防职务犯罪工作。加强个案预防，做到一案一分析、一案一建议、一案一教育。加强对重大工程项目招投标、政府采购、国有资产和土地资源拍卖的监督，参与监督30余次。加强预防职务犯罪宣传，到全县11个乡镇上法制课、街头宣传共计20余次。首次开通行贿犯罪档案查询系统全国联网并提供服务，首次向县委、县人大、县政府提交查办和预防职务犯罪年度报告，提出预防对策建议。

【法律监督与自身监督】 一是强化刑事诉讼

监督。重点加大对有案不立、刑讯逼供、违法取证、量刑畸轻畸重等问题的监督。2012年，立案监督9件9人，追捕漏犯13人，追诉漏罪5条，对人民法院认定事实错误、适用法律错误、量刑不当的案件提出抗诉1件，对轻微违法行为提出口头纠正意见10余件次。2013年，立案监督7件7人，追捕漏犯1人，追诉漏罪9件9人，对人民法院认定事实错误、适用法律错误、量刑不当的案件提出抗诉1件，对轻微违法行为提出口头纠正意见10余件次。

二是强化民事行政诉讼监督。2012年，共受理不服县人民法院生效民事行政判决、裁定的申诉案件23件，经审查决定提请抗诉2件，提出再审检察建议7件，对行政违法行为调查并移送有管辖权部门处理1件，督促支持起诉1件，和解并终止审查1件，说服申诉人服判息诉2件。2013年，共受理各类民行案件16件，其中市院交办案件3件，经审查决定立案15件，其中：建议提请抗诉3件，改判率达到100%，民事行政执法活动违法情形监督案件办理3件，民事行政审判活动违法情形监督案件办理3件，违法行为调查案件1件，民行审判和执行人员职务犯罪线索移送1件，办理督促起诉案件2件，和解并终止审查案件2件。

三是强化刑罚执行和监管活动监督。积极参与看守所安全大检查，对发现的安全隐患进行了纠正。加强对看守所呈报罪犯留所服刑、减刑、暂予监外执行等活动的监督，建立完善了罪犯减刑提请裁定和暂予监外执行、留所服刑的呈报和审批全程同步监督机制。开展监外执行专项检查，到各乡镇对监外执行罪犯的执行情况进行调查了解，摸清监外执行罪犯底数，建立起监外执行罪犯信息库。推行驻所检察官接受在押人员约见制度，为在押人员提供法律咨询和帮助，督促看守所采取措施改善监管环境，维护了在押人员的合法权益。

（蒋国荣　陈　凯）

审判工作

【概况】 两年来，大英县审判工作坚持服务大局，坚持保障民生，坚持公正司法，全面推进法治建设，为促进大英经济社会全面健康发展提供了良好的司法保障。收案7398件，结案7273件，结案率98.3%。2013年，在全省审判质效半年考核中，居全省第五位、全市第二位；全年考核，居全市第二位。审判质效考评从2011年全省排名的第114位，到2012年的第44位，再到2013年上半年的第5位，实现了“三级跳”，提前实现“三年内达到全省前15名”的目标。

【刑事审判】 刑事案件收案369件，结案355件，结案率96.2%，刑事附带民事案件调撤率87.5%。严厉打击侵害民生犯罪。审理骗取家电下乡补贴案件6件，惩处罪犯9人，为国家挽回损失50余万元。在审理11件乡村医生诈骗新农合资金案件过程中，实地调查案发原因，从大英的实际出发，认真研究案情，审慎适用法律，妥善作出处理，既有效打击了犯罪，又消除了社会不稳定苗头。从重惩处涉毒犯罪。审理毒品犯罪案件27件37人，判处七年以上有期徒刑6人，依法以贩卖、制造毒品罪、容留他人吸毒罪分别判处被告人唐某某、龙某某、关某某有期刑期十五年、十年又六个月、十年，打击了毒品犯罪分子的嚣张气焰。创新非刑罚处罚方式。在对两起林业工作人员玩忽职守、滥用职权案件的被告人宣告免予刑事处罚的同时，责令栽种幼树，以挽回损失。

【民商事审判】 民商事案件收案5390件，结案5304件，结案率98.4%。稳妥审理好婚姻家庭、损害赔偿、劳动争议、涉农案件，切实保护下岗职工、农民工等弱势群体的合法权益。

精心调处寸塘口水库渔业承包养殖合同纠纷，分别调解、判决解除合同，保障了县城及周边群众饮用水安全。依法解除“方舟水艺”公司与天星村、转轮街社区等的土地租赁合同，为优化园区布局、提高土地利用效益提供了保障。立案调解并及时兑现17吨醋酸乙烯泄漏污染16户村民农作物、鱼塘、井水的交通事故案，村民送来“司法调解、公正为民”的锦旗，表达对大英县法院全力服务民生的感激。充分尊重当事人的意愿，加强案件调解力度，民商事案件调撤率81.4%。充分发挥人民法院在“三大调解”中的主导作用，支持民间调解组织调处社会矛盾纠纷，办理调解协议司法确认案件14件；邀请调解339件，委托调解230件。玉峰法庭成功调解一起刑事附带民事诉讼案件，当事人双方7年的仇怨涣然冰释。蓬莱镇人民调解委员会成功调解向家花园苗圃与火井村2社土地租赁合同纠纷，双方达成调解协议，并及时履行完毕。成功调解回马镇花园村村委会与遂宁市茂源木业有限公司长达近三年的纠纷，300余户农户、1500余名村民的利益得到有效维护，近600亩闲置土地得到有效利用。调解中心提前介入谭某某等人与自贡某建筑公司劳资纠纷一案，快速立案，快速保全，快速调解，10天之内，为农民工兑现血汗钱68万元，成功消除群体性事件苗头，保障了重点工程的顺利进行，此案例被省法院《案例通报》刊载。

【行政审判】 受理并审结行政诉讼案件4件、非诉行政审查案件234件，结案率100%。协调和解行政争议17件，通过耐心细致的工作，既依法维护了行政相对人的合法权益，又有效地支持了行政机关依法行政，促进了官民和谐。参与县政府、县委政法委等组织的房屋征收、城市建设等纠纷协调会议16次。与行政机关构建起了良性互动机制，指导行政机关从执法主体、证据收集、办案程序、适用法律法规等方面依法行政，促进执法行为进一步规范，执法水平进一步提高。到县城市管理行政执法局宣讲行政强制法，指导执法人员规范执法；配合县政府法制办公室指导县城乡规划管理局、房屋征收办公室建立规划许可、征地拆迁等事项的工作规范。精心协调推进大南街拆迁改造项目；裁定准予强制拆迁2户被拆迁户，保障了大英监狱建设的顺利进行。

【执行工作】 执行案件收案1405件，执结1382件，执结率98.4%，执行案件和解率47.7%，执行标的到位率居四川省前茅。充分利用执行联动机制，加强与公安、国土、房管、工商、银行等部门的配合，及时查询人员、财产信息，依法采取查封、冻结、划扣等强制措施；对有能力履行而拒不履行义务的被执行人予以曝光，推行债务人名录、悬赏执行等方法，将执行信息搜集渠道扩大到整个社会，建立执行“110”制度，24小时接受线索举报并及时处理，发动社会力量协助执行，提高执行效率。限制高消费24人，公开曝光24人次，纳入全国失信被执行人征信黑名单14人；司法拘留2人，向公安机关移送涉嫌拒不履行判决、裁定罪2人。依法对大英县邮政局申请执行李某某房屋租赁合同纠纷一案进行了强制执行，在媒体记者、人大代表、社区群众代表见证下，对李某某非法占用的5间门面房实施了强制腾退。深入细致妥善处理“世博客运站”经济纠纷执行案件，全力保护债权人合法权益，维护社会稳定。在“关注民生”专项执行活动中，办结各类涉民生案件80余件，执行标的近百万元。进一步完善执行救助制度，对生活确有困难的申请执行人，协调民政、基层组织等机构给予救济，先后向29名申请执行人发放司法救助金近20万元。

【司法公开工作】 严格公开审判制度，依法应当公开审判的案件100%公开审判；开展“法院开放日”活动，邀请60余名各界人士旁听庭审、见证执行；邀请相关人士见证重大案件审判、执行40余件。加强案件陪审，选任人民陪审员33人，用制度保障陪审员参与案件陪审，案件陪审率达94.1%。加强巡回审判，人民法庭巡回审判率达60%以上。及时公开法院工作信息，增进社会了解，县法院在最高人民法院、最高人民检察院《关于办理盗窃刑事案件适用法律若干问题的解释》发布后5日即适用新的司法解释对一起盗窃案作出判决的信息被《法制日报》刊发，为处理相关案件起到了很好的示范作用。加强调研工作，获得全省法院第十五届学术讨论会基层法院组织奖，1篇文章获得全省二等奖；加强司法建议工作，就有效预防职务犯罪、规范征地拆迁、预防青少年学生犯罪等向相关部门提出司法建议15份，得到积极回应。邀请人大代表、政协委员旁听庭审、参与调解、见证执行、听证等80余人次。

【基层基础建设】 制定《关于人民法庭司法便民工作的规定》，实行人民法庭工作季度考核、年度考核。加强法庭基础设施建设，斥资70余万元，开展办公区域绿化、空间净化、环境美化的法庭“三化”活动，完善法庭功能设施。县法院与县总工会、妇联、团县委紧密协作，共同建设蓬莱女子法庭，联合制定了《关于加强蓬莱女子法庭建设的实施方案》，建立了相关工作机制。充分利用工会、妇联、共青团等组织在化解婚姻家庭纠纷、职工权益保护、未成年人保护、法制宣传等方面的专业优势，以法庭、工会、妇联、团委整体联动的方式，突出“工作主体以女性司法工作者为主、工作对象以广大妇女和少年儿童为主、工作内容以维护妇女和未成年人合法权益为主”的“三为主”工作特色，妥善处理好劳动争议、婚姻家庭和社会保障等各个领域的涉及妇女儿童的矛盾纠纷，不断强化法庭自身建设，实现各项工作创新发展。延伸人民法庭服务触角，在非法庭驻在地镇乡便民服务中心或综治办公示法庭巡回收案时间、地点、联系电话。提高办案效率，简易程序适用率89.1%，当庭裁判率46%，法定审限内结案率100%，平均审理、执行时间约为法定审限的二分之一。

（何永华）

司法行政工作

【概况】 2012—2013年，大英司法行政工作以深化社会矛盾化解、社会管理创新、公证廉洁执法、民生工程建设、重点项目服务、招商引资等重点工作为着力点，充分发挥法制宣传、法律服务、法律保障的职能作用，努力为全县经济社会跨越发展和全面推进全县法治化建设进程，构建“平安大英、法治大英”做出积极贡献。两年中，大英县被评为全国法治县先进单位，县司法局先后被省委、省政府评为“全省法制宣传教育先进集体”，被市委、市政府命名为“市级文明单位”，被县委县政府评为“四好”班子、先进集体等，法律援助接待受理大厅规范化建设通过省司法厅验收，并成功创建1个国家级精品模范司法所和7个省级精品模范司法所。

【普法工作】 两年来，按照中、省、市普法和依法治理工作的统一部署，以及建设“法治大英”的要求，大英县以领导干部、公务员、青少年、企业经营人员和农民作为普法重点，按照学用结合、普法并举的总体思路，普法依法治理工作取得了显著成效。一是围绕干部抓普法。建立完善了县政府常务会会前学法、正科级领导干部政策法规定期测试等制度，坚持每年开展1次依法行政业务培训考试，扎实抓好干部学法用法。二是围绕节点抓普法。先后组织开展了“四下乡”、社会治安综合治理宣传日、“3·15”消费维权、文明城市创建、禁毒法、公民道德月、“12·4”全国法制宣传日等专项法制宣传活动，共发放《“六五”普法通用读本》、法制小手册、法制宣传单等法律宣传资料9万余份、法律援助金卡2500余张，接待法律咨询5300余人次，累计受教育群众达10余万人次。三是围绕基层抓普法。培训普法骨干1400余人次；全县中小学法制副校长配备率达100%，并坚持每学年至少开设2堂法制专题课。成功创建省级“依法治校示范校”2所。四是围绕企业抓普法。深入开展以“法制宣传进企业、法律服务进企业、综治保障进企业”为主题的“三进”活动，组织干部职工深入35个重点企业，开展“一对一”法律服务模式300余次。

【法治创建工作】 自2009年启动“法治大英”创建工作以来，积极探索创新社会管理的有效手段，以建设法治大英为目标，以依法行政、严格执法、公正司法为重点，深入开展普法教育和依法治理，形成迎检卷宗资料40余卷，为促进全县政治经济文化社会全面发展提供了坚强有力的法治保障。2013年6月，大英县被评为全国法治城市创建活动先进县，被省委、省政府列为全省首批命名的法治县。

【人民调解工作】 两年来，全县深入推进社会矛盾化解、社会管理创新、公正廉洁执法等工作，积极优化人民调解工作制度，建立健全人民调解工作组织，巩固人民调解工作地位，规范人民调解工作方法，充分发挥人民调解工作在化解社会矛盾纠纷、维护社会和谐稳定“第一道防线”的作用。两年来，共采取集中培训、以会代训、《人民调解法》宣讲、人民调解业务培训等方式，累计培训人民调解员3000余人次。先后在全县开展了矛盾纠纷“大排查、大调解”、“攻坚破难”和“化纠纷促和谐”等专项活动。坚持每月主动排查矛盾纠纷至少一次，特别是重点区域和特殊时段，更是做到了全面排查、细致梳理，严防矛盾纠纷激发，做到了早发现、早介入、早解决，最大限度地将矛盾纠纷解决在基层，化解在萌芽状态。两年全县共受理调处矛盾纠纷4592件，调解成功率达98%以上。

【安置帮教与社区矫正工作】 安置帮教工作扎实开展。一是掌握基本情况，明确安置帮教职责。按照“属地管理”的原则，由其户籍所在地司法所具体负责指导、协调、落实各项安置帮教措施。二是加强刑释解教人员的核查。通过刑释解教人员信息管理平台对服刑在教人员信息资料进行全部核查，核查率达100%，有效地消除了“三假”现象。三是整合资源，探索安置帮教新措施。会同劳动就业部门、相关企业和社会组织等，以就业指导、技能培训、心理辅导为主线，同时辅以法律知识、社会形势、社会发展状况、党的方针、政策等方面的教育和指导，千方百计为生活困难的刑释解教人员寻找生活出路，共建立大英县新空间木业和浩瑞养鹅专业合作社安置帮教基地2处，成功过渡安置了刑释解教人员50余名，逐渐消除其抵触情绪，自食其力，减小其社会危害性，帮助他们早日、顺利回归家庭，融入社会。

社区矫正工作深入推进。一是进一步完善衔接工作制度和措施，严格按程序做好矫正对象的接收登记、一人一档、分类教育、个案矫正、信息上报等各项工作；加大对外出社区服刑人员开展全面清查和监管力度，最大限度减少重新违法犯罪，避免脱管漏管。两年共接收社区矫正对象447名，期满解除矫正251名，在册人员247人。二是为社区矫正对象铺平就业之路。通过心理上减压，思想上励志，就业上扶助，激发社区矫正对象参与社会活动的热情，带动社区矫正对象就业致富。帮助社区矫正对象联系就业企业10余家，帮助就业40余人，帮扶社区矫正对象创业4人。三是努力提升社区矫正工作水平。一方面为每一位矫正对象确定帮教小组，定期开展四个“一”工作，即：一次走访、一次思想汇报、一次教育学习、一次社区劳动。做到思想管理从严，生活关心到位。

【法律援助与法律服务】 法律援助工作。一是深入开展法律援助宣传，不断提高法律援助的社会知晓率。积极派出法律援助人员参加大型法制宣传活动，解答法律咨询和散发宣传资料，并充分利用“12348”法律援助热线随时接受当事人的电话咨询。二是构建“一小时法律援助服务圈”，依托县妇联、残联、工会、团委和各基层司法所设立法律援助工作站，在14个社区、128个村建立法律援助联系点，“1小时法律援助服务圈”基本形成。三是围绕重点民生工程，认真落实便民利民措施，发挥法律援助社会影响力，切实惠民助困，改善民生，把法律援助作为司法行政部门民生工程抓好抓实。2013年新建成1个县级规范化法律援助接待受理大厅，4个规范化法律援助工作站，并顺利通过了省法律援助中心的检查验收。两年来，共解答各类法律咨询4580余人次，办理法律援助案件430余件，代书法律文书480余份。

法律服务工作。一是建立法律服务“绿色通道”。在公证处、法律援助大厅、惠民帮扶窗口设立绿色服务窗口，优先服务老、孕、病、残以及法律援助对象，对符合条件的经济困难公民共减免各种费用20余万元。公证处、法律援助中心和基层各所均印制了“便民服务卡”，公开工作人员信息、联系电话、服务范围和监督电话等。二是开展“法律顾问进万村”。律师、法律服务工作者共联系村级组织282个，覆盖面达85%，村（社区）法律顾问依法为社会弱势群体提供法律援助事务160余件，减免收费近10万元。三是开展“外来企业专项服务”。开展政法干部联系企业活动，为企业提供法律咨询、法律建议等无偿法律服务，形成每月定期走访制度。共联系规模以上企业19家，派出联系干警23人，共计走访企业100余人次，调处企业纠纷30余件，提供法律意见和建议70余条。

【公证与律师工作】 两年来，县公证处共办理各类公证1900件，其中合同类公证450件，民事类公证1450件，公证履约率达100%，办证合格率为100%。接待来访并解答咨询4000人次，援助40余件。律师工作。指派律师组成法律顾问团参与处理信访处理，为政府依法行政决策提出法律建议10余条。抽派律师为规模以上企业开展法律咨询、法制宣传和矛盾调处等工作，为企业发展保驾护航。律师共代理各类法律案件360余件，其中：刑事和民事案件诉讼代理310余件，行政非诉讼代理20余件，办理法律援助案件30件，解答咨询1000余人次，代写法律文书300余份。

【监狱建设工作】 在成功引进监狱建设项目后，县司法局加大了与省监狱管理局的对接力度，加快推进监狱项目建设进度。一是通过积极与上级主管部门协调，该项目按照县委、县政府的意见被司法部正式命名为四川省大英监狱。二是2012年8月27日，四川大英监狱被省发改委正式立项，批文文号为川发改投资〔2012〕861号，建设项目总建筑面积93766平方米，总投资39906万元，建设资金通过中央预算、省预算和监狱自筹等渠道解决，建设工期三年。三是通过前期的大量准备工作，四川省大英监狱于2013年8月6日正式进场开工。

（孙　贵）

工业经济

工业经济运行综述

【概况】 2012年，全县工业企业达213家。其中：规模工业企业76家，实现主营业务收入184.7亿元，同比增长12.96%；工业增加值增速17.7%；利润总额达到13.87亿元，同比增长18.72%；实现税金19.9亿元，同比增长18.4亿元。

2013年，全县工业企业225家，其中：规模工业企业80家，实现工业总产值220.87亿元，同比增长15.92%；工业增加值增速13.1%；利润总额达到14.45亿元，同比增长3.03%；实现税金20.6亿元，同比增长1.04%。

2012年工业经济运行主要特点。一是重点企业运行稳健。盛马化工、天骄纺织、久大蓬莱盐化、南华纺织、汇强油脂、华健管桩等14户亿元实现工业总产值166.5亿元，占规模工业总产值的87.3%，同比增长16.8%，重点企业产值均实现了同比正增长，运行态势稳健；二是支柱产业支撑有力。盛马化工、锦泰石油液化、久大蓬莱盐化等22户化工产业规模企业实现工业总产值142.3亿元，占规模工业总产值的74.6%；天骄纺织、南华纺织、科瑞特纺织等16户纺织产业规模企业实现工业总产值25.6亿元，占规模工业总产值的13.4%。化工、纺织两大支柱产业占规模工业总产值的88%，支柱产业支撑有力；三是扩区拓园成效显著。县工业集中发展区建成面积10.3平方公里，园区入驻企业达98户，其中规模企业65户，工业集中度达到90%。石油化工、盐化工两大产业园进一步得到改造提升；机电产业园建成多层标准厂房3万平方米；回马规划启动建设光碳产业。

2013年工业经济运行的主要特点。一是工业经济持续增长，企业健康发展。80户规模工业实现主营业务收入214.97亿元，同比增长16.21%，工业经济实现了持续增长态势。全县新培育10户小微企业成功入统规模工业，小微企业升规培育成效显著，企业健康发展；二是主导产业拉动力强，支撑作用明显。化工产业作为全县主导产业实现主营业务收入153.45亿元，占全县规模工业主营业务收入的65%，产业龙头企业四川盛马化工股份有限公司、四川中腾能源科技有限公司分别实现主营业务收入128.6亿元、11亿元，龙头带头作用明显；三是工业投资快速增长，发展后劲增强。全年完成工业投资57.41亿元，同比增长21.04%，绝对额和增速均居全市第一。其中：完成工业技改投资31.81亿元，同比增长39.81%，居全市第一，工业投资的不断放大，为工业发展后劲的增强奠定了坚实基础；四是项目建设快速推进，产业不断壮大。重点项目盛马化工500万吨燃料油改质、中腾能源二期20万吨烷烃芳构化、圣海包装等一大批重点项目建设快速推进，化工、纺织、机械制造、电子等产业不断延伸壮大，县工业经济结构进一步优化；五是建材产业快速发展，形成特色园区。围绕打造建设中国新材料产业高地目标，回马新型建材产业园科研所和办公大楼、检验检测中心等项目建设，成功引进大英斯佩克新材料开发有限公司、大英万士乐新能源电动车制造有限公司、轻微车部件生产线项目、四川酷士新材料游艇制造、四川领强投资有限公司投资等项目落户产业园。到2013年底，回马建材产业园完成投资5亿元，建材特色产业园区基本形成。

【固定资产投资】 2012年，工业投资项目55个，投资总额73.29亿元，全年计划完成投资45亿元，实际完成投资47.43亿元，完成全年计划投资的105.4%。2013年，工业投资项目51个，投资总额105.6亿元，全年计划完成投资47亿元，实际完成投资57.41亿元，完成全年计划投资的121.04%。其中，实施19个重大项目落地，其中开工项目8个，竣工项目11个，实际完成投资47.8亿元。

【园区建设情况】 2012年，一是投入420万元，高标准编制了《罗家湾片区修建性详细规划和建筑单位设计方案》、《大英县电子信息产业发展规划》、《罗家湾片区的道路管网施工图设计》、《大英县生态工业园区规划》、《工业园区改造提升景观规划》等五个规划；二是启动了梁家坝和聂家坝场平、滨江路、多层标准厂房基础设施工程等建设，黑乌嘴大桥、温家坪110千伏变电站完工投入使用；三是进一步坚实园区投融资平台，嘉泰公司注册资本金由7000万元增资到5亿元；四是引进了射洪洪达家鑫公司投资3.3亿元以BT模式建设机电园；五是加大对低效闲置土地的清理，共清理了32家低效闲置企业土地450亩；六是回马新型建材产业园控评规划审定完成，一期150亩建设用地规划、设计已审定，启动建设滨江路。

2013年，一是规划引领，促进园区转型升级。县工业园区启动了园区产业发展与布局、扩区拓园规划编制，启动南华路、马景路、马家坝滨江路景观改造规划与施工图设计；二是县工业园区多层标准厂房建设快速推进，已建成25万平方米标准厂房；三是新型建材产业园完成了6平方公里总体规划、安置区规划编制、光碳产业园详细规划和四川物流职业学院规划编制，完成滨江路、常红路等道路的施工设计和厂房、安置房、检测中心、科研楼、办公楼、专家公寓等施工图设计。商砼站5月建成并投入使用，新材料一号厂房正在安装设备，新能源电动车厂房主体完工，检测楼、科研楼、办公楼完成主体建设，滨江路、常红路正在施工，四川物流职业学院完成场平10万平方米，安置区完成场平2万平方米。

（齐　波）

产业发展情况

【概况】 到2013年底，全县基本形成了石化、盐化、纺织、机电、新型建材等产业。

【化工产业】 2012年，全县规模以上石化企业6家，实现工业总产值133.7亿元，同比增长10.23%，占规模工业总产值的68.54%，是全县工业经济的支柱产业。2013年，全县规模以上石化企业7家，实现工业总产值158.62亿元，同比增长18.64%，占规模工业总产值的71.82%，对全县工业经济支撑作用进一步增强。

【纺织产业】 2012年，全县规模以上纺织企业16家，实现工业总产值24.66亿元，同比增长11.4%，占规模工业总产值的12.93%。2013年，全县规模以上纺织企业15家，实现工业总产值28.16亿元，同比增长14.19%，占规模工业总产值的12.75%。

【机电产业】 2012年，全县规模以上机电企业10家，实现工业总产值3.7亿元，同比增长23.3%，占规模工业总产值的1.94%。2013年，全县规模以上机电企业15家，较2012年净增5家，实现工业总产值5.62亿元，同比增长51.89%，占规模工业总产值的2.54%，机电产业迅速发展。

【新型建材产业】 2012年，全县规模以上新型建材产业企业5家，实现工业总产值1.3亿元，同比增长16%，占规模工业总产值的0.7%。2013年，全县规模以上新型建材产业企业7家，实现工业总产值6.19亿元，同比增长376.15%，占规模工业总产值的2.8%，新型建材产业迅猛发展。

【重点企业情况】 全县重点工业企业2012年有76户，2013年有77户。

大英县2012年重点工业企业发展情况表

单位：万元

序号	单位详细名称	工业总产值	同比%	利润总额	同比%
1	四川久大蓬莱盐化有限公司	46909	17.21	9918	-9.88
2	四川省大英县农大饲料有限公司	8240	9.84	318	40.28
3	四川省汇强油脂有限责任公司	28340	-11.53	1749	9.29
4	四川利民食品有限公司	7634	-10.17	572	16.2
5	四川大英尚口食品有限公司	3684	19.22	200	16.81
6	大英县海州醋业食品酿造有限公司	3178	-0.69	0	-100
7	大英县金牛王食品有限公司	2220	0.91	19	54.17
8	四川卓筒老井酒业有限公司	9167		295	
9	四川正本酒业有限公司	1223	-69.21	2	-92.5
10	四川南华纺织有限公司	41727	16.32	3157	15.74
11	大英县渝丰纺织厂	5340	19.97	710	75.31
12	大英县华元纺织有限责任公司	2371	17.43	54	76.8
13	大英县天骄纺织有限公司	46725	23.99	6800	202.45
14	四川鑫亚纺织有限公司	34379	7.39	3961	23.71
15	四川科瑞特纺织有限公司	45919	46.95	3779	22.32
16	大英王茂线业纺织有限公司	26152	2.19	3001	-10.34
17	大英县鸿益织布厂	6113	35.84	466	33.71
18	四川省大英县工业帆布厂	2924	15.3	147	-21.64
19	大英县璇洋织造厂	4680	16.68	239	-17.08
20	大英县荣鑫织布厂有限责任公司	312	-85.81	124	-88.74
21	大英迪奥服装有限责任公司	3937	9.97	0	-100
22	四川依可曼纺织有限公司	2800	11.13	128	-35.35

续表

序号	单位详细名称	工业总产值	同比%	利润总额	同比%
23	大英县金沙织造有限公司	4165	18.92	143	182.45
24	大英县新空间木业有限公司	5993	21.37	580	15.55
25	大英县东辰人造板有限公司	2917	43.57	0	-100
26	大英县鹏飞机械厂	4842	-5.91	580	17.32
27	大英县献国纸业有限责任公司	4097	-12.88	340	-9.58
28	四川省大英县三鑫纸业有限公司	8260	-25.41	648	-26.9
29	大英县万胜纸业有限公司	8296	-19.38	751	-21.7
30	大英县新世纪印刷厂	3125	14.93	172	1.06
31	四川盛马化工股份有限公司	1204667	19.68	73525	23.24
32	四川省兴茂石化有限责任公司	17626	17.5	1423	16.01
33	四川盛马化工股份有限公司大英石化有限责任公司	16655	18.96	1455	15.49
34	大英县锦态石油液化气公司	48562	4.21	353	-12.4
35	大英县平安制氧厂	4108	27.18	360	12.48
36	四川省大英蓥峰化工有限责任公司	9853	41.94	216	-55.43
37	四川义奥涂料有限公司	9455	8.75	1501	12.06
38	四川蜀泰化工科技有限公司	2005	-13.39	21	360
39	四川银宇化工科技有限公司	3400	20.49	445	8.01
40	大英达科特化工科技有限公司	5838	165.02	740	1196.67
41	大英巨能科技发展有限公司	4325	25.73	319	6.9
42	大英县精峰明胶有限责任公司	438	-78.76	18	232.73
43	大英县添峰生物制品有限公司	8276	95.93	2223	578.1
44	大英县玉峰烟花爆竹厂	2039	-3.36	194	-29.27
45	四川省程皓日化有限责任公司	5160	19.82	695	62
46	大英九合生物化工股份有限公司	7936	41.71	746	40.66
47	遂宁市中通实业集团动物药业有限公司	20490	13.71	1470	10
48	四川茂森生物科技有限公司	2836	6.85	197	-7.94
49	大英县渝能化纤厂	8407	-12.08	884	41.67
50	四川达盛源化纤有限公司	10687	0.32	500	247.57
51	大英县华龙高新塑料制品厂	820	-74.77	59	-84.09
52	大英县海之蓝塑胶制品厂	3271	16	379	17.15
53	四川伟博科技发展有限公司	1854	-35.27	22	-67.82
54	大英县骑龙水泥厂	320	-84.15	0	-100
55	遂宁市华建管桩有限公司	35650	15	5586	18.85
56	大英县鸿建商砼建材有限责任公司	3009	35.36	515	67.75

续表

序号	单位详细名称	工业总产值	同比%	利润总额	同比%
57	四川天恒防水材料科技有限公司	2690	19.11	82	-59.95
58	四川红虎新型建材有限公司	2879	7.55	121	-23.68
59	四川苏邦建筑节能科技有限公司	2411	2.48	110	-7.09
60	四川雷德云母有限公司	3200		286	
61	四川省霆锐机械制造有限公司	3237	19.01	186	35
62	遂宁市瓶盖厂	5540	6.53	183	-44.18
63	四川巨能恒泰金属结构制造有限公司	2116	-1.8	190	622.43
64	大英新代机械制造有限公司	3029		454	
65	四川省大鹰密封件有限公司	2670	10.98	358	19.08
66	四川万勃石油机械制造有限责任公司	2764	6.65	257	25.41
67	四川强劲工矿机械有限公司	4289	-16.3	53	233.33
68	大英西南精密模具有限公司	3516	55.49	181	-20233.33
69	四川飞洁洗涤设备制造有限公司	2233		279	
70	四川飞亚汽车配件有限公司	3568	39.08	-547	-5116.51
71	遂宁宏成电源科技有限公司	4237		78	
72	四川金汤工业油脂有限公司	2549	-9.22	438	16.92
73	四川大英供电有限责任公司	25716	11.8	2579	-12.66
74	中石油大英燃气有限责任公司	11229	-24.54	61	-16.55
75	大英县创新压缩天然气公司	2068	-8.76	109	48.7
76	四川川投水务集团大英有限公司	3570	27.45	605	-44.99

大英县2013年重点工业企业发展情况表

单位：万元

序号		工业总产值	增幅%	利润总额	增幅%
	合计	2208785	15.92	144531	3.03
1	四川久大蓬莱盐化有限公司	51472	9.73	10909	9.99
2	四川省大英县农大饲料有限公司	9312	13.00	506	59.03
3	四川省汇强油脂有限责任公司	19157	-32.40	1201	-31.35
4	四川利民食品有限公司	4563	-40.22	112	-80.38
5	大英县添峰生物制品有限公司	7115	-14.03	494	-77.78
6	四川大英尚口食品有限公司	4879	32.46	153	-23.39
7	大英县海州醋业食品酿造有限公司	3750	18.01	350	18.01
8	大英县金牛王食品有限公司	2258	1.71	103	456.76
9	四川卓筒老井酒业有限公司	9540	4.08	286	-3.11
10	四川南华纺织有限公司	51339	23.03	622	-80.30

续表

序号		工业总产值	增幅%	利润总额	增幅%
11	大英县华元纺织有限责任公司	2527	6.59	57	5.55
12	大英县天骄纺织有限公司	5482207	17.33	3895	-42.72
13	四川鑫亚纺织有限公司	30875	-10.19	4193	5.86
14	四川科瑞特纺织有限公司	45919	0.00	4986	31.93
15	大英王茂线业纺织有限公司	39775	52.09	3212	7.00
16	大英县金沙织造有限公司	4653	11.72	350	144.41
17	大英县鸿益织布厂	6417	4.97	338	-27.53
18	四川省大英县工业帆布厂	3047	4.20	117	-20.49
19	大英县渝丰纺织厂	6301	17.99	821	15.66
20	大英县璇洋织造厂	4968	6.15	110	-54.08
21	大英迪奥服装有限责任公司	4400	11.76	382	11.76
22	四川依可曼纺织有限公司	3416	22.00	256	99.38
23	大英县东辰人造板有限公司	3077	5.49	361	5.49
24	大英县新空间木业有限公司	5120	-14.57	384	-33.72
25	大英县鹏飞机械厂	6158	27.17	395	-31.96
26	大英县献国纸业有限责任公司	3070	-25.06	238	-30.07
27	四川省大英县三鑫纸业有限公司	5904	-28.52	456	-29.52
28	大英县万胜纸业有限公司	4063	-51.03	360	-52.03
29	大英县新世纪印刷厂	4037	29.20	230	33.70
30	四川盛马化工股份有限公司	1318133	9.42	74323	1.09
31	四川省兴茂石化有限责任公司	19596	11.17	1516	6.54
32	四川盛马化工股份有限公司大英石化有限责任公司	18535	11.29	1674	14.99
33	大英县锦态石油液化气公司	68390	40.83	699	98.10
34	四川中腾能源科技有限公司	110000		5513	
35	四川金汤工业油脂有限公司		-100.00		-100.00
36	大英县平安制氧厂	4689	14.14	396	10.15
37	四川省大英蓥峰化工有限责任公司	12419	26.04	113	-47.62
38	四川省程皓日化有限责任公司	6120	18.61	800	15.11
39	四川义奥涂料有限公司	16066	69.93	2570	71.21
40	四川蜀泰化工科技有限公司	2418	20.61	15	-29.95
41	四川银宇化工科技有限公司	4012	18.01	470	5.62
42	大英达科特化工科技有限公司	3811	-34.72	447	-39.65
43	大英巨能科技发展有限公司	4676	8.12	334	4.54
44	大英县玉峰烟花爆竹厂	1670	-18.10	194	0.00

续表

序号		工业总产值	增幅%	利润总额	增幅%
45	大英县永欣石化有限公司	4791		496	
46	大英九合生物化工股份有限公司	9806	23.56	872	16.87
47	遂宁市中通实业集团动物药业有限公司	23120	12.84	1568	6.65
48	四川茂森生物科技有限公司	991	-65.04	161	-18.32
49	大英县渝能化纤厂	10426	24.02	176	-80.07
50	四川达盛源化纤有限公司	12698	18.82	1089	117.95
51	四川伟博科技发展有限公司	1713	-7.61	30	33.63
52	大英县海之蓝塑胶制品厂	3685	12.63	435	14.93
53	大英县鸿建商砼建材有限责任公司	4171	38.62	547	6.29
54	遂宁市华建管桩有限公司	40091	12.46	6065	8.56
55	四川宇晶建材有限公司	5209		957	
56	四川天恒防水材料科技有限公司	3745	39.22	81	-1.10
57	四川红虎新型建材有限公司	3487	21.12	261	115.10
58	四川苏邦建筑节能科技有限公司	2535	5.15	121	10.18
59	四川雷德云母有限公司	2630	-17.82	123	-56.90
60	四川奇辉机械制造有限公司	471	210.07	1767	20.58
61	四川省霆锐机械制造有限公司	3970	22.65	36	-80.63
62	四川巨能恒泰金属结构制造有限公司	2724	28.70	753	296.21
63	遂宁市瓶盖厂	6482	17.01	206	12.92
64	四川路雅达科技有限公司	4176		190	
65	四川省大鹰密封件有限公司	3036	13.68	451	26.17
66	四川万勃石油机械制造有限责任公司	4653	68.34	648	151.96
67	四川强劲工矿机械有限公司	5118	19.34	216	308.30
68	大英新代机械制造有限公司	2814	-7.10	422	-7.05
69	大英西南精密模具有限公司	3802	8.13	200	10.10
70	四川飞洁洗涤设备制造有限公司	3396	52.09	295	5.62
71	四川安通农业机械制造有限公司	2070	36.32	306	21.37
72	四川飞亚汽车零部件有限公司	4419	23.86	-272	-50.27
73	遂宁宏成电源科技有限公司	2888	-31.83	-983	-1355.04
74	四川大英供电有限责任公司	22698	-11.74	1236	-52.07
75	中石油大英燃气有限责任公司	8764	-21.95	205	235.90
76	大英县创新压缩天然气洁能有限责任公司	1537	-25.69	-12	-110.64
77	四川川投水务集团大英有限公司	4200	17.65	96	56.29

能源工业

【四川川投水务集团大英有限公司】 2012 年，公司总资产为 6425 万元，年销售收入 2392 万元，综合供水能力为 3 万吨/日，拥有口径为 100mm 以上供水主干管道 8.42 公里，城区自来水普及率达到 100%。2013 年，总资产为 7084 万元，年销售收入 2612 万元，综合供水能力为 3 万吨/日，拥有口径为 100mm 以上供水主干管道 8.42 公里，城区自来水普及率达到 100%。

【中石油大英燃气有限责任公司】 2012 年，公司在册用户 38902 户，销售工业用气 3595 万方，销售民用气 1433 万方，上缴地方国税、地税约 400 万元。年内完成投资 653 万元。先后实施完成了熊家湾及张家湾配气管道工程，张家湾金元街延段 Φ159×6 管道 0.5 千米，熊家湾中桥延伸段 Φ108×5 管道 0.8 千米；大英工业园供气管道工程（三期），双桥路至工业园区广场 Φ108×5 管道 1.5 千米，席家沟至黑湖嘴 Φ108×5 管道 0.5 千米。2013 年，公司在册用户 4303 户，销售工业用气 1635 万方，销售民用气 1850 万方，上缴地方国税、地税约 1194 万元/年。年内完成投资 460 万元。先后实施完成了双桥路至园区广场 D108×5 管道 1.5 千米、席家沟至梁家坝 D108×5 管道 1.5 千米等工业园区输气管道配套工程建设；完成了中腾能源一期项目供气工程和中腾能源二期席家沟至梁家坝输气管道 D219×5 管道 1 千米供气工程；完成了县配气站的民用气配气能力进行扩建，建设第 2 套民用气配气流程，DN150 民用气配气流程 1 套；北外环输气管道席家沟郪江穿越工程。

【成品油】 2012—2013 年，全县加油站总户数共计 16 户，其中：中石油加油站 8 户，地方加油站 8 户，具体名单与 2011 年情况一样，未发生变化。

（齐　波）

四川大英县供电有限责任公司

【概况】 国网四川大英县供电有限责任公司（简称国网大英县供电公司）是国网四川省电力公司全资子公司。公司设七部一室两中心和六个供电所，即办公室、人力资源部、财务资产部、运维检修部、发展建设部、安全监察质量部、营销部、党群工作部、乡镇供电所管理部等 9 个职能部门和调控中心、物资供应中心两个中心；城郊供电所、河边供电所、玉峰供电所、回马供电所、隆盛供电所、红旗桥供电所等六个供电所。

截至 2013 年底，该公司完成售电量 3.85 亿千瓦时，同比增长 9.71%；上交税金 1587 万元，同比增长 30.57%；主营业务收入 22698 万元，同比增长 12.26%；实现利润总额 1236 万元，同比增长 113.6%；固定资产总额达 1.9 亿元；电费回收率、解交率均为 100%。

【人力资源】 截至 2013 年底，公司员工总数达 362 人，其中正式员工 252 人；农电员工 91 人；在岗 355 人。

大力实施人才强企战略，加大员工培训力度，全年投入教育培训经费达 52.47 万元，同比增长 10%，参培人员达 1200 人次。通过以考促学、送教上门等形式多样的培训学习和变电运行、检修等技能竞赛，有效提升员工技能水平。全面完成“三集五大”体系建设改革，完成本部机构设置和全员竞聘上岗工作。以四川省公司推进薪点工资为契机，稳步推行绩效管理和绩效薪点工资制度。

【电网建设与发展】 主动对接大英县统筹城

乡、“两化”联动的发展战略，积极推行“政府牵头、企业实施”的协调联动机制。高度重视电网规划，编制了“十二五”发展滚动规划。2013年，完成电网投资6472万元，主配网架得到进一步加强，电网供电能力进一步提升。完成了35kV永乐变电站可研报告；加大电网建设进度，10kV玉河等26个新（改、扩）建基建项目成功投运，35kV天保变电站已竣工验收。

【优质服务】 努力增进与客户的理解和沟通，打造“国家电网”品牌。深入推进民生保障工程建设，主动对接大英县重点招商引资项目用电，积极服务农博会等全县重点工程项目落地，对重大项目、保障房、民生项目开辟绿色服务通道，实现“零投诉”。主动配合城市风貌建设和项目落地，完成线路搬迁35kV7.2公里，10kV5公里。圆满完成中高考、“6·30”抗洪救灾、全县重大项目集中开工仪式、十八届三中全会等保电10余次；党员服务队全年共受理故障报修电话1864个，出动人员1500余人次，处理故障1754起，故障办结率100%；拓宽缴费渠道，现有代收电费网点31个。开展第三方客户满意度测评，该公司在2013年全县政风行风民意测评中再次名列公共服务行业第一名。

【科技与信息化工作】 深入推进SG186和ERP系统应用，采用新技术、新设备提高线损管理的科技含量和计量精度；积极打造“智能电网”，全面推行远程管理方式。加快信息化建设，全面完成公司系统高清电视电话会议系统建设。全面推广电能量采集系统应用，提高采集系统覆盖面，加强营销运营管理。加快公司营销信息支持系统建设。扎实推进公司标准体系建设，完善工作标准和管理标准。

【存在的主要问题】 基础管理薄弱。电网基础薄弱，电网互供能力差；抓电网发展和公司管理的专业能力还有较明显的缺失和短板；从规划设计到基建管理，从调度运维到营销农电，专业的技术能力和管理能力都存在明显缺失，且相应的提升计划不明确，人力资源的关键支撑作用还不到位；内部工作计划、年度业务综合计划、面向市场的服务方案存在缺失。

（彭建荣）

产业园区

大英县工业集中发展区

【概况】 截至2013年12月，大英县工业集中发展区规划面积达到34平方公里，一期建成面积13.1平方公里。园区入驻企业119户，实现工业总产值248.7亿元，基本形成了特色鲜明、相对独立的油气盐化工、纺织、机电等主导产业。2013年，成功创建为四川省“51025”重点产业园区及“四川省新型工业化产业示范基地”。

【园区规划】 编制了面积34.37平方公里的《工业园区总规及控制性详细规划》、《大英县电子信息产业发展规划》、《大英县生态工业园区规划》等一系列园区建设发展规划。开展了园区产业发展与布局规划，委托城市设计院重庆分院启动了南华路、马景路、马家坝滨江路的景观改造规划与施工图设计。

【基础设施建设】 2012年实施了梁家坝场平、滨江路和罗家湾机电产业园30万平方米标准厂房等基础设施建设，标准厂房建设项目完成2万平方米标准厂房建设，5栋7.1万平方米多层标准厂房主体工程基本完工。黑乌嘴大桥、温家坪110千伏变电站等工程竣工投用，加快了扩区拓园进程。2013年机电产业园标准厂房建成投用8栋8.5万平方米主体厂房，剩余楼栋正加快建设，可望于2014年全部建成投用。实施了化工园区双电源建设、庞善沟场平工程，建成庞善沟外支路，完成了蓝山咖啡道路、巨能恒泰至短沟道路和席家沟支路拓宽改造工程。

【工业项目建设】 2012年全县32个重点工业项目中，25个落户工业园区，重点工业项目完成投资29.6亿元。中腾能源30万吨/年碳四改质装置项目实现了当年签约、当年建设、当年投产，久大蓬莱盐化60万吨/年热电盐联产迁扩建项目、蓥峰化工5万吨合成氨项目等8个工业项目全面建成投产，完成投资29.6亿元。彰骏光电入驻标准厂房，建成投产生效。盛马化工重油深加工及产品质量升级、圣海包装科技、路雅达汽摩配、森帝汽配等项目加快推进。2013年全县100个重点建设项目中，有16个位于工业园区。盛马化工新增原油加工能力200万吨，中腾二期20万吨/年烷烃芳构化装置项目建成投产，圣海包装一期项目全面建成，其余建成投产项目7个。新引进四川国联众合、东煜光电、恒昌电子、四川耐斯福、四川圣九龙科技等项目入驻标准厂房。

【招商引资】 2012年，起草完成了大英县工业招商引资政策，协助编制了大英县招商引资手册，实行项目保证金制度和项目退出机制，提供有效信息13条，成功签约引进射洪洪达家鑫公司投资3.3亿元以BT模式建设机械电子产业园和兴茂石化高等级润滑油生产项目、成都文化石及新型墙体板装饰材料生产项目等项目6个。2013年，积极探索推进“集中引进一个产业，成片开发用地，成链集群发展，替代引进单个企业”招商模式。提供有效信息16条，成功引进能宝电源超级电容电池项目、富士鑫执御电梯项目、节能灯配套产业基地、澳森植物沥青项目等7个项目。

【服务企业】 园区积极树立“以企业为中心”的服务理念，不断拓展服务深度广度，完善机制，提升服务水平。一是全面实施服务企业全程代办机制，落实领导干部联系企业、联系工业项目，项目秘书服务企业、服务工业项目建设和并联审批制度等制度，对企业担保贷款、劳务用工、水电气基础配套、劳务关系等各个方面开展了细致的服务。二是突破企业职工技能等基础培训，新增企业家及高管经营理念和现代企业管理知识的培训。邀请成都倍特期货经纪有限公司绵阳营业部，为企业老总、财务负责人专题培训期货投资知识。组织企业家赴浙江宁波、四川中胜飞鸿轴瓦有限公司、四川沱牌舍得有限公司等地参观考察，学习规范管理经验。三是建立企业招工服务机制。加强企业用工调查，建立用工需求台账，与县就业局、企业建立信息共享网络。通过实行常态招工与专场招工，网络招工与实地招工相结合，2012—2013年，共帮助企业新聘急需人才4000余名。

【项目包装】 积极开展品牌创建。2012年，制定了《创建省级经济开发区工作方案》，为争创省级经济开发区打好基础，编报新型工业化示范基地和省级循环园区资料。2013年，成功创建为四川省“51025”重点产业园区及“四川省新型工业化产业示范基地”（第二批）。加大资金争取力度，2012年共争取到位项目资金700万元。其中，扩区拓园基础设施建设项目到位资金300万元，建设开发平台到位资金300万元，实训设备更新升级项目100万元。2013年，向省发改委申请的机电产业园标准厂房一期建设项目，成功争取发展引导资金200万元。提前包装储备项目，根据国家产业政策和园区发展定位，包装储备了7个亿元以上的大项目，其中5亿元以上项目1个。

【土地节约集约利用】 园区土地存量少，工业用地紧缺，加之国家加强了工业用地的管控，为了破解土地制约瓶颈，园区在加大土地指标争取的同时，一是通过提高土地利用效率解决土地短缺问题，园区土地集约节约利用评价顺利通过省国土资源厅专家组评审，对土地集约节约利用进行了规划，对新进项目在单位土地投资强度和产出上制定严格准入条件，单位土地平均投资强度150万元/亩，单位土地产出为180万元/亩。同时，投资4亿元在罗家湾片区建设了30万平方米的多层标准电子厂房，只占用土地300亩，建成后能容纳50—100家机电企业入驻。二是持续推进低效企业清理，共清理闲置土地860亩，闲置厂房5000余平方米，该项工作获得遂宁市政府通报表扬。2012年对永固建材等8个低效闲置项目进行了清退，对清退收回的土地和标准厂房全部进行重新招商，先后引进了圣海包装科技有限公司高档包装制造生产项目（原亿坤降解塑料项目）、中腾能源科技有限公司（原深圳佰大电子）和路雅达公司（原天益木塑项目）等6个项目。2013年对认定低效闲置的27家企业进行清理，限期开发、追加投资13家；整体转让6家；政府回购2家；部分收回1家（霆锐机械）闲置土地10亩，并新引进陶粒生产线项目；洽谈转产、合资的企业5家。

【融资工作】 为破解县工业集中发展区融资

瓶颈，园区积极整合资源，开辟融资新路。由大英县嘉泰城市建设投资开发有限责任公司出资新成立了大英鼎诚商贸有限公司，采用资产抵押，互为担保，争取银行授信等方式，2012—2013年共融资1.2亿元。

【拆迁安置】 县工业集中发展区拆迁工作主要有红旗一小区拆迁、红花坝村11社的拆迁任务，尤其突出的是红旗一小区属重复拆迁，拆迁群众意见大，诉求多，拆迁难度尤其明显。2012年，强化了拆迁群众的宣传、解释工作，红旗一小区拆迁工作稳步推进。2013年，园区组成4个拆迁工作组，逐户宣传、动员、反复磋谈，仅用一个月即完成除二户外的所有拆迁，同时圆满完成了红花坝村11社（彭家湾）拆迁任务。拆迁安置工作的顺利推进，为园区项目建设及时提供了土地资源。

【党建工作】 县工业集中发展区党工委以破解非公党建难题为突破口，以创新非公党建载体为抓手，紧紧围绕“组织创先进、党员争优秀、企业增效益、社会构和谐、园区求发展”5个目标，党建工作与工业建设有效互融互动，塑亮了“规模看盛马、速度看中腾、品质看圣海、改革看南华”的“园区形象”。2012年县工业集中发展区新建非公企业党组织30个，预备党员转正20名，发展预备党员30名，发展入党积极分子64名，充分发挥党员先锋模范作用和党组织战斗堡垒作用，广泛开展“党员金点子”献计献策和争创党员先锋岗活动，为企业的发展提供了坚强保证。建成园区党群活动中心，成功举办庆七一暨首届职工文艺汇演活动，各企业党组织也积极开展过组织生活和各种文娱活动。党员积分制管理办法受到《人民日报》党建版专题调研。2013年新建10个企业党支部，新培养入党积极分子64名、发展新党员21名、转正预备党员26名。大力开展“中国梦主题教育实践活动”演讲比赛、知识竞赛等活动，打造石化、纺织“党建示范带”，重新装饰园区党员活动室，帮助指导圣海公司提升企业文化，打造党群工作示范企业。抓好流动党员管理工作，推进党员教育规范化建设。

【民生保障】 做好城镇居民社会养老保险等民生工作，积极妥善解决五保、高龄老人、残疾人员和少数民族、困难弱势群体、复员退伍军人的具体问题。积极开展困难帮扶，解决征地拆迁安置区失地农民和贫困职工的生活困难。积极争取扶持政策，免费帮助失地农民参加就业培训，学到就业谋生技能，提高生活自助能力。2012年，为930名企业困难职工与社区困难群众提供免费体检，为80名企业困难职工进行困难帮扶，为妇女争取了“两癌”免费体检，为红旗二小区安置群众解决了用水难。2013年，为芦山地震灾区捐款，组织企业捐款捐物100万元，看望慰问象山敬老院的老年人，为他们送去生活用品和慰问金，资助象山小学两名留守学生，为企业女职工免费进行体检，提供医疗知识宣传，举办了送文化进企业活动，为企业职工带来了丰富的文化生活。

【安全综治】 坚持安全、环保检查无时限、无禁区，高位强化安全生产。建立园区在建项目工地、生产企业和社区“三落实、两有证、一检查”等安全工作巡查机制，进一步强化“五个强制”安全措施，园区安全生产环境良好。2012年完成古柏溪工业园区段河道污染治理工程；妥善处置装载23.44吨液化石油气灌装车侧翻造成的燃油泄漏事故，面对“9·10”特大暴雨，积极投入抗洪抢险和灾后重建，帮助受灾企业灾后自救、恢复生产；2013年检查企业75家，举办企业消防安全、环境保护、特种设备使用安全知识培训会，成功举行危险化学品企业抢险救援应急演练；积极抓好园区企业防恐反恐、森林防火、地质灾害防范、环境保护等工作，帮助中腾、蓥峰等企业建立防火隔离带。

积极发挥大调解中心作用，化解矛盾，调

解纠纷，强化社会治安综合治理，创新社会管理，实施网格化管理，维护一方平安。2012年，全区共集中排查矛盾纠纷26次。2013年成功处置红旗一小区拆迁群众集体上访、南华纺织职工罢工事件、久大盐化工程款结算纠纷等各类信访涉稳案件23件。扎实做好城乡环境综合治理、做好门前五包，治理脏乱差，规范街面秩序，加强宣传，树立群众文明生活习俗。

（何迎春）

大英县文化产业园区

【概况】 园区自成立以来，发展态势良好。2012年成功获得“市级文化产业示范基地”称号，被省政府列入了“四川省重点发展文化产业特色基地（园区）”；园区成功引进四川光华学院、中华梦幻谷第五空间、浪漫地中海影视基地等项目，初步形成了文化产业发展框架；随着体育馆、射击馆、滨江南北路等项目的开工，园区建设取得明显成效。

【总体规划】 园区紧临沪蓉高速大英进出口，处于大英县城新区以北、郪江上游，是大英“一心两翼”城市发展的重要“一翼”。规划面积10平方公里，范围为大英县城成南高速公路以北至永乐湖水库郪江两岸区域。按照“规划先行、基础先行、环境先行、配套先行、民生先行”和“整合资源、启动新城、带动旅游、形成产业”的理念，邀请了上海同济城市规划设计研究院、北京土人景观与建筑规划设计研究院、华西工程设计建筑有限公司等全国一流的规划设计单位为园区编制规划。

园区规划建设教育集中区、文化创意区、旅游休闲区、影视娱乐区、国际会议区、企业家会所和文化旅游综合体七大功能区。

教育集中区主要是建设自小学到大学，包含青少年宫、青少年活动中心和职业培训为一体的教育园区，主要解决城区学生入学、各种职业技能培训的问题。

旅游休闲区主要依托中国死海、中国慢谷、中华梦幻谷第五空间、海洋中心等项目，打造旅游精品项目，吸引成功人士在此养生、养心、养性、养情，最终达到养寿的目的。

影视娱乐区是以影视拍摄服务为主，兼具文化娱乐、观光体验、休闲度假等功能的影视体验区。

文化创意村是邀请在音乐、美术、雕刻、建筑等领域的名家大师来大英搞文艺创作，打造集作品创作、包装、展示、交易、品鉴于一体的高端艺术聚落。

国际会议区通过建设星级酒店，满足游客需求、承接各类会议，打造西部会议休闲度假区。

企业家会所是通过打造精品别墅区，聚集高端人群，为成功企业家的生活居家、交流融通、商务洽谈提供最佳场所。

文化旅游综合体项目是按照“文化新城、旅游新区”的思路，打造集大型商场、写字楼、商务公寓、总部经济、休闲会所等于一体，涵盖吃、住、行、游、购、娱六大要素的高端服务体系。

【招商引资】 截至2013年底，园区共引进文化旅游入园项目14个。分别是四川光华学院投资12亿元建设四川光华学院暨恢复光华大学项目；四川恒信集团投资22亿元建设奥特青少年高科技体验园中华梦幻谷第五空间项目；通过BT招商方式引进中电西南进出口公司和中国第四冶金建设有限公司合作，分别投资7980万元建设大英县体育馆项目，投资7950万元建设大英县射击馆项目，投资7950万元建设大英县体育中心广场项目；新疆和谐房地产开发有限公司投资8亿元建设大英县金融中心项目；河南晟业路桥工程有限公司BT投资6000万元建设滨江南路项目；通过BT招商方式引进江苏神龙海洋工程有限公司投资8000万元建设滨江北路一期工程项目；四川润弘大恒农业投资管理有限公司投资500万元建设核桃基地项目；与县招商局共同引进深圳市蓝山品牌策划有限公司投资1.5亿元建设蓝山咖啡饮料生产线及文化展示项目；四川外国语大学与大英县在人才培训、业务指导、学生录取、人员出国、实习实践、合作办校等方面开展战略合作项目；四川高福记食品有限公司和四川南华纺织集团共同投资3.8亿元建设中国·浮城盐文化旅游体验园项目；浙江南溪波森防水材料有限公司投资6000万元建设四星级大英海洋假日酒店项目；四川和琨投资有限公司投资3亿元建设天星村安置小区项目。

【项目建设】 园区成立以来，开工建设了光华大学、体育中心、中华梦幻谷、滨江南北路等重大文旅和基础设施项目。

四川光华学院。四川光华学院的前身是1925年在上海成立的光华大学，1938年在成都成立分校，位置就是现在的西南财经大学，在历史变迁中，校名被淹没，但姚依林、乔石、尉健行、孙孚凌、董建华等老一辈光华校友非常关心光华大学的重建。从2008年开始，在光华学院名誉院长、原省委副书记冯元蔚的主持下开始建校选址工作。学院经过三年的考察，最终选址大英县，计划投资38亿元，建设教育主题园区。项目于2011年12月9日正式签约，占地面积约3500亩，其中，不可建设用地2033亩，可建设用地1467亩。拟建设文学院、经济学院、艺术学院、医学院、职业培训学院。由上海同济城市规划设计研究院对项目进行总体规划，建设周期5年。于2012年7月26日开工，2016年全面竣工并正式招生，2017年在校生人数将达3万人次。项目建设首期进行197000平方米教学楼建设，到2013年12月，公共教学楼B区A段、职业培训学院1号楼主体至5层；职业培训学院2号楼主体至3层；公共教学楼B区B段主体至2层；公共教学楼A区及文学院正在进行地梁施工；职业培训学院3、4号楼完成了临建设施搭建，正在打桩。

体育中心项目。体育中心建设项目承担着四川省十二运会拳击、体操、射击三个项目的比赛任务，项目占地165亩，建筑面积29910平方米（其中体育馆建筑面积14969平方米，射击馆建筑面积14941平方米），投资2.338亿元，体育馆按国家体育建筑乙级标准定位，可容纳观众4158人（其中，固定座席2998座，活动座席1160座）。射击馆也是按国家体育建筑乙级标准定位，设置有10米、25米、50米室外靶道各80个，50米室内决赛靶道10个。该项目由中电西南进出口公司和中国第四冶金集团有限公司联合中标投资修建，于2012年9月28日正式开工，到2013年底，体育馆土建工程和内部管网安装已结束，正在进行屋面、幕墙、设施设备安装及装饰工程施工；射击馆主体工程和内部管网安装已全面完成，正在进行体育工艺设施设备安装及装饰工程施工，体育中心广场正在进行土基精平和管网安装，将于2014年3月全面竣工，确保2014年拳王争霸赛和省运会顺利举行。

滨江南北路。按照“规划先行、基础先行”的建设思路，为解决入园项目基础设施建设瓶颈，尽快形成园区框架。园区于2012年12月底启动滨江南北路项目建设，该项目采用一块板的断面形式，总长度约5.67公里（北路长4810米，南路长860米），宽11米至40米（北路22—40米，南路11—22米），总投资约1.1亿元，由江苏神龙海洋工程有限公司承担建设任务，项目资金由园区自筹。到2013年底，滨江北路项目完成挖方38万立方米，路基填方35万立方米，涵洞基础和墙身5座，污水管1200米，雨水管900米，正在进行土方工程、管道安装、路基砂砾石铺筑。

中华梦幻谷。中华梦幻谷项目位于四川省大英县蓬莱镇，由四川恒信远大集团投资22亿元修建，2013年8月26日开工建设，预计2015年12月部分对外开放。该项目旨在打造参与度高、互动性强、创新性多的体验式休闲度假娱乐项目，分为南北沟两大功能区。南沟由欧洲万国集市、旅客接待中心、大型停车场、梦幻皇宫温泉度假酒店、企业家艺术家之村组成。北沟是主题游乐体验的天堂，由游乐板块、高科技馆、荷兰小镇构成。景区将震撼呈现世界五大洲文明场景，分别为异域国度美洲区、魔幻森林欧洲区、维斯瓦海岸大洋洲区、谜域黄沙非洲区、古都神域亚洲区，在传统与国际、民族与世界之间建造出一座座文明高峰，该项目将建成大英又一拳头旅游项目。到2013年底，中华梦幻谷项目游客接待展示中心主体已完成，即将进行内外装修；连接南沟北沟的梦幻大道已开工建设。

（熊鑫月）

大英县现代农业园区

【概况】 大英县现代农业园区（以下简称园区）位于卓筒井—蓬莱—隆盛—回马干道沿线，含隆盛镇规划新建片和蓬乐路巩固提升片，规划面积112平方公里，涉及卓筒井镇、蓬莱镇、隆盛镇57个村，549个合作社，2.45万户农户，8.92万人。其中新建片以隆盛镇长滩寺、赵坝、土门垭、青坪、五一村为核心区，占地面积约2万亩，区位优越、交通便捷、水源充足、土壤肥沃。

产业布局。根据园区地理位置，现有的产业基础、交通、水利条件及土壤质地，将园区产业布局概括为“一园、两区、三产、五点”。（大英县现代农业园区；休闲农业观光区、农产品精深加工区；优质蔬菜产业基地、优质水果产业基地、优质中药材产业基地；青坪村综合体、黄土岭新村综合体、后坝村新村综合体、干柏树村新村综合体、赵坝村新村综合体）。

园区目标。园区以打造“中国丘区现代农业示范高地”为目标，紧紧围绕中省市发展现代农业、推进新村建设、建成全面小康的总体部署，强力推进“镇园结合、产村相融、一体发展”，深入实施“两化”互动、城乡统筹发展战略，突出园区建设多种功能，以科学发展观为指导，以市场为导向，效益为中心，科技为支撑，社会投入为主体，推动入园企业区域化布局，规模化、集约化、专业化、标准化生产和产业化经营；加大招商引资和土地流转力度，实行项目向园区集中、产业集群发展、资源集约利用、功能配套集成，辐射带动全县农业转型升级；坚持“政府引导、企业主体、多方参与、市场运作”的原则，强化抓工业的理念抓农业，用发展旅游的理念发展农村，用经营资本的理念激活要素，突出“产村互动相融”发展，持续推进园区体制机制创新，促进农业增效、农民增收、园区繁荣。

【管理机构】 根据中共大英县委四届22次常委会精神，经中共大英县委机构编制委员会2013年第一次会议研究决定，园区管理机构设现代农业园区党工委（纪工委）、管委会，2013年1月21日，中共大英县委机构编制委员会《关于设立现代农业产业园区党工委（纪工委）、管委会的通知》（大编委发〔2013〕10号）批准成立，为县委、县政府派出正科级机构。同年3月根据中共大英县委机构编制委员会《关于县现代农业产业园区管理委员会等机构更名的通知》（大编委发〔2013〕16号）文件，将其更名为“大英县现代农业园区管理委员会”（简称：县农业园区管委会）。内设三股一室一中心，即规划建设股、产业发展股、招商引资股、办公室、服务中心。核定机关行政编制8个；工勤编制1人；下属事业单位事业编制6个。

【基础设施建设】 2013年，园区基础设施建设一是园区道路建设推进迅速。快捷通道项目3个标段已完成投资约2.5亿元，路基土石方开挖24万立方米、软基处理3200立方米、软基换填68000立方米，路基土石方填挖、涵洞、挡土墙、桥梁等工程施工快速推进；主骨干道路建设已进入水稳层施工，即将铺设沥青路面；环形道路建设已完成规划设计，进入财政评审和招标程序。二是园区水利工程建设改造全面启动。已新建改造灌溉渠系42.8公里，新建蓄水池19处，整治塘坝11处，整治引水堰3处，整治小型泵站2处。已完成赵坝村、长滩寺居民供水主干管网迁设。防洪堤工程已启动路基建设。三是高标准农田整理项目同步跟进。依托国土整治、高标准农田建设等项目，项目入驻企业已完成土地整理和田土调型1.42万亩。

【招商引资】 2013年，园区共洽谈农业项目39个，已签约项目12个（其中：道地中药材项目1个、优质水果项目2个、生态养殖项目2个、蔬菜种植项目2个、珍稀苗木种植项目1个、农旅休闲观光项目2个、新村综合体项目2个），引进投资总额40.4亿元。已集聚四川丰侨集团、四川隆跃农业、四川永逸集团等龙头企业和业主24家。

【主导产业】 截至2013年底园区道地药材、优质水果和蔬菜三大产业基本形成。四川丰侨道地中药材基地已高标准种植白芷1560亩，新增4000亩用地已落实，并完成了土地整理和播种。四川正果蔬菜基地已全面投产，形成规模种植。四川康禾蔬菜基地基础设施建设快速推进，已完成部分土地调型和道路、水系建设，建成钢架大棚230亩。四川鸿豪水果基地除杂、补苗、施肥、提苗、防病治虫等田间管理有序进行。四川广茂祥水果基地水产养殖区基本成型，已移栽果苗1920亩。隆跃生态农业、重庆新原野等一批项目也先后启动，加速推进。

【新村建设】 2013年，园区新村建设拆迁、过渡安置、户型、面积选择已全面完成，所有新村聚居点的选址、规划和设计工作已结束。四川永逸集团建设的“药香小镇”综合体项目已于11月24日正式动工，预计2014年10月前首批安置房交付使用。赵坝村风貌整治已初步完成23户试点，正全面推进建设。

【园区管理】 一是强化项目入园服务。根据入园企业需要，认真做好企业注册登记、技术咨询、生资采购、劳务用工、职业培训等服务工作。根据业主需要，2013年园区服务中心共举办道地药材、蔬菜、水果技能培训3期，培训职业农民1380人，协助企业组织肥料等农用物资4820吨，实现劳动力就业3680人。二是认真做好土地流转。积极推行“专业测绘公司+社员代表+土地流转方”三方确认面积的土地流转模式。按照“同类区域、统一价格、统一合同版本”的方式签订土地流转协议，正确处理好项目单位与流转土地农民之间的利益关系。三是规划做好电力通讯杆线迁建。积极协调电力、通信等部门，按照“统一规划、线路美观、资源整合、各司其职、集中迁建”的要求，搞好各类杆线的迁建工作，充分满足项目建设需要，提升园区建设整体形象。四是改进工作方式。变行政干预式管理为参与式服务，增强服务手段、服务功能和服务实效。落实项目秘书制，实行一个项目、一套领导班子、一位项目秘书、一套推进方案。落实项目业主定期联系会议制度。每月召开一次项目业主会议，听取项目推进中存在的问题，落实专人定期解决。

（黄英武）

重点入园项目简介

【大英国际中医药产业硅谷项目介绍】 该项目由四川丰侨科技集团投资建设，计划总投资29亿元，在县农业园区建11万亩中医药GAP标准道地中药材种植基地、1000亩的珍稀苗木观光旅游示范基地、中医药GMP标准中药材深加工基地及物流区、GSP标准中药材全球采购中心和国家级中医药电子商务信息中心等子项目。2013年该项目已完成投资6000万元，流转土地5000亩，整理土地4000亩，种植白芷1560亩，佛手1440亩，天冬238亩。按照项目规划，2014年业主将自主建设1万亩，带动农户种植0.7万亩，到2022年带动农户种植10万亩，辐射周边种植100万亩，全球中药材交易中心将于2014年3月12日开工建设，2017年建成投入使用。项目全部建成正式投入运营后预计第一个五年可实现100个亿元的交易额，第二和第三个五年分别达到300亿元和500亿元。

【永逸药香小镇综合体项目介绍】 该项目由四川泰通置业有限公司投资建设，计划投资5亿元，总规划面积833亩，总建筑面积21.8万平方米，其中安置面积6.4万平方米（471户），公共建筑面积2.9万平方米，可流转开发面积12.5万平方米，包括安置小区、村级组织活动场所、村卫生计生中心、农贸市场、农资超市、活动广场、商业街、幼儿园等设施，是一个融乡村旅游、休息娱乐为一体的新村综合体。采取“政府引导、企业参与、联合开发、共同受益”的模式，用开发收益弥补安置资金缺口。2013年，该项目已通过县规委会审议，并于11月25日开工建设，预计2014年底前安置农户迁入新居，2016年项目全部竣工，建成全国知名的药香小镇。

【蓝梦庄园项目介绍】 该项目由大英隆跃农业公司投资建设，计划投资2亿元，在隆盛镇青坪村建设500亩生态农业观光博览园，在响滩子沟流转1000亩左右的土地，发展以蓝莓种植为主的特色农业产业。该项目已签订土地流转协议并支付了土地流转金，已聘请知名规划设计单位再次进行深度规划设计，先期产业用地土地整理、基础设施建设全面展开。项目于2013年11月开工，预计在2016年12月竣工。

（黄英武）

大英县回马工业园区

【概况】 大英县回马工业园区是大英县五大特色产业园区之一，成立于2012年10月28日，位于回马镇，辖临江、永和、夏家沟、文武4个村，按照“一心一带两翼三区多点”的空间布局和产城融合发展要求，总规划面积6平方公里。

园区发展定位是建设中国新材料产业高地、中科院成果孵化基地、中国产城融合示范区和中国新材料产业集群总部。力争通过3—5年建设，建成以新材料为主导，集PAN碳纤维、超高分子复合材料、长波纤工程、塑料、通信用塑料光纤等四大基础材料和新材料微车部件、游艇、建筑建材、新能源汽车制造、国防航空航海新材料等五大产业为一体的高科技产业园区和产值超100亿元的新材料产业集群。

【发展规划】 园区的产业发展方向为“光碳科技、新型建材”。其中，“光碳科技”为“外来”新兴的高端化、区域品牌型产业；“新型建材”为“本土”基础的升级型、区域产业链产业。

发展目标是将园区建成产业功能完善、人居环境便捷和城市风貌优美的现代化“新兴产业基地”。

功能定位是以发展光碳新材料为主，产城融合发展的新兴产业基地。

规划用地规模：规划区规划总用地面积为776.82公顷，其中城市建设用地面积为435.55公顷，占规划总用地面积的56.07%。

规划人口规模：规划区人口规模为2.0万人，其中居住人口0.84万人、工业人口1.16万人。

2012年，对园区6平方公里进行了规划，完成园区控评规划审定，完成园区第一期170

亩建设用地规划、设计审定，并启动滨江路建设。

2013年，完成了6平方公里的回马工业园区总体规划、安置区规划编制、光碳产业园详细规划和四川物流职业学院规划编制，并经县规划委员会审定通过；完成了滨江路、常红路等道路的施工设计和厂房、安置房、检测中心、科研楼、办公楼、专家公寓等施工图设计。

【园区机构】 2012年10月28日，大英县回马工业园区党工委、管委会正式挂牌成立，下设了综合办公室、规划建设股、土地利用股、招商服务股4个职能股室。

【征地拆迁】 2012年，启动征地拆迁安置等工作，对园区涉及的5个村共40个社，200余户进行了摸底调查，制定征地拆迁方案。召开拆迁安置工作动员会，广泛宣传优惠政策和园区整体规划，营造良好氛围，充分调动了广大群众参与征地拆迁的积极性。

2013年，组建乡镇、村、园区土地征收办公室，实行“三位一体”工作制，落实夏家沟村、永和村、文武村三村1200亩建设用地，征收建设用地454亩；测量房屋125户，签订房屋征收协议52户，实际拆除31户；完成鑫源碎石场的征收工作，完成茂兴碎石场资产清算工作；完成文武村蔬菜基地及中通药业的资产清算及搬迁方案。

【招商引资】 2012年，与重庆科恩公司签订了建设回马工业园区投产协议，首期入驻项目达4个，即5万辆新能源电动车制造项目、20万套轻微车新材料部件生产项目和50万吨新型建筑材料生产项目和科研楼及专家会所项目，总投资达15亿元人民币。

2013年，引进商砼站、新材料微车部件、超高分子聚乙烯项目、新能源电动车、电路控制器系统、新材料车厢制造、新材料游艇制造、四川物流职业学院和基础设施等10个项目，注册公司6个，正在注册2个；落地项目11个；环评、安评各3个。

【项目建设】 2013年5月，商混站建成并投入使用，新材料一号厂房进行设备安装，新能源电动车厂房主体完工，进行室内施工。2013年12月，新能源电动车厂完成设备安装，检测楼、科研楼、办公楼完成主体建设，正在室内施工，职工公寓正在基础打桩，三、四号厂房正在进行基础工程；滨江路和常红路正在组织施工；一、二期场平后已交付项目使用，已启动第三期场平；四川物流职业学院场平已完成10万平方米，安置区场平已完成2万平方米。

【要素保障】 2013年，三次搬迁园区内1万伏高压电线，新建一条1万伏高压电线，规划一座3.5万伏变电站；新建一座日供水3万吨的自来水厂；完成了原园艺场土地的划转、评估及有指标土地的办证融资工作准备。

【安全稳定】 始终把尊重群众意愿、维护群众利益放在重要位置，严格执行国家的征地、拆迁等政策，积极化解矛盾，做好群众工作，维护园区社会稳定。2013年，共办理“12345”、“书记信箱”、“市长热线”等信访件23件，与来电人积极沟通、解决困难，基本达到满意。进行安全大检查2次，用电安全专项检查1次，下发整改通知书4份，提出整改意见20余条。

（罗　明）

项目和投资

固定资产投资

【概况】 2012 年、2013 年全县分别完成固定资产投资 110.18 亿元、133.32 亿元，同比增长率分别为 17.76%和 21%。其中：工业类项目、非工业类项目以及房地产项目增长率分别为 21.04%、31.04%、8.94%，呈正增长态势；农户投资下降 1.9 亿元，同比减少 18.45%。

【固定资产投资管理】 以大英县在建的省市县级重点项目为依据，将全年固定资产投资目标任务及时分解下达给各责任单位，定期督查项目建设进度，以形成更多的实物工作量为投资提供依据。抓好投资工作培训。每年牵头组织召开投资入库培训会 12 次，指导各责任单位按照省统计局要求完善项目立项、现场施工照片等入库申报资料，确保投资项目应统尽统。抓好投资进度监控。加强与部门、企业的沟通，严格监控每月投资数据并及时反馈给各责任单位，确保大英县固定资产投资进度达到年度目标要求。

【争取上级项目资金】 抓好建章立制。制定并下发争取上级项目资金考核办法，进一步明确考核对象、考核内容、考核时限和奖惩措施。抓好督查督办。按季度通报各单位完成争取上级项目资金工作情况，让各单位能够第一时间知晓并及时整改。抓好逗硬奖惩。根据年终到位资金情况对各单位进行奖惩，对完成任务的单位，给予前期工作经费补助；对未完成任务的单位，年终考核降低一个等次。2012 年、2013 年分别争取上级项目资金 13.8 亿元、16.4 亿元，同比增长率分别为 25.34%、18.84%。其中，争取到位的项目中涉农项目以及基建类项目仍然居主导地位。

（何荣志）

重点项目建设

【概况】 2012 年，大英县实施省级重点项目 7 个，完成投资 36.7 亿元，实施市级重大项目 12 个，完成投资 68.13 亿元，实施县级重点项目 100 个，完成投资 130 亿元。2013 年，实施省级重点项目 5 个，完成投资 30.17 亿元，市级重点项目 13 个，完成投资 54.7 亿元，县级重点项目 100 个，完成投资 136 亿元。

【重大项目建设】 坚持“决策抓规划、投资抓项目、发展抓平台、环境抓创优、机制抓创新”的发展思路，以“六大攻坚行动”统筹全县重点项目建设，扎实推进涉及交通、产业、城镇、文旅、民生、环境等方面的237个重点项目，主要有盛马化工重油深加工及产品质量升级项目、圣海包装产业园建设项目、沪蓉高速遂宁服务区城市综合体建设项目和大英至遂宁快捷通道（隆盛段）建设项目等。化工产业园强势提升，盛马重油深加工技改完成，中腾能源一、二期建成投产，久大盐化升级改造顺利推进。机电产业园30万平方米标准厂房如期建成。回马新材料研发及生产项目新材料生产线试生产。粮药物流园主干道、5万吨仓库和5000吨油罐启动建设。现代农业园区整合项目23个、资金1.24亿元，整理土地1.42万亩、流转土地1.7万亩，核心区7.5公里骨干道路建成通车；引进农业项目12个，总投资40.4亿元，集聚云南天丹药业、四川永逸集团等企业24家。中国死海升级改造基本完成，被省政府授予“四川旅游金熊猫奖”，评为全省首批、全市首个省级旅游度假区。中华梦幻谷开工建设，浪漫地中海旅游度假区前期工作有序推进。

（何荣志）

大英县2012年部分重点项目进度表

单位：万元

序号	项目名称	建设性质	主要建设内容	建设年限	总投资	2012年计划执行情况			
						计划投资	1—12月完成投资	完成计划投资（%）	形象进度
1	郪江新城建设项目	新建	建郪江新城基础设施，两横两纵道路，高端社区打造，商业街建设，旅游观光区建设。2012年主要建设工程：1. 蓬莱路大桥及引桥，长240米，宽32米；2. 郪江新城滨江路，长2200米，宽12米；3. 蓬莱大桥延伸郪江新城干道	2012—2015	600000	50000	53600	107.20%	2012年3月开工。完成部分土石方挖运及防洪堤填筑，完成C6区土石方挖运，完成6000万元BT项目招商工作。完成青狮桥基础勘探工作；郪江新城滨河路正在做工程设计；郪江新城安置房正在调整规划方案；河道内污水处理排污干管铺设已开工。
2	电子信息产业园建设项目	续建	建“两桥五路”管网、水、电、气等附属配套设施；新建电子标准厂房、服务大楼，并引进企业投资	2011—2015	600000	50000	57100	114.20%	1. 8#、10#、2#、3#、18#、20#、11#、12#号楼基础工程完成，进入主体施工阶段； 2. 1#、4#、5#、6#号楼场地平整、边坡治理完成； 3. 土方已完成30立方米。

续表

序号	项目名称	建设性质	主要建设内容	建设年限	总投资	2012年计划执行情况			
						计划投资	1—12月完成投资	完成计划投资（%）	形象进度
3	盛马化工重油深加工及产品质量升级项目	技改续建	建500万吨燃油装置、120×10^4t/a延迟焦化装置、100×10^4t/a汽柴油加氢精制装置、2×10^4Nm^3/h制氢装置、2×10^4t/a硫黄回收装置、溶剂再生装置、50t/h酸性水汽提装置；新建油品储罐区及配套公用工程设施，其中：30000立方米原料油罐（6座）、10000立方米加氢原料油罐（4座）、10000立方米汽柴油罐（12座）；新建350立方米污水处理厂；新建火炬气回收装置（20000立方米气柜）、火炬系统、循环水场、空压站及氮气站、锅炉房、消防水站、泡沫站、凝结水回收利用系统、各区域变配电所、电信、区域控制室、工艺及热力管网、给排水管网等公用配套工程及服务性设施建设	2010—2014	236000	55000	58700	106.73%	1. 200万吨/年燃料油处理装置现已按计划完成设备安装，项目进入生产准备阶段。 2. 2万立方米气柜、20万立方米油品储罐安装制作已完成，开始进行罐体保温工作。 3. 100万吨/年汽、柴油加氢精制和2万标方/小时制氢装置设备已陆续到货，装置基础正在施工。
4	新型建材产业园建设项目	续建	新建产业园服务大楼、道路、水、电、管网等基础设施；建设新型厂房	2011—2014	150000	50000	56100	112.20%	项目区内征地、拆迁、安置等工作基本完成。正在进行项目第一期用房及附属设施建设。
5	西南粮食物流园建设项目	新建	建30万吨存储仓库、1万吨油罐，完善园区配套设施，建立加工区、粮油交易区、配套服务区等	2012—2014	500000	40000	41700	104.25%	2012年5月开工。一期建设高标准粮食仓库5万吨，已办理立项、环评，土地预审意见、选址意见书、资金筹集方案等前期手续，正在基础开挖和进场便道等附属设施建设。

续表

序号	项目名称	建设性质	主要建设内容	建设年限	总投资	2012年计划执行情况			
						计划投资	1—12月完成投资	完成计划投资（%）	形象进度
6	文化产业园建设项目	续建	建休闲旅游、影视娱乐、教育集中、文化创意、国际会议以及企业家会所等六大功能区；配套园区基础设施等	2011—2015	500000	50000	55300	110.60%	体育馆、射击馆正在主体建设；光华大学完成了普勘，通过了专家及专题会议评审，正在进行环评、安评、水土保持和一期土地挂牌等前期工作；道路基础设施项目完成了施工图设计，监理招标和项目招商，正在进行施工前期准备。
7	沪蓉高速遂宁服务区城市综合体建设项目	续建	建城市综合配套服务区及住宅区、工业发展要素配套区、现代农业观光游憩区等	2011—2013	55000	25000	25800	103.20%	完成项目部建设、新公司（大英力汉）注册、拓展区260亩用地界限标定及拓展区详规初步方案；完成南区增设匝道工程方案设计；完成拓展区围墙施工；水、电工作已完成；目前正在进行拓展区建设，酒店等已开工进行基础建设。

大英县2013年重大项目建设进度表

单位：万元

总序号	项目名称	建设性质	主要建设内容	建设年限	总投资	2012年累计完成投资	2013年投资计划完成情况 计划投资	形象进度	建设单位
1	大英至遂宁快捷通道建设项目	新建	建设长1.06公里，亍车道宽23米，非机动车道宽12米，人行道宽4米，隔离带宽7米的大英—隆盛段快捷通道	2013—2015	55000		30000	1. 该项目可行性研究报告、初步设计、施工图设计、BT招商和监理招标等前期工作全面完成。2. 征拆工作全面完成。3. 共完成施工便道5千米、路基土石方80万立方米、软基处理3200立方米、软基换填6.8万立方米、挡土墙4000立方米、涵洞在建15道、梁家坝大桥长247.16米已完成桩基6根、赵家坝大桥长217.16米已完成桩基4根和原材料进场及检验。	四川大和建筑工程有限公司、江西建工机械施工有限责任公司
2	大英沪蓉高速遂宁服务区城市综合体建设项目	续建	建设城市综合配套服务区及住宅区、工业发展要素配套区、现代农业观光游憩区等	2011—2014	65000	25800	15000	已完成桩基础121根和地下1层和地上1层施工，订购了酒店部分设备设施，正在进行地上二层施工。	成都市力汉投资有限公司

续表

总序号	项目名称	建设性质	主要建设内容	建设年限	总投资	2012年累计完成投资	2013年投资计划完成情况	形象进度	建设单位
							计划投资		
3	大英盛马化工重油深加工及产品质量升级项目	续建	建设500万吨燃油装置、延迟焦化装置、汽柴油加氢精制装置、制氢装置、硫黄回收装置、溶剂再生装置	2010—2014	236000	145000	50000	公司重油深加工及产品质量升级项目，现已完成了200万吨/年燃料油处理装置、2万立方米火炬气回收系统、8个10000立方米成品油储罐、4个30000立方米原油储罐、8个2000立方米球罐及新厂区道路、给排水管网等基础设施建设。 100万吨/年汽柴油加氢精制、20000N立方米/h制氢装置、5万吨硫黄回收装置（一套2万吨，一套3万吨）、锅炉、给排水等项目部分设备完成订货，现正在进行新厂区大门建设，厂内道路硬化。 50万吨/年轻烃改质装置、120万吨/年延迟焦化装置、铁路专用线扩能改造、35kV变配电站已完成可研设计工作；100万吨/年渣油加氢装置、完成了施工设计。	四川盛马化工股份有限公司
4	大英中腾化工深加工项目	续建	建设20万吨/年液化气深加工项目、20万吨/年正丁烷异构项目、20万吨/年异丁烷脱氢+MTBE项目	2012—2015	300000	5000	100000	已竣工投产。	四川中腾能源科技有限公司

续表

总序号	项目名称	建设性质	主要建设内容	建设年限	总投资	2012年累计完成投资	2013年投资计划完成情况	形象进度	建设单位
							计划投资		
5	大英现代农业产业园区建设项目	新建	建设新农村、农博园展馆、柑橘基地、蔬菜基地、高标准油菜基地及配套设施等	2013—2016	280000		50000	1. 截至11月底，已完成11个项目规划和17000亩基地土地流转。已投资2130万元整理土地14200亩。已建成优质蔬菜基地2000亩。已种植中药材白芷1560亩，栽植果树1920亩；2. 截至11月底大英县现代农业园区共洽谈农业项目39个，已签约项目12个，引进投资总额38.4亿元，正在重点跟踪洽谈项目3个，已开工建设子项目11个；3. 已通过赵坝村新村建设的概念性规划，赵坝村新村综合体项目已动工；4. 园区主干道路正在进行水温层施工；正在对园区环形路进行规划设计。	大英县农欣公司及相关业主
6	大英电子生产厂房建设项目	续建	建设300000平方米电子生产车间及配套设施	2011—2014	100000	30000	40000	2#、5#、6#、7#、9#、11#、12#、13#、14#、15#主体验收完成，已进入装修工程。1#、4#楼正在进行主体施工。3#、8#、10#、18#、20#楼已竣工验收，部分道路管网正在进行施工。	大英县嘉泰城市建设投资开发有限责任公司、住建局
7	大英圣海包装项目	续建	建设120000平方米厂房、10000平方米办公及生活用房和高端包装制造生产线	2012—2014	70000	30000	30000	二期2#车间生产进度：1. 瓦楞线安装完毕，待调试。2. 蒸汽锅炉开炉调试中。建设进度：1. 水磨石地面施工进行中。2. 车间照明系统安装完毕。3. 车间大门排水入口基础地面完成、已订购设备：全自动烫金机和半自动纸板模切机。	四川省圣海包装科技有限公司
8	大英新型建材研发及生产项目	新建	建设光碳新材料、高分子复合材料生产线	2013—2015	150000		10000	新材料标准一号厂房正在调试设备，即将投入生产；二号厂房主体完工，等待安装设备；检测楼主体完工，进行室内施工，准备装修；科研楼、办公楼主体完工，正在进行室内施工。	四川柯恩投资有限公司

续表

总序号	项目名称	建设性质	主要建设内容	建设年限	总投资	2012年累计完成投资	2013年投资计划完成情况	形象进度	建设单位
							计划投资		
9	大英光华学院建设项目	新建	建设集大学、小学、幼儿园于一体的教学基地及医院、酒店、超市等配套设施	2013—2016	120000		20000	正在进行首期197000平方米教学楼建设：公共教学楼B区A段、职业培训学院1号楼主体至5层；职业培训学院2号楼主体至3层；公共教学楼B区B段主体至2层；公共教学楼A区及文学院正在进行地梁施工；职业培训学院3、4号楼完成了临建设施搭建，正在打桩。	四川光华学院
10	大英中国死海旅游度假区核心区改造项目	新建	建设体育场馆，改造死海室内漂浮馆、黑泥体验馆、室外魔幻水上乐园、室内水上乐园	2013—2014	50000		30000	加快安装太阳宫大剧院设备；运动场馆外装饰工程全面完成；购置死海室内漂浮馆、黑泥馆等设备设施和装饰材料，准备进行外装。	中国死海旅游度假有限公司

（何荣志）

招商引资

【概况】 2013 年 1 月，大编委发〔2013〕7 号文件，将大英县投资服务中心更名为大英县招商信息服务中心。同月，经县编委同意，在县招商局下设 3 个招商分局，为县招商局下属事业单位，各分局核定全额拨款事业编制 3 个，各分局局长 1 名（副科）、副局长 2 名（股级）。其中一分局主要负责化工、纺织产业及商贸流通、金融服务等现代服务业招商；二分局主要负责机械制造、电子信息产业及文化旅游、城建基建项目招商；三分局主要负责新能源、新材料等新兴产业及现代农业项目招商。

2012—2013 年，全县招商引资工作在学习借鉴江苏宿迁等地区招商引资成功经验的基础上，充分结合大英区位优势、自然环境以及交通等优势，在坚持传统制度的基础上，在招商机制和体制上进行了创新尝试，建立了“1+3+6+13”联动招商新机制，创新了招商引资督办、考核以及招商引资服务等新机制，全县招商引资工作在稳步推进。

【招商成果】 2012—2013 年，共签约招商引资项目 145 个，协议投资总额 619.46 亿元，实际到位资金总额 94.79 亿元。

2012 年引进项目 70 个，协议投资 360.56 亿元。履约项目 74 个，累计到位资金 41.11 亿元。主要有中国民俗文化投资有限公司投资 30 亿元的“蜀国印象”文化产业园项目，四川光华学院投资 12 亿元的光华大学项目，中慈置业发展有限公司投资 20.8 亿元的中慈大英养生园项目，成都天友旅游集团投资 40 亿元的大英县城市文化综合体，四川晨明地产投资有限公司投资 20 亿元的郪江国际生态养生岛项目，四川省恒信置业有限公司投资 22 亿元的奥特·青少年科技体验馆项目，成都力汉投资有限公司投资 5 亿元的（成南）高速公路遂宁服务区——拓展区项目，中电西南进出口公司投资 3 亿元的体育馆、射击馆和体育中心广场项目，四川省恒信置业有限公司投资 10 亿元的小商品交易市场项目，成都凯腾科技有限公司投资 5 亿元的服装服饰及小商品产业项目，遂宁永逸实业集团投资 8 亿元的城市商业综合体项目。

2013 年引进项目 75 个，协议总投资 258.9 亿元，累计完成到位资金 53.68 亿元。主要有投资 30 亿元的四川中腾能源 20 万吨/年烷烃芳构化装置暨科技创新中心项目；投资 10 亿—30 亿元（不含）的永逸综合体项目、郪江国际养生岛项目、中药材种植、加工及交易中心项目、中华梦幻谷等项目 4 个；投资 5 亿—10 亿元（不含）的郪江新城金融中心、汽车用品制造、新型建筑机械、智能仓储物流设备生产、植物沥青防水材料等项目 4 个；投资 1 亿—5 亿元（不含）的环保胶粘剂生产、蓝山咖啡饮料生产线及文化展示厅、500 万 Ah/a 超级电容器、精细化工、电梯生产研发基地、机械制造项目等项目 6 个。

大英县 2012—2013 年招商引资情况统计表

年度	引进企业个数（个）			协议投资额（亿元）			实际到位资金（亿元）			
	总项目	工业（旅游）项目	农业项目	总投资	工业（旅游）项目	农业项目	总到位	工业（旅游）项目	市外	省外
2012	70	38	16	360.56	331.75	6.65	51.1		50	39.8
2013	75	41	20	258.9	190.6	2.34	53.68		53.68	41.97

【招商机制】 全面实施招大引强战略，实施“1+6+13”招商责任制，实施协作招商。2013年，大英在全县实施“1+6+13”全员招商责任制，即成立1个专业招商部门（县招商局）统筹全县招商引资工作，6个重点招商部门（县工业集中发展区、县旅游局、县经信局、县文化产业园区、现代农业产业园区、回马建材产业园区）负责全县重大产业项目的招商，其余76个部门分别作为13个招商引资协作组的成员单位，由招商引资协作组管理，各责任单位分别成立招商引资机构，落实专门人员负责招商引资工作。全县29名县级领导分别任协作组组长、副组长，牵头开展招商引资工作。全县上下形成专业招商、协作招商、重点部门招商联动互补格局。

【招商制度】 一是完善项目预审制度。2012年起，凡项目签约前，均请县政府组织发改、经信、国土、工商、法制、税收、园区等相关部门及水、电、气等相关要素保障部门就项目协议、安全、环保、税收、法制、土地供应、配套设施等项目的可行性、可持续发展能力、科技含量等进行审议，确保项目绿色、安全、可持续发展，坚决杜绝高耗能、高污染、淘汰落后项目，把好项目的入驻关，既促进发展，又保障民生。二是实行招商项目身份审核制，所有项目正式洽谈前，均对项目相关资质进行审核，或由县领导带队组织相关部门到企业已有项目地对项目的企业资质、生产工艺、产品、技术设备、市场前景等进行实地考察，或对相关金融部门对企业资金实力进行考察。三是完善项目退出机制。在征求相关领导及国土、法制、司法、园区等相关部门意见的基础上，在招商协议条款中完善了项目退出的具体条件及相关要求，项目除特殊原因外，如未按协议约定推进项目建设，将按约定承担相应损失。四是完善项目保证金制度。坚持按协议投资总额5%~10%收取项目履约保证金，专款专用，部分投资额度较大的项目，由甲乙双方根据项目实际投资情况约定履约保证金数额。完善保证金监管及使用方式，根据企业要求，可实行企业、银行、招商局三方共管，并根据项目推进情况按比例返还保证金，既确保了项目投资的真实性，又促进了项目推进进度。

【招商方式】 一是小分队招商。2013年来，按照“一个区域、一个产业、一个目标、一支队伍”的招商思路，围绕机械制造、电子信息、新型建材、粮药物流等主要产业，4个招商小分队通过深入招商一线，拜访了商会、协会、到访了产业园区、考察了知名企业。全年，各分局按照分工，深入长三角、珠三角、闽三角、环渤海、成渝等地区，推进项目引进工作平均达到100天以上，主要到广东、福建、浙江、新疆、重庆、上海等10个省50余个城市；拜访了深圳市青年企业家联合会、省政府驻广东办事处深圳联络处、广东四川商会、深圳四川商会、广东大竹商会、深圳遂宁商会、韶关四川商会、中山家用电器协会、顺德家电商会、上海四川商会、浙江四川商会、云南四川商会、市政府驻深圳办事处以及广东遂宁商会、中山五金机电商会等30余个商会、行会、协会；到访了成都蛟龙港工业园、重庆九龙工业园、珠海南屏工业园、深圳明海工业园、佛山志高工业园等40余个工业园区；组织召开招商项目推介会、机电产业园招商说明会、生活电器招商座谈会等形式多样的招商推介会30余场。

二是借力招商。积极主动对接省、市招商引资主管部门和省、市政府的驻外机构，拜访并组织各地商会、协会及企业家召开招商引资专场推介会，大力宣传大英区位优势及产业发展现状与规划，借助商会、协会力量开展借力招商。重视重大活动招商平台利用，积极参加一些投资小、客商集中、目标明确的大中型投资说明会、产业推介会等。2012年参加了第十三届西博会活动，2013年参加第十四届西博会活动。2013年2月，参加了遂宁市党政代表团珠三角投资促进活动，拜访了18家企业；6

月，在浙江召开了四川大英（杭州）招商引资洽谈会；7月，在深圳召开了四川大英（东莞）招商洽谈会，参会企业达59家100余人；参加了遂宁市（重庆）投资说明会暨签约仪式；8月，参加了遂宁党政代表团赴长三角、珠三角经济合作交流活动。加强产城互动平台建设，建立和完善“政府引导、市场运作、多元投入、分类建设”的开发模式，全县引进重庆科恩集团建设回马新型建材工业园，引进遂宁永逸实业集团建设商业综合体。

三是协作招商。2013年，全县设立13个招商引资协作组，分别由县委办、县政府办等13个部门为牵头成员单位负责本组招商工作组织协调，同时成立六个重点招商部门。2013年，县招商局适时到各协作组开展招商专题培训活动14场，班子成员主动全程参与联系协助组招商信息收集、项目可行性分析、实地考察、项目洽谈、协议拟定等环节，确保项目科学有序推进，主动参与协作组招商工作指导，配合协作组赴广东、贵州、上海、新疆、江苏、甘肃、浙江等地开展外出招商引资工作30余次，拜访企业150余家，召开招商引资推荐会、专场说明会等近20场，收集投资信息80余条，洽谈项目60余个，引进项目20个。全年共配合县主要领导外出开展招商引资工作22次，参加大中型投资说明推荐会并协助做好会务工作8次。

四是探索假日招商、亲情招商、网络招商、中介招商、才能招商等。在节假日期间，主动通过短信、电话、网络等形式问候客商，打友情牌、亲情牌，加强与他们友情沟通，真正做到先交朋友，后谈生意。让客商了解大英、熟悉大英、认同大英，最终投资大英，实现亲情招商；突出企业的信息渠道、商务渠道、人脉资源，开展以商招商；与四川清道夫等社会中介机构洽谈合作招商事宜，积极探索中介招商；通过县招商局网站、大英党政政务网、招商贴吧等网络宣传方式开展网络招商；围绕石化、盐化等主导产业，骨干、龙头企业实行产业链招商等多种招商方式相互融合，促进招商工作。

【项目编制】 按照县域经济总体规划，结合区域产业一体化、集群化，推进产业结构转型升级，以延长产业链条，调整产业结构，扶持壮大企业为目标，宏观把握产业转移重点领域，全力做好项目编制工作。2012年，围绕石化产业园、盐化产业园、机电产业园，科学编制了机电产业园招商项目、年产30万吨纯碱生产项目等9个推介项目；2013年，以30万平方米标准厂房为主要阵地，深入发掘全县机电产业上游基础加工，下游机电配套项目，编报了汽车零部件研发、生产项目，年产100万块液晶显示屏模组项目等11个重点推出招商项目，并在珠洽会、西博会等重大活动予以推介。

【考核工作】 完善项目考核机制，让专业部门对招商工作进行专业考核，2013年，全县招商引资考核全面创新，在县纪委设立县招商服务督办中心、在县委组织部设立县招商引资考核中心、在县招商局设立县招商信息服务中心，进一步加强对招商引资工作过程的引导、督促，形成上下联动、部门协作、职能互补的招商新机制。同时，建立起招商引资“三中心”联席会议制度，每季度组织督办、考核、信息服务三中心通报信息报送、项目推进等情况，及时、全面、有效掌握项目推进情况及存在的问题，及时研究解决问题措施，有效促进项目推进和项目服务工作。2012—2013年，审核招商引资信息1300余条，其中审核通过有效信息860条，审核重大项目50余个。

【项目服务】 一是建立全县招商项目台账。明确每个项目履约保证金、公司立项、环评、安评、注册、开竣工时间等内容，逐月对照检查，主动做好项目服务工作，促进项目按照协议约定推进项目建设。二是建立项目档案管理制度。入驻的各类项目，从洽谈—签约—建设期间收集完善相关资料，促进项目管理规范化、法制化。三是实行群众办事导办工作制度。落实分管领导、导办人员，服务前移，由导办员全程协助服务对象完成政策咨询、业务办理等过程，规范了办事程序，提高办事效率，树立机关形象。四是建立项目定期服务制度。实行“一线工作法”，县招商局班子成员每月至少1次到联系企业了解园区基础配套、企业建设、土地利用等，协助项目业主制定项目推进计划，协调解决建设施工用水、用电、通信、道路施工、人员招聘以及项目公司注册等问题。

【招商宣传】 一是加大宣传力度。组织编印了《大英县投资指南》、《大英县招商引资工作手册》、《大英县罗家湾机电产业园招商专案》、《大英县机电产业园招商指南》等资料，改版了县招商局网站，在沪蓉高速公路沿线设置了机电产业园招商广告牌。二是组织制定四个产业脉络分析报告，提升专业招商水平。组织专人，通过资料查询、深入企业调研、拜访专业人员等，编印了《大英县石油化工产业脉络分析报告》、《大英县机电产业脉络分析报告》、《大英县盐化工产业脉络分析报告》等四个产业脉络分析报告，提高产业招商工作的针对性、实效性和科学性，实现科学招商。三是参与大型活动宣传大英。通过积极参加各种经贸活动不断拓展招商引资视野。先后组织参加珠三角投资促进活动、中外知名企业四川行等大型活动，大力宣传大英、广泛接触海内外客商、推荐投资项目、组织县内企业寻求商机，邀请投资者造访大英。四是重视网络宣传。加大与专业商协会网站的合作与链接，进一步拓宽宣传渠道；加大县招商局网站信息更新力度，全面介绍大英县情、招商优惠政策及政务服务等软硬环境。

（彭科国）

城建·环保·交通·通信

城乡规划

【概况】 2012—2013年，县城乡规划工作围绕“新型工业县、优秀旅游城、生态示范区”目标定位，不断加大规划编制力度，强化规划的前瞻性和科学性，进一步扩大规划成果的影响力，对内练内功、夯基础，对外抓服务，积极推进落实各项规划创新工作。

【规划编制】 开展总规修编。为进一步发挥规划引领作用，实现规划对城乡建设发展的宏观指导和调控，2012年底开展了新一轮的总规修编工作，按照“极核带动、重点推进、单元协调、城乡统筹”的空间发展战略，规划形成“一核一环两走廊三单元”的城乡空间结构体系，城区以“一心两翼”城市空间发展结构形成大英县城区“四区八组团”的城市空间布局，为大英的城乡建设制定了蓝图。

控制性详细规划。对全县规划进行梳理。基本实现主城区控规全覆盖。编制完成了郪江新城控制性详细规划、太吉新区控制性详细规划，启动工业园区新一轮控制性详细规划，为项目审批提供了规划依据。

专项规划编制。编制完成了《大英县交通规划》、《大英县城市综合交通规划》、《大英县消防规划》、《现代农业产业园区规划》；为构筑以旅游为主导发展方向的旅游城市，启动了大英县旅游发展规划及城市雕塑规划，启动了《城市排水（雨水）防涝综合专项规划》。开展了城市雨污管线的探测及设施普查数据的采集工作，同时将按规划执行并建立排水地理信息系统，提高城市排洪防涝能力。

产业发展规划。以“五大专业园区”及“五大主题景区”为产业支撑，构建全域产业一体化发展，经大英县规委会审批通过一系列产业发展规划设计。为壮大五大专业园区改造提升石化、盐化两个传统优势产业园区，加快建设电子机械、新型建材和粮药物流三个特色专业园区，并完成回马工业园区控制性详细规划和粮食物流园详细规划。以“五大主题景区”创建全省旅游强县。围绕“盐华寿乡”总体定位，改造提升中国死海和加快建设中国慢谷、中华梦幻谷、浪漫地中海、卓筒井旅游镇“五大景区”，编制完成中华梦幻谷详细规划、浪漫地中海详细规划及卓筒井旅游镇城市设计方案。

细化城市设计及城乡风貌改造设计。出台郪江沿线桥文化景观规划，通过对文化符号的挖掘构建沿江桥文化景观并指导桥梁规划设计工作；完成郪江新城滨江景观设计及蓬莱大桥沿线景观改造设计工作；完成新城区6条主要道路工程改造设计及5条道路景观改造设计工作，同时以高速公路连接线（环城路）沿线风貌改造设计指导该区域城乡环境治理工作。

镇、乡、新村规划编制。大英县11个乡镇均完成了总体规划，其中2个乡镇已完成核心区城市设计及控制性详细规划的编制工作，以指导场镇空间及风貌控制。以乡镇为主体编制完成了蓬莱镇泉水村、铜盆寨村，隆盛镇犀牛石村、赵坝村等28个新村建设规划，其中蓬莱镇泉水村村庄规划已列入全国村庄规划示范版本。

【规划管理】 规划审批管理工作。根据四川省行政审批制度改革要求，进一步规范规划行为，优化审批流程。全年共组织召开规划委员会10次，专家咨询委员会8次，推动了全县规划事业的全面发展。规范并严格建设项目审批，报建“一站式”窗口服务，按照申请、受理、审查、决定和送达的程序限期办理，规划审批行政效能大幅度提高。2013年共办理选址意见书41件，办理用地规划许可证48件、面积3515亩，办理工程规划许可证216件、建筑面积118万平方米，办理乡村规划许可证174件，办理规划条件核实合格证19件，办理施工图审查备案通知书59件。期间办结率100%，满意率100%。对新建店招店牌逐一进行审批，组织完成了新老城区主要街道的风貌改造和店招店牌的升级改造，研究制定改造方案5套，审批店招店牌126件。为城市景观的统一、协调起到积极作用。

项目建设监察。2013年，根据大编委发〔2013〕39号文件要求，成立大英县城乡规划监察大队，为县城乡规划管理局下属事业单位，完善了县城和乡镇规划区内监察程序，采取集中巡查和不定期巡查相结合的方式，同时加大对规划监察的管理力度。通过与乡镇政府的沟通协调、政府督察检查等方式，有效地遏制了乡镇规划区违章建设的出现，规范了“先规划后建设”的秩序。（武　敏）

住房和城乡建设

【概况】 2012—2013年，大英城乡建设和住房保障工作紧紧围绕“新型工业县、优秀旅游城、生态示范区”战略，对县工业集中发展区、老城区、新城区、郪江新城以及太吉片区实施重点建设、改造项目35个，累计投资18亿元。

【工业配套工程】 大力实施工业配套设施建设，2012—2013年通过续建、新建项目，工业园区内共铺筑道路15公里，铺设雨污管网6公里，整理土地2300多亩，增加了企业入驻场地，满足了企业入驻需求。

续建项目。投资30000万元，续建了罗家湾电子产业标准厂房建设项目；投资11万元续建了叫花岩滨江路、小坡滨江路、庞善沟道路。

新建项目。总投资5800多万元，新建了长2972米、宽20米的梁家坝滨江路，长1104米、宽18米的聂家坝滨江路，长966米、宽18米的庞善沟外支路道路工程，长900米、宽12米的和顺苑廉租房道路，长1200米、宽12米的滨江东路延伸段，长2100米、宽16米的蔡家坝滨江路等市政道路。总投资5000万元实施了梁家坝场平、兴茂石化场平、森帝科技场平、中山凯洛特场平、齐辉机械新增用地等场平工程项目。总投资1200万元，实施了通仙溪桥、红旗桥等桥梁建设项目。截至2013年底，通仙溪桥、红旗桥完成了主体工程，其余各条道路已投入使用。

【城市改造工程】 2012年投资500万元，改建了客馆街道路、基井湾道路8公里，年底已投入使用。投资1100万元，对柑子园道路、商业长廊北街、白鹤坡滑坡进行了整治改造。投资650多万元，铺设8.37公里的城市生活污水干管，截至2013年底，完成了环城路、交通上街、百花街、三岔街、同心路郪江新城死海段和郪江新城青狮岩段管网施工。总投资1310万元改建城区主排水管网9.6公里，支管网约5公里的中心城区排水工程于2013年10月开工建设，截至2013年底完成管网建设5公里。

世界银行贷款项目大英县蓬莱镇小城镇建设子项目。计划总投资1.3亿元，建设内容包括改建郪江中路、郪江东路、郪江南路、滨河路、罗桂路、南华街、书院街、交通下街等8条道路及地下管网建设；新建古柏溪滨江路污水管网；城区392座化粪池管网穿越。改建道路总长度9.5公里，地下管网长度22公里，施工合同金额5704万元。世行到位资金540万元，地方配套资金455万元。该项目于2013年5月8日开工建设，是全省8个世行贷款项目中率先启动建设的项目。截至2013年底，已经完成书院街的道路建设和人行道建设，郪江中路完成了道路油面铺筑工程。

大英县三馆两中心建设项目。位于大英县新区城南高速路北面长青路，西临大英县长青路安置居住区，东接大英县会议中心。项目建筑面积16816.66平方米（其中地下3399.88平方米，地上13416.78平方米），该项目是集博物馆、文化馆、图书馆、行政服务中心及就业和保障服务中心为一体的复合型多功能建筑，工程总高30米，共六层（不含地下室）。主要建设内容为场馆建设、安装、装饰以及附属工程等，项目总投资估算为4768万元。项目建筑密度为36.6%；容积率为1.36；绿地率为28.8%；总停车位为88辆（室内54辆，室外34辆）。该项目于2011年2月正式开工建设，2012年12月28日正式投入使用。该项目获得“2012年四川省结构优质工程”荣誉称号。

环城路风貌改造工程项目（高速公路出口风貌改造）。总投资750万元对成南高速路大英出口至天平街路口全长500余米的7栋房屋16000余平方米以及151个门面的立面进行了改造升级，该项工程于2012年9月正式启动，2013年3月正式完工。项目统一房屋造型规划和设计、统一立面空调栏格等规范布置，将具有民居特色的小青瓦挑檐与具有现代特色的玻璃幕墙相结合，塑造了淳朴素雅又不失时尚的城市风格，对提升大英县投资发展环境质量和旅游形象起到了积极作用，成为了大英县城市建设的一道新的城市特色。

【城市拓展工程】 2013年大力实施郪江新城和太吉片区基础设施建设，整理土地4000余亩，城市拓展了3.6平方公里，县城区规模达到16.5平方公里。

郪江新城建设项目。计划总投资4.8亿元，拟开发和打造4.12平方公里城市新区。主要建设内容包括六路、五桥、两配、一景、一园。六路为采和大道、蓬莱路延伸段、郪江新城左岸滨江路、青狮路、盐井路、葫芦坝滨江路等，共计约10千米。五桥为采和大道盐厂大桥、采和大道青狮岩大桥、采和大道余粮嘴大桥、蓬莱大桥、青狮路蓬莱山水大桥等，总长约1000米。两配是指两个市政基础配套项目，即新区活动中心、新区学校等。一景是郪江沿岸景观带，包涵蔡家坝、余家坝、建材厂等片区郪江左岸带和葫芦坝片区郪江右岸景观带等，总长约7千米。一园为老盐厂城市记忆公园。该项目于2012年动工，将于2015年全面建成，截至2013年底房屋征收工作基本完成；青狮桥、蓬莱大桥已完成主体工程；蓬莱大道和郪江新城滨江路已完成工程总量15%。

太吉片区基础设施建设项目。总投资15000万元，建设熊家湾滨江路延伸段、熊家大湾二、三号地块区间路、太吉环线、熊家湾大桥等基础设施建设，截至2013年底完成强夯基础14万平方米，修整防洪护坡1200米，完成临时便道修筑，完成工程总量的19%。

【保障房建设工程】 2012年，共争取到位保障房中省补助资金7622万元，地方配套资金1624万元，完成了遂宁市政府下达的1654套任务。其中，新建廉租房192套共9600平方米、公租房316套共18960平方米；完成房地产项目中配建公租房384套；落实公租房源300套；积极争取城市棚户区改造项目400套，落实农场棚户区改造任务62户。农村危房改造共争取五批次危房改造补助资金5717万元，完成了农村危房改造3437户。

2013年，保障性住房全年总投资7689万元，完成投资6219万元。新建和祥苑公租房132套，在开发房中配建公租房148套，购改租120套；实施“农民工住房保障行动”，安排公共租赁住房418套给符合条件的外来务工人员租住。加快实施城镇棚户区改造，通过在大南街A区拆迁安置房、凉湾三期安置房等项目中实施棚户区改造900套，并通过货币安置方式完成281套。组织县城东管委会各社区积极参与并将适时启动棚户区改造290户。发放廉租住房补助750户，80余万元。投资2.3亿元，改造农村危房3200户。

安置房建设。凉湾三期安置房通过BT模式，总投资1.5亿元，占地面积约111.8亩，总建筑面积约11.4万平方米，共51栋。2012年10月开始动工建设，2014年2月完成主体工程建设。凉湾四期安置房，总投资7.1亿元，项目占地面积约410亩，总建筑面积约35.4万平方米，规划户数3840户。该小区将安置凉湾5、6社，石长村1、2、3、4、5、6社，席家沟1、2、3、7社，五凤村5社等地拆迁居民，该项目采用“固定房价、拍卖地价，照图施工、整体回购”方式建设，2013年底完成场地平整工程总量的85%。山水乐居安置房项目位于太吉新城黄家沟沟口，规划的四川省监狱前，主要是为了解决太吉新城片区四川监狱及周边拆迁群众还迁需求，并推动太吉新城相关项目建设进度而新建的民生工程项目，项目总投资2.3亿元，拟安置居民913人，项目地处太吉新城核心区边缘，占地61.65亩，设计总建筑面积114570.35平方米，其中商业面积21797.72平方米，住房面积62454.55平方米，地下停车库面积24518.47平方米。该项目2013年启动，2014年底完成建筑主体工程建设，2015年6月全面完成项目建设。

房地产市场。建立完善房地产市场监管和产业健康发展培育机制，并采取积极政策措施引导市场持续发展，完成房地产投资4.8亿元，竣工商品房面积45万平方米，实现商品房销售26万平方米。

（胡　梅）

城市管理行政执法

【概况】　两年来，大英县城市管理行政执法工作按照“新型工业县、优秀旅游城、生态示范区”要求，加强队伍建设，注重城管文化宣传，加大行政执法力度，在违章搭建拆除、景区周边经营秩序整治以及开展“清爽大行动”和集中整治车辆停放秩序“百日行动”等活动取得明显成效。

【队伍建设】　以“建一流班子、带一流队伍、树一流形象、创一流业绩”为目标，2012年9月聘请武警教官和专业律师开展为期半月的军事体能训练和业务知识培训。2013年4月制定《大英县城市管理行政执法局队伍规范化建设三年规划》、《城管执法人员十不准》；先后开展《网络舆情的应对与引导》、《新闻写作与执法取证技巧》、《文明礼仪与城管执法》、《城市管理行政执法法律法规探讨》、《群众工作方法》等专题培训；编写印制《常用法律法规手册》、《城管执法工作手册》，干部职工理论水平和业务素质明显提高。

【宣传教育】　创作快板《城管执法为人民》进社区演出3次、县广播电台播放2个月。创作歌曲《城管就为这个家》被县群众文化中心推荐演出。开展城管进社区活动。发放城管宣传手册5000册，散发《致广大市民的一封信》、

《文明经商规范》和《文明城市小知识》等图文资料3000余份。强化媒体合作。与《遂宁日报·大英周刊》联合创办《城管之声》栏目共22期；与四川在线·遂宁频道、大英县电视台签订合作协议，定期宣传城市管理法律法规、重大行动以及曝光不文明行为。注重网络舆情监控。成立网络舆情引导小组，开通城管执法官方微博、微信，加强对城管执法工作的正面宣传，成功引导多起网上负面舆情。

【行政执法】 违章搭建拆除工作。2012年拆除城西片区彩钢棚56户、4851平方米，其他违法建筑15户、1620平方米。完成公职人员防护栏拆除工作，强制拆除5户正在违规安装的防护栏、处理占道生产加工防护栏128起，暂扣防护栏578个。2013年拆除违法建构（筑）物（含彩钢棚）共计165户9255.51平方米。2013年牵头组织防护栏源头治理工作，签订规范生产经营承诺书76份，收取保证金14.46万元，依法取缔35户。暂扣违章占道生产防护栏58个，调查处理运输外置悬挑式防护栏12起，处理违规生产经营户2户，拆除违规安装防护栏4户。

景区周边经营秩序整治。2013年8月与高速路出口商家签订文明经商承诺书20份，收取保证金2.98万元，清除橱窗广告200余间门店、2000余平方米，规范空调安装15台。与死海景区周边经营户签订经营承诺书48份，取缔利用门卫室、爱心岗亭变相出售泳品各1户，较好地解决了困扰死海景区十余年的泳圈兜售问题。

开展“清爽大行动”。2013年6月开始为期半年城市管理清爽大行动。开展占道专项治理38次，暂扣电动三轮64辆、人力三轮12辆、游泳圈256个、泳衣80件、移动店招（店牌）102个，纠正跨门（骑门）等占道经营5500多起；加强对户外广告、店招、店牌装修设置的监督和管理，督促56户不按审批方案制作店招的业主进行整改，责令36家擅自安装店招店牌的店主停止施工、限期整改，拆除破损、废旧店招店牌327块，清除过街横幅1200余条。

开展集中整治车辆停放秩序“百日行动”，共制作停车温馨提示牌800余块，劝离违规停放车辆4600余台次，锁定587台次。

弃土清运及道路开挖管理。积极探索杏口岩弃土场市场化管理模式，妥善处理因渣土运输、倾倒与当地老百姓产生的矛盾。共查处违规倾倒建渣21起，未覆盖运输、带泥上路67起，道路开挖路面恢复不及时造成路面污染24起，督促清洗道路5000余米，乱开挖、不规范运输渣土得到有效遏制。

（文杰林）

城市公用事业管理

【概况】 2012—2013年，大英县城市公用事业管理坚持以科学发展观为统领，紧紧围绕县委“三大战略”定位，奋力拼搏，圆满完成了目标任务，实现了城管水平新提升、公用事业快速发展、城市面貌显著改善。

【市政维护】 探索推进市政设施养护精细化管理机制，组织施工队伍对全城破损道路进行了拉网式修补，修补破损人行道踩块20000余平方米；更换井圈、井盖和雨水箅960余套；更换损坏路灯403盏，电器600余套，维修路灯线路1500余米，维修光彩工程30余处，计1200余米。

【园林绿化】 加大街容街景整治力度，2012年共补栽、补植树木1260余株、花灌木20余万株、草坪8000余平方米；启动了城区周边山头绿化建设工作，实施了中海大道下段景观提升工程，完成了农博园前期单位小区、科技长廊规划设计工作。2013年坚持对主次街道的树木进行修剪，做好城区道路绿地及公共绿地缺损苗木补种工作，共补种树木3000余株，花灌木10万余株，地被植物麦冬、草坪7000余平方米；完成高速出入口、“三馆两中心”、中海大道下段、郪江死海段绿化升级改造以及武警营房景观绿化建设等工程任务。

【环境卫生】 2012年，提高背街小巷和城乡结合部的清扫保洁和巡查力度，合理调整清扫保洁人员，清除了卫生死角绿化带内杂物8.5吨，清运蓬莱公园、城乡结合部卫生死角垃圾40余吨、“牛皮癣”25000余处。更换新城区垃圾桶1200个、果皮箱900个；共清运乡镇垃圾26000余吨，清运城区垃圾30000余吨。2013年，加大背街小巷和城乡结合部的清扫保洁和巡查力度，共清除城乡结合部卫生死角80多处、垃圾40余吨、“牛皮癣”25000余处。

【应急管理】 2012年7月21日、9月10日，大英县城区两次遭受特大暴雨袭击，造成城区10余条干道出现严重内涝，面对突发灾情，及时组织市政、园林、环卫应急抢险队伍对城区积水严重的中海大道、郪江中路、金元街等10余条街道进行了突击，共清理堵塞雨水箅130余个，井盖40余个，清除淤泥、垃圾100余车，扶栽行道树40余株，清理蓬莱公园、首座公园滑坡7处，累计出动人工1200余人次，车辆300余台次。

（廖晓树）

环境保护

【概况】 大英县环境保护工作紧紧围绕县委、县政府重大决策部署和中心工作，以郪江流域农村环境连片整治为重点，着力开展“省级生态县”创建，切实加强污染减排和城乡环境综合治理，大力改善辖区环境质量。2013年5月，四川省人民政府授予大英县“四川省环境保护模范县”称号。

【创模工作】 成功创建省级环保模范县，2013年5月，四川省人民政府授予大英县“四川省环境保护模范县”称号。扎实开展遂宁市创建国家级环保模范城市创建工作，2012年3月16日，遂宁市创建国家环保模范城市顺利通过环保部组织的技术评估。根据技术评估意见，及时制定整改方案，全力做好创国模迎检工作，培训现场解说人员85人，完善环保档案90余册，督促指导156家企业进行现场打造。2013年10月13日，国家环保部专家一行对遂宁市创国模工作进行技术调研，大英县蓥峰化工、盛马化工、宏成电源等8家现场点顺利通过现场检查。

【郪江流域农村环境连片整治】 大英县郪江流域农村环境连片整治是四川省“四县一湖五河”重点整治示范区，项目分三年建设，总投资1.5亿元，涉及蓬莱镇、隆盛镇、回马镇、象山镇、玉峰镇、金元乡及通仙乡的93个行政村，委托四川大学编制完成了《大英县郪江流域农村环境连片整治示范项目总体（2012—2014年）实施方案》，主要建设农村饮用水水源地保护工程、农村生活污水处理工程、农村生活垃圾处理工程、户养畜禽养殖污染治理工程。截至2013年12月，建成农村生活污水集中处理设施10套，分散式处理设施26处，治理畜禽养殖专业户24户，完成投资1600万元。

【节能减排】 以主要污染物减排为抓手，深入推进工业污染和农村畜禽养殖污染专项治理。投资1600万元实施乡镇污水处理厂建设项目2个，治理规模化畜禽养殖企业9家，治理工业污染源2家，关闭骑龙水泥厂、永佳纸业、精峰明胶3家重污染企业。四川久大蓬莱盐化有限公司60万吨/年盐热电联项目全面投产，盐桥街厂区关闭。通过加强减排项目管理、实施工业污染和畜禽养殖污染专项治理，新增减排能力化学需氧量895.072吨、氨氮132.741吨、二氧化硫1499.67吨、氮氧化物243.97吨。

【环境影响评价】 严格执行环境准入和建设项目环境影响评价制度。2012—2013年，共审批项目121个，其中报告书1个，报告表47个，登记表73个，发放排污许可证82本。

【环境监察执法】 严格辖区内环境执法监管，持续开展整治违法排污企业保障群众健康环保专项行动。2012—2013年，出动执法车辆780台次，执法检查人员3100余人次，检查企业685家次，下发整改96件，规范整改80余家次，行政处罚13件，罚款17.922万元，受理来信来访210件。完成排污申报登记企业185家，征收排污费250万元。

强化饮用水源保护，依法关闭黄纳溪隆盛段和天保镇五五水库库区的畜禽养殖企业2家。2013年，组织开展大英县城市集中式饮用水水源环境状况调查和评估工作，对大英县寸塘口水库环境监管、水质监测整体情况和存在的问题进行全面评估，编制《2012年度城市集中式饮用水水源环境状况评估报告》。

2012年6—8月，开展了古柏溪工业园区段污染专项整治，会同水务、工业集中发展区等部门督促利民食品、红桥禽业、海州醋液、添峰生物、北冰洋洗涤、程皓日化等多家排污企业采取有效措施整改不规范的排污行为。

【环境监测】 建成县城区环境空气自动监测站1座。规范开展地表水、城区空气质量、饮用水源地例行监测、污染源监督性监测和委托性监测，2012—2013年，共出具监测报告455份，验收监测22份，环境质量报告58份，环境质量简报8份，获得环境质量监测有效数据63330个。

2013年7月，大英县环境监测站顺利通过监测资质复审和计量认证复评审。截至2013年12月，大英县新增水质、废水、空气、废气、降水、噪声、室内环境等七类39个监测资质项，具备55个监测项目资质。

【环保机构及队伍建设】 健全环保监管基层组织。2013年4月，经县委编委会研究决定，大英县11个镇乡在“新农村建设办公室”增挂“环境保护办公室”牌子，县工业集中发展区、县现代农业园区增设环境保护办公室，各镇乡和园区分别配备了一名专职工作人员，明确了环保工作分管领导和工作职责。

环保监管队伍结构不断优化。2012年，增设县环保局领导职数总工程师1名；2013年，重新核定县环境监测站全额拨款事业编制18个，设站长1名（按副科级领导干部配备）、副站长2名（股级）。

（王小丽）

城乡环境综合治理

【概况】 2012—2013年，全县围绕“科学发展、绿色发展、创新发展、跨越发展”总体取向，狠抓“新型工业县、优秀旅游城、生态示范区”奋斗目标不放松，大力实施环境质量、园林绿化、城乡容貌、环境设施、文明素质“五大提升工程”，扎实开展“大力治环境，攻坚促深化”专项工作，扎实推进城乡环境综合治理三月集中整治及省级环保模范县、省级文明城市、乡村旅游示范县等系列创建活动，强化城乡环境综合治理常态监管力度，取得明显成效。2013年4月，大英县被四川省人民政府授予“四川省环境保护模范县”光荣称号；2013年8月，天保镇及长滩寺村等“一镇十村”分别被省委、省政府授予2012年度全省环境优美示范镇村称号；2013年11月，大英县荣获联合国环境基金会、中国两岸四地环境保护协会授予的“杰出绿色生态城市”大奖。

【环境质量提升工程】 强化大气污染预防和整治工作。加强工业大气污染防治，投资337.4万元建成宏成电源铅烟、铅尘、硫酸雾环保处理设施13套；投资585万元新建四川久大盐化“烟气脱硫处理装置”、“烟尘静电除尘装置”，安装了烟气自动在线监测设施。同时开展经常性执法检查，督促企业正常运行大气污染防治设施，运用环境空气质量自动监测站实时监测城区环境空气质量，并通过网络发布环境空气质量日报。截至2013年1—11月，县城区空气质量优于环境空气质量二级标准的天数为310天，占92.8%。强化水环境污染治理工作。严格审查污水处理厂进水、出水的浓度和水量，每月对出水水质进行一次监督性监测。县污水处理厂完成了提标升级改造工程，出水水质由《城镇污水处理厂污染物排放标准》（GB18918-2002）一级B标准提升至一级A标准，1—11月处理城市污水550万吨，全部达到规定的排放标准。认真落实饮用水源环境监管巡查和水质监测制度，组织开展饮用水源现场巡查12次、城区饮用水源地水质监测12次。2013年，城区饮用水源水质达标率100%。强化郪江流域农村环境连片整治。成功争取2012年实施项目中、省专项资金1001万元，并将专项资金合理安排到象山、玉峰、隆盛等3个乡镇的15个村庄。2013年底，所有建设项目均已建设完工，建成农村生活污水集中处理设施10套，分散式处理设施26处，治理畜禽养殖专业户24户。强化农村面源污染治理。大力实施农村“两池六改”工作。推广“猪—沼—果（菜、茶、粮）”能源生态模式，发展农村户用沼气2500口、大中型畜禽养殖场沼气工程2处；开展改水、改厕、改圈、改院、改厨工作改造960户；建农田废弃物收集池79个，建设集中污水处理设施4套，分散式污水处理设施52套。推广测土配方施肥面积68万亩；回收残膜675吨；实行“绿色防控”3万亩；回收化肥、农药、除草剂等农业投入品包装袋等废弃物5960公斤，开展秸秆还田4万亩。

【环境设施提升工程】 改造升级城乡道路，优化交通环境。快速推进大英至遂宁快捷通道建设。大英至遂宁快捷通道设计为一级沥青混凝土标准，路面宽46米，设计时速60千米/小时，大英境段15.24千米，投资7.54亿元，截至2013年底，土地、房屋征拆已全面完成，完成施工便道5千米，路基土石方80万立方米，软基处理3200立方米，软基换填6.8万立方米，挡土墙4000立方米，梁家坝大桥桩基6根，赵家坝大桥桩基4根，已投入资金3.0亿元。大力推进城市道路升级改造。投资2000万元完成了书院街、商业北街改造、马景路延伸段及红旗桥建设；总投资1970多万元建设长2972米、宽20米的梁家坝滨江路，已经完成所有道路土石方及雨污水管道铺设工程；总投资690多万元新建长1104米、宽18米的聂家坝滨江路，已经完成所有道路土石方及雨污水管道铺设工程；总投资443万元长966米、宽18米的庞善沟外支路工程已经完成道路土石方换填、管网安装、水稳层铺筑；总投资3000万元的蓬莱大桥建设项目，已完成桥梁下部结构，桥梁架设，桥面铺装和桥台搭板、桥栏安装。大力实施县乡路网升级改造。县道玉智路改建工程，全长12千米，设计为混凝土路面，已投入资金2000余万元，主体工程全部完成；乡道火象路（蓬莱镇至象山镇）改建工程，全长21千米，设计为水泥混凝土路面，总投资3000万元，已到位资金1200万元，已完成土地、房屋征拆，地面附作物赔付和土石方、路基、连砂石和水稳层施工，开始混凝土浇筑；截至2013年底，全县193.54千米乡道公路，建成沥青混凝土路面5千米，水泥混凝土路面119.91千米，绿化107.66千米，公路路况和通行能力得到了明显提升。完善水利基础设施，优化水环境。祥凤寨水库建设有序推进。截至2013年底，已完成《祥凤寨水库正常蓄水位选择专题论证报告》、《祥凤寨水库施工总布置专题论证报告》等21个报告，移民安置规划报告已经省扶贫移民局批复。水工程规划同意书、可研报告已报水利厅审查通过并报常委审查。占用土地预审意见等专题报告即将编制完成。蓬莱镇郪江防洪治理工程项目和老城区郪江防洪治理工程进展顺利，截至2013年12月末，已完成投资3272万元，完成计划的99.46%，综合治理8.4公里，清淤疏浚3.9公里，保护周边人口9.12万人。农田水利基本建设成效明显。完成都江堰灌区五五分干渠工程新建渠道2.0公里，完成投资740万元；完成“五小水利”工程新建整治渠道36.7公里，整治山坪塘29口，整治石河堰4处，整治泵站11处，新建蓄水池41口，完成投资850万元；完成水土流失综合治理面积10平方公里，整治山坪塘4口、蓄水池12口、排灌沟渠3.2公里、生产便道2.9公里，完成总投资325.5万元；完成小型病险水库整治4座，完成投资330万元；完成寸塘口水库中型灌区节水配套改造工程，渠道整治改造长38.36千米，完成投资1504万余元，确保了灌区春灌输水运行。强化环卫设施建设，增强环境承载能力。投资600万元实施县污水处理厂提标升级改造（脱氮除磷）工程，已竣工投入运行；投资700万元建设县污水处理厂管网二期工程，已完成连接线、同心路、百花街、三岔街、同心路、郪江新城死海段、郪江新城青狮岩段管网施工；总投资1310万元的中心城区排水工程将建城区主排水管网9.6公里，支管网约5公里，已完成大英中学段约500米管网施工。完成了熊家大湾垃圾中转站改造并已投入使用。建成回马镇压缩式垃圾中转站1个，象山镇、天保镇垃圾中转站基本完工，象山镇污水处理厂已经启动建设。城区内主要街道的果皮箱已更换为分类收集果皮箱，共新安装分类收集果皮箱680个，更换城区垃圾桶585个。

【城乡绿化提升工程】 有力有序推进全国绿化模范县创建工作，完成植树造林3.25万亩，零星植树130万棵；森林资源培育有力推进，新增森林面积0.82万亩，新增森林蓄积9.4万立方米；林业重点工程建设成效明显，完成天保工程森林管护9.9501万亩，巩固退耕还林成果任务4.61万亩。城市绿化水平升级拓展，县城区种植及补栽香樟、杨柳、天竺桂、三叶树等共计3000余株，花灌木小叶女贞、红叶石楠、杜鹃、瓜子黄杨，计10万余株，地被植物麦冬、草坪2个品种8000余平方米。全县新增植树造林面积32500亩，新增城市绿道5千米，新增城镇绿化景观52000平方米。

【城乡容貌提升工程】 强化日常管理。重点整治占道经营、户外（游动）广告、“牛皮癣”、车辆乱停放、工地乱象、农贸市场“脏、乱、差”、城市扬尘和屋顶乱搭建、亭棚乱占道、门楣式LED广告乱设、吊牌式门柱广告乱挂、活动式广告乱摆等“新老五乱”。同时，集中开展推进“三个延伸”，消除“盲点”、“死角”集中整治活动，重点加强背街小巷、城中村、城乡结合部、集贸市场和公路、铁路、河道沿线，以及边远乡镇和村庄等薄弱区域的环境治理，消除卫生死角和治理工作盲点。加快旧城改造步伐。投资1.1亿元，实施罗桂路、交通下街、南华路、郪江滨江路、书院街、古柏溪滨江路污水管网、城区化粪池管网穿越等改建工程。完成了书院街车行道建设，完成了南华路部分土石方回填、罗桂路部分土石方及管网施工。旧城棚户区改造进展明显，水井街棚户区改造已接近尾声；大南街棚户区改造已完成三栋高层的主体施工。升级新城风貌形象。“四街一线”综合整治建设项目已完成高速公路出口、中海大道、高速公路沿线方案设计和施工设计，卓筒大道、花园干道、环城路已完成方案设计；高速公路出口综合整治项目已完成、中海大道下段综合整治项目现已完成工程量的90%；环城路综合整治，已移栽行道树80%。加快郪江新城建设，永逸城市商业综合体、三甲医院、小学、郪江印象安置房等项目已准备开工入驻；蓬莱大桥、青狮桥、滨江路、蓬莱路、青狮路等市政基础设施项目已开工建设。截至2013年底，总投资约6000万元的蓬莱大道、郪江新城滨江路已完成工程总量的15%，青狮桥已完成青狮桥主体工程。大力推进新村建设。全年全县启动农民新村建设点28个1529户，蓬莱镇七桥村、卓筒井镇立山村等8个新村聚居点工程全面完工，农民已入住新居；蓬莱镇泉水村等19个新村聚居点已完成场地平整等基础工作，正在加紧建设。

【文明素质提升工程】 深入开展全省第三届文明城市全民共建及“除陋习、树新风、治五乱”行动，积极引导城乡居民支持参与全省文明城市创建和城乡环境综合治理工作，增强城乡居民讲文明爱卫生的意识，培养城乡居民良好的生活习惯和文明行为方式，提高居民文明卫生素质。强化媒体宣传。把第三届全省文明城市创建及城乡环境综合治理工作作为重要内容，纳入县广播电视台、西部大英网站、大英专刊等媒体进行宣传，在县电视台开辟“城市乱象曝光台”栏目，开设文明创建及城乡环境综合治理工作专题、专栏82个，大力宣传省级文明城市创建及城乡环境综合治理工作动态，刊播各类新闻报道300余件，刊播宣传片、公益广告等267件次。注重社会宣传。在公共场所设置省级文明城市创建及城乡环境综合治理工作宣传栏，设置宣传栏、标牌160个；编发治理工作简报65期。开展活动宣传。每周五组织全县机关干部职工开展责任街区义务保洁及文明劝导活动，营造“人人参与文明创建，个个参与环境治理”的良好氛围。

（刘治辉　彭　勇）

交通运输

【概况】 2012—2013年，大英县交通运输工作以“加快发展、完善路网、提档升级、舒适出行、建管养运协调发展”为目标，组织实施了渡改桥、县乡联网路、农村断头路、安保、国省干线大中修、干线公路联网畅通等工程，完成投资8.4亿元，争取上级补助资金2.53亿元。

在2013年国家路网调整中，S205、县道桂竹路成功升级为国道G247、G305。在2013年全省普通省道路网调整中，大英县新增4条省道，分别是成都放射线S101成都—镇巴，从普兴经象山到射洪；S209线青川（前进）—潼南，从三台经过大英县到安居；S306线大英—雅安（草坝），从射洪明星经大英到乐至劳动；S401线成都经济区环线，从三台建中、大英、卓筒井到乐至。截至2013年底，大英县有国道3条、省道4条、县道9条、乡道19条，农村公路总里程达1444.61公里（含村道），100%的乡镇和行政村通水泥路，初步形成了以县城为中心的放射状路网结构。

【中长期交通发展规划】 2012年，聘请重庆交通大学等完成《大英县公路、水路综合交通发展规划》（2012—2020年）（征求意见稿）、《大英县成南高速沿线环境综合整治规划》、《大英“十二五”城乡交通运输一体化示范试点县申报方案》。

2013年，进一步完善了城市外环线路网规划，初步形成了以横贯大英东西的G42（沪蓉高速）和G305（原桂竹路）的“两横”，绕城快速环线和连接象山镇、玉峰镇、智水乡、河边镇、卓筒井镇、天保镇、金元乡、隆盛镇和通仙乡9个乡镇的环形交通主线的“二环”，遂回高速公路（S11）、九遂路（S205）和规划新建的绵竹经德阳至中江至乐至高速公路的“三纵”，桅杆坝村至河边镇、方平沟村至玉峰镇、方平沟村至寸塘口水库 、幸福村至紫云村的四条乡道支路的“四支”，以及以蓬莱为中心，分别至隆盛、金元、天保、乐至、智水、玉峰、通仙七条放射状等级公路的“七射”公路网络布局。先后成功地将桂竹路、S205线纳入全国普通国省干线路网（2013—2030年）规划，三台—象山—通仙—蓬莱—天保、遂宁—蓬莱—

河边—宝林等县道纳入S209、S303等省道路网规划，全县普通国省干线公路总里程由9.5公里增至119公里。将大遂快捷通道建设项目纳入四川省干线公路联网畅通工程，蓬莱至太乙等7条乡道纳入全省2013—2015年农村公路改善工程规划，三象路等21条县乡道（112.93公里）病危整治纳入全省2013—2015年公路安保工程建设规划，大屋坝渡口等3个渡口纳入全省2013—2017年农村渡口渡改桥建设规划，士博客运站纳入全省2013—2015年汽车客运站提升改造工程。

【交通基础设施建设】 2012—2013年，投资8.4亿元实施了农村公路改善、通乡联网路、通村公路、安保、国省干线大中修、干线公路联网畅通（快捷通道）、渡改桥等工程。建成通村公路287.3公里、通村联网路40公里、通乡联网路16公里、安保工程49.4公里，县域公路状况明显改善。

沪蓉高速大英进出口道路改造。投资500万元，完成沪蓉高速大英进出口道路改扩建工程。

佛尔岩渡口人行索桥。2012年7月投资64万元修建寸塘口水库佛尔岩渡口人行索桥，解决群众出行难问题。该索桥全长130米，桥面宽1.5米，一孔主跨径110米，2012年9月竣工并移交蓬莱镇人民政府使用、管理。

蓬莱大桥。该桥横跨郪江，连接蓬莱路和郪江新城。桥宽28米，桥面采用水泥混凝土上面铺装两层沥青混凝土的结构形式，断面布置为3.5米人行道+21米车行道，设计安全等级为二级，于2012年9月开工建设，2013年12月建成，总投资2500万元。

玉智路改建工程。2012年10月投资2200万元将玉峰至智水公路12公里改建成水泥混凝土路面，2013年底建成通车。

沪蓉高速遂宁服务拓展区。沪蓉高速遂宁服务区改扩建项目计划投资5.5亿元，扩建后的服务区占地260亩，将建设成为集休憩、加油、住宿、聚会、观光、购物于一体的既服务过往旅客、又拉动地方经济、展示当地文化的城市综合体。其单体四星级酒店项目于2012年11月开工建设。整个项目将于2015年底完工并投入使用。

大英至遂宁快捷通道。该通道路线长约15.24千米，按城市主干路标准建设，沥青砼路面，设计行车速度60千米/小时。席家沟至隆盛道路总宽46m（双向6车道23m+绿化带7m+非机动车道12m+人行道4m），隆盛场镇规划区至成南高速隆盛出口道路总宽21m（双向4车道15m+人行道6m）；有大桥3座。项目预算总投资约7.54亿元。2013年6月1日大英至遂宁快捷通道隆盛段开工建设，计划于2014年底初步通车；隆盛至船山界段将于2014年下半年开工建设，全线将于2015年底通车。

隆盛桥、卫星桥、民主桥加固重建工程。2013年8—9月投资500万元完成2013年“6·30”特大暴雨致灾桥梁隆盛桥、民主桥加固和卫星桥重建工程。

金井坝、甑子沱渡口。2013年12月开工建设，计划投资130万元，拟建泊位4个、候船亭4个、机动船3艘。预计2014年5月底建成。

【行业管理】 航运管理。大英县管辖涪江24公里，属3县共管地域，存在跨域管理。2012年4月编写论文《界河海事监管之浅见》，论证跨域管理应上移管辖权，并报送国家相关科研机构，为国家制定海事监管法规提供依据。2012年12月完成《大英县境内涪江复航和大英港区建设规划》，并列入《遂宁港总体规划》和《涪江遂宁段复航总体规划》，为大英县长远水运基础设施建设和岸线利用提供了有力的依据。

客运市场管理。2013年9月15日大英县出租车经营权有偿使用权到期。从2013年开始，在县人民政府的领导下，县交通运输局、县运输管理所经过3个月的市场调研形成《大英县出租汽车经营市场现状的调研报告》，供县人民政府参考。经请示四川省人民政府同意并备案后，县人民政府决定对大英县出租车经营市场实行公司化管理，并通过服务质量招投标的方式确定大英县君安出租汽车经营公司和富临出租汽车经营公司经营管理全县114辆出租汽车。新的出租汽车经营管理公司于2014年5月开始运营。

2013年12月20日，在经过前期的实地调研、勘察后，县运输管理所对符合条件的乡镇、村社投放43辆农村便民小客，以方便群众出行。此次投放的农村便民小客车身以黄、蓝两色为主，并印上举报投诉电话、准载人数等，方便群众辨识和监督。

依法行政。2013年底，县地方海事处、运输管理所、路政大队全面完成执法服装、执法场所外观、执法车辆、执法标识“四统一”。

【安全管理】 2012—2013年，县交通运输系统按照“四员到三点、责任到人头、查处到岗位”的安全工作新要求，不断创新安全管理举措，建立起安全隐患评估机制，定期聘请专家会诊县域内桥梁、公路及在建工程隐患；建立起道路运输运政信息报送平台，将全县运输参营企业、所有驾驶人员等加入短信平台，及时发布工作信息及安全驾驶提示短信；建立起水上交通应急抢险、应急救援、应急处置方案和水上船员自救互救机制及驾驶员当面向乘客安全承诺机制。

【机构改制】 大英县路桥收费管理所。2012年12月31日，全县二级收费公路蓬乐路停止收费，大英县路桥收费管理所撤销。2013年4月，完成原路桥收费管理所人员安置及后续工作。

大英县渡口管理所。2013年12月20日大英县渡口管理所撤销，其职能职责并入县地方海事处。

（白　冰）

铁路建设

【概况】 2012—2013年，大英铁路建设工作紧紧围绕“新型工业县、优秀旅游城、生态示范区”的战略目标，求真务实，积极作为，全面协助完成了大英东站扩能和玉峰、隆盛缓开站项目建设，充分发挥地方铁路建设对全县经济建设和社会发展的重大作用。

【项目和资金争取】 东站扩能建设项目。随着大英工业、旅游业的强势发展，地处川中、区位优势明显的大英更是带热了客流。火车东站每天往返仅有5趟的铁路通行能力，已远远不能满足广大市民快速安全出行的更高要求。大英县委、县政府领导带领铁建办创新工作，主动作为，多次到铁道部、成都铁路局请示、汇报、调研，通过5个月的不懈努力，最终争取到由成都铁路局全额出资的大英东站扩能改造工程项目，开创了县级火车站扩能建设的先河。该工程概算总投资6050万元，于2012年8月20日开工，12月31日竣工。扩能改造后的大英东站，加开了上海、重庆、南充、遂宁火车趟次，停靠的动车由原来的5趟次增加到13趟次，停靠趟次列达成双线铁路县级火车站之首。

缓开站建设项目。获悉达成既有线扩建4处缓开站的讯息后，大英县积极主动到成都铁路局和达成公司请示、汇报，最终将到玉峰、隆盛2处缓开站纳入扩能站点，成功争取铁路局全额出资征拆资金和站点建设资金1.06亿元，项目于2012年3月动工，9月竣工投运。项目建成后日均增加货运列车30对，年均增加运力约160万吨，为大英县盛马化工铁路专线升级改造及中腾能源建设铁路货运专线奠定了基础。

铁路通道建设项目。由于达成铁路的修建，

致使隆盛镇兴库村、蓬莱镇柏岭村村民长期进出困难，村民长期上访，稳定形势严峻。为彻底解决两地村民的生产生活困难，县铁建办多次向达成公司、成都铁路局协调汇报，诚恳商请相关处室到现场实地踏勘，终于争取成都铁路局出资500万元，在新库村、柏岭村铁路上修建村民进出通道，彻底解决老百姓出行难的问题。

社保资金争取。达成铁路新建双线完工后，紧紧抓住省政府解决铁路建设遗留问题的机会，多次到省铁建办、省铁路投资公司汇报拆迁群众社保的具体困难，以翔实的人员名单和社保凭证赢得支持，最终争取到大英县铁路沿线拆迁群众社会保障补助资金654.11万元。

【铁路沿线风貌改造】 2012年5月，根据省、市、县对“公路、铁路、河道”沿线环境专项治理的部署，大英县高度重视、团结协作、狠抓落实，历经半年时间圆满完成铁路沿线风貌整治工作。一是成立工作领导小组，制定《大英县铁路沿线风貌整治方案》，全面统筹协调整治工作；二是委托遂宁市规划设计院、大英县城乡规划局完成了《大英县铁路沿线环境综合整治规划》的编制工作；三是对涉及铁路沿线的4个镇乡，20个村，2个居委会，155户农房认真调查摸底，逐村逐户走访，对整治的房屋进行丈量、测算；四是按标准分户核算，完成风貌整治房屋补助资金144万元的筹集与发放工作。铁路沿线风貌整治后铁路沿线环境状况明显改观，风貌品味有效提高，全面提升了全县城乡环境综合整体水平。

【小商品城规划设计】 按照2012年4月11日中共大英县委专题会议第8期精神，大英东站站前广场及小商品城建设项目由县粮食局和县铁建办共同协助项目实施，县铁建办具体负责项目的规划设计工作。该项目位于蓬莱镇凉湾村和普福村，占地约1.1平方公里；项目包括东站站前广场、小商品城、商务酒店和市政设施、独立景观等内容；项目建设面积约40万平方米，总投资约8亿元。该项目于2012年8月8日采用公开招标形式，经过评审、比选，最终北京中外建筑设计有限公司以225万元价格中选。规划设计方案经过数次修改完善，于2013年9月通过县规委会审议。

（代祚春）

邮　政

【概况】 两年来，大英县邮政工作按照“改革有序、发展有效、管理有方、服务有情、团结有力”的工作方针，坚持以发展为第一要务，以安全为第一责任，以队伍为第一资源，邮政业务稳健发展，经营质量稳步提升，管理基础进一步夯实。

【经营业绩】 2012年，以经营为中心，紧盯城市、农村、中小企业这三块市场。在代理金融业务发展上，在不遗余力做大储蓄规模的同时，加快了金融中间业务的发展步伐，加大了卡业务的发展力度，全年实现余额净增1.46亿元，发卡1.26万张，完成保费2535万元，消灭了余额规模低于5000万元网点，点均实现余额净增1622万元，余额增幅达26.86%。在重大营销项目上，全年实现贺卡收入119万元；完成集邮项目收入68.29万元；实现报刊收订流转额303万元，完成畅销报刊流转额65万元。

2013年，完成业务总收入1755万元，比上年同期增长8.7%。其中：函件业务实现函件收入164.55万元，比上年同期增长7.2%。

报刊业务完成收入127万元，比上年同期增长14%；集邮业务实现集邮收入92万元；包裹业务完成收入10万元；分销业务完成进销差收入45万元，比上年同期增长7.14%；储蓄业务完成业务收入1095万元；保险业务完成保险业务收入35万元；汇兑业务完成汇兑业务收入13.50万元；电子商务完成收入110万元；代理速递类完成收入（全口径）66万元。邮政业务、代理金融业务、速递分销业务三大板块占比为28∶65∶6 。

（颜　珊）

中国电信股份有限公司大英分公司

【概述】　两年来，中国电信股份有限公司大英分公司（以下简称大英电信）紧密围绕加快推进城市信息化这一工作主线，坚持创新、服务、规模经营、流量经营。优化资源配置、强化制度建设、注重企业三个文明建设，充分调动全体员工的积极性和创造性，企业各项工作取得新成就。

【基础通信建设】　一是加大基础通信建设投资，打造“光网城市”，积极助力“智慧大英”、“平安城市”建设。二是加速网络转型，初步形成技术领先优势。着力解决网络能力与市场需求错位问题，宽带网能力大幅提升，2012年，新增H覆盖用户数14313线，渗透率22%，H端口数8256个，端口利用率40.57%，指标优于全市其他销售单元，处全省中上水平，城区全面实现无条件装机。移动网向精细化、深覆盖、3G网转变，开展“龙腾添翼”、“烂区”等专项优化整治工作，持续开展网络优化，提升整体网络质量。积极稳妥进行小灵通网络的迁转工作，年初全面完成了基站关闭任务。在线支撑“一点响应”、资源“一台清”，智慧综调建设初见成效。政企支撑进一步前置，有效支撑政企客户市场发展，同比2011年，带宽型业务平均缩短故障历时257分钟，商务光纤业务平均缩短故障历时126分钟。按照中国电信“宽带中国·光网城市”的战略和建设目标，2012年，大英电信加大基础通信建设投资，大英电信有线宽带服务能力领跑全行业。城区通过光网城市建设，FTTH已覆盖各个新建小区和楼盘，实现20M高速宽带接入。大英电信3G网络已经覆盖全县所有乡镇，已基本建成融合有线宽带、3G、WiFi等多种接入方式，实现宽带天地一体化的新一代的通信网络。三是大英电子政务网络平台建设。该项目的建成形成一个上连国家和省电子政务外网，下连县市区及乡（镇、街办）、社区，横连市直各部门及企事业单位的电子政务专用网络体系，能满足社会多层次和多样化的服务需求，增强政府社会管理和公众服务能力，提高政府及部门的办事效率和管理水平。大英电子政务网络平台由中国电信大英分公司负责承建和运维。四是大英平安城市视频监控系统建设。大英平安城市视频监控系统是大英县“平安城市”建设的重要基础平台。2012年中国电信大英分公司投资总额500多万元，按照“公安规划、电信出资建设、政府租赁、公安使用”的建设模式，基本建成覆盖城区、主要街道、重要路口、重点区域、重点部位、居民小区、治安卡口、公安监管场所的A类视频监控点106个，建成全省统一架构下的省—市—县（区）联网，资源共享、互联互通。到2012年底，工程全部完工。

【业务发展】　大英电信分公司紧抓天翼、宽带、网络视讯三大核心业务，实施聚焦客户战略，业务发展全方位推进。实施终端引领，聚焦3G，融合渗透，加速3G规模发展，促进天翼业务量质齐升。实施差异化宽带竞争策略，结合高带宽和3G融合的要求，针对宽带在网用户持续开展“宽带大提速之网速倍增”活动。大力开展黄金销售季节网络视讯产品免费体验活动，在农村区域开展iTV现场团购活动。到2012年底，大英分公司天翼用户3.22万户，宽带用户1.88万户，iTV用户0.14万户，业务规模与市场份额迈上新台阶，大英电信各类在网用户总数达5.55万户，企业保持健康可持续发展态势。2012年新增手机用户0.57万户。移动业务经过四年的运营，用户规模增长9.73倍。2012年新增宽带0.65万户，并实施用户宽带业务大提速，4M以上带宽占比达50%，8M以上带宽占比达到10%。

（易　涛）

中国移动通信集团四川有限公司大英分公司

【概况】　到2013年末，中国移动通信集团四川有限公司大英分公司下设4个部门、5个片区，社会合作渠道60余家，解决社会就业600余人。

【经营范围】　经营移动通信业务（包括语音、数据、多媒体）；IP电话及互联网接入服务；从事移动通信、IP电话和互联网等设计、投资和建设；移动通信、IP电话和互联网等设施的安装、工程施工和维修；经营与移动通信、IP电话和互联网业务相关的系统集成、漫游结算清算、技术开发、技术服务、设备销售；出售、出租移动电话终端设备、IP电话设备、互联网设备及其配件，并提供售后服务。

【基础网络与通信环境建设】　2012—2013年，大英移动先后投资超过1亿元，新建各类基站超过100个，在网物理基站已超过300个，2G、3G网络已实现全县绝大部分覆盖，4G网络建设已初具规模，形成了从2G到4G的综合覆盖，为用户提供更好更快更方便的移动通信服务。

【信息化建设】　做实综合平台。随着遂宁市“六大兴市计划”的全面实施，围绕“智慧大英”项目各项板块启动，服务政府政务公开工作，大英移动建设完善了“企业安全生产监管平台”、“食品药品安全监管平台”，持续推广《今日大英》政府手机报，通过信息化解决方案及时公布政务动态，协助提高政府办公的公开度和透明度。

做强基础业务。大英移动近年来依托集团V网、短号短信、企业邮箱、集团专网等广普性信息化业务推广的同时，公司根据本地企业需求，进一步提供个性化信息服务，完成了50余个集团单位的手机政企通讯录编辑及安装；在物联网建设和水、电、气能源行业M2M应用上，建立了各类数据采集APN专网，助力大英企业的高速发展。

（魏永喜）

中国联合网络通信有限公司大英县分公司

【概况】　2012年，中国联通大英县分公司以“创新、发展”为主线，以提升六大能力为突破口，以实施八大管理统揽全局，实现了“市场地位、产品价值、品牌价值、运营效率、综合实力”的长足进步。2013年，大英联通以“强化规模，提升综合实力”为中心，狠抓“产品业务、销售模式、支撑模式、服务模式、运营模式、商业模式”六大转型，提升了企业价值和综合实力。

【3G业务】　每年通过“一季度岁末年初、二季度渠道攻坚、三季度校园体验营销、四季度终端百米冲刺”等活动，驱动3G量收规模快速增长。2012—2013年实现3G年收入1390万元，占全业务收入的70%。

【2G业务】　通过组织全县统一开展“岁末年初”和“校园迎新”两大阶段性促销，实施“2G业务网龄回馈计划”增强客户黏性，用户发展规模同比基本稳定，用户发展有效性大幅提升，用户规模再创历史新高。2012—2013年累计有效发展率6.3%，出账用户规模达到4万户，为后期持续经营打下坚实基础。

【宽带业务】 坚持有线、无线宽带技术的协调发展，重点扶持县城社区市场的上量突破。重点推进“直销人员名单制”、“社区便利受理通道”、“社区贴近型宣传”以及“社区摆点管理”4 项工作，开展“入网沃家庭送好礼”、“沃社区，我最行”等专题活动，有效推进宽带社区常态化营销工作落实。

（王　星）

贸易·旅游

商务工作

【概况】 2012—2013年，全县商贸流通实现长足发展，呈现出市场繁荣、消费日趋活跃、多种经济成分并存的良好格局，拉动了全县经济的增长。

2012年，全县第三产业增加值194113万元，增长10.8%。三次产业对经济增长的贡献率分别为5.9%、79.1%和15%。三次产业增加值结构调整为21.3∶59.1∶19.6。全年第三产业增加值109092万元，增长11%。全年实现社会消费品零售总额40.2亿元，增长15.9%。按区域分，城镇完成35亿元，增长15.5%，占全部零售总额的87.1%。按行业分，零售业的零售额完成31.5亿元，增长12.6%，占全部零售总额的78.4%，其中住宿业和餐饮业增长较快，分别增长40%、28.5%。实现进出口总额5333万美元，增长12%，其中外贸出口5015万美元，增长14%。

2013年，全县第三产业增加值225540万元，增长10.8%。三次产业对经济增长的贡献率分别为4.8%、77.6%和17.6%。三次产业增加值结构调整为18.8∶60.4∶20.8。全年民营经济第三产业增加值125935万元，增长12.9%。全年实现社会消费品零售总额45.95亿元，增长14.3%。按区域分，城镇完成39.91亿元，增长14%，占全部零售总额的86.9%。按行业分，零售业的零售额完成35.65亿元，增长13%，占全部零售总额的77.6%。实现进出口总额5331万美元，其中外贸出口5038万美元，增长0.5%。

【商贸规划】 为切实发挥好商务经济在新形势下的拉动和提升作用，更好地服务群众、服务社会、服务经济，大英县委、县政府高度重视商贸规划工作，抓好了商贸规划的编制和制定工作。在编制完成《大英“十二五”商贸和物流发展规划》的基础上，依据新的城市总体规划，启动了《大英县城市商业网点规划》的修编工作，2013年底已进入广泛征求意见阶段。同时，编制了《粮药物流园区》、《文化产业园区》、《郪江新城商业综合体》、《和谐国际金融中心》等项目规划，2013年底，这些项目均已进入建设和实施阶段。

【内贸工作】 结合全省开展的“惠民购物全川行动”、“川货全国行”和“万企出国门”三大活动，紧抓内贸发展，坚持“四抓”促消费。一是抓重点。组织商务、统计等部门深入重点限上企业，及时了解掌握企业经营状况，协调、帮助企业解决生产经营中出现的问题。二是抓统计。

本着抓大不放小的原则，定期深入企业开展调研，掌握企业信息，确保对限上企业应统尽统。三是抓培育。全面开展流通企业调查摸底，了解经营状况，帮助限下企业扩大规模，达到限上企业标准，确保达到限上规模的企业能够得到及时上报确认。四是抓特色。加大对盐华寿乡文化、中国死海等旅游品牌包装和宣传，用特色聚集人气，促进消费，实现增长。

【重点项目建设】 坚持把抓项目、促投资作为经济增长的主引擎，以现代商贸集聚区建设规划为抓手，以提升城乡商贸中心设施水平、完善业态布局为重点，大力推进现代服务业重点项目建设。2013年，全县引进、实施了“道地中药材全球交易中心、郪江新城商业综合体、九龙服装城、大南街中心商务区、和谐国际金融中心”等一大批商贸流通重点项目。这一批大型商业项目建成营业后，将为提升城市功能、优化网点布局、方便市民消费、增强商贸流通业持续发展能力发挥重要作用。

【外经贸工作】 2013年末，大英县共有获权外贸进出口企业34家，其中，2013年有经营业绩的5家，外资并购企业1家。在抓好扩内需的同时，积极采取措施，结合大英实际制定了激励本土企业出口的措施，鼓励企业参加各类展览、展销会，扩大出口途径。

（肖　圳）

旅游工作

【概况】 两年来，大英县旅游工作紧紧围绕“新型工业县、优秀旅游城、生态示范区”奋斗目标，按照“旅游抓景区”、“城市景区化、旅游全域化”工作思路，以“项目攻坚”和“环境提升”为抓手，突出务实推进项目建设、招商引资、宣传营销、品牌创建、队伍建设、规划提升工作重点，全力推动“五大主题旅游景区”建设，实现旅游产业健康快速持续发展。大英县先后成功创建首批省级十大旅游强县、省级旅游度假区，省级乡村旅游示范县复核顺利通过验收。

【项目规划】 突出规划引领，拓展旅游发展新空间。围绕卓筒井、郪国文明、八仙文化等旅游资源，突出盐文化和休闲养生两大特色，编制完善《浪漫地中海永乐湖国际文化旅游度假区》、《大英城市文化旅游综合体》、《中国慢谷》等项目规划，切实做好全域旅游新文章。

【招商引资】 全力招大引优，谋求旅游招商新突破。完善招商引资考核奖励办法及优惠政策，突出世界500强、中国文化集团30强、中国旅游集团20强等为招商重点，大英县委、县政府主要领导亲自赴外招商参与高端洽谈，分管领导分别带领旅游招商小分队，轮流赴杭州、贵州、成都、重庆等地开展招商引资，先后成功引进中国慢谷、浪漫地中海、中华梦幻谷、农博园等文旅项目。两年来，共引进投资1000万元以上文旅项目7个，其中亿元以上文旅项目7个。

【项目建设】 聚力项目攻坚，加快旅游开发新进展。中国死海成功创建省级旅游度假区，八大升级改造项目基本完成，按五星级标准升级改造的太阳城酒店、水上乐园、减肥训练营、健康盐世界、婚庆中心、景观工程等6个项目建成对外开放，太阳宫大剧院正在内装修，高尔夫球场即将启动建设。中国慢谷是大英一合旅游投资公司投资30亿元，拟建设集康体、休闲、娱乐、购物于一体的国家4A级旅游景区。2012年12月动工建设，截至2013年底场地平整已全面完成。计划2016年底建成营业。中华梦幻谷项目以《山海经》、《大唐西域记》传奇故事为主线，“梦游山海、幻映中华”为主题，“心智锻炼体验、科技探险体验、设备疯狂体验”等为主要内容，运用现代声光电技术打造西南最美、最梦幻的体验式乐园度假区。项目规划面积600亩，计划总投资22亿元，2013年5月开工建设，计划2015年2月投入营运。

【宣传营销】 强化宣传营销，树立大英旅游新形象。坚持以市场为导向，突出中国死海、卓筒井两大品牌，整合营销资源，印制《大英旅游》、《大英印象》等宣传资料，通过省内外新闻媒体广泛宣传大英旅游；采取政府搭台、企业唱戏方式，指导中国死海、东方生态博览园等景区景点于元旦、春节、“五一”、国庆等重要节假日开展系列优惠活动，举办中国死海第五届、第六届黑泥狂欢节、热漂节；组织中国死海、东方生态博览园等景区景点参加十三届、十四届西部博览会、昆明国际旅交会、中国（遂宁）第六、七届观音文化旅游节等国际国内旅交会；组织中国死海、东方生态博览园重点企业到成都、重庆召开旅游专题推介会等活动，进一步提升大英对外知名度和影响力。两年来全县共接待中外游客864.4万人，其中：2012年、2013年分别接待游客403.6万人、460.8万人；实现旅游总收入67.98亿元，其中：2012年、2013年分别实现旅游总收入30.2亿元、37.78亿元。

【旅游行业管理】 提升服务质量，优化旅游服务新环境。坚持推进旅游标准化，扎实开展旅游品牌创建工作。大英荣获四川省首批旅游标准化建设示范试点县，四川省乡村旅游示范县复核顺利通过检查验收，省级旅游强县创建工作稳步推进。中国死海荣获全省首批省级旅游度假区，东方国际酒店通过国家四星级验收，中国死海荣膺四川省旅游最高奖——由四川省人民政府颁发的“四川旅游金熊猫奖”，全县新评定省级星级农家乐10家；指导死海太阳城酒店、东方国际酒店、阳光国际酒店积极争创五星级、四星级、三星级酒店。加强监督检查，在元旦、春节、“五一”、国庆等重大节日前，组织旅游、卫生、安监等部门对中国死海、东方生态博览园等景区、星级酒店、星级农家乐进行重点检查，排除各种旅游安全隐患，两年来无一安全重大事件发生；同时，组织工商、城管、物价、卫生等部门开展旅游市场秩序综合整治，有效处理旅游投诉，切实维护广大游客利益。

（高永富）

粮油购销

【概况】 到2013年底，全县有个体粮食收购户102户、粮食转换企业7个，国有粮食购销企业——四川大英蓬莱省粮食储备库，四川大英蓬莱省粮食储备库占地面积80余亩，有仓容5.1万吨，罐容3000吨，承担着省、市、县三级地方储备粮油储存、最低保护价粮食收购和常年敞开收购农民余粮的任务，全县常年购销粮食在4万吨以上，确保了粮食流通秩序健康协调发展。

全县粮食生产稳步发展。2012—2013年，全县粮食收购、销售、经济效益情况表：

2012—2013年粮食购销经济效益情况表

项目 年份	收购粮食		销售粮食		实现产值		实现利润		实现优质订单	
	万吨	占任务%	万吨	占任务%	亿元	占任务%	万元	占任务%	万亩	占任务%
2012	4.16	112.43	4.08	110.24	1.16	116	4	400	5	100
2013	4.35	117.57	3.87	104.6	2.013	213	3	300	5	100
合计	8.51		7.95		3.173		7		10	

【现代粮药物流园建设】 一是园区可研报告已经评审通过，总体规划已经专家评审和在县规划委员会上过规，并出正式文本；二是除利民食品厂和冻库外，拆迁工作全面完成；三是与园区应拆迁的利民食品厂协商搬迁选址问题；四是园区场平全面完成；五是兴顺大道工程建设招标工作完成，已签订投融资建设合同；六是完成兴顺大道工程建设监理招标工作；七是加快四川大英蓬莱省粮食储备库新建5万吨仓库、5000吨油罐建设项目的前期准备工作。2013年，该项目的设计方案已通过县规委会，已完成施工图的设计、工程审图、预算、财评和工程招标，12月已开工建设；八是落实天禄饲料、鸿发食品、金贝康乳业、醉香坊酒业、膨化米果、海州醋业及省库新建5万吨仓库、5000吨油罐建设项目共7个项目入驻园区；九是与国资、规划、国土等相关部门配合处置原天保粮站和回马粮管所等闲置资产，筹建园区建设资金；十是积极与省、市、县财政和县农发行等金融部门对接，落实兴顺大道和蓬莱省粮食储备库新建5万吨仓库、5000吨油罐建设项目中央、省级财政补助及贷款资金。

【粮油产业化工作】 积极培植和壮大公司+基地+农户的种植模式，新发展"玉象扶贫油料专业合作社"和"彩原粮油种植专业合作社"两个，每年发展优质粮油订单生产5万亩，增加了农户效益。

【粮食仓储设施】 近两年不断加大仓储基础设施建设，向上积极争取仓储维修专项资金近500万元，对蓬莱省粮食储备库的主库区、河边和玉峰分库区的仓容全部进行了维修改造，确保了省、市、县三级储备粮食的储藏安全。

【粮食应急网点】 全县在11镇和社区建立起16个粮油应急供应网点、落实了2个粮油应急供应加工企业和1个粮油应急供应储备及配送企业。

【粮油购销工作】 全县粮食种植面积稳步控制在31.4万亩左右，粮食种植以稻谷、小麦和玉米三大品种为主。全县粮食年总产量由2011年的27.31万吨增至2013年的29.65万吨，年均增长率1.1%。2013年油菜籽种植面积达到13.6万亩，年总产量在2.2万吨左右。

完善乡村粮油惠民连锁店，探索"放心粮油工程"。以四川大英蓬莱省粮食储备库为主体，按照"为农、便农、利农"的原则，以"诚信服务、助农增收"为宗旨，建立乡村惠民连锁总店，并在各乡镇发展建立分店。截至2013年，以大英县军供超市和"便民粮油配送中心"为平台，发展粮油惠民连锁店25家、"放心粮油便民连锁店"16家，年粮油购销量达到3.5万吨，购销总收入达到4000余万元。

发展订单生产，夯实粮油收购基础。粮食流通体制改革后，粮食产业化经营体系初步形成。县粮食局把粮食产业化订单生产作为一项重要工作来抓，大力支持发展订单粮油收购，致力于粮油产业化基地建设，培育发展粮油产业化龙头企业。近年来，以汇强油脂有限公司、天保米业有限公司为主体，配合相关涉农部门，以"公司+基地+农户"的生产经营模式，在原有的"大英县汇强油料专业合作社"的基础上，新发展"玉象扶贫油料专业合作社"和"彩原粮油种植专业合作社"两个大力发展优质油菜籽及优质粮油种植。同时，还以四川大英蓬莱省粮食储备库为主体，发展优质水稻、小麦订单生产，全年订单履约率在60%以上，为收购企业的粮油料收购来源夯实基础。

【招商引资工作】 一是天禄饲料公司成功入驻现代粮药物流园区，已正式签约。该项目占地25亩，建设年产30万吨绿色饲料项目。企业正式投产后，预计年可实现销售收入10亿元，利税7300万元以上；二是现代粮药物流园新建兴顺大道建设项目，采取BT模式，由四川尧顺建筑工程有限公司投资5000万元建设，工期1年，2013年12月正式开工建设。

（唐光银）

供销合作商业

【概况】 2011年12月，经县编委批准，设立大英县农民专业合作经济组织服务中心，为县供销社下属事业机构，全额拨款4人。2013年3月，县人才交流中心将县路桥收费管理所1名同志随编交流到县农民专业合作经济组织服务中心工作。2013年底有职工18人，其中：县供销社17人，农民专业合作经济组织服务中心1人。

【农资社会化服务】 农业生产资料供应是供销合作商业重要支柱业务之一，县供销合作商业根据市场变化，通过整合资源和开门开放办社，截至2013年底，已在全县建立了90个农资加盟网点，50个庄稼医院，20个农村社区综合服务社。开展农资社会化服务，提供农技咨询。争取省供销社、省财政厅农村社会化服务体系建设庄稼医院、社区综合服务社项目专项扶持资金63万元。2012和2013年，碳铵销售分别为20219吨和17439吨；尿素销售分别为3817吨和3736吨；磷肥销售分别为11005吨和8607吨。

【农业产业化发展】 农业产业化是供销社转换职能后一项主要工作。发展农村农民专业合作社是供销社服务农业产业化的重要平台。2013年底，全县工商登记注册专业合作社144个，入社成员32964户。其中：以蔬菜、水果等为主的种植类专业合作社53个，面积2.1万亩；以生猪等养殖为主的畜牧业专业合作社80个，规模达到3.6万头；以优质干果、花卉苗木等为主的林业类专业合作社11个，面积5350亩。创建示范专业合作社83个，其中：国家级4个，省级17个，市级34个，县级28个。

【家庭农场建设】 根据2013年中央一号文件提出的要大力培育和扶持新型农业经营主体，新增补贴向专业大户、家庭农场、农民合作社等新型生产经营主体倾斜精神，在全县积极组织指导家庭农场建设。2013年4月大英县第一家家庭农场——永伦家庭农场正式登记注册成立。截至2013年底，全县已发展家庭农场13家，其中：种植业8家，养殖业5家，注册资金8070万元，家庭农场成员73人，年销售收入可达2700万元。

【农产品经纪人培育】 把培训农村能人、经纪人作为供销社助农增收一项重要工作来抓。两年来，组织农村专合组织、农资农技、再生资源、农产品营销等各类培训6期，印发各类资料3000多份。2013年12月，大英县鑫燕畜禽养殖专业合作社理事长吴艳荣获全国“百强农产品经纪人”，其产品“鑫燕”牌野鸡获全国“百佳农产品品牌”称号。

【大英农产品直销中心建设】 利用闲置资产组建了大英县农产品直销中心。经过一个月的筹建，2014年1月13日正式成立大英县首家农产品直销中心。该中心面积280平方米，县内8个知名专业合作社参与直销业务。主要销售禽蛋、肉类、蔬菜、粮油、白酒等农产品。直销中心减少了农产品流通环节，降低了流通费用，有效缓解大英专业合作社农产品卖难、城市居民买贵问题。

【再生资源网络体系建设】 2012—2013年规范发展再生资源回收网点40个，组织废旧收购网点从业人员培训会4期，共计培训140人次。办宣传栏4期，印发资料700余份。争取省、市供销社再生资源网络体系建设扶持资金8万元。 （赵晓林）

烟草工作

【概况】 2012—2013年，大英县烟草工作坚持以“深化改革、市场导向、开拓创新、共同发展”为发展方向，始终保持良好态势，着力创新管理，努力争创“四个一流”，积极打造“小而精”企业，协调推进各项工作，较为圆满地完成了各个年度的任务和目标。

大英县烟草专卖局执法成果统计表

年　度	查处案件（起）	案值（万元）	违法卷烟（条）	罚没收入（万元）
2012年	176	30.79	3083.9	3.41
2013年	290	35.77	1713.5	14.58

遂宁市烟草公司大英分公司销售统计表

单位：万元、箱

年　份	销售金额	实现利润	上缴税金	销　售	
				总　量	娇　子
2012年	18505.99	3827.73	783.33	11202	1918
2013年	20681.91	4243.27	1807.14	11204	2231

【烟草市场监管】 不断夯实专卖市场基础，强化对重点经营户的监管，高度重视标准化中队建设和内部专卖监督管理等工作，始终保持打假破网高压态势，深入开展系列“专项整治周”行动，联合相关部门开展经常性专项整治行动，有效保证了市场上无公开摆卖“假、私、非”烟，专卖管理力度不断加大。2012年查处涉烟案件176起，2013年查处290起，累计查获大要案件30余起，确保了烟草市场经营规范有序。2012年查获涉案金额达30余万元的“8·23”无证运输案件。2013年协同船山区烟草专卖局对“1·31”制售假烟网络案进行了延伸查处。2013年11月26日，配合遂宁市公安局、市烟草专卖局在蓬莱镇吊脚楼村捣毁制假窝点1处。

【营销网建工作】 把握卷烟营销这个中心，突出自主培育品牌发展这个重点，做好工作安排部署和任务分解，以“专销同步”和“全员营销”为抓手，协同开展市场走访和品牌推介，营销网建水平持续提升，在国内经济下滑的情况下，保持了年度销量基本稳定；从讲政治、负责任、担义务的高度，采取多项措施做好娇子品牌推介，提升娇子品牌的市场接受度，有针对性地引导目标客户上量，助推娇子扩销增量，娇子系列品牌培育取得显著效果，销量逐年大幅提升；大力推进电子商务运行工作，2013年底网上订货1148户，占入网总户数1221户的94.02%，网订成功率为94.94%，同比提高8.14%；电子结算次数扣款成功率99.54%，同比增长0.43个百分点，金额扣款成功率为98.65%，同比增长0.16个百分点。

【市场经营能力】 按照遂宁市局（公司）的

安排部署，不断满足市场需求，着力提升卷烟销售结构，努力挖掘市场潜力，卷烟经营能力逐年提升，积聚了雄厚的经济实力。2013 年，实现销售收入 20681.91 万元，较 2011 年 17657.89 万元增长 17.13%；实现税利 6050.46 万元，较 2011 年 4556.86 万元增长 32.78%。其中：2013 年税利增幅居遂宁市烟草系统第一位。

（李东辉）

财税·金融

财 政

【概况】 2012—2013年，大英县财政工作紧紧围绕全县“新型工业县、优秀旅游城、生态示范区”目标定位，积极应对复杂的经济形势，团结奋斗、敢于作为，实现了财政收入在艰难困境中继续上行，支出难题在改革创新中全面破解，社会民生在贯彻落实中不断改善，资金绩效在监督管理中逐步提高，圆满完成了各年度财政收支预算任务。

【财政收支平衡】 2012—2013年，大英财政工作面对国际国内经济形势下行的压力，不断创新财税征管办法，挖掘增长潜力，在保持非税比全年计划大幅增长的同时，通过对总部经济和外协税源实行奖励，加强存量房交易税收征管，开展对门面租赁行业、招商引资政策到期企业、政府投资项目等税收清理等措施，进一步提高了税收征管的质量和效率，堵塞了税收漏洞，确保财政收入稳步增长。在预算支出上，面对“收入增幅放缓、上级转移支付减弱、刚性支出剧增”的严峻形势，牢固树立“过紧日子”思想，厉行勤俭节约，强化预算约束，严格按照“三保一促”的顺利安排支出，统筹预算拼盘，把有限的财力用到急需的事业上，妥善解决好津补贴提标、营养餐计划、失地农民进社保等民生问题及社会矛盾化解新增支出刚性缺口，保障全县重点支出和民生支出需求，确保了政权正常运转和社会的稳定和谐。2012年，地方公共财政预算收入完成31262万元，公共财政支出完成182239万元，财政总支出完成199131万元；2013年，地方公共财政预算收入完成38141万元，公共财政支出完成183775万元，财政总支出完成228467万元。两年以来，财政收支保持平衡，没有出现赤字。

【支持经济建设】 统筹建设发展资金，积极改组县城投公司，注册资本扩大到6亿元，增强平台公司融资能力；设立投融资管理办公室，加强全县政府性平台公司监管，建立全县项目建设和拆迁安置资金台账；深化银政合作，通过财政账户分设，以库款撬动贷款，鼓励银行支持地方经济发展；创新融资方式，组建了全市首家国有独资融资中介机构“顺亿”公司，通过融资租赁、工会理财、信托融资、债券融资等方式，筹集建设发展资金达17亿元，取得历史性突破，保障了全县规划设计、拆迁安置、园区及市政基础设施等各重大项目建设的有序推进。

【财政体制改革】 一是推进国库改革，完善国库单一账户体系建设，严格开户审核，制定了《机关印章管理制度》和《财政管理信息系统资金拨付规范细则》，建立大平台动态监控体系。二是做好债权债务管理。及时清理财政历史债务，全面化解乡村垫缴税费债务，维护了社会稳定。三是推进财政信息公开，2013年对财政总预（决）算、全县“三公经费”总数、县政府组成部门“三公经费”预算进行了公开。四是推进公务卡改革。出台了《关于加强推进实施公务卡消费管理的通知》，全县各单位办卡实现全覆盖，严格按照强制结算目录消费。

【住房公积金改革】 为理顺遂宁市住房公积金管理体制，经遂宁市人民政府批准，2013年7月，大英县正式撤销了住房公积金管理部，划为市住房公积金管理中心直管。

【财政监督】 一是制度建设不断完善。出台了《关于加强部门预算管理工作的通知》、《关于加强项目建设资金管理的通知》和《关于加强基本建设投资项目财务管理的通知》。二是深化财政监督。成立大英县财政监督检查局，坚持财政“大监督”理念，开展了会计信息质量、非税收入和票据管理、义务教育其他债务清理、规范津补贴等重大监督检查，清缴部门结余资金2776万元和坐收坐支非税378.9万元，追缴非税欠款244万元。三是加强财政投资评审。严格执行三级复核，提高评审质量，2012—2013年共审减不合理资金5.93亿元。四是加强政府采购监管。严格执行政府采购法规定，全程参与政府采购监督，2012—2013年共节约政府采购资金1468万元。五是加强财务培训。开展了财务会计、财政决算、公务卡推进等业务培训，进一步提高全县各单位财务管理水平。

（文　坤）

国家税务

【概况】 大英县国家税务负责全县2501户纳税人的税收征管工作。截至2013年12月，县国税局创建为“省级最佳文明单位”、“省级卫生先进单位”和“廉政文化建设示范单位”，办税服务厅创建成国家级“巾帼文明岗”，综合档案达省一标，干部人事达档案国二标。

【税收收入】 2012年，国税收入首次突破2亿元，达到21848.32万元，同比增收2745.48万元，增长14.37%，其中重点税源企业税收入库18925万元，占国税收入总额的86.62%。重点税源为盛马化工、久大蓬莱盐化、中腾能源、中国死海等企业，其中盛马化工一家的税收收入占国税总收入接近50%。2013年，国税共入库税收收入25870万元，同比增长18.41%，增幅位居遂宁市第二位；增收4021万元，税收增长绝对额位居全市第一名。2013年完成县公共财政预算收入4636万元，增长827万元，同比增长21.71%，增幅位居全市第二名。其中：增值税入库21650万元，同比增收4169万元，增长23.85%；企业所得税入库2653万元，同比增收169万元，增长6.81%；车辆购置税入库1020万元，同比增收486万元，增长90.88%。

【税收减免】 积极落实西部大开发和国家结构性减税政策。2012年，共减免增值税、企业所得税1375.61万元，办理出口退税1217.94万元；在扶持小微企业方面，中小企业免受发票工本费2525户，个体不达起征点纳税人免税49.86万元。2013年，共减免增值税、企业所得税2928.79万元，办理出口退税1154.63万元；在扶持小微企业方面，中小企业免受发票工本费2525户，个体不达起征点纳税人免税70余万元。

【纳税服务】 全面清理审核审批事项，推进涉税审批事项向办税服务厅和电子网络集中，2012年已将审核审批、行政处罚等事项前置大厅，把办税服务厅打造为办税主阵地，实现涉税审批事项“一窗通办、一厅办结、一次办完”，办税环节由原来的4—6个压缩到了3个，办理效率提升50%以上。为进一步提高办税效率，对原有6个窗口进行了重新设置，设立5个专门的综合服务窗口，采用了“5+1”模式，即5个窗口综合受理各类涉税事项，1个窗口专门进行发票发放，纳税人验票购票拥挤的情况得到了根本解决。2013年，邀请特邀监察员和纳税人代表，开展“廉洁从税、优质服务”双承诺测评，畅通社会监督途径。开展“三清三察三审”工作，开展“问需求、查问题、抓整改、促提升”纳税服务专项活动，发放纳税人需求调查表1000余份，收集纳税人需求300余条，查找问题5个并有针对性地制定整改措施5条。

【廉政建设】 2012年，着力在廉政教育内容的系统性、载体的多样性、形式的感染性、参与的广泛性、教育的实效性上下功夫，在廉政文化建设中，大英国税局干部职工创作了《大英国税之歌》，小品《较量》、《体谅》等一大批优秀廉政文化作品，小品《较量》参加全市“涪江之秋”文艺调演，荣获三等奖，小品《体谅》代表遂宁市国税局参加全省国税系统“税企携手共建和谐”文艺汇演（德阳片区），获得一致好评。通过廉政文化氛围的营造，有效地推动了拒腐防变教育长效机制的形成。2013年，建立廉政信息反馈卡和定期回访制度，主动接受纳税人监督。以贯彻落实惩防体系五年规划为主线，深入推进“四位一体”防控体系、政风行风、廉政文化三项建设，党风廉政建设工作进一步加强，2013年，大英县国税局被四川省国税局评为全省第二批“廉政文化示范单位”。

【征管建设】 大英国税局分级分类管理体系初步建立。一是行业管理模式更加健全。结合县内税源特点，对重点行业、企业实施集中集约管理，完善了石化、纺织、商贸三大行业的税源专业化管理办法，推动了分散管理向团队管理的转变。二是征管质量管理考评体系不断完善。坚持数据分析例会制度，及时查找工作薄弱环节，制定改进应对措施。完善征管一体化运行模式，加大对工作推进的监督、考核力度，主体征管质量指标位列全市前三。

（蒋佳良）

地方税务

【概况】 至2013年12月31日，四川省大英县地方税务局下设稽查局和负责城区（含通仙乡）税收征管的第一税务所（负责征收、办税服务）、第二税务所（负责企业、行政事业单位税收管理）、第三税务所（负责房地产开发税收管理）、第四税务所（负责个体税收管理）、第五税务所（负责纳税评估）、第六税务所（负责建筑安装税收管理）以及负责农村税收征管的第七税务所（负责隆盛镇、金元乡片区税收征管）、第八税务所（负责回马镇、回马工业园片区税收征管）、第九税务所（负责象山镇、玉峰镇、智水乡片区税收征管）、第十税务所（负责卓筒井镇、河边镇、天保镇片区税收征管），管辖各类纳税人4346户，其中企业531户，占12.2%。2012年以来，大英地税工作始终坚持以组织收入为中心，精征细管提升征管质效，完善依法治税机制营造公平，优化纳税服务构建和谐，以人为本提升能力素质，为大英建设“新型工业县、优秀旅游城、生态示范区”做出了贡献。

【税收收入】 2012—2013年，入库各项收入73073.87万元，为大英经济社会发展提供了财力保障。

2012—2013 年大英县地税收入情况表

项　目	单　位	各年度实绩	
		2012 年	2013 年
总收入	万元	32697.14	40376.73
税收收入	万元	30627.52	38030.54
其中：中央收入	万元	2627.91	4062.72
省级收入	万元	7595.23	9057.6
县级收入	万元	20404.38	24910.22
基金附加	万元	2069.61	2346.19

【税收征收管理】　一是税源分析预测方面。初步形成了“税源调查”→“研究判断”→“情况核实”→“分析报告”的税源分析预测体系。两年的税收季度分析报告、行业分析情况以及年度预测情况准确率都在 98%以上。二是税源分类管理方面。按照税源专业化管理要求，科学分类税源，合理安排征管资源，推行专业化、精细化分类管理，在税源征、管、查三方面夯实税源基础。到 2013 年底，已成立城区房地产开发管理所、个体管理所、建筑安装管理所和企业管理所四个专业管理所，税源分类管理效果显现。2012 年、2013 年同类税收征收入库 28479 万元、31450 万元，分别增收 5952 万元、2971 万元，分别增长 26.4%、10.43%。三是信息管税方面。强化发票管理，夯实征管基础工作，发票管理更加规范。信息化建设进程加快，全县 3237 户纳税户纳入集中征管。税库银横向联网工作有序开展，全县 661 户纳税人实现了网上申报纳税。应用房地产估价技术加强存量房交易税收征管工作有序开展，自 2012 年 7 月 1 日正式运行以来，交易 1392 例，增加计税金额 6739 万元，增加税款 360 万元，增幅为 26.0%。四是纳税评估方面。通过监控、分析，建立了科学、适用的评估模型。2012 年以来，已对创新压缩天然气洁能有限公司、县电力公司等开展了纳税评估，进一步厘清了企业税收增减相关因素，增加税收 47.5 万元。

【纳税服务】　完善纳税服务硬件设施。按照统一标准装饰五个办税服务厅，完善办税服务厅功能，更新“绿色通道”、POS 刷卡机、“一机双显”、服务评价器，安装 LED 显示屏、无线网络等，配齐宣传资料、样表、办公用品，实施“一站式”、“一窗通办”模式。优质服务提升地税形象。设置“导税员”，引导纳税人办税，做好政策宣传、流程讲解、文书派发和资料填报等细小微处，用微笑服务、细致服务、全面服务践行“始于纳税人需求、终于纳税人满意”。开展纳税人参与的季度“服务明星”评选，深入推进预约服务、提醒服务、延时服务、上门服务、限时办结等。2012 年以来，改进服务方式 2 项，简化办税流程 1 项，新增服务内容 3 项，率先实现国税、地税税务登记通办、通用、信息共享服务。落实各项税收优惠政策。充分发挥税收促进经济发展的职能，坚持“让纳税人该享受的税收优惠享受到位”原则，2012 年以来，通过走访调查、查阅资料等，落实西部大开发、支持中小企业发展、招商引资、促进就业等税收减、免共 5507 万元。

【依法治税】　一是完善税收宣传机制。完善税收宣传常态机制，实施定期宣传，解决纳税人疑难问题。加强宣传针对性，大中型企业依法诚信纳税意识、个体工商户纳税遵从度和一般消费者索要发票的主动性等进一步提高。借助网站、微博、电子显示屏、公共汽车站台、纳税人QQ群、纳税人学校等创新方式，丰富、务实宣传内容，寓教于乐、寓教于喜，全民税收知晓率逐年提高。二是完善税收稽查机制。强化专项检查和重点检查，2012年以来，采取“指导自查”→“税收检查”→“督促整改”→“定时复查”的模式，对全县范围内超过30户企业和200多户餐饮、广告、娱乐等行业实施了专项检查和重点检查，查补入库税收2033万元，罚款109万元；根据大英县中医院迁建工程假发票案线索，经过半年努力，于9月与县公安经侦大队共同捣毁一制售假发票的窝点。

（陈词文）

金融运行综述

【概况】 2012—2013年，全县银行、保险等金融机构，坚持以支持县域经济发展为已任，正确履行工作职责，加快金融改革创新，努力提高金融服务水平，深入推进省级“金融生态环境示范县”建设，不断加大金融支持经济发展力度，促进县域经济健康发展。

【宏观调控】 全县金融机构坚持科学发展观，认真领会和把握适度宽松货币政策意图，正确把握信贷支持重点，加大对新兴产业和优势产业、城乡统筹发展、城乡居民消费等重点领域的信贷投入，加大对新兴产业重点项目、重点企业和重点产业集群的支持力度，突出对民生工程、基础设施建设、生态建设与环境保护、产业结构优化升级的信贷支持，加强对“三农”、中小企业等经济薄弱环节的信贷支持，有效促进县域经济的协调发展。

【金融业务】 一是存贷款持续增长。截至2013年12月末，全县各项存款余额103.34亿元，其中，储蓄存款余额为72.32亿元。二是贷款稳步增长。各金融机构积极开展信贷营销，创新金融业务，努力增加信贷投入，各项贷款呈快速增长势头。截至2013年末，人民币贷款余额68.59亿元，存贷比为100∶60.57。三是信贷结构不断优化。县级各金融机构灵活运用稳健的货币政策，着力调整信贷结构，减少了对房地产业的信贷投放，将贷款投放重点放在工业和农业等产业。四是保险业加快发展。全县保险机构8家，保险市场竞争更加充分，较好地发挥保险机构社会稳定器和经济助推器作用。

全县金融机构积极支持地方经济发展，2013年度，全县金融机构新增贷款共计106066万元，其中，工商银行大英支行新增贷款18742万元（包括承兑汇票3228万元）；农业银行大英支行新增贷款19442万元；中国银行大英支行新增贷款7055万元，完成100.79%；建设银行大英支行新增贷款16981万元；信用联社新增贷款33494万元；商业银行大英支行新增贷款20898万元（包括承兑汇票15000万元）；邮储银行大英支行新增贷款12793万元，完成142.14%。

【金融环境】 一是以信用体系建设为抓手，努力改善金融生态环境。在全县范围内开展了清收不良贷款、依法打击逃废债务专项治理活动，优化了社会信用环境，切实保护了银行债权。全面推进创建省级“金融生态环境示范县”，获得了人民银行遂宁市中心支行认可的金融生态环境达标县。二是民间融资规范发展。全县共有2家小额贷款公司、2家融资中介公司和2家担保公司，为中小企业、“三农”及个体工商户拓宽了融资渠道。规范企业内部管理，强化风险防范意识，县内民间融资机构健康发展。

（马勤学）

中国工商银行股份有限公司大英支行

【概况】 两年来，中国工商银行股份有限公司大英支行继续强化“以客户为中心”的服务理念，内强服务，外塑形象，加快产品创新，着力支持中小微企业的发展，为加快“新型工业县、优秀旅游城、生态示范区”提供了更加优质的金融服务，经营业绩取得较好成绩。

工行大英支行2012—2013年业务发展状况

年度	存款（万元）			贷款（万元）		
	余额	增量	增幅	余额	增量	增幅
2012年	111034	25790	23.22%	63235	23167	57.82%
2013年	128200	17166	15.46%	78750	15514	19.70%

工行大英支行2012—2013年支持中小微企业情况表

年度	贷款（万元）		
	余额	增量	增幅
2012年	7085	3785	114.69%
2013年	9768	2683	37.86%

【优质服务】 一是在硬件上加大投入，成功实现了梨园桥支行乔迁开业，营业面积扩大了五倍，并致力于打造大英金融业服务旗舰。二是继续增设自助银行，不断丰富和完善服务渠道，充分践行“工商银行，你身边的银行”。2012年投产鄞江路、梨园桥等2个自助银行，2013年建成使用江南中路、同心路和隆盛镇等3个自助银行，覆盖了县城主要街道和社区。三是在软件上，大力推动“三声服务”、微笑服务、效率提升服务，着力解决客户排队难问题，大大缩短了客户的排队等候时间，极大地提升了客户的满意度。四是大力倡导客户使用电子银行工具和渠道，进一步满足客户方便、快捷、安全的需求。五是克服困难，支持新农村建设，为村社民众提供金融服务。在主要村社安装助农POS，满足村社农民的金融需求。截至2013年，全行共投入存取款一体机20台，自动取款机3台，自助服务终端5台，多媒体网银机3台，POS商户385台，电话POS终端机482台，助农取款点21个。

【业务创新】 工行大英支行以服务地方经济发展为己任，助推大英“新型工业县、优秀旅游城、生态示范区”建设。一是认真分析行内信贷政策，积极加强纵向和横向的汇报沟通，努力增加存量客户授信，两年来，为8户存量企业新增贷款5500万元，有力地促进了企业的发展。二是加强产品创新。在农业板块上，通过与上级行的有效沟通，与一生态农业企业建立信贷关系并新增贷款470万元，既支持了农业现代化产业的发展，更为工行大英支行与现代农业企业的深度合作探索出了一条有效的路径。三是积极发展表外业务，多种途径满足客户需求。成功为一石化企业办理3000万元特定理财委贷业务，成功为另一石化企业办理全省首笔代客商品风险管理业务，不仅填补了四川分行代客商品风险管理业务空白，还帮助企业有效地套期保值，规避了市场大宗商品价格波动风险。

中国农业银行股份有限公司大英县支行

【概况】 农行大英县支行始终坚持“以支持地方经济建设为己任，把发展作为兴行第一要务”的经营理念，紧紧围绕大英建设“新型工业县、优秀旅游城、生态示范区”目标，坚持不懈内抓管理，外强服务，继续保持了省级文明单位光荣称号。2011 年以来连年风险控制评价等级为 A 类行，内控评价一类行。2012 年“三化三达标”9 个考核单位，其中 8 个获得优秀，1 个获得良好。“三化三铁”机构全部达标，其中隆盛分理处获总行授予的“三铁”称号。2013 年“三化三达标”9 个考核单位全部获得优秀，其中 2 个机构获总行先进单位称号。“三化三铁”全部达标，其中 2 个机构获“三铁”单位光荣称号。2012 和 2013 年，分别实现利润 3975 万元、4633 万元。截至 2013 年底，农行大英县支行存贷总规模 28.6 亿元。

【主要业务】 农行大英县支行在对电子网络创新业务品牌整合的基础上，已经拥有了网上银行、电话银行、手机银行、消息服务、自助银行、自助金库等六大品种。

存款业务　农行大英县支行依托全国联网的超强网络资源，遍布城乡的网点优势，全面开办单位定期存款、活期存款；居民个人定期存款、活期存款、教育储蓄；开通了银联卡、信用卡业务、网上电子银行业务，全面实现了全国通存通兑，实时转账结算。

贷款业务　单位贷款主要包括单位固定资产贷款、流动资金贷款、委托贷款以及银行承兑汇票贴现等融资业务；个人贷款主要包括个人生产经营贷款、个人消费贷款、个人住房贷款、个人商用房贷款、个人住房公积金贷款、个人质押贷款及个人金穗信用卡、金穗贷记卡等信用业务。

中间业务　代理单位财产保险、个人人寿保险、财产保险、凭证式国债、记账式国债柜台交易、开放式证券基金柜台代理销售、保管箱等业务。

中国建设银行股份有限公司大英支行

【概况】 2012—2013 年，建行大英支行紧紧围绕大英县委、县政府提出的建立“新型工业县、优秀旅游城、生态示范区”的战略定位，采取多种措施，信贷投放量大幅度增加，有力地支持和服务了大英经济的发展。截至 2013 年 12 月 31 日，大英支行人行统计表内贷款新增 16981 万元，其中：对公贷款新增 7910 万元；个贷（含个人助业贷款）新增 9071 万元，个人信用卡信用贷款（数据归口在总行上海信用卡中心）1523 万元；截至 2013 年 12 月 31 日支行人行统计口径表内贷款贷存比达 50.43%，比上年提升 10.34 个百分点。

【金融业务】 支持中小企业发展。大英建行“围绕大零售战略，痛下决心调整组织方式，大力发展个贷、中小微贷、信用卡及汽车安居分期”的工作思路，做到“稳中求进”，推动中小企业金融服务。通过转变观念，推进小企业零售化转型工作。抓大不放小，不以贷款额度确定客户，以客户需求为中心，积极向省、市分行请示汇报，加强与大英县委县政府信息沟通，积极支持县域内中小企业的发展。至 2013 年 12 月底，建行大英支行对大英县中小企业客户信贷支持 10 余户，贷款余额 2.35 亿元，投放领域涉及纺织、化纤、机械制造、批发零售等多个行业。

继续做好个人住房、个人助业贷款、个人

消费贷款业务。优选项目楼盘，重推车位（库）分期等独特产品、重点发展商场分期、现金分期、消费分期等大众普及产品，至2013年底大英建行发放个人贷款2.01亿元。

【金融产品创新】 一是根据市场需求和上级行安排，在中小企业贷款上新推出了“信用贷”、“助保贷”、“供应贷”“善融贷”等新产品，在个人贷款上推出了可循环额度的“助业贷”。独家推出了需政府、银行、企业联手的助保贷，借助助保贷平台可有效解决企业抵押物不足的问题。二是独家推出利用信用卡信用贷款，5万元以内两天到达指定储蓄卡。三是独家推出“家居”分期（信用贷款）对大英县装修、升级、提高生活品质进行全方位的信用支持；推出以评分卡形式的新型速贷通，特别是500万元以内贷款，重点看抵押物，不要报表，手续简单；建行在全国范围内首家推出“城镇化建设贷款”，对符合要求的新型城镇化建设给予重点支持。四是渠道方面，100万元以内的个人抵押贷款、30万元以内的个人信用贷款由网点受理。

【金融服务】 建设银行大英支行坚持以客户为中心的服务理念，努力践行“为客户提供最佳服务，为股东创造最大价值，拥有一流员工的国际一流商业银行”的战略愿景，恪守“价值最大化”的核心价值观，诚信为本，与大英经济社会和谐发展。加快乡镇渠道建设，增大自助设备的投放力度。以开展“进企业，进社区，进乡镇”活动为契机，积极做好在县城地区新增对外营业渠道的相关工作；加大对几处离行式ATM机的投放力度，以此提升大英建行的硬件服务水平，缓解营业网点柜面压力；面向三农，发展助农商户POS结算业务，为农村地区银行卡刷卡提供良好社会环境。

中国农业发展银行大英县支行

【概况】 农发行大英县支行较好地发挥了农业政策性银行职能作用，为支持县域经济发展和新农村建设做出了较大的贡献。截至2012年底，支行辖内贷款客户8户，各项贷款余额6亿元。2012年，实现经营利润、中间业务收入分别为1806万元、25万元，2012年度经营绩效考核排名全市第二。2013年底，辖内贷款客户8户，各项贷款余额5.5亿元。自成立以来，累计向13个客户投放各类涉农贷款11.7亿元，有力地促进了地方经济发展。

【自身建设】 2012年度获遂宁市企业文化建设先进单位。2013年，大英县支行求真务实，艰苦奋斗，开拓创新，各项工作全面协调推进。行风行貌整体提升，内部凝聚力和向心力增强，外部知名度和美誉度提高，精细化管理迈上新台阶，风险管理实现重大突破，客户投诉、不良贷款和案件事故继续保持为零，门柜窗口服务考评全市第一，经营绩效考核蝉联全市第二，被市分行评为存款组织先进单位、企业文化建设先进单位和信息宣传调研先进单位。

中国邮政储蓄银行大英县支行

【概况】 2012—2013年，邮储银行大英县支行在县委、县政府以及相关部门的正确领导和大力支持之下，认真贯彻全县金融工作会议精神，紧密围绕金融工作发展要求，结合自身实际，全行上下，团结一心，各项工作得到了健康持续发展。全行未发生任何资金案件及安全事故，实现了“双零”目标。无信访事件发生，全行干群关系融洽，队伍团结稳定。

【主要业绩】 2012年，全行累计实现经营收入2359.11万元，完成利润1227.09万元。累计发放各类个人贷款32571万元，累计净增8108.92万元，累计结余22791.81万元；截至2012年12月31日，个人储蓄时点余额累计净增7877.00万元，个人储蓄日均余额累计净增4999.00万元。2013年，各项存款余额12.93亿元，其中公司存款1.25亿元，个人存款11.68亿元。剔除大英县邮政局7.58亿元的储蓄余额（该项资金为邮政集团公司独立核算），实际存款余额为5.34亿元，存贷比率为76.40%。各项贷款结余4.08亿元，较年初净增1.28亿元。其中短期贷款余额为1.82亿元、中长期贷款2.25亿元；工业贷款余额为2.14亿元，商业贷款余额为1.88亿元。积极推动惠民贴息贷款发放工作，累计发放贴息贷款174笔，金额1356.60万元。

中国银行股份有限公司遂宁分行大英支行

【概况】 中国银行股份有限公司大英支行始终以发展自身、促进当地经济发展为目标，坚持“以市场为导向，以客户为中心”的经营理念，严格规范经营。截至2013年，开设了封闭式服务窗口4个，开放式服务窗口3个，预留了1个服务窗口，自助服务ATM机4台，其中离行式自助银行2台。

【金融服务】 中小企业业务服务。成立中小企业专营团队，配备2名专职客户经理专做中小企业业务；快速审批流程，对中小企业授信项目，按照“信贷工厂”模式优化业务环节，及时满足中小企业融资需求；单列信贷规模和担保额度，在信贷规模和担保额度方面向中小企业倾斜；创新融资产品，在当前货币政策下，重点推动保理、应收账款托管等产品，缓解中小企业融资难的问题；建立独立的考核机制，有效地激发全行支持地方经济发展的动力，提升整体金融服务水平。个人金融服务。加大对个人贷款支持力度，在项目报批、信贷规模和人员配置方面参照中小企业专营模式给予扶持；在产品创新方面积极探索和开展涉农个人贷款产品创新服务；继续发挥中国银行与国家教育部国家助学贷款合作优势，通过各类宣传活动，推动金融知识的普及工作。

大英县农村信用合作联社

【概况】 2012—2013年，大英联社在“提升形象、加快转型、提档升级、猛上台阶”上狠下功夫，继续坚持服务“三农”、服务中小微企业、服务县域经济的市场定位，加快金融创新和业务转型，深入推进机制转换和企业改革，加强风险管控和队伍建设，各项业务呈现出超常规、跨越式发展的良好态势。2013年联社领导班子被省联社表彰为“四好”领导班子，联社被省联社评为2013年度“新增创利亿元大户”和“审计工作先进单位”。

【主要业绩】 截至2013年末，大英县农村信用社存贷规模达到63.82亿元，较2011年末增长27.47亿元（其中存款增长14.11亿元，贷款增长13.36亿元），存贷规模的增幅达75.6%，存贷款存量、增量、增幅继续稳居全县金融机构第一，其中增幅位居全市四家联社之首；不良贷款余额为5206万元（剔除隐性不良贷款3614万元），较2011年末下降1747万元，不良贷款占比为2.23%，较2011年末下降2.12个百分点；特别是2013年大英联社实现拨备前利润10083.38万元，首次迈入“创利亿元大户”联社行列，拨备前利润是2011年的近2.1倍，比2011年翻了1番多；拨备覆盖率达到170.01%，较2011年末上升49.62个百分点；资本充足率达11.61%，较2011年末提高

1.46个百分点。

【产权改革】 大英联社为了加快由传统农村信用社向现代商业银行转变，在实行精细化管理，推进分配机制、用工机制的改革，建设完善风险管理机制，打造专业化队伍，提升案防管理水平等方面做了大量卓有成效的工作。作为全市第一家筹建农村商业银行的农村信用社，自2013年8月启动筹建工作以来，大英联社认真按照上级管理部门、监管部门和地方政府的要求，稳中求进，进中破难，严格按照相关流程，依法合规全面推进农商银行筹建进程，分别完成了履行法律程序、清产核资、老股金处置、征集发起人工作、净资产处置等一系列工作。2013年底大英联社已圆满完成了筹建准备工作，申请材料已报送至中国银监会等待批复，正在按既定工作进度表，积极准备农商行开业相关工作。

遂宁市商业银行大英支行

【概况】 遂宁市商业银行大英支行继续秉承"服务区域经济，造福遂宁人民"的办行宗旨，坚持服务地方、服务市民、服务中小企业的市场定位，为大英县居民、企事业单位提供优质的金融服务。2012年荣获遂宁市商业银行"优秀团队"光荣称号。为充分发挥商业银行网络清算优势，总行于2013年对核心系统进行了换代改造，新的系统能保证本行系统同城转账的实时到账，更加的安全快捷。

【支持地方经济】 2013年，以"服务地方经济"为工作指导思想，大英支行的信贷工作在行领导的统一安排部署下，全行上下齐心协力，以求稳发展和支持中小企业为主题，以扩增存贷规模、提高信贷资产质量为核心，以加强信贷管理为重点，以各项信贷制度的落实为基础，各项经营业绩稳步增长，信贷管理逐步实现制度化和规范化。

中国人民财产保险股份有限公司大英支公司

【概况】 中国人民财产保险股份有限公司大英支公司主要经营机动车辆保险、交通意外保险、人身意外保险、家庭财产保险、责任保险、农业保险等业务，有车辆保险、家财险等分散型业务。在全县有8个农业保险网络服务站，65个村级农业保险服务点，完善的销售和服务网络，为公司拓展服务领域，创新服务手段，提升服务水平，给客户提供专业化、差异化服务提供有力支撑。

【企业文化】 中国人保财险以"人民保险，造福于民"为使命，秉承"以人为本、诚信服务、价值至上、永续经营"的经营理念，弘扬"求实、诚信、拼搏、创新"的企业精神，践行以"诚信立业，稳健经营，创造卓越，回报社会"的核心价值观，以"爱司奉献、积极进取、遵纪守法、锐意创新、善于竞争、加强沟通、良性互动"为行为规范，坚持以市场为导向、以客户为中心，积极履行优秀企业的义务，为促进改革、保障经济、稳定社会、造福人民提供了强大的保险保障。同时，在服务经济社会发展全局和广大客户的实践中，创造和积累了市场领先的企业核心竞争优势。

【业务规模】 两年来，人保财险保费收取额保持平稳增长态势，2012—2013年完成保额总计11588万元，赔付金额4695万元。

2012—2013 年保费收取及赔付情况

单位：万元

年度	险类	保费收入	赔付情况
2012 年	商业保险	3396	1186
	农业险	1227	868
2013 年	商业保险	4022	1365
	农业险	1265	890

【队伍建设】 加强队伍建设，积极开展创建“四好班子”，公司做了大量工作。一是以全员培训为着力点，培养员工的综合素养，提升员工的工作能力。公司要求每人每月读一本书籍，写一篇读书笔记，来提升员工的素养；每月组织一次内部培训会，员工轮流主讲，以提升员工的交际沟通能力；每两个月组织一次业务考试，以提升员工的业务操作能力。二是以会代训，每周定时召开晨会，以会议的形式培养和激励年轻人，积极努力开展工作，公司实行绩效考核制，收入分配和业务发展挂钩，充分激发员工工作积极性，使整个队伍更有战斗力和凝聚力。

【服务地方经济】 人保财产公司以“构建和谐大英”为己任，为地方发展做出了努力。在农业保险方面，公司专业部门和乡镇共同处理政策性农业保险赔案6000余件，特别是在2012年“9·10”和2013年“6·30”洪灾的玉米、水稻查勘理赔中，所有农保员工始终战斗在第一线，走村串户共计2000余人次，处理赔款涉及农户近万户，支付赔款526万元，把农户的损失降到最低，在大英灾后重建工作中发挥了积极作用。 （蔡春艳）

中国人寿保险股份有限公司大英县支公司

【概况】 两年来，中国人寿保险股份有限公司大英县支公司紧紧围绕“规模与效益并重”的经营指导思想，不断强化基础管理，狠抓队伍建设和内部管理，进一步调整和优化业务结构，全面提升管理水平，全力巩固市场份额，通过全体员工的团结拼搏，锐意进取，在业务发展、内部管理等方面均取得了一定的成绩。

【个险渠道】 个险渠道提出了“以基础管理为根本，以队伍质态建设为核心，以深耕客户经营为手段，以推动业务发展为目的”的四位一体经营战略，并围绕这一经营战略目标要求，主要通过运用制度经营，做好客户积累，抓好会议经营，狠抓队伍管理，将以往粗放式管理转变为精细化管理，把结果式管理转变为过程式管理。个险渠道长期险首年期交保费2012年完成629.41万元，2013年实现686.88万元，同比增长9.13%。

【团险渠道】 团险渠道紧紧跟随上级公司的决策部署，坚持围绕发展不动摇，以“强队伍、拓渠道、稳增长”为指导思想，着力调整业务结构，严控直销成本，不断提升短险创费水平，狠抓销售队伍和服务专员队伍建设，以坚强的信念和永不服输的精神，用专业和执着创下了新的辉煌。2012年实现短期险保费366.51万元（其中短期意外险249.40万元），2013年完成短期险保费410.60万元（其中短期意外险保费309.47万元），同比增长12.03%。

【银保渠道】 两年来，面对监管新政的愈加严苛、金融市场持续萎缩的双重打击，坚持正确理解和把握银保渠道职责定位，积极营造内外部经营环境，全力贯彻落实好“攻坚克难、稳中求进、奋力拓展”的总基调，坚持调结构、转险种、增效益、保稳定，在依法合规确保稳定的同时，全力做好业务拓展工作，2012 年实现首年保费 2081.16 万元，2013 年实现首年保费 909.63 万元。

【客户服务】 全面提升公司客户服务中心（柜面）服务质量和水平，经过一系列的创新和升级，公司柜面良好地展示了公司的窗口形象。2012 年通过标准化改造，柜面配备了新一代电子化设备，以立式拍摄仪为基础，将现代影像技术和智能读卡功能进行了集成，创新性地将柜面集成外设与统一业务处理平台进行有效对接，促进了流程优化，有效提升了服务效率。作为中国人寿业务管理和柜面服务工作的核心，大英支公司一直秉承“用专业和真诚赢得客户的感动”的理念，为客户提供周到细致的高品质服务，近 2 年来，始终坚持“内强素质、外树形象”，通过对柜员进行专业知识和技能培训，强化服务执行标准，实施综合柜员制，大力提升理赔时效，做到不惜赔不滥赔，公司的服务水平和客户满意度也逐年得到提升。

【风险管控】 为使广大员工、销售队伍进一步增强法纪意识、诚信意识，从而进一步提升经营管理成效，落实行业监管要求，营造风清气正和依法合规的企业文化氛围。大英县支公司坚持“强化风险防范意识、落实风险管控责任”，通过启动运行“县支公司班子成员风险预警”、“关键岗位预警”、“综合治理销售误导评价”、“营销员风险预警”、“营销员信用品质管理”、“合规评估风险预警”等监控系统，进一步加强对公司关键环节、关键岗位、关键人员的监督检查，实现了对公司领导班子、关键岗位员工和销售人员的风险指标系统预警监督及风险隐患排查，切实防范和治理了部分风险隐患。

（曾玉霞）

管理与监督

发展和改革工作

【概况】 2012—2013 年，大英发展和改革工作紧紧围绕“新型工业县、优秀旅游城、生态示范区”三大目标定位，求真务实，主动作为，攻坚破难，开拓进取，抓好宏观经济管理，精心组织实施“十二五”规划，分析预测全县发展趋势，切实搞好经济运行态势监测预测，推动节能减排深入实施，加强价格监管与监测，促进了全县经济健康发展。

【宏观经济管理】 一是精心组织实施“十二五”规划。按照县委提出的“高位追赶、跨越发展”的工作基调，通过深入调查研究，分析预测发展趋势，认真组织实施《大英县国民经济和社会发展第十二个五年规划》，分别精心编制了大英县 2012 年和 2013 年国民经济和社会发展计划（草案），经县政府审定后，分别提交县四届人大一次和二次会议审查批准，成为推动全县经济社会跨越发展的指导性文件。二是切实搞好经济运行态势监测预测。坚持作好全社会能耗监测、服务业监测、经济运行监测等，密切关注全县经济运行状况，提升统计调查数据对经济运行特点提前反映和预警能力。坚持月度、季度分析汇报制度，针对经济运行中的重点难点问题，进行重点分析，提出相应的对策措施，为县委、县政府决策提供服务。

【收费管理】 搞好价费管理。突出重点，发挥价格杠杆调节作用。积极做好资源性价格调整工作。深入开展自来水、电力、天然气价格成本监审、价格调查和价格预测工作。开展了自来水及电力销售价格、天然气销售价格、民办教育收费等成本监审，坚持执行定调价公开听证和集体审议制度。加强收费管理。全面完成了 2012、2013 年度全县《收费许可证》的审验工作，并强化对收费许可证的日常管理，依照收费政策做好《收费许可证》变更手续。执行涉农收费和价格公示政策，各收费部门、乡镇按规定将收费项目、标准、依据等内容公示上墙。制定了大英县公办幼儿园收费标准；调整了建筑垃圾处置费收费标准；调整了中等职业技术学校代管费标准；制定了大英县城市空间广告费收费标准；批准了农机、药品从业人员、企业班组长等培训收费的标准；进一步规范全县物业管理收费。

【价格监督检查】 2012—2013 年，共查处价格违法案件 8 起，上缴财政罚没收入 19.6 万元，退还群众 0.02 万元。开展农资价格和涉农收费专项检查，检查全县 34 个化肥经销店、64

个农药、农膜经销店，对农业、水利、林业、农机、畜牧等30个涉农单位的价格和收费行为进行了专项检查，通过检查，对部分农资经销商存在未按规定明码标价，部分涉农收费单位收费不规范，填开发票不清楚，收费项目、标准、范围不明确，存在打捆收费的现象进行了限期整改。开展教育收费专项检查，在春秋两季对全县57所幼儿园、中小学、高中和职业教育收费进行了检查规范，及时查处和纠正了自立项目收费、超标准收费、已取消项目继续收费等价格违法案件。开展药品和医疗服务价格重点检查。检查县直医疗机构2家，民营医院4家，乡镇卫生院10家，对4家医疗机构存在的问题进行了纠正和处罚。开展节假日市场价格行为专项检查。针对元旦、春节、“五一”、国庆、中秋等节日，突出对集贸市场、商场超市、旅游景点、宾馆酒店、公交客运车辆及城镇出租营运车辆、停车场、加油站的检查和巡查，重点开展了对涉旅行业、粮油、肉禽蛋菜奶、成品油、液化气、景点门票价格、客运票价、停车收费等与群众日常生活密切相关的商品价格和服务收费的检查，对高速路口至死海景区所有经营者的价格行为进行了拉网式检查和规范。开展了商品房销售明码标价的监督检查。对《商品房销售明码标价规定》贯彻执行情况进行了检查，对标价混乱、未实行“一房一价”等行为现场给予了批评教育和提醒告诫，并责令限期整改。对与群众生活密切相关的水价、电价、燃气价格、有线电视收费、物业服务收费等进行经常性的监督检查，有效化解价格矛盾纠纷。

【价格举报】 2012—2013年，共受理12345政府热线交办信访件4件；“书记信箱”信访件1件；县信访局交办信访件1件；12358价格举报热线受理各类来电来访22件，办结率100%，群众对价格举报的了解程度、认同程度都得到了明显提高。

【节能稽查】 2012—2013年，全县节能减排工作始终坚持“绿色发展、循环低碳、环境提升、生态立县”的指导思想不动摇，坚定不移走资源节约、环境友好、绿色低碳的“新型工业县、优秀旅游城、生态示范区”发展道路，全面加强生态文明建设，努力建设生态美丽、环保节能新大英。截至2013年底，大英县单位GDP综合能耗为1.039吨标准煤/万元，下降3.37%；规上工业万元增加值能耗2.187吨标准煤/万元，下降6.85%，全年顺利完成市下达大英县单位GDP综合能耗降低3.8%、规上工业万元增加值能耗降低5%的节能降耗目标任务。

【成本监测】 2012—2013年，重点加强了对列入政府定价成本监审目录、价格听证目录的商品和服务实施定价成本监审，对依法采取临时价格干预措施的商品和服务进行成本监审。抓好了农产品成本收益调查、重要商品和服务成本调查，核算重要商品和服务的社会平均成本、利润水平并向社会公布。主要完成了城市食品、居民服务商品、农业和工业生产、农业生产资料定期监测，及时拟定的监测周报、月报表，每年年报表64次，同时加强了对水、电、气的定期成本监审。

（何荣志）

建筑工程招投标

【概况】 2012—2013年，大英建筑工程招投标工作加强对全县政府性投资项目招投标工作的指导和监管，坚持公开、公平、公正和诚实信用原则，以培育和完善统一开放、竞争有序的建设工程交易市场为目标，加强制度建设、平台建设和队伍建设，着力构建招标投标长效管理机制。全县累计完成招标项目共计167个，总投资近5亿元，通过招投标节约资金近7000万元。

【招投标制度建设】 依法建立长效机制。根据中、省、市招投标相关法律法规，大英县进一步完善并相继出台《大英县政府投资工程建设项目招投标管理办法》、《大英县国家和政府投资工程建设项目招标投标规定》、《大英县政府投资建设项目概算调整及工程变更管理规定》、《大英县政府投资项目工程招标投标程序操作办法》等加强招投标监督管理的文件，不断规范招投标运作程序，严格建立招投标监督管理的长效工作机制。实行低价中标，确保遏制腐败源头。对公开招标工程项目、公开比选工程项目，将继续实行经评审的最低价中标原则；对采取竞争性谈判的工程项目，在实行资格审查后，严格执行最低报价者中标原则。

【招投标监管】 加大工程招投标和工程建设的监管力度，对工程的标前、标中和标后实行全程监督。从标前工程造价的审核，标中招标公告、招标文件的审查，开标、评标、定标的监督，直到标后合同履约、项目班子搭建、工程变更及质量监管等，全力保证政府投资建设项目的工程质量 。理顺体制，注重形成监管合力。成立县招监委，将发改、财政、审计、监察、检察、招标等部门纳入招监委成员单位，将成员单位具有招投标监管职能的内部机构负责人纳入招监办成员，除了对招投标行业进行监督外，还对发改局的政策监督、财政局的资金监督、审计局的经济责任监督、检察院职务犯罪预防监督进行综合协调，并整合扩充社会监督力量，使招投标监督责任形成了一个环环扣合的系统，监管合力得以形成，招投标监督力度提高、监督效果增强。

（何荣志）

国土资源管理

【概况】 大英县处于川中丘陵区，辖区面积701.05平方公里。2013年，全县耕地面积54.088万亩，园地0.64万亩，林地20.048万亩，城乡居民住宅、工矿交通占地14.852万亩，水域4.343万亩，其他土地10.316万亩。大英地下资源较为丰富，主要藏有盐卤、岩盐、石油、天然气等。另有丰厚的青石、红石、河沙、卵石等建筑材料。

【耕地保护】 2012年，完成永久基本农田划定，做好外业调查、内业入库及相关图册、表、保护标志的建立。划定基本农田3.0246万公顷，图斑、地块落实到村组、农户，制作基本农田保护标志9块，保护面积和区位符合土地利用总体规划。签订耕地保护目标责任书，将耕地保护责任目标纳入各镇乡年度目标考核体系。通过一系列有效措施，确保了全县3.603万公顷耕地、3.011万公顷基本农田的保有量数量不减少、质量有提高。2013年，年初县政府同11个乡镇，签订了耕地保护责任书，严格执行耕地特别是基本农田保护条例贯彻执行，确保全县耕地3.603万公顷不减少，质量有提高。全年自行落实新增耕地指标2619.798亩，为政府节约开垦费7859万元。

【土地报征】 及时掌握当年工业和城镇建设用地计划，提前报征储备土地，以保障项目用地之需。2012年，始终坚持把土地报征工作作为六项重点工作之一，克服了耕地占补平衡指标严重缺乏的困难。报征土地4批次1270亩，完成年度计划176%。争取到追加指标540亩，保障文化产业园等重点项目和个别乡镇的用地。加强土地供应力度，规范土地供应行为。一是坚持“依法依规、总量控制、有保有压、区别对待、突出重点、保障有力”的总要求，加强对重大基础设施、重点项目、民生项目的土地供应力度。2012年编制供应保障性安居工程用地190余亩，保证了保障性安居工程全部落地，开工率达100%；依法按程序保障省、市、县重点项目四川光华大学、省监狱、中腾能源、城市综合体等重点项目用地达500余亩，确保项目及时用地。二是不断规范土地供应行为，加强对土地供应和利用的监管，及时将土地供应情况通过土地市场动态监测监管网上报上级国土资源部门，一旦发现违法用地，依法严肃查处。三是做好用地预审。控制在省国土资源厅下达的年度计划指标55公顷之内，预审了隆盛小学、河边镇和象山镇污水处理厂等建设项目用地10宗，面积746亩，主动协助业主准备好相关资料图件、协调省市用地预审项目，做到了合理、节约、集约利用土地，为项目建设征地和供地工作奠定了良好基础。2013年，按轻重缓急，做到“项目建设到哪里，用地保障到哪里”，保障了全县100个重点项目用地。采用“积木式”组件方式，灵活组卷，确保精钢用在刀刃上。全年共上报10批3702.27亩的建设用地报件资料，落实3045亩报批计划。全力保障全县重点项目及时落地。积极谋划争取规划指标，为兴茂石化、三甲医院、郪江新城学校、康成医院等项目局部调整规划，并积极向上报批土地，保证项目合法依规用地。数次向省、市相关领导汇报，千方百计做好回马工业园、隆盛新城、祥凤寨水库和浪漫地中海等项目用地的局部规划调整和计划争取工作，特别是祥凤寨水库用地预审文件，克服在省政府2009年已批准为禁建区的前提下，仍然取得了预期效果。

【农房审批】 严格控制农用地转为建设用地，依法审批农村三项建设农用地转用，按规定对项目用地进行了预审、备案。坚持农村村民建住宅，必须符合土地利用总体规划，提倡集中成片修建，优先利用旧宅基地，严格控制新占土地，原有建筑面积达到或超过省县规定标准的，不审批新占地建房。2012—2013年累计审批农房等农村三项建设用地2125宗，占用耕地面积21.8亩、未利用地12.71亩、原宅基地266.14亩。

【土地矿权出让】 严格依法土地出让、转让公开交易，加强政府对土地集中调控。经营性用地全部以“招拍挂”方式出让。2012年，出让土地43宗，面积1360.69亩，成交价款29047.86万元；征收矿产资源补偿费、采矿权出让价款入库完成22.61万元。2013年，共出让土地62宗5299亩，成交价款14.38亿元；征收矿产资源补偿费、采矿权出让价款14.38万元。

【地籍管理】 根据《土地登记办法》和《业务办理规程》，建立办证“一站式”服务和业务代办制，先后为招商引资企业、拆迁安置户统一进行办证，2012年共办理国有土地使用证5596个，办理土地使用权抵押登记197宗，面积3141.74亩，抵押融资金额113637.69万元，集体土地使用权证296宗。完成地籍档案整理3956卷，接受社会公开查询土地档案103次。2013年办理国有土地使用权证7147本，其中初始登记300个，商品房登记3253个，变更登记3594个，办理国有土地使用权变更、出让评估业务2498宗，办理抵押评估业务279宗，融资329679.72万元。

【农村土地确权发证】 2012年，大英县人民政府高度重视农村集体土地发证工作，出台了《关于进一步开展农村集体土地确权登记发证工作的通知》（大府办函〔2012〕80号），成立了农村集体土地确权登记发证领导小组。全年宅基地变更2800余宗，集体建设用地使用权69宗，集体土地所有权到组2779个，发证数5200宗（含飞地、插花地），全面完成2012年土地利用变更调查工作，农村集体土地确权登记发证顺利通过省市验收。2013年，完成了2861个社的权属界限调查，确保了全县土地报征、土地整理、双挂钩等工作的有序实施，为县域经济的发展起到了保障作用。依法确认农民土地权利，有效解决了农村集体土地权属纠纷，为集体建设用地流转奠定了基础，切实维护了老百姓在城镇化、工业化和农业现代化进程中的合法权益。

【矿产资源管理】 2012年对全县非煤矿山企业进行了专项检查，严查无证开采，超层越界开采等违法行为，对大英县凉风页岩机砖厂等7家企业矿区开采不规范、存在安全隐患的行为进行了停业整顿，通过部门联合执法，消除了安全隐患。推进市场化配置矿产资源，深化整顿和规范矿产资源开发秩序工作，全县征收矿产资源补偿费、采矿权有偿出让价款入库完成22.61万元，是县下达目标的753.7%。2013年，对全县的非煤矿山企业进行了6次大型的安全检查，对发现的隐患立即采取限期整改、停产整改直至关闭等方式督促进行整改，配合处理群众信访1件，对拖欠采矿相关税费的矿山企业依法进行了处罚，有力地打击了各种违法违规开采矿产资源的行为。矿业权市场管理进一步规范。完成矿产资源补偿费入库10.6万元，占全年任务3.5万元的302%。

【土地开发整理】 2012年，建成高标准基本农田4.67万亩。全面完成隆盛镇18个村4个土地整理项目，项目工程总投资5012万元，整理土地总面积46590亩，新增耕地面积4560亩。该项目经受了“7·3”、“7·7”和“9·10”三次百年一遇的洪灾考验，实现了四个项目当年同时开工实施，当年同时竣工验收并取得合格证书。提前启动实施2013年土地整理项目。卓筒井镇三兴村土地整理项目和象山镇永南坝村二个土地整理项目已相继开工实施，卓筒井镇土地整理项目已完成工程总量的40%。积极搞好项目储备和立项工作。大力推进河边、天保2个省投资项目；跟踪已入库的金元乡金元村和卓筒井镇东坡村2个省投资的土地整理项目，争取早日立项实施；申报10个项目，1个储备“双挂钩”项目、2个地方投资项目、3个省投资项目、4个小项目。完成回马、隆盛、蓬莱镇幸福村土地整理项目终验，取得了省国土资源厅新增耕地验收合格证。地灾项目争取和实施争取到全市全部的8个省投资227万元应急排危项目，争取到2012年全省第四批省投资重大地灾治理项目3个（投资350余万元）；完成省投资120万元的地质灾害应急避险场所建设和省投资30万元的专职地质灾害监测队伍建设，已通过验收；完善回马镇窑垭村、隆盛镇黄纳溪村、县武警中队后坡等三个地质灾害治理工程的后续工作。大力推进投资576万元的6个省投资重大地质灾害治理项目实施。2013年，投资4300万元完成土地整理3.94万亩，占年度目标任务1.38万亩的286%；实现新增耕地0.37万亩，占年度目标任务0.13万亩的285%。全年争取到位资金8200万元，其中5个省投资土地整理项目（河边镇、卓筒井镇、天保镇、玉峰镇、蓬莱镇各1个）7630万元，7个重大地质灾害治理项目。申报了8个项目，其中2个省投土地整理项目（玉峰镇河中井村、回马镇光明村），2个地方投资土地整理项目（隆盛镇张家沟村、隆盛镇黄纳溪村），2个双挂钩项目，2个地质灾害重大工程治理项目。完成入库4个项目，其中2个省投资土地整理项目（通仙乡盛水村、金元乡金元村），2个地方投资项目（蓬莱镇金堂村、金元乡小林垭村）。立项12个，实施各类项目24个。其中完成卓筒井、象山、天保等3个土地整理项目，其中卓筒井、象山项目已通过省国土资源厅新增耕地和工程复核，并取得新增耕地指标合格证。投资1451万元的天保项目已完成初验。投资1430万元的河边土地整理项目于11月12日提前开工实施。

【节约集约用地】 严格节约集约用地建设，成功创建全省国土资源节约集约模范县。2012年，共计清理闲置低效用地9宗，面积649亩。其中督促动工4宗，面积142亩；收回3宗面积155亩；协议退出2宗面积352亩。特别是利用清理收回的土地，成功引进了中腾能源和圣百特包装两个企业。大力规划建设标准厂房，坚持向空中要地。全年已完成10万平方米的标准厂房，达到了集约节约目的。2013年，大力清理低效闲置土地27宗835.77亩，政府投入1092万元收回低效土地9宗127.99亩。制定激励标准厂房建设政策，政府投资兴建了5层标准厂房共30万平方米，极大地提高了土地利用率。优先保障了中腾能源、光华学院等重大优质项目用地。

【土地流转】 2012年，全年已经完成流转158亩。其中河边镇星花、八里总支在当年9月开展集体土地流转工作中，成功流转2.5亩，亩平价值高达45万元/亩，农民收益成倍增长，充分体现集体建设用地流转惠农效益。2013年，进一步完善流转制度，充实流转内容，拓宽流转思路，确保流转实效。按照“四个打破、三个制度、一个统筹”的思路，积极探索宅基地流转，完成集体建设用地使用权流转283.36亩。

【建设用地“双挂钩”】 2012年，推进蓬莱镇泉水村等7个村的“双挂钩”项目，申报储备1个“双挂钩”项目。2013年，完成灾后重建“双挂钩”项目，拆除248户，安置252户，完成建新区13个。

【地质灾害防治】 全县地质灾害防治连续9年实现“零”伤亡。2012—2013年，全面完成地质灾害防治规划编制，全力构筑“12345”防灾体系，实现“党委政府领导重视，各级部门共同参与”格局。落实群测群防网络213人，“一盯一”责任领导56名，监测人员190名，发放“明白两卡”1500余份，编制乡镇级应急预案140份，地灾隐患点应急预案190份。请地灾防治专家到11个乡镇和县城分片区对镇村干部和监测人员进行培训，共培训1300人次。成功组织全县地质灾害专题演练12次积极应对“4·20”芦山强烈地震。突出关键，狠抓巡查监测和临灾预警，做到了巡查、排查到位，预警及时，成功应对数次突发特大暴雨，无一例地灾人员伤亡事故发生，夯实了地质灾害防治基础工作。省投资570余万元的大英中学老校区等6处省级重大地质灾害治理项目已完工4个，另2个正在加紧实施扫尾工作；省市补助共317万元的13个应急排危项目已实施完毕，等待省厅组织验收。

【国土执法监察】 把执法监察作为保护耕地的重要手段，采取多种措施确保工作落到实处。广泛开展法律法规知识教育培训活动，强化执法监察体系建设，认真开展违法用地和闲置土地清理工作。2011年度违法用地共涉及四宗，面积79.5亩，违法用地占用耕地面积占新增建设用地占用耕地面积比例为4.86%。2012年县领导高度重视该案，精心部署，各相关部门相互配合有力，积极创新，从变更调查抓起，集体会审把关，对照政策，积极整改，逗硬查处。四宗违法用地已全部查处到位，卷宗归档完整，顺利通过省国土资源厅和国家督查成都局的验收，确保了县政府“零约谈、零问责”。2013年，加大对农房、种养殖业占地和低效闲置土地的执法监察。按时办结12336热线举报的3起违法案件。高度重视土地年度变更调查与卫片执法检查结合。做好卫片执法检查工作，力保政府“零”问责。

（邓亚林）

工商行政管理

【概况】 2012—2013年，大英工商行政管理工作继续按照“打基础、强素质、树形象”基本工作思路，紧紧围绕中心工作，以“新三年建设”为抓手，不断加强基础工作建设，推进了大英工商工作和谐发展，为大英县域经济社会健康发展做出了应有的贡献。2012年，全县新登记各类企业123户，其中私营企业120户，发展个体工商户2050户，登记农村专业合作社33户。2013年，促进个体工商户转型升级45户，同比增长12.5%；发展各类企业196户，同比增长50.76%；发展个体工商户2420户，同比增长5.12%；发展农业专业合作社37户，同比增长12.12%；注册家庭农场12户。

【工商服务工作】 2012年，一是积极服务文化创意产业发展，出台了文化产业改革发展的意见，大力推动了大英县的产业承接与项目落地，为大英县正式启动文化产业园区建设做出了贡献。二是深化企业服务，完善园区企业数据库，对落户大英县五大园区的的企业实行“上门服务制度”、“企业回访制度”和“项目秘书制度”，同时，夯实企业融资平台，积极协助企业办理股权质押登记，解决企业融资难题。全年，共办理股权出质登记17户，帮助融资1.2亿元。三是推进商标广告发展，加强三名商标建设，促进县域品牌提档升级。积极指导申报省级著名商标和知名商标，全县新申报四川省著名商标2个，遂宁市知名商标4个。四是进一步强化对广告发布环节的监管，不断加大广告监测、违法广告公告和案件查处力度。五是对12315投诉数据进行了修改和补录，强化了12315数据的综合分析利用。充分发挥12315信息化网络和消委会基层组织的优势，依托“一会二站”着手建立“消费争议行政调解站”18个。全年共受理各类投诉28件，调解28件，调解成功率100%，挽回经济损失9.01万元，加倍赔偿0.02万元。

2013年，一是降低市场准入门槛，促进大英县经济主体做大做强。二是大力宣传股权出质，切实帮助中小企业解决融资难题。全年完成股权出质28户，同比增长64.7%，出资金额1509万元，担保责权额1529万元。三是指导企业和个体工商户办理商标注册8件、新申报四川省著名商标1件，新申报遂宁市知名商标4件，成功注册农副产品商标1件。四是建立12315“联络站”9个和“消费维权服务站”16个，受理投诉46件，成功调解46件，帮助挽回经济损失6.42万元。

【市场监管】 2012年，共立案查处各类违法违章案件57件，简易处罚2565件，已全部结案。一是加强食品安全日常监管，落实流通环节食品“4321”工作机制及县所一、二级巡查制度，进一步规范食品责任书签订、制度上墙、“一票通”、粘贴式台账。全年，共开展各类食品安全专项整治200次，查处销售不合格食品案件136件，案值6.6万元，对40个批次的省市食品进行了抽样检测。二是继续牵头抓好市场环境综合治理工作，提高市场“三化”建设水平，营造洁、齐、美的市场环境；配合有关部门进行市场合理规划，将县城区活禽交易及宰杀集中搬迁至基井湾荣升市场；立足职能，全力为大英争创省级环境优美示范县履职尽责。三是扎实推进“红盾护农”行动，全力整治农资市场，严厉打击坑农、损农、害农行为。全面强化农资经营户经济户口管理，统一制作了农资经营户的“两账两票和一卡一书”等规范性样本，要求各农资经营户遵照执行。全年共检查农资经营户658户，对两个批次的农资进行了抽样送检，对其中25户农资经营户进行了立案查处，确保了农资市场规范有序。

2013年，共查办查处各类“红盾春雷”行动案件110件，简易处罚案件103件，已全部结案。一是稳步推进“红盾春雷”专项行动。组织全县食品经营户学习相关法律法规6次，参训人员1930人次；查办农资市场案件26件；二是加强了对城区农贸市场的管理，全年共拆除市场乱搭棚盖棚布121个，清理规范店招171块，清理牛皮癣971处，农贸市场秩序改观明显，并顺利通过第三届省级文明城市检查组的考核。

（李红柳）

质量技术监督

【概况】 两年来，大英质量技术监督紧紧围绕大英“新型工业县、优秀旅游城、生态示范区”目标定位，以实干为基石，以创新为驱动，着力在质量提升、标准化建设、特种设备安全监察及质监服务等方面狠下功夫，取得丰硕成果。

【标准化工作】 大英县人民政府出台了《关于加快推进标准化工作的实施意见》，对全县“十二五”期间的标准化工作作出了具体的规划，明确了相关部门的工作职责和目标任务。2012年成功通过四川省旅游标准化示范县创建；隆盛镇经过三年示范建设，顺利通过省级生猪农业标准化镇验收；同时按照大英县委、县政府“农产品安全、产业发展、生态循环、农民增收”的要求，成功将大英县河边镇长绒棉和卓筒井镇双低油菜新申报为省级农业标准化示范项目；指导汇强油脂公司“魁山牌”一、二级菜籽油等同采用了ISO600：1996国际标准并通过了采标确认；市物流标准化示范企业推动顺利；为全县295家单位新办了组织机构代码证书，换证196家，变更122家，免费年检628个，代码数据更新率达到78.6%，问题数据率为0%，过期沉淀率为11.5%，电子档案数据质量合格率达98%。

【计量监督管理】 两年来，大英质监局依法对全县用于贸易结算的加油机、水电气三表、出租汽车计价器、医疗计量器具等计量器具42356台（件），强检计量器具受检率达93%；坚持在春节、“五一”、中秋、国庆等重要节日对县城区集贸市场以及主要街道的计量器具进行大检查；坚持每年两次对水电气三表检定站的工作质量、公正性、有无违规操作等进行监督检查，维护消费者的合法权益。开展了“关注民生、计量惠民”专项行动。诚信计量进市场：在县城6个集贸市场免费设置了9台公平秤，用于广大群众复秤，同时组织人员对集贸市场内使用的700余台计量器具进行了免费检测。开展健康计量进医院活动，共检查医院43家，检测在用医疗计量器具280余台（件），受检率达96%；开展光明计量进镜店活动，共检查眼镜店11家，检测在用验光配镜用强检计量器具总数67台（件），受检率100%；服务计量进社区：深入8个社区，为群众免费检测血压计56台，体重秤32台。开展定量包装商品监督检查。大英质监局对关系民生的米、面、植物油、农资、啤酒、饮料、白酒、水泥等定量包装产（商）品进行了监督检查，共抽取样品117组，经检测，合格率85%，对不合格的产（商）品局机关依法进行了严肃处理。按照《用能单位能源计量器具配备和管理通则》要求，积极开展能源计量监督检查。

【质量监督管理】 大英质监局坚持定期向县委、县政府专题汇报全县产品质量状况；积极推行实施县长质量奖，先后指导、推动久大蓬莱盐化、天骄纺织2家企业获得遂宁市首届“市长质量奖”（全市共4家）；按照“党委领导、政府推动、企业主体、市场引导、重在培育”的工作思路，大力实施品牌战略，成功推荐华建牌PHC管桩、科瑞特牌系列棉纺织品、天骄牌纯棉普梳纱等3个产品新确认为第十届“四川名牌”；倾力打造市级“质量监管、质量提升”示范推广企业11家；全县118家工业企业建立了质量档案；四川服务名牌企业——死海旅游度假有限公司已完成景区改造升级，目前正在全力争创国家5A级旅游景区；全县新增ISO9000质量管理体系认证企业4家；质量信誉等级AAA企业3家。

【食品安全监管】 全面启动食品安全知识培训活动。组织召开了全县食品企业培训会议5

次，培训企业法人、质量管理人员共计130余名。深入调查摸底、普查建档。组织职工对全县17家食品获证企业、6家相关企业、108家食品小作坊进行了巡查，并全部建立了质量档案和普查台账，并开展了现场指导和规范服务。加强食品专项整治工作。组织开展了地沟油、塑化剂、瘦肉精、食品添加剂等13个专项整治工作。严查食品质量安全违法案件。组织食品股对食品企业及小作坊进行了300余家次检查，食品风险监测专项抽检33个样品批次，立案查处食品违法案件11件，对28家情节较轻的违规食品小作坊发出了限期整改通知。加大食品安全宣传力度。6月和11月两次组织召开了全县食品生产加工企业宣贯法律法规培训和落实食品企业食品安全主体责任会议，免费发放资料120余份。同时，以《食品安全法》实施三周年宣传活动为契机，设立宣传站，制发《食品安全法》、《食品选购常识》等法律法规和生活小百科资料以及《严打食品非法添加和滥用食品添加剂专项整治工作宣传手册》500余份，提高公众对食品安全的关注度，特别加深对食品添加剂的了解，正确引导舆论。

【特种设备安全监察】 全县特种设备共7大类1596台（只），仅无客运索道。其中，在用锅炉159台、压力容器1075台（其中球罐39个）、电梯131台、游乐设施57台、起重机械139台、厂（场）内机动车辆35台。另有压力管道307千米、液化气瓶6006只、CNG气瓶2640只、氧气瓶1552只。

2012年大英创建全省首个“省级特种设备安全管理示范县”获省质监局正式批准；县政府发出了《关于加强特种设备安全监管工作的通知》、《关于调整大英县安全生产委员会特种设备（设施）安全监管监察工作领导小组的通知》等文件，把特种设备安全纳入全县大安全监管范围。开展了电梯、大型游乐设施、气瓶充装站、石油化工企业等6次专家巡诊。邀请特种设备专业技术人员90人次，为88家企业进行特种设备安全上门服务，帮企业查找安全问题。在乡镇聘请安全协管员75名，协助加强特种设备安全监察。组织全县18家重点工业企业特种设备操作和管理人员共计110余人，在四川盛马化工股份有限公司进行了特种设备安全事故应急演练。2013年大英质监局出动安全监察人员239人次，车辆96台次，检查特种设备使用单位256家次，抽查特种设备382台（只）。开展电梯安全大检查。邀请13名专业技术人员对12家电梯维保单位进行了专项安全检查。此次安全检查共出动安全检查人员15人次、车辆5台次，检查电梯维保单位12家、电梯使用单位17家、抽查电梯21部。开展气瓶安全大检查。出动安全检查人员16人次，车辆8台次，抽查餐饮企业25家，抽查气瓶65只，检查驾校3家、出租车公司1家，检查公交车43辆。开展叉车专项整治。出动安全监察人员32人次，车辆16台次，对全县16家单位使用的29台叉车进行了专项检查，责令相关单位立即整改叉车超期未检等安全隐患。开展小型锅炉专项整治的情况。共出动车辆25台次，安全监察人员75人次、专业技术人员25人次，对全县16个镇乡、园区、管委会的小锅炉进行了专项检查，共检查小型锅炉使用单位87家，抽查小型汽水两用锅炉87台。扎实开展制冷行业用特种设备专项检查。出动安全监察人员6人次，车辆2台次，对蓥峰、兴茂、大英石化等5家制冷企业使用的压力容器进行了专项安全检查，责令相关单位消除了1只安全阀和2只压力表超期未校的安全隐患，停用了2台超期未检的液氨储罐。

两年来，大英质监局扎实开展节日期间安全隐患排查，大力开展特种设备专项整治，依法取缔无证私自焊接维修的锅炉1台，报废存在安全隐患的特种设备6台，共发出《安全监察指令书》93份，排除安全隐患161起，两年无一例重特大安全事故发生。

【行政执法工作】 先后开展了冬季电暖器、

烟花爆竹、农资、救灾物资、食品、建材、消防产品的7类专项执法检查。配合市纤检所，组织执法人员对大英县9家医院医用棉胎进行监督抽查，严肃处理5家不合格棉胎使用单位；配合县执法局，抓好防护栏整治工作，共建和谐、美好家园。

全年共检查生产企业、销售商店、食品生产小作坊390余家次，出动执法人员836人次，办理行政案件18起（含与市纤维检验所联合办案5件），其中立案查处13起，受理投诉举报案件12起，受理产品质量争议案件2件，上级交办案件2件；生产许可证违法案件8件，产品质量不合格案件5件，侵犯知识产权案件3件。全年未出现一起行政复议和诉讼案件。

（高　中　杨清德）

审计工作

【概况】　2012—2013年，大英审计工作深入贯彻落实科学发展观，开拓创新、与时俱进，紧紧围绕县委、县政府“新型工业县、优秀旅游城、生态示范区”目标定位和省、市审计工作重点，牢固树立大局意识和服务意识，全面落实“依法审计、服务大局、围绕中心、突出重点、求真务实”的审计工作“二十字”方针，充分发挥审计“免疫系统”功能，为维护大英财经秩序、推进廉政建设、优化经济发展环境、促进全县经济持续健康协调发展和社会事业全面进步做出了积极的贡献。

【主要工作】　2012年，完成审计和审计调查项目共127个，发出审计决定书12份，出具审计结果报告11份。共查出违规、违制及管理不规范资金12418.12万元，挤占、挪用国家专项资金、未专款专用、应缴未缴税金等违规资金980多万元，其他管理不规范资金5200万元，要求被审计单位调账处理1356.75万元，提出各种审计建议和意见86条；其中，完成国家投资建设项目审计136个，送审金额402191306.86元，审定金额367628148.07元，审减金额34563158.79元，审减率达8.59%，全年为政府节约建设投资资金34563158.79元。

对县财政局、县地税局、县林业局、县教育局等4个部门2011年度预算执行情况进行了审计。发现县地税局未按时足额申报缴纳税费22.89万元；县财政局非税收入未及时入库2011.69万元、违规使用副食品价格调节基金50万元、将应编制预算的国有资本经营收支未按规定缴入国库、纳入政府预算编制体系管理4333.54万元。

组织实施了对县卫生局原局长蒲正烈等15名领导干部的任期经济责任审计；同时，为了加强对在职领导干部的监督管理，组织实施了对县交通运输局局长王友明等4名领导干部任中经济责任审计。向县委组织部提交了客观真实的经济责任审计结果报告，强化了对领导干部的审计监督，为县委选拔任用干部提供了重要的参考依据。

圆满完成了省审计厅、市审计局交给的各项工作任务。一是配合市审计局搞好大英县社会保障资金审计；二是协助市审计局完成了大英县2002年7月至2011年6月三峡工程移民资金财务决算审计；三是协调配合市审计局完成了大英县保障住房审计。为全县改革、发展、稳定的大局继续健康发展发挥了不可替代作用。

2013年，完成审计和审计调查项目共187个，发出审计决定书10份，出具审计结果报告18份。共查出违规及管理不规范资金74451.87万元，要求被审计单位调账处理1512.84万元，归还原渠道资金1140万元，提出各种审计建议和意见60条。

完成国家投资建设项目审计157个，送审金额61252.01万元，审定金额56665.62万元，审减金额4586.39万元，审减率达7.49%，全年为政府节约建设投资资金4586.39万元。

对县财政局、县地税局、县民政局、县林

业局2012年度预算执行情况和其他财政收支情况进行了审计。审计发现县财政局预算执行不到位、决算不准确，导致专户结余达71607.29万元，存量资金过大，资金使用效率不高，违规使用价格调节基金55.8万元，超拨工会经费18.78万元；在对地税局预算执行审计中发现企业未按时足额申报缴纳税费180.67万元。

组织实施了县安监局原局长马荣中等15名领导干部任期经济责任审计；完成了县畜牧局局长漆明学等3名同志的任中经济责任审计。查出违规定及管理不规范资金1791万元，归还原渠道资金1140万元，调账处理750万元，提出审计建议35条。

完成了省审计厅、市审计局交给的各项工作任务。一是协助市审计局搞好了大英县政府性债务资金审计；二是配合市审计局对县局局长覃光荣的任中经济责任审计。

（王　波）

安全生产监督管理

【概况】 2012—2013年，全县安全生产工作牢固树立“科学发展、安全发展”理念，始终坚持“安全第一、预防为主、综合治理”方针，全县发生安全事故168起，死亡12人，受伤163人，经济损失74.5万元，工矿商贸、消防及其他行业均未发生生产安全事故，确保了全县安全生产形势持续稳定好转。

【安全监管】 一是强化目标管理。先后出台《全面实行安全生产“一岗双责”制度的实施意见》、《安全生产监督管理职责规定》、《安全生产分片负责制度》等29个文件，用以指导全县的安全监管工作；每月确定一个安全监管主题，组织召开安全生产联席会议20余次，通报分析全县安全生产形势，解决安全监管难题；每年与各镇乡、各园区、社区管委会及各行业主管部门签订安全生产目标责任书，全面实行党政同责，将安全监管工作纳入政绩考核内容综合考评，严格实行安全生产“一票否决”；结合“明察暗访、督查通报、约谈考核”等制度，加强目标管理，先后通报批评178个单位、约谈企业64家，诫勉谈话行政监管人员9人，安全监管的责任更落实。二是严格准入条件。严格行业安全准入、严格安全生产准入前置条件和严格安全生产行政许可。县人民政府在对非煤矿山、烟花爆竹、危险化学品和建筑施工等重点行业的安全生产行政许可中严格把关，将符合安全生产标准作为高危企业准入的前置条件，必须按照国家相关规定进行安全条件论证和安全评价，抓好了高危企业入驻的源头控制工作。对全县26家非煤矿山企业、36家危险化学品企业、3家烟花爆竹生产经营企业的安全生产许可进行了严格审查，对19处在建项目实施了安全评价。三是狠抓科技兴安。全面开展重点行业安全生产标准化建设工作，责令企业加大安全投入，加快生产技术改造，改善安全生产条件，全面降低事故风险。2013年底，全县已有33家企业完成了标准化建设，其中烟花爆竹生产经营单位2家，占行业的66.7%；危险化学品生产单位6家，占行业的55%；非煤矿山企业20家，占行业的80%；客运站（场）2家，占行业的13%；建筑工地3处，占行业的15.8%。县人民政府建立了大英县安全信息监控平台，对重点行业企业进行全方位实时监控和动态管理，切实提高了安全生产监管效率。到2013年12月，全县已将39家重点企业纳入监控范围，通过实时监控，两年来，及时制止了生产经营过程中的违规操作行为28次。

【隐患排查治理】 按照“政府统一领导、部门依法监管、单位全面负责、群众参与监督、社会广泛支持”的原则，狠抓县、镇乡、企业三级隐患排查治理体系建设，建立“现场检查发现隐患、下达指令书责令整改、违法行为立案查处、复查验收消除隐患”的“闭合式”执法监察模式，加强安全隐患“排查、登记、上报、监控、整改、评价、销号、统计、检查和考核”的全过程管理，建立起了安全隐患排查治理的长效机制。两年来，组织各类安全隐患排查249次，共排查出各类安全隐患1447处，其中列入省级挂牌督办整治隐患1处、市级挂牌督办整治隐患11处、县级挂牌督办整治隐患85处，全部整治验收销号。2012年，大英县被遂宁市政府评为安全隐患排查治理三等奖；2013年，大英县被遂宁市政府评为安全隐患排查治理一等奖；2013年，大英县和成都市锦江区被列为全国安全生产隐患治理示范县。

【打非治违】 紧紧围绕“打、治、建”三字方针，大英县一直坚持“打非治违”高压态势，坚决打击非法生产经营建设行为、限期整治生产经营建设活动中的各类安全隐患、切实建立安全监管长效机制，形成了责任落实、管理到位、行动自觉的安全管理体制。两年以来，全县组织开展安全生产执法检查1043次，查处各类安全生产违法行为24074件（包括交警处理的交通违法行为），发出整改通知书1043份，停工通知书67份，责令有违规行为的36家生产经营企业停产停业整顿，共处罚金594.36万元，切实保障了生产环节安全。

【宣传教育培训】 安全工作要取得实效，必须要把措施落实到基层一线操作手，为此，全县针对企业一线职工，切实抓好安全技能培训，举办企业班组培训15期、1.3万余人次，组织开展企业应急演练11场次。特别是2013年，两次邀请四川省安监局、煤监局原局长钟兆基到大英培训指导，进一步提升了大英企业基层一线操作手的安全意识和水平。

【职业卫生监管】 一是抓职业危害“三同时”的源头监管工作。以防治矽尘、高毒、有害物质等职业病危害为重点，继续在全县化工、烟花爆竹、非煤矿山、木质家具制造（主要是胶和漆）等行业（领域）开展职业病危害专项治理，加强监管执法工作，督促用人单位加快防尘防毒设施技术改造，有效控制和减少职业病危害。截至2013年12月，已有5家企业的12个项目完成职业卫生“三同时”备案工作，走在遂宁市前列。二是抓申报工作。印发职业病防治申报相关文件，告知用人单位（企业）职业病防治申报程序，完善相关信息申报工作。截至2013年底，已有102家企业完成更新申报，其他规模企业信息申报工作正在有序推进。三是抓全县用人单位职业卫生基础建设活动各项工作，达到预防、控制和消除职业病危害，防治职业病的发生，保护劳动者健康及其相关权益。

【安全机制创新】 一是实行重点企业派驻安全员制度。县人民政府从相关部门、单位选派12名干部分别到盛马化工、中腾能源等高危重点企业，从事安全监督服务工作，寓监管于服务指导之中，帮助企业理清安全生产工作思路，督促企业加大安全生产投入，协助企业落实安全生产和职业卫生“三同时”备案审查等工作。12名驻企安全员协助企业开展安全检查109次，治理整改安全隐患149处。二是实行烟花爆竹厂机械技师全年驻厂制度。玉峰烟花爆竹生产企业，年投入8万元，聘请专业机械师驻厂负责兑装药机械的日常检查、维修、保养，每日形成检修日志，确保烟花爆竹生产安全。三是实行高危企业专家“会诊”制度。聘请李燕、江承章、王林元等全省知名危化专家，每季度深入全县高危企业，对企业重点装置、重大危险源及作业现场等进行专项安全检查和评估。共巡诊企业11家、26次，排查治理安全隐患267处。四是建立建筑行业“岗前十分钟”安全警示制度。针对建筑工人流动频繁的情况，自2013年5月起，在全县的建筑企业推行“岗前十分钟”安全培训，实现了全县38处建筑工地“零死亡”目标，真正做到了变被动防范为主动规避。五是开展安全生产知识普及教育工程。针对部分群众安全生产常识缺失的情况，大英县人民政府在县电视台开辟“安全知识365”普及专栏，每周确定宣传主题，自开播至今，播放安全宣传主题片74期，全面提高了社会公众安全意识。

（宋 羽）

食品药品监督管理

【概况】 截至2013年底，大英县辖区内有餐饮单位658家，其中，大型6家、中型61家、食堂39家、小餐饮520家、饮品店32家。食品经营户1100余家，食品生产企业19家，食品加工小作坊104家；涉药械经营使用单位683家，其中药品生产企业1家，药品批发企业2家，药品连锁企业3家，药品零售企业240家，县级医疗机构1家，乡镇卫生院11家，社区卫生服务中心10家，村卫生室305个，个体诊所110家。

【机构改革完成情况】 2013年12月23日，大英县组织召开了食品药品监管体制改革职能划转及人员移交工作会，标志着食品药品监管体制改革任务顺利完成。根据中共大英县委机构编制委员会《关于改革完善食品药品监督管理体制的通知》（大编委发〔2013〕48号）以及县政府《关于印发大英县食品药品监督管理局主要职责内设机构和人员编制规定的通知》（大府办发〔2013〕17号），新组建大英县食品药品监督管理局（挂县食安办牌子），负责全县辖区内食品生产、流通、餐饮服务和药品、医疗器械、化妆品的生产经营使用监督管理，并承担县食安办的日常工作职责，从县工商系统划转12名人员、县卫生系统划转17名人员。

【成功创建省级餐饮服务食品安全示范县】 2012年8月31日，大英顺利通过省考评组考评验收，11月1日省召开授牌大会，大英县在会上作了经验交流发言（2012年全省创建成功20个县，作经验交流发言3个县）。大英将创建工作与日常管理相结合，一是加强组织领导。成立由县长任组长、分管副县长为副组长、相关职能部门负责人为成员的县创建工作领导小组。并将食品安全工作纳入政府年度目标责任考核体系，与各镇乡及相关职能部门签订目标责任书；与全县各级各类餐饮服务单位签订《食品安全承诺书》。二是强化要素保障。通过聘请兼职、一岗多责等形式，把监管触角延伸至社区、城乡结合部、乡村等监管力量薄弱地区。进行全方位、多角度、深层次地宣传报道，为创建工作营造了良好社会氛围。三是加强应急管理。制订应急预案、举报投诉、应急值守等工作制度，形成餐饮单位、监管部门、政府互联互动的应急责任体系。实行黑名单制度，鼓励诚信、惩戒失信，引导行业自律。

【食品药械日常监管】 一是创新监管方式，搭建食品药品远程电子监管平台。截至2013年底已有20个单位（包括医院、学校食堂、药品批发企业）入网，辖区内209家药店参加了“药品电子监管西部试点工程”，安装专项装备209套，价值183万余元。二是认真落实国务院医疗卫生体制改革实施基本药物有关政策，全面加强基本药物质量监管。开展药品生产流通领域集中整治。督促企业自查自纠，积极开展药品经营企业GSP跟踪检查。三是持续深入推进农村药品“两网”建设。聘请“三员”326个，供应网点305个，其中2012年新增10个，“两网”100%覆盖到村，新建“规范药房”40家。四是严把餐饮服务准入关。通过强化许可审查，严格现场核查，对合格的发放许可证，不合格的责令整改，2012年核发《餐饮服务许可证》235件，2013年核发202件。五是采取“抓重点时段、重点场所、重点对象”的原则，通过突击检查和定时检查相结合，突出开展学校食堂、企业职工食堂、敬老院食堂专项检查，累计出动执法人员295人次，车辆82台次，检查食堂308家次，发放监督意见书110份，下达责令改正通知书19份，切实保障广大师生、老年群体及企业职工饮食安全。六是推进餐饮服务食品安全量化分级管理。完成了餐饮服务示范乡镇（回马镇和卓筒井镇）、全县中小学校食堂、示范街区金元街等区域餐饮单位的量化分级评定，全县共计完成餐饮单位量化等级评定397家，其中“优秀”等次10家，“良好”等次209家，“一般”等次178家，促进了餐饮单位管理科学化，操作规范化。七是保障节假日及重大活动食品安全。采取提前介入、蹲点指导等方式，加强对元旦、春节、中秋、国庆、县人大、政协“两会”、2013年省青少年射击锦标赛等节假日及重大活动期间餐饮食品安全的监督检查，确保了餐饮食品安全零投诉。八是加强监督抽验。完成对基本药物和中药饮片抽验共123批次，其中不合格品种15批次，不合格率为12.7%；抽检食品品种71个（任务是40个），包括食用植物油、鲜肉、馒头等，其中馒头不合格3件，不合格率为4.2%；完成食品快检2540份（任务2500份），为监督检查和稽查工作提供了技术支撑。收集上报药品不良反应293例（任务290例），器械监测不良反应报告14例（任务8例）。

【食品药品专项整顿】 出重拳，打假治劣严惩违法犯罪行为，净化食品药品市场。一是大力推进餐饮服务食品领域专项整治。通过制订方案、落实措施，扎实开展了“瘦肉精”、“集中消毒餐用具”、“邻苯二甲酸酯”、“罗丹明-b”、问题乳粉、“地沟油和餐厨废弃油脂”、食用油脂及“打击食品非法添加和滥用食品添加剂”等10余项专项整治工作。二是开展药械保化品专项整治。围绕药品“两打两建”和保健食品打“四非”专项整治，开展中药质量管理、特殊药品监督检查、药品市场秩序、含麻黄碱复方制剂等专项整治。三是严查食品药品保化品违法行为。2012年专项整治共出动执法人员759人次，检查药械生产、经营、使用单位906家次，餐饮服务单位630余家次，共立案查处违法违规案件52起，其中药品、医疗器械违法案件38起，餐饮服务食品安全案件14起，罚没款12万余元；2013年共查处案件50件，其中食品违法案件9件，药械34件，保健食品7件，共处罚没款105100元。没收假劣保健食品13个品种，共计95盒，货值金额5000余元，没收药品378盒（袋、剂、瓶），货值金额8376.6元。

【食品药品科普宣传】 创新宣传载体，营造全民关注食品药品安全氛围。一是借助国家“2131”工程将食品药品科普宣传深入千家万户。二是与《遂宁日报·大英周刊》合作，每周发布一条食品药品安全知识的温馨提示信息，让群众了解更多食品药品安全方面的知识。三是开展“安全用药宣传月”、“全国科普日”、“3·15”、“6·24”及“12·4”等宣传活动，设固定宣传站4个，发宣传资料15000余份，宣传扑克1000余副，接受群众咨询2000余人次。四是采取集中培训和日常监管相结合，对全县分片区、分时段集中培训餐饮服务管理人员、从业人员1000余人，药械从业人员800余人，增强了从业人员的食品药品安全意识。

（李　舟）

统　计

【概况】 大英统计工作承担了农业、工业、贸经、固定资产投资、能源、文化产业、劳动工资等20个统计专业；城镇居民可支配收入调查、农村住户调查、农村能源调查、城乡住户一体化调查、县级粮食产量抽样调查等12个统计调查；畜禽监测、服务业监测、旅游监测、两纲监测、粮食监测等7个统计监测；每10年牵头组织一次农业普查、一次人口普查、一次

1%人口抽样调查、两次经济普查、两次投入产出调查、两次 R&D 资源清查工作。

【城市名片打造】 积极与“中国中小城市经济发展委员会”对接，收集大量反映大英城市建设、经济社会发展成就的图片资料，编写了《大英县 2012 年中小城市科学发展数据核实表》调查研究及评价相关材料，及时申报跟踪对接，随时掌握专家组的定量分析和评价组的定性分析动态，保证信息畅通，确保“海选”成功。2013 年 10 月 21 日，在中国社会科学院举行的《2013 年中国中小城市绿皮书》发布暨中小城市新兴城镇化发布会上，大英再次跻身中国最具投资潜力中小城市百强县，成功荣获“2013 年中国最具投资潜力中小城市百强县”称号（四川仅双流、郫县、新津、大英入围），列第 83 位，评价结果刊登在《光明日报》2013 年 10 月 21 日第七版。

【统计基础工作】 统计规范化建设。2012 年，根据省统计局《关于印发〈县级统计机构规范化建设考核细则（试行）〉的通知》（川统计〔2012〕49 号）文件精神，大英高度重视，并结合大英统计工作实际，细化创建方案，把创建工作与统计业务相结合。从统计保障、统计调查、统计服务、统计信息化建设、统计法制建设、统计管理、特色亮点工作等七个方面整理创建档案资料 7 卷，创新增加了统计体制改革、乡镇统计规范化建设、惩防体系档案资料 3 卷，共 11 卷。2012 年 11 月，通过市统计局验收。2013 年 1 月，县统计局被省统计局命名为“县级统计机构规范化建设达标单位”（全省仅 22 个）、“县级统计机构规范化建设示范单位”（全省仅 10 个）。大英于 2013 年 9 月在宜宾召开全省县级统计机构规范化建设现场交流会上作经验交流。

统计制度化建设。健全和完善了统计原始记录、统计台账和统计汇总制度，抓好了源头数据质量，使统计数据真实可靠，搞好经济普查统计数据质量控制等方面工作。

数据质量的审核评估。重点对全县 GDP、民营经济增加值、工业增加值、全社会固定资产投资、社会消费品零售总额、粮经作物产量、生猪出肥、农民人均纯收入等主要经济指标进行了审核评估，确保了重要统计数据真实可靠。

统计自动化建设。根据《四川统计系统网络建设及运维规范（试行）》和遂宁市统计局《关于统计广域网扩容改造工作的通知》文件精神，对现有统计专网扩容改造，升级了计算机硬件设施、增加 VPN 网关、硬件防火墙，购买正版办公软件、系统软件和杀毒软件，加强统计网络日常维护，发现故障及时解决，确保统计计算机专网安全高效运转。

统计信息提供。做好《大英统计月报》。搞好《月报》的编辑、审核和发布工作，丰富卡片内容，完善指标体系，提高版面质量，以“快、精、准、美”为标准。

【统计监测分析】 统计调查。2013 年获县级粮食产量抽样调查工作遂宁市一等奖，获到位产粮大县国家财政转移补助 1642 万元，确保了大英县产粮大县地位。继续加强农村住户调查、规模以下工业企业抽样调查、个体商业抽样调查、民营经济调查、成品油统计调查、科技资源调查、工业园区调查、工业品价格调查、农村能源调查等工作，积极开展城镇居民可支配收入调查和价格指数调查等工作，按时、按质完成统计调查任务。

统计监测。2013 年生猪监测工作获四川省二等奖。对 20 个小区、282 户养猪户、89 个规模户、21 个生产单位的监测，稳固了大英生猪调出大县地位，获国家转移补助 427 万元。完成了服务业监测、旅游监测、“两纲”统计监测、畜禽监测等监测的评估和上报工作。对地区生产总值、民营经济增加值、固定资产投入、社会消费品零售总额、地方财政收入、贸经统计、劳动工资、农业经济、能源统计等主要经济指标进行了预警预报，及时反映经济运行动态。

统计分析。重点围绕大英县委、县政府中心工作，经济发展的热点、难点、重点问题，广泛开展调查研究，积极撰写分析资料，加强调研分析，搞好了决策咨询服务。2012—2013年，完成了统计评估、分析资料50余篇，其中2篇被省统计局内网转载，10余篇在《遂宁统计》刊登。

【统计法制建设】 大英高度重视统计法制建设工作，加大统计违法案件查处力度。一是开展统计法律知识学习和宣传。按照“六五”普法规划要求，组织统计人员认真学习了《统计法》、《四川省统计管理条例》、《统计违法违纪行为处分规定》和《四川省行政执法监督条例》等法律法规，印制《〈中华人民共和国统计法〉知识问答宣传单》等相关宣传资料，利用“12·4”法制宣传日、统计开放日等活动，发放宣传资料2000余份。二是开展统计执法检查。2012—2013年，在全县14个医院和63所学校自查的基础上，先后对14个卫生医疗单位和4所学校实施了统计专项执法检查，对2个医院提出整改要求，对提供不真实统计数据的1个医院处以警告并罚款2000元的行政处罚。

【行业统计管理】 按照省、市政府《关于进一步加强统计工作的意见》的要求，结合大英实际，县人民政府出台了《大英县人民政府关于进一步加强统计工作的通知》（大府函〔2012〕33号）、《关于成立行业统计等7个领导小组的通知》（大府办函〔2012〕85号）和《关于推行“七线”工作法进一步强化统计工作的通知》（大府函〔2013〕174号）文件，建立了以县长为全县综合统计管理总责任人、各分管领导牵头、七大行业部门（县统计局、政府办、发改局、经信局、住建局、商务局、农办）分线负责，率先在遂宁市各区县中建立了的大统计格局。根据相关文件精神，按照统计分工和“谁主管、谁负责”的统计原则，召开七大行业部门联席会，切实搞好本部门、本行业的统计基础工作。

【经济普查】 按照国、省、市的统一安排，2013年5月，大英县人民政府制发了《关于开展第三次全国经济普查的通知》（大府发〔2013〕2号）文件，开展第三次经济普查工作。一是组建普查机构，落实人员、经费、场地。县、乡（园区、社区管委会）成立经济普查领导小组及办公室15个，常务副县长和乡镇长分别兼任普查领导小组组长，分管副县长、副乡镇长任副组长；普查办公室内设39个工作组，落实办公场地近500平方米，购置相关办公室设备；县乡两级落实工作人员103人（其中乡镇经普办68人），集中办公86人；选配普查指导员295名，普查员343名，并编制经济普查年度经费预算方案，纳入财政预算之中，按时拨付，确保经济普查工作的需要。二是明确镇乡部门职责，强化督查。县政府与34个乡镇、部门、园区、社区管委会签订了目标责任；并将经济普查工作纳入政府目标考核和重点督办事项，定期专项督查，通报督查情况。三是制定普查方案和工作规程。县普查办相继印发《大英县第三次全国经济普查工作计划》等12个文件，做到了普查工作有章可循、有序开展；并将全县划分为337个普查区和52个普查小区。四是搞好“两员”培训。组织县乡普查指导员、普查员召开各类普查业务会议19次，培训普查骨干700余人次（其中PDA操作员80名），编印普查资料12类800册，印刷普查表册5.8万余份，接收、组织采购和分发各类普查物资12类。五是普查宣传有声有色。全县制作大型平面广告1幅，在《遂宁日报·大英专刊》登载普查方案和工作动态6期17条，办经济普查墙报专栏18期，悬挂布标语67条，书写岩标95条，发送手机短信3000余条次，播放电视台滚动字幕40余条次，组织行业统计业务人员和统计学会会员113名参加全国《统计法》和《全国经济普查条例》知识竞赛。通过形式多样的宣传，提升了普查知晓率，营造了良好的普查氛围。六是普查工作扎实开展。历时三个月，在300多名普查工作者的共同努力下，全面完成337个普查区电子地图绘制和县城15个社区边界勘界工作；收集工商、质监、税务、编委、民政等相关部门行政登记资料4611条，住建、教育、交运、卫生、文广、金融办、民宗、水务、国土、商务、交警等部门资料412条；确认普查对象15449个，其中单位清查库2032个，个体经营户13417户。

（舒　超）

教育·文化·卫生·科技

教　育

【概况】　2013年末，全县共有幼儿园（班）117所，其中公办建制幼儿园8所，小学附设园13所，教育局审批建制的民办园28所，临时幼儿园（班）68所。学前三年毛入园率达78.5%，学前一年毛入园率达92.2%。义务教育建制学校56所，其中小学30所（含民办学校1所），单设初中14所（含民办学校1所），九年一贯制学校12所（含民办学校1所）；普通高中2所、公办中等职业技术学校1所、民办职业学校2所、特殊教育学校1所。

【幼儿教育】　截至2013年底，大英县共有幼儿园（班）117所，其中公办建制幼儿园8所，小学附设园13所，教育局审批建制的民办园28所，临时幼儿园（班）68所。幼儿园教职工649人，其中公办幼儿教师71人，民办教师578人；在园幼儿14407人，其中建制公办幼儿园（含小学附设园）5408人，民办幼儿园8999人。学前三年毛入园率达78.5%，学前一年毛入园率达92.2%。

【小学教育】　全县共有小学30所，九年一贯制学校12所，村小24所。

开展丰富的教学教研活动，提高教师的执教水平。组织部分小学优秀语文教师参加了四川省作文教学研讨活动，参与学习的教师回校上了汇报课，举行了习作教学讲座，实现了成果共享、共同成长。开展了教师教学设计评选活动。选送了25篇优秀教学设计参加市评选活动。通过优秀教案的评比，提高教师的备课质量。组织部分小学优秀数学教师参加四川省教育厅送教到遂宁的活动。组织开展了小学中段习作教学研讨会，活动采取课例展示和专题讲座两种方式进行，对小学中段习作教学进行了指导，激励教师认真探寻习作教学方法，提高习作教学质量。

积极推行高效课堂建设。指导学校以研究课堂、改革课堂、提高课堂教学效率为重点，切实开展高效课堂建设活动，形成了不同的高效课堂教学模式。实验学校的“121”课改模式、蓬莱中心校分段实施“127”、“235”、“323”课改模式，象山中心校“33”课改模式。

成立知名教师工作室，充分发挥知名教师的示范引领作用。组织召开知名教师工作会，明确知名教师职责、待遇和考核办法，落实知名教师联席片区教育督导室制度。

【初中教育】　2013年底，全县设有初中教学的学校共有26所，在校学生人数12976人。其中公办学校25所，民办学校1所。完全初中13所，九年一贯制学校12所，设有初中的高完中1所。

初中教育教学质量。2012年以来，初中教育课堂教学改革不断深化，努力提高教育教学质量，各年级抽考、中考成绩位居遂宁市前茅，特优生成绩突出，各科人均分高出遂宁市平均分，薄弱学校教学质量得到大幅提升，寸塘口初中、五方初中、古柏小学等学校质量大幅度提高。

初中招生情况。2012年招收新生4433人，初中在校学生人数12423人，2013年招收新生4133人，初中在校学生人数12976人。

高中招生情况。高中招生任务圆满完成，2012年，两所高中分别招生1800人、1000人左右（不含择校）；2013年两所高中分别招生1800人、850人。

【高中教育】 2012年以来，大英县高中教学质量得到稳步提升，高考成绩万人升学率一直名列全市各区县第三名，高中新课程改革成绩显著，以学生为主体，培养学生自主学习能力的高效课堂已形成，对提高高中教学质量起到很大的推动作用。2012年高中在校学生人数8390人，高考录取人数1100人，2013年高中在校学生人数7997人，高考录取人数1134人，其中被清华大学录取1人。

【特殊教育】 大英县特殊教育学校是一所集盲、聋、弱三类残疾学生为一体的全封闭寄宿制学校，属于小学、初中九年一贯制教育。2013年，办有7个班，其中1个聋班，1个盲班和5个培智班，共有学生80余人。全县基本普及残疾儿童少年义务教育，扩大普通学校随班就读规模，尽可能在普通学校安排残疾学生随班就读。视力、听力、智力残疾儿童少年义务教育入学率达到90%以上，其他残疾人受教育机会明显增加。2013年大英县组织的残疾人才艺大赛上进行了学生才艺展示，向社会广泛宣传学校的办学成果。

【职业教育】 大英县现有中等职业技术学校3所（县中等职业技术学校是第二批国家职业教育改革发展示范项目建设学校、国家级重点职业技术学校，唯一公办中等职业技术学校，市电力工程职业技术学校、市飞宏职业技术学校是两所民办职校。）2013年，县中职校占地138.15亩，建筑面积64390平方米，设备3418台（套），工位3299个，在校学生5637人，有教职工285人，设有机械加工技术、电子电器应用与维修、服装设计与工艺、旅游服务与管理、计算机应用、汽车应用与维修、交通运输与管理、对口高职农林、会计类等11个专业。学校为社会、企业培养和输送了一大批初、中级专业技术人才和管理人才，为大专院校输送了大批优秀大学生。

【德育及校园文化建设】 突出工作主题，加强学校德育工作和艺体工作。2012—2013年，每年都下发了德育艺体工作要点。

特色学校创建。2012年，印发了《关于申报市级特色（项目）学校的通知》、《关于创建省级、市级阳光体育示范学校的通知》，现有大英中学、实验学校等6所学校获得遂宁市特色（项目）学校称号，大英中学通过省级阳光体育示范学校验收，象山中学、育才中学等4所获得遂宁市阳光体育示范校称号。

艺体科技工作。2012—2013年度，组织了“大英县第15届、第16届中小学生田径运动会”和“大英县第六届、第七届中学生篮球运动会”；组织了“大英县第14届、第15届青少年科技创新大赛”。

德育工作。印发《大英县学校德育常规实施条例（试行）》（大教办〔2013〕30号），努力推进学校德育艺体管理的制度化、规范化、实效化；召开德育常规管理现场会，以榜样示范引领，统一德育常规工作、思想，到2013年，已成功创建了4所“乡村少年宫”。

【办学条件】 2012—2013年，投资2500万元新建及改扩建天星幼儿园、凉亭幼儿园、河边幼儿园、象山幼儿园、天保幼儿园、实验幼儿园、隆盛幼儿园等7所建制幼儿园。投资200万元，新建八里小学、民主初中教学楼；投资420万元，新建玉峰初中、隆盛初中学生宿舍；投资502万元，新建及改扩建河边中学、隆盛初中、回马中学、民主小学、马头小学、江平小学等12所学校食堂；投资1200万元，整体搬迁隆盛小学。

【教育资助】 2012—2013年，为826名学期教育儿童（残疾儿童、孤儿和家庭困难）资助每年1000元保育费，资助金额为82.6万元，为义务教育阶段小学23418学生，初中15019名学生免除学杂费2559.7万元，同时免费提供价值462.5万元教科书，并对义务教育阶段家庭贫困住校生15489人提供929万元的生活补助。中等职业技术学校5506人免学费526.275万元，生活补助9577人次补助金额165.05万元。普通高中免学费3737人，免费金额112万元，家庭贫困高中学生2672人享受1000—3000元助学金，资助金365万元。生源地助学贷款779人贷款金额467万元，财政贴息30.76万元，风险补偿金70.05万元。

【队伍建设】 2013年底，全县共有在职教职工3432人，离退休（职）人员1846人；2012—2013年，县教育局面向社会公开招聘大学毕业生，不断充实教师队伍力量，两年共招聘教师171人。

（罗红君）

文化体育广播电影电视

【概况】 2012—2013年，大英县文化体育广播电影电视工作以实施文化建设“十大工程”为抓手，按照“发展事业、壮大产业、开展活动、正确导向、规范管理、和谐创业”的总体思路，大力发展文体广电事业，积极开展群众文体活动，稳步推进文体广电各项工作。全县文体广电工作呈现出群众文化活动广泛开展、卓筒井成功申报国家级文物保护单位及大遗址保护项目规划启动、成功申办2014年WBC洲际拳王金腰带争霸赛、广播电视宣传凸显“十重点、十高潮”、成功申报为四川省应急广播建设示范试点县等五大亮点。2013年度，县文化体育广播电影电视局获国家级表彰7次、省级表彰5次、市级表彰14次、县级表彰8次。

【设立县群众文化促进中心】 2012年10月，中共大英县委机构编制委员会第五次会议研究决定，设立“大英县群众文化促进中心”，为文广局下属副科级财政全额拨款事业单位，并将原“大英县文化馆、美术馆、图书馆、文物管理所（汉陶博物馆）、业余体校、青少年学生校外活动中心”划转到“大英县群众文化促进中心”挂牌，实行统一管理。2013年8月，通过公开招考的形式，正式搭建领导班子，配备中心主任1名（副科级领导），副主任6名。截至2013年底，文化促进中心共有在职人员39人，其中文化艺术专业人才27人，约占人员总数的69%，后勤人员约占31%。中级职称8人，初级职称6人。

【群众文化】 全县群众文化工作经过文化专家的精心打造，依托县、乡、村三级网络，形成一套完整的工作思路、运行机制和工作方法，从而形成大英文化的鲜明特色：广场文化、社区文化、民间特色文化。按照“天天有活动，周周有晚会，月月有比赛，年年有节会”的要求，截至2013年底，已组织开展周一至周六系列主题文化活动200余场次。在各节日期间，组织开展文艺演出46场次，川剧座唱38场次，游演30余次，民乐团演出20余场，管乐团演出10余场，新建村级文化活动室70个，省级示范乡镇文化站3个，社区书屋35个。组织开展以《歌舞新生活，致富奔小康》为主题的送文化下乡活动。采取购买公共服务的方式，聘请省文化馆专家创作打造一台乡土戏曲节目——《希望的田野》，将演出活动送到全县每一个乡镇和每一个行政村，做到送文化活动下基层经常化、常态化，全年共演出325场次。2013年，由乡镇文化站牵头，采取老百姓自娱自乐的方式，开展老百姓喜闻乐见的群众文化活动。

【文艺创作】 2013年度，创作戏剧曲艺作品30余件。先后创作出短篇小说《鲜花在寒风中颤抖》、《浮云中的虹》，微电影剧本《浮云中的虹》，小品《九娘》，出版发行长短小说《卓筒井传奇》，短篇小说《不要以为我爱你》、《爱你不怕受伤害》，散文《在自然的怀抱里撒撒娇》、《关于文学作品中的人物》、《孤独地坚守、快乐地写作》，发表论文《浅谈中国特色社会主义文化建设》和《浅谈群众文化活动》。

【文物管理】 大英汉陶博物馆成立于2003年10月，一直租用着电信局的楼房。2012年新馆落成，并于2012年6月至2013年10月对新馆进行装修及展馆重新展陈。于2013年11月搬迁到新馆，并在2013年12月底全面完成新馆的布展。2012年度，成功申报省级文物保护单位5处，市级文物保护单位10处，公布县级文物保护单位33处。2013年度，落实全县548处不可移动文物保护单位（点）的属地管理制度，采购县级以上文物保护单位标志碑及说明牌57处。2013年3月，卓筒井成功申报为第七批全国重点文物保护单位，成为遂宁市第一处具有国家级双遗产标志的文化遗产（国家级重点文物保护单位和首批国家级非物质文化遗产）。《象山火龙烟花制作》传承人夏明忠公布为第五批市级传承人，确定国家级、省级、市级等后继传承人7名。2012—2013年，县博物馆免费接待游客15万余人次（其中未成年人7万余人次）、义务讲解近90场次。

【图书馆】 利用全国文化信息资源共享工程，2013年刻录光盘576张，发放光盘576张，服务城乡群众和中小学生98000余人次；免费接待读者21900余人次，为读者查询资料130余次，389类，外借、阅览图书4000余册次，解答读者咨询300余条，编目、分类、上架图书12900余册，上新报纸4000余份；收集地方文献资料30余种，123册；举办读书交流活动3次，读书培训2次，发放科普宣传单300余张；完成全国公共图书馆第五次评估定级工作，顺利地被评为国家二级图书馆，名列全市第二；完成城市文态建设规划资料，查阅资料217类，编辑历史文化信息中的历史沿革、历史上的政治、经济、文化、重要历史人物和历史上重要的文学作品等，编撰字数达3万余字。

【文化产业与市场】 文化产业空间进一步拓宽，逐步形成文化产业集群化、标准化、特色化的目标定位。2013年末，对307家的法人单位做好文化产业统计工作，完成一座数字院线电影院建设。公布“12318”文化市场执法举报电话，做到有报必查，修复和完善县网吧视频监控系统，恢复率达94%。查处非法销售卫星地面接收设施的“窝点”2家，收缴非法地面卫星接收设施14套。

【体育事业】 2013年，承办全省青少年射击锦标赛、全省青少年拳击锦标赛比赛，大英县参加六个项目的比赛，获得个人4金、4银、17铜和团体总分613.5分的成绩；其中9名（拳击7名队员和射击、射箭各1名队员）运动员达到国家二级运动员标准，跳水队员刘京代表四川参加全国青少年跳水冠军赛。截至2013年底，开展全民健身活动20余次，开展太极拳（剑）培训，参加人员每晚达200多人。县鼓乐协会成功申报市级全民健身辅导站1个，新建农民健身工程18个，培训三级社会体育指导员

30名。2013年11月18日成功申办2014年WBC洲际拳王金腰带争霸赛主办权。

【广播电影电视】 2012年4月，广电网络从大英县文化体育广播电影电视局剥离开来，独立为四川省广电网络大英分公司。2013年，大英广播电视台凸显“十重点、十高潮”，设立《阳光政务厅》和《我们的家园》专题栏目，以“平安大英”建设为重点，开设《警务政务厅》、《平安大英》专题栏目。2013年度，播发广播电视网络稿件12000余条，制作各类专题片60余部。

认真实施农村公益电影“2131”放映工程，2013年度，放映公益电影3552场，建设广播“村村通”80个。发展地面无线数字电视用户2900户。完成无线应急广播频率的规划、测试和选频工作，完成五凤山发射台电视发射频率的规划、测试和可行性研究报告方案的评审工作。向省地面办争取到300W单频点发射机4台，300W数字电视发射机3台及附属设备，使县主发射台信号覆盖半径达到12—15千米，有效覆盖全县75%以上的区域。制订了《大英县应急广播系统总体规划设计方案》，成功向省、国家广电总局申请应急广播发射频率，被省广电局列为全省县级应急广播系统建设首批试点县。完成发射台前端信源升级改造，截至2013年底共发射48套数字电视节目。

（唐虹玲）

卫生事业

【概况】 截至2013年底，大英县有医疗卫生单位452个，其中县级医院2所（县人民医院、县中医医院），公共卫生单位4所（县疾控中心、县卫生监督大队、县妇幼保健院、县健康教育所），政府举办的基层医疗机构11所（中心卫生院5所、镇卫生院3所、乡卫生院3所）、村卫生室295所、社区卫生服务站10所、社团医院1所、民营医院5所、个体诊所124个。建成二级甲等医院2所、一级甲等医院4所、甲等中心卫生院4所、甲等镇乡卫生院2所、乙等镇乡卫生院1所，开放床位1338张，每千人口床位数2.3张。有卫生人员2213人，其中卫生专业技术人员1911人。

【卫生管理】 2013年7月，出台了《大英县医疗卫生单位领导干部聘任管理实施办法》（大卫委发〔2013〕9号），规范了县卫生系统领导干部聘任管理；中层干部实行公开竞争上岗，规范了临聘人员的管理；制订了绩效工资考核方案，两年共为医院招聘人员53名，为镇乡卫生院签订2名定向免费培养学生；县级医院继续医学教育覆盖率达97%、继续教育学分达85%以上；培训管理人员11人、专业技术人员1763人次。2013年1月，出台了《关于进一步加强乡村医生管理工作的意见》（大卫发〔2013〕6号），规范了乡村医生的职责与义务，兑现乡村医生补助；两年共培训乡村医生1710人次，提高医疗技术水平。支持民营医院发展，2013年新建民营医院1所；落实民营医院政策，提高医疗服务质量，君珉医院按二级医院规划设置；加强民营医院监督管理，创造公平公正的市场竞争环境，促进民营医院的健康稳定发展。强化机关事务管理，创造优美和谐工作环境。

【项目建设】 2012年中央下达隆盛中心卫生院、金元乡卫生院、天保中心卫生院、卓筒井镇卫生院、回马镇卫生院、通仙乡卫生院改扩建及污水处理、垃圾处理、院内环境等设施建设，6个项目总投资900万元，其中中央投资600万元，地方投资300万元。

2013年，大英县发展和改革局《关于转下达重大疾病防治设施建设项目2013年中央预算内投资计划的通知》（大发改发〔2013〕58号）下达县妇幼保健院新建业务用房2800平方米，项目总投资840万元，其中中央预算内投资600万元，地方投资240万元。大英县发展和改革局《关于转下达基层医疗卫生服务体系和地市级医院建设项目2013年中央预算内投资计划的通知》（大发改发〔2013〕59号）下达河边中心卫生院、智水乡卫生院改扩建及污水处理、垃圾处理、院内环境等设施建设，项目总投资260万元，其中中央预算内投资600万元，地方投资240万元。

【卫生改革】 继续深化医药卫生体制改革，一是加快建立健全全民医保体系建设，基本医疗保障覆盖面不断扩大。二是继续巩固完善基层医疗卫生机构运行新机制，巩固完善基本药物制度，同时继续深化基层医疗机构综合改革，提高基层卫生机构服务能力。三是积极推进公立医院改革，在县级公立医院（县人民医院、县中医医院）实施取消药品加成政策，所有药品实行零差率销售。四是统筹推进相关领域改革，全面实施公共卫生服务项目，城乡居民电子健康档案建档率95.05%；老年人健康管理率为93.06%，高血压、糖尿病、重性精神病患者管理率分别为51.3%、50.04%、24.01%；建成5个卫生院信息平台，县人民医院启用了电子病历管理系统、PACS系统和LIS系统，优化了就诊流程。

【卫生应急】 加强了卫生应急管理工作的组织机构、队伍建设，培训卫生应急队伍250余人次；完善应急预案，开展卫生应急演练4次，处理卫生突发事件49件；参加了县内各类突发事件的医疗卫生救援工作，出动救援车辆1000余台（次）、医务人员3100余人（次）。

【疾病控制】 加大了传染病防治知识培训，培训专业技术人员1529人次；做好了SARS、人感染H7N9禽流感、甲型H1N1流感、霍乱、手足口病和乙脑防治应急准备工作，加大重点疾病防治和传染病管理、督导，报告乙、丙类传染病17种4734例；加强免疫规划管理工作，原五苗接种率98%以上，新增扩大免疫接种率97%以上，无本土麻疹确诊病例报告，维持了无脊髓灰质炎状态；开展了医疗机构医疗效果监测和病媒生物、饮用水卫生等监测，采集样品6781件；开展结核病、艾滋病、地方病慢性病、狂犬病防治工作，结核病系统管理98.4%，治疗成功率96.5%，正在接受艾滋病治疗56人（新增治疗34人）、累计随访艾滋病感染病人114例。

【妇幼保健】 严格执行《母婴保健法》等法律、法规，办理出生医学证明8976份；加强孕产妇、儿童系统管理，孕产妇住院分娩率99.6%，孕产妇、5岁以下儿童、婴儿死亡率分别为10.49/10万、5.2‰、3.1‰，高危孕产妇住院分娩率达到100%，新生儿疾病筛查9021人，其中甲低阳性患儿5例。继续实施预防艾滋病、梅毒、乙肝母婴项目免费检查了12106人孕产妇，检测出梅毒阳性601人，免费为乙肝表面抗原阳性产妇所生新生儿24小时内注射了乙肝免疫球蛋白601人。继续实施好“叶酸增补”项目工作，免费发放叶酸7510人次40928瓶，补助农村孕产妇7800人390万元，实施了农村妇女“两癌”检查工作，为全县32050名农村妇女免费检查，保护了妇女儿童健康。

【卫生监督】 规范行政审批行为，办理行政审批和执业注册1534件；积极推进县城区公共场所卫生监督量化分级管理工作，加强放射卫生、学校卫生、饮用水卫生监督管理，加大对各类医疗机构的日常监督检查和医疗机构“院感”、违法发布广告专项执法检查以及开展村卫生室监督检查，打击非法行医，立案查处违法案件81件，无行政复议和败诉案件。

【爱国卫生】 开展爱国卫生运动60周年纪念活动，组织1.5万余人参加《华西都市报》、《大众健康报》刊载的健康生活知识与技能有奖竞赛，选拔3人参与全市电视大赛，获二等奖；全力推进创建国家卫生县城工作，积极参与城乡环境综合治理；加大农村改厕力度，完成无害化卫生厕所3000户，卫生厕所普及率65.98%，其中无害化卫生厕所普及率42.53%；做好病媒生物消杀工作，县城区投放鼠药2万余公斤，城区鼠密度降至2.78%；开展控烟宣传，设立吸烟区和控烟门诊，实施的“中央补助烟草控制项目”通过省市验收；设置健康教育科普窗332个，版面更新120期次，开展公众健康咨询活动144次，举办健康知识讲座241场次，大众传媒宣传176次，印发宣传资料55万份，受健康教育达95%以上，提高全民健康意识。

【医疗服务】 严格规范医疗机构执业行为，加强医疗市场监管，有效遏制医疗事故和医疗纠纷的发生；强化医院管理工作，提高基层医疗机构的管理水平；继续在各级医院开展“医疗质量万里行”、“优质护理服务示范工程”和“三好一满意”活动，以强化医院感染控制、规范临床用药行为等为重点，切实加强了院内感染管理，通过规范医院处方点评工作，促进了临床合理用药；开展了同级医疗机构临床检验检查结果互认、“抗菌药物临床应用专项整治”活动、医疗护理质量管理督导检查以及单病种医疗质量控制工作，加强对医疗美容、医学检验等专科医疗服务的监督管理，进一步增强了医疗质量安全意识，减少医疗缺陷，提高了医疗护理服务质量管理；积极开展自愿无偿献血活动；临床用血做到“三统一”管理要求，合理用血，成分输血达90%以上；积极探索医患纠纷第三方调处机制，努力构建了和谐的医患关系。

【中医药事业发展】 启动基层中医药服务能力提升工程，提高中医药服务能力，中心、镇乡卫生院设有中医科（诊断室）；加强中医药后备人才培养，强化中医药继续教育和职业教育工作；继续做好中医药适宜技术的推广，推广中医药适宜技术26项以上。

【食品安全协调】 履行县食安办职责，及时召开食品安全协调会，落实各成员单位的目标责任，对辖区内食品安全状况进行了风险评估和评价；开展食品安全专项整治“百日行动”、食品安全大检查大整治活动；做好食品安全示范县创建工作，协调有关食品安全成员单位做好节日和中高考期间食品安全监管工作，对乡镇和县食安委成员单位食品安全工作进行了9次督查，确保了居民食用安全。

【人道救助】 发展红十字会基层组织4个，吸纳会员259人，志愿者71人；为“4·20”芦山大地震募捐3.718万元；慰问特困残疾人4户、困难户259户，贫困儿童、留守儿童73名，发放慰问金、慰问品9.3万余元；为3名先心病儿童申请了红十字“天使阳光基金”；组织红十字会员义诊义治466人次，健康咨询1233人次；对村医生、社区居民开展创伤性现场救护、心肺复苏急救、卫生救护等知识培训657人次，338名白内障患者接受手术博爱救助33.8万元；争取“9·10”洪灾援助资金、物资96.46万元，博爱家园项目3个105万元，心理支持（PSP）项目1个；组织应急献血459人次献血量9.18万毫升、无偿献血4778人次献血量95.56万毫升，被遂宁市人民政府表彰为2012—2013年度无偿献血工作达标奖一等奖。

【财务监管】 加强了医疗卫生单位的财务管理，严肃财经纪律，规范财经行为，巩固、完善了医药卫生体制改革的各项成果。一是严肃财经纪律，强化责任意识。建立健全了财务管理决策与监督机制，严格执行《会计法》、《基层医疗机构财务制度》、《医院财务制度》、《事业单位会计准则》规定。二是加强制度建设，完善内控机制。形成了用制度管钱、按制度办事的财务监管体制。三是规范会计行为，强化会计监督。严格执行《基层医疗机构会计制度》、《医院财务会计》、《事业单位会计制度》，以实际发生的经济业务为依据，做好各项日常会计核算工作，规范财务账目设置，加强货币资金管理，严格执行财务报销手续，及时清理往来账项。四是加强了财务队伍建设，提高人员素质。各单位合理设置财务管理机构，明确职责、权限和工作流程，形成了权责分明、相互监督、相互制约的工作机制，不断提高财会队伍政治素质和业务水平。

【行业作风】 切实加强行业作风建设的领导，召开专题会议4次；自觉开展政风行风评议活动，实行政（院）务公开制度，网上集中采购药品3483.8167万元，占全部药品采购金额的99.2%，招标采购医疗设备、耗材406.7万元；拒收红包77起28400元；查处患者投诉29起，树立良好的卫生形象。

（熊济民）

人口和计划生育工作

【概况】 2012—2013年，大英县人口和计划生育工作坚持以党的十八大和十八届三中全会精神为指引，紧紧围绕“稳定低生育水平，统筹解决人口问题，促进人口长期均衡发展”总体目标，突出抓好宣传教育、依法行政和优质服务，深入开展“阳光计生”、“诚信计生”创建活动，大力推进全员人口信息采集机制创新试点，全县人口计生工作保持了健康稳定的发展态势。2012年和2013年出生人口数分别为4045和3953人，人口自然增长率分别为1.9‰和2.15‰，符合政策生育率分别为84.1%和82.57%，落实计划生育“三结合”帮扶分别为977户和622户。

【人口计生责任制】 坚持实行党政“一把手”对人口计生工作亲自抓、负总责的目标管理责任制，每年根据上级要求，结合本地实际，制定年度人口计生工作目标，签订目标责任书，确保任务到人，各司其职，各负其责。县政府坚持把计生经费投入纳入财政预算，逐年增加，并足额投入到位；同时组织财政、审计、人口计生部门开展对计生经费投入使用情况的检查，防止投入不足和挪用、挤占计生经费情况发生，确保计生经费按时足额投入和全部用于人口计生事业的发展。各级党政坚持把人口计生工作纳入重大事项的督查范围，定期、不定期地听取人口计生部门情况汇报，研究部署人口计生工作。县委、县政府坚持把县级部门计生工作达标与下属单位、蹲点联系乡镇计生工作挂钩，作为文明村验收命名、村“两委好搭档”评选的重要条件，对工作成效差的逗硬实行“一票否决”。

【人口计生宣传教育】 充分发挥人口计生健全的宣传阵地网络功能，营造了良好的人口计生宣传氛围。一是加快宣传阵地建设。将人口计生工作融入新农村建设，精心打造“一村一品牌、一村一特色”的人口文化阵地。巩固13个人口文化新村，翻新回马镇夏家沟人口文化新村，完成蓬莱吊脚楼村和梓潼村等人口文化新村建设2个，规划建设河边人口文化大院、玉峰肖家沟人口文化新村2个，完成投资60万元。高标准巩固建设生育文化大院200个、新家庭文化屋100个、村级“两室一房”103个，完善的宣传服务网络，扮靓了新农村，满足群众精神生活需求，使人们在潜移默化中转变了婚育观念。二是扎实开展活动宣传。充分利用“四下乡”和元旦、春节、“5·29”协会活动日、“7·11”世界人口日等重大节日和纪念日，通过文艺演出、电影播放、图板汇展、设立咨询台、召开座谈会、制发有奖知识问答贺年卡、街头计生政策咨询等形式，大力宣传人口计生政策法规、优生优育、生殖健康知识，把人口计生宣传送进计生家庭。通过新农通平台，定期向广大人民群众发送政策法规、优生优育、避孕药具知识、生殖健康知识短信。三是拓展社会宣传覆盖面。增强全县各级党政部门、企事业单位以人为本的全面发展统筹解决人口问题的理念。利用大众传媒、社会活动、专题报道等形式，开展新型婚育文化融入校园文化、社区文化、企业文化、家庭文化活动。在县电视台开办阳光计生政务厅，以问答的形式解答十八大以来计划生育政策，以舆论引导化解社会热点问题。大英电视台、电台开办了《计生新苑》、《甜蜜的事业》栏目，在《中国人口报》、《家报》、《四川农村日报》、中华婚育新风网、省、市人口计生门户网站等主流媒体刊发计生工作动态、工作亮点和经验稿件300余篇次。

【人口计生依法行政】 一是规范行政执法。严格实行持证上岗、亮证执法，确保执法行为在执法主体、依据、内容和程序上合法、规范、有效，执法水平明显提高。做到文明执法不侵权、优质服务不失信、廉洁爱民不谋私，进一步提高了计划生育文明执法水平。二是狠抓社抚费征收管理。对违法生育对象严格征收社会抚养费，做到了依法征收、文书规范、程序合法、票据统一、期限明确。落实“收支两条线”管理，收取的社会抚养费全额上缴县财政，纳入预算管理。三是深化“阳光计生”创建。在全县聘请行风政风监督员11名，公开“12356”服务热线，县、乡、村三级全部建立了标准的计划生育政务公开栏，对群众最关心的生育、奖励、技术服务和社会抚养费征收的政策标准、办事制度、办事程序、办事结果等及时公开。四是开展全省诚信计生重点培育县创建。与已婚育龄夫妇签订《诚信计生协议书》，签订率达90%以上。创建人口计生基层群众示范、诚信计生示范村22个，巩固基层群众示范村44个。2012年，大英县成功创建为全省依法行政示范县。

【人口计生优质服务】 一是人口计生优质服务上档升级。高标准规范打造计生服务阵地，共投入资金41万元，维护整治隆盛服务站1800平方米，排除天保服务站地质灾害隐患1处。全县7个服务站总体上达到“四优一满意”的要求。形成以县站为龙头，乡站为依托，村“两室一房”为基础，服务人员为骨干，流动服务车为纽带的计划生育一体化服务网络，推进人口计生优质服务上档升级。二是高质量推进免费婚检孕检项目。2012年免费孕前优生健康检查人群覆盖率80.01%；2013年免费孕前优生健康检查人群覆盖率125.3%。三是做精做细避孕节育技术服务。大力实施避孕药具“十进工程”，为育龄群众免费提供安全、有效、适宜的避孕节育全程服务。四是建立安全质量风险责任制。逐级落实质量管理责任人，规范了各项工作制度和技术服务常规；建立质量检查制度，定期集中开展质量安全大检查活动，确保了医疗安全。2012年，大英县被批准为国家免费孕前优生健康检查项目试点县，中央财政补助每对夫妇240元。2013年，按照省、市人口计生委的安排，大英县帮助黑水县成功创建为四川省计划生育优质服务示范县。

【人口计生利益导向】 积极探索计生利益导向机制建设，形成了以奖、优、保、救、助、养“六位一体”的计划生育奖励优惠政策体系，让计划生育惠民政策惠及广大计生困难家庭和育龄群众。一是严格落实各项扶助政策。2012—2013年奖扶对象6113名、特别扶助对象247名，新增计划生育手术并发症患者纳入到特别扶助对象14名。从2013年1月起，将独生子女死亡父母特别扶助标准由每人每月135元提高到350元，独生子女伤残父母特别扶助标准由每人每月110元提高到280元，共计落实发放奖励扶助金351.432万元；安排资金400余万元，将全县独生子女父母奖励金标准由每对夫妇每年60元提高到每对夫妇每年120元。二是广泛开展帮扶救助活动。大力开展计生

“三结合”帮扶活动，开展关爱女孩和计划生育困难家庭以及救助贫困母亲幸福工程行动。三是开展计生关怀行动。对28名留守女孩进行慰问，发放慰问金12000余元，募捐救助2名身患癌症基层计生专干，送去慰问金6万余元；贴息贷款12万元，实施救助贫困母亲幸福工程5户。对全县397名基层计生干部免费进行身体健康检查。四是开展意外伤害保险，提升计划生育家庭抵御风险能力。2012年在全市率先开展独生子女家庭意外伤害保险项目试点，为1650人投入计划生育家庭意外伤害保险金额2.475万元，支付3人意外伤害医疗保险金2358元，协调赔付意外伤害保险金2万元。2013年投入保险费用20万余元，全县独生子女家庭意外伤害保险实现全覆盖。

【人口计生流动人口管理服务】 一是强化部门协作治理。整合全县11个镇（乡）和2个城市社区管委会综治、人口、公安三部门力量，建立起流动人口联席会议机制，做好流动人口及出租房屋的摸排、登记、发证、核对、协查等基础信息工作，真正将“以房管人”落到实处。二是加强机构建设管理。为各镇（乡）人口计生办至少配备1名流动人口信息管理员，强化了流动人口管理服务人员队伍。三是认真落实流动人口一孩生育网络登记工作。自2013年10月1日启动网络办理流动人口一孩生育服务登记工作以来，通过印发《流动人口一孩生育服务登记申请承诺书》和《流动人口一孩生育服务登记证明》式样等，全面公开《流动人口一孩生育服务登记》办理依据、条件、程序，简化办事流程，切实解决了全县流动人口办证难问题。

【人口计生信息化建设】 加快推进以“主动采集、办事采集和协同采集”为主的全员人口信息采集机制创新试点工作。2013年全县投入资金240万元，按政府采购程序配备智能移动终端369台，办事采集终端3台，开展乡镇、村（社区）人口信息采集员分级集中培训11期，提高了信息采集效率，突破了以村级纸质报告单作为人口信息上报方式，实现人口计生信息村级直报，确保了统计数据的及时准确，形成健全、高效、即时、便捷、准确的实有人口信息动态采集体系。及时掌握统计数据质量，狠抓人口基础信息数据清理清查，核查完善育龄妇女信息库，实行每月核实数据，定期通报，严把数据的审核和录入，实现行政执法监督、社会抚养费征收、奖扶特扶等业务工作全程信息化。

【人口计生基层群众自治】 全县各级计生协会充分发挥基层协会的骨干作用，全面抓好计划生育基层群众自治工作。大力开展计生“三结合”帮扶活动，在资金、信息、项目、技术等方面给予扶持，为6476户计生家庭，投入保险费用20余万元，实现计生保险工作全覆盖，为6个计生家庭发放小额贴息贷款12万元。2013年，大英县城东管委会火车站社区被中国计划生育协会授予“第四批全国人口和计划生育基层群众自治示范村居”称号。

（曾清乐）

科技工作

【概况】 2012—2013年，全县科技工作坚持“自主创新、重点跨越、支撑发展、引领未来”的科技工作方针，紧紧围绕“新型工业县、优秀旅游城、生态示范区”战略目标定位，以项目争取、科技创新驱动发展、知识产权保护、科技成果转化应用为重点，明确目标，强化责任创新思路，转变作风，增添措施，为促进大英经济又好又快发展提供了强有力的科技支撑。

【工业科技】 随着大英工业规模的发展壮大，全县企业对科技创新进一步重视，科技政策环境日趋完善，科技投入进一步加大，科技研发、成果引进、技术交流更加活跃地推动了石化、盐化、纺织、机电制造、文化旅游等支柱产业发展，培育了一批强势企业和品牌。截至2013年，全县申报上级科技研究计划项目70余项，获非政策无偿资金支持达1000万元；组织推荐通过省级科技成果鉴定5项，市级科技成果鉴定6项，获省科技进步三等奖1个，市科技进步一等奖1个、三等奖3个；组织申报专利223项，培育专利工作试点企业5家，组织转化专利技术32项，实现专利产值8亿元以上；组织企业参加技术交易活动8次；组建企业技术研究中心2个；全县培育国家级高新技术企业5家，省级创新型试点企业7家，市级企业创新中心2个，省级知识产权培育企业2家，县级民营科技型企业40余家。

【农业科技】 一是抓好国、省科技富民强县项目实施。组织四川省农科院在河边镇举办了国家级富民强县项目——优质双低油菜规范化种植技术培训会，省农业科学院专家教授就优质双低油菜丰产栽培与科学施肥技术等进行了系统的讲解。二是开展农业科技示范。采取电视公开报名、择优选取支持的方式开展肉鹅养殖示范户培育，邀请专家举办了天府肉鹅养殖技术专题培训会，为示范户提供优质鹅苗3000只，培育了13户肉鹅养殖大户，带动大英肉鹅养殖产业发展。三是积极申报农业科技园区。组织彩原粮业、福禄源等4家农业企业申报了市级农业科技园区和专家大院，带动了新技术、新品种、新模式的推广。四是科技特派员工作与农业科技项目实施紧密结合。组织畜禽、粮油团队科技特派员参与科技富民、现代节水农业技术项目实施，带动农民增收致富。

【科普宣传】 一是开展科技“四下乡”活动。深入卓筒井、通仙、回马、智水、隆盛、金元等乡镇开展“送科技、文化、卫生、法律四下乡”活动，设立宣传咨询站，采取发放资料、现场技术咨询等形式向群众宣传农村先进实用技术、科技法律法规、传播科学思想和科学方法，发放科普法律宣传资料15000余份，接受咨询2000余人次。二是开展“科技活动周”活动。组织各科普成员单位在朝阳广场开展了科技活动周集中宣传活动；组织卓筒井小学学生参观了中国死海旅游度假区盐文化科普基地，激发了学生爱科学、爱家乡的热情。三是抓好科普统计工作。组织17个科普成员单位召开了科普工作联席会议，安排部署科普统计调查工作，圆满完成了科普统计工作。

【知识产权工作】 一是扎实开展知识产权宣传培训。通过召开知识产权成员单位联席会议、“专利宣传月”、“知识产权宣传周”集中宣传活动、“知识产权专题培训讲座”、“4·26”世界知识产权日领导电视讲话等，营造出强大的宣传声势和舆论氛围，激发了群众参与的积极性。二是做好专利的申请和实施工作。开展重点行业、重点企业的专利申请和保护服务，协助企业认真做好专利申请，同时积极帮助企业引进和实施专利技术，提高运用知识产权制度的能力和水平。2012—2013年全县专利申请量达123件，并以专利为突破口，组织九合生物、茂森生物申报的专利实施与促进专项资金项目获得省科技厅30万元无偿资金支持。三是认真做好知识产权试点企业工作。积极组织企业加强知识产权工作的领导，成立了知识产权工作推进领导小组，制定了知识产权的发展规划；引进服务机构，帮助企业解决专利申报过程中的实际问题，努力促进企业知识产权的开发和利用；组织申报知识产权试点企业2家，协助中腾能源创建了科技研发中心。

【科技合作】 一是加强县校、校企合作，搭建产学研联盟。结合产业结构现状，加强县校、校企合作，引进技术人才，积极引导企业走联合技术研发创新之路，探索“企业出难题、科技当红娘、政府搭平台、校企联合搞攻关”的科技合作新模式，鼓励和指导企业与高等院校建立产学研联盟。丰侨科技与四川农业大学就中药材规范化栽培技术研究集成与示范签订了校企合作协议，茂森生物科技与成都大学就肉类加工技术签订了校企合作协议，2013年，全县新增产学研合作协议10项，参与企业技术创新、产品研发的专家教授达70余人，全县建立产学研技术创新合作关系达到30项。二是搭建平台，强力推进高新技术企业培育。通过引入中介机构服务大英企业，推动企业在经营、管理、研发等方面上水平、上台阶。两年来，引入成都九鼎天元科技咨询有限公司、成都行之专利代理事务所、成都天嘉专利事务所等五家中介机构，协助安通农机、佳世特橡胶等企业在国家创新基金和国家高新技术企业申报等方面建立了合作关系，飞洁洗涤等3家企业成功申报创新型企业，安通农机等2家企业成功申报国家高新技术企业。截至2013年，全县高新技术企业达到5家，创新型企业7家，产值达5亿元，为县域经济发展提供了有力的支撑。

（李顺勇）

文学艺术

【概况】 2012—2013年，大英县文学艺术工作每年开展一次“送文化下乡活动”，重要节日均举办了摄影书法美术作品展示展览活动。大英成功创建为“中国曲艺之乡”、“四川省文艺创作培训基地”、“四川省电影创作培训基地”、“四川省曲艺乡镇”、“四川省曲艺社区”等。成立了县公安局文联、河边镇文联。

【文艺创作及出版】 两年编辑出版《郪江》文艺季刊六期。开展了诗词研讨会12次，文学笔会12次。开展经常性的文艺活动，在新老城区开展了36场戏曲演唱会。开展服务社会，服务新农村工作，参与了全县四下乡活动，带领相关协会赴通仙乡、蓬莱镇、象山镇、回马镇、隆盛镇等地举行了与当地群众“心连心”联欢活动，为农村人民撰写了书画作品、对联等文艺作品。广场文化活动蓬勃开展。制作了文化礼品，将大英的文学作品、书法作品、美术作品加以包装，成为了大英独特的文化礼品。开展了“廉政书法进机关”活动，共创作书画作品130余件，制作了《大英县民歌集成专辑》和《王朝华作品专辑》光碟。收集撰写了《蓬莱大乐》、《徐氏泥采塑》、《卓筒井》、《象山花锣鼓》等4部非物质文化遗产作品，被中共遂宁市委作为了对外文化宣传丛书。李全出版了长篇小说《诡异死亡》和短篇小说集《舞鞋情》。杨锋出版了电影文学剧本《转移》。

（刘安平）

农　业

农业综述

【基本情况】 2013 年全县实现粮食总产 24.96 万吨，比上年增长 1.5%；实现油料总产 2.29 万吨，比上年增长 1.63%。出栏生猪 75 万头，比上年增长 13.5%。农民人均纯收入达到 8684 元，比上年增长 13.2%。全县新培育省市级龙头企业 5 家，规范发展农民专合组织 25 个，家庭农场 12 个。全年新申报无公害农产品 18 个，畜产品 3 个，创建地理标志产品 2 个，申报绿色食品 2 个，申请注册农产品商标 8 个。

【新农村建设】 2013 年，全县启动建设农民新村 28 个 1529 户。建成蓬莱镇吊脚楼村、卓筒井镇立山村新村综合体 2 个 123 户。农村环境综合治理纵深推进，建设乡镇污水处理厂 1 座，垃圾中转站 3 个，维修垃圾收集池 56 个，创建省级环境优美示范镇乡 1 个，环境优美示范村庄 10 个。

【农村水利工作】 2013 年，治理水土流失面积 15 平方公里，除险加固水库 2 座，新增恢复蓄引提水能力 560 万方，新建整治渠道 97.1 公里，整治山坪塘 29 口，整治石河堰 4 处，整治泵站 11 处，新建蓄水池 41 口，建成集中供水站 1 处，解决农村安全饮水 2.32 万人；完成土地整理 2.6 万亩，建成高标准农田 2 万亩；建成通乡公路 13 公里，通村联网水泥路 39.5 公里；建成农村户用沼气池 2500 口。

【林业】 2013 年，营造林 3.25 万亩，零星植树 130 万株，低效林改造 1.45 万亩，新增森林面积年增长森林总面积任务 0.82 万亩，建设高效经济林任务 1.2 万亩，其中：核桃 1 万亩，青花椒 0.1 万亩，建设花卉苗木基地 0.21 万亩，林下资源开发任务种植 0.12 万亩，养殖 0.3 万亩。实现林业总产值 8.4 亿元。

【畜牧业】 2013 年，全县新引进龙头企业 2 家，建设 500 头种羊基地 2 个，千万只土鸡基地 1 个，新发展年出栏生猪 50 头以上规模户 209 户，全县出栏生猪、肉牛、肉羊、家禽、兔分别达 75 万头、0.95 万头、11.8 万只、638 万只、210 万只，同比分别增长 13.21%、11.76%、12.92%、9.99%、8.81%；出产肉类 7.64 万吨，同比增长 15.92%。

【水产业】 2013 年，全县水产品总产量 0.75 万吨，实现渔业经济总产值 1.52 亿元，全县水产惠民人均增收 68 元。

（郭　娟）

种植业

【概况】 2013年，大英县有农业户11.97万户，农业人口41.75万人，农村劳动力24.89万人。耕地面积31.41万亩，其中田10.73万亩、土20.68万亩。2012—2013年，县农业局按照“保供增收惠民生、改革创新添活力”总体要求，以现代农业发展为核心，以农民增收为目标，大力实施粮油高产高效创建、高标准农田建设、农机化推进、农业品牌创建和农村能源建设，农业事业得到稳步发展。

全县粮食生产稳步增长。作物以水稻、小麦、玉米、大豆为主，马铃薯、大麦为辅。2012年、2013年粮食总产分别为245900吨、251300吨，分别比上年增1.07%、2.2%。

经济作物以棉花、油菜、蔬菜、水果为主，花生、中药材为辅。2012年、2013年棉花总产分别为2754吨、2798吨，分别比上年减8.5%、增1.6%。油菜总产分别为21581吨、21748吨，分别比上年增6.1%、0.77%。蔬菜总产分别为106459吨、104967吨，分别比上年增32.9%、减1.4%。水果总产分别为8784吨、8877万吨，分别比上年增3.6%、1.1%。

【特色效益农业】 以实施“现代农业万亩示范工程”为抓手，突出建设大基地、培育大产业。围绕回马—隆盛—蓬莱—象山优质蔬菜产业带、蓬莱—卓筒井—河边优质水果产业带等2个特色效益农业产业带，提升、拓展蓬莱—卓筒井—河边优质水果产业带，新建以隆盛赵坝村、土门垭为核心的现代农业产业园1个，建成卓筒井镇片柑橘、象山镇片蔬菜现代农业万亩示范园区2个，全县万亩示范区累计达4个。2012年，引进投资500万元以上现代农业项目17个，竣工8个，发展优质柑橘1.5万亩、绿色蔬菜基地3.2万亩、保障性蔬菜0.5万亩。油桃外销3000余吨，较上年增加1800余吨，产值达到1000余万元。2013年，引进康禾绿色蔬菜产业、广茂祥优质水果基地、绿发优质水果基地、长绒棉生产基地等4个项目，协议总投资11776万元，完成投资3000余万元。新建柑橘基地1万亩、绿色蔬菜基地3万亩、城市保障性菜地0.1万亩、道地中药材0.3万亩。油桃生产实现产销两旺，外销油桃0.3万吨，实现销售收入903.58万元。

【农业新技术推广】 按照“突出主作、发挥优势、成片连线”的创建要求，推进以乡镇为单位的整建制创建示范，突出抓好“四新”示范、“六良”配套，着力品种结构优化，单产和品质提高，增加种植综合收益。每年组建20名县级农技推广专家组、选聘100名农业技术指导员、培育1000户科技示范户，辐射带动20000户，采取县级专家组、技术指导员、基地、示范户和辐射户有效对接的推广模式，加快新品种和农业标准化生产实用集成技术的实验、示范、推广、应用。2012—2013年共落实粮油高产高效创建示范面积16.96万亩，推广新品种85个，示范推广农业新技术10项以上。成功申报为2012—2014年中央财政产油大县奖励资金集中使用县（全省45个县）。完成灾后重建面积3.5万亩。开展基层农技人员各类培训600余人次，开展各类农民实用技术培训累计达到40余万人次。实施测土配方施肥面积360万亩次，配方肥施用面积达166万亩。2012年6月四川省农业广播电视学校大英县分校从大英县农业技术推广站中分列出来，单设并挂县农业机械化学校牌子，为县农业局下属事业单位（大委编发〔2012〕41号）。

【农村经营管理与服务】 以“激活农村土地要素、提高农民组织化程度、壮大农村集体经济实力、完善村级一事一议”为重点，加强农村集体“三资”规范管理、农村土地承包经营权确权登记和农村土地股份合作社试点。全面推进农村土地承包经营权确权登记工作。2012年9月在隆盛镇黄土岭村完成试点。在总结试点的基础上，2013年3月全县全面启动，7月实行公开政府采购落实了青岛太阳软件有限公司为全县农村土地承包经营权确权登记项目中标单位，并逐乡（镇）召开了动员会、培训会，已完成11个乡镇780平方公里的航拍，并对航拍数据进行了处理。加强农村土地流转。2012—2013年全县新增农村土地流转面积4万亩，累计流转农村土地14.06万亩。从严规范“一事一议”。2012年，审核批复一事一议筹资筹劳项目143个，5140.65万元，考核验收财政奖补项目209个。2013年，对2012年实施的143个“一事一议”财政奖补项目进行了全面验收，项目资金共计5140.65万元；组织审批了2013年“一事一议”财政奖补项目130个，资金3656万元。强化新型农业经营主体培育。2012—2013年共规范发展农民专合组织57个，建成标准化农民专业合作社11个，成功申报省级示范社3家，市级示范社2家，国家级示范社3家。发展家庭农场14家，培育粮食生产等种植大户78户。加强财务监督。2012—2013年共审计农村集体经济组织75个，审计金额200.02万元。指导蓬莱镇建立农村财务结算中心，推行农村财务双代管试点。全县100%的村实现了财务公开及“村账镇管”，在4个乡镇93个村推行了会计电算化。

【基础设施建设】 遵循高起点规划、高标准建设的原则，以提升农田排灌能力、土壤培肥能力、农机作业能力为目的，按照田网、渠网、路网配套要求，整合涉农项目，全力推进高标准农田建设工程及基础设施建设。2012—2013年完成高标准农田建设2.64万亩，改造中低产田土1.82万亩。新建机耕便民道613公里。新增提水控灌设备110台套3280千瓦，维修、改造提灌机械956台16137千瓦，农业提水保灌面积9.4万亩。

【农村能源建设】 认真贯彻“因地制宜、多能互补、讲求效益、开发与节约并重”的能源建设方针，坚持“政府引导、项目带动、统筹规划、农民自愿、集中成片、整村推进”的原则，坚持“生态养殖+沼气工程+高效种植”生态循环模式，紧紧依托农村沼气项目，大力推进农村沼气建设。2012—2013年新建成户用沼气5100口，大中型沼气2处；推广了农村沼气综合利用技术，拓宽了沼气建设的应用领域，农村能源建设的社会效益、经济效益、生态效益得到了全面体现，农业废弃物能源化、资源化利用率达到85%以上。2013年1月，大英县被四川省人民政府命名表彰为“沼气化县”，国家绿色能源示范县申报工作已通过省、市资格审查。

【农产品质量安全】 2012年9月将“大英县农产品质量安全管理中心”更名为“大英县农产品质量安全监督检验检测站”（大委编发〔2012〕54号），于2012年12月在各镇乡农业服务中心增挂乡镇农产品质量安全服务站牌子（大委编发〔2012〕72号）。2013年6月启动实施农产品质量安全监管示范建设县，兴建县级检验检测站1个，兴建乡镇农产品质量安全服务站11个，农产品质量安全监管体系初步形成。2012—2013年培训农药、种子、肥料等农资经营人员400余人；对全县184个种子、149个农药、58个肥料经销商进行确认登记；加强了农业投入品市场检查，全县农业投入品经营门市质量安全监管率达100%，高毒禁用农药监管率达100%；加强农产品生产企业监管，规范“三品”生产企业、生产记录档案、标准执行、标识包装、内部质量监管体系行为，检查农产品生产加工企业15家、农民专业合作社23家、种养基地（标准化小区）7个，基地蔬菜农产品农药残留抽检合格率达100%，市场蔬菜残留抽检合格率达97.8%，基地抽检合格率99%；无公害农产品、绿色食品及产地100%纳入监管范围，“三品”抽检合格率达100%；创建地理标志产品1个，组织申报了无公害农产品16个，绿色食品8个，申请注册农产品商标8个。

【农村扶贫开发】 2012年，按照中、省第二个十年扶贫规划纲要，完成了全县三大区域15个片区60个村的扶贫规划。明确了水库淹没区、旱片死角区、边远落后区三大区域，15个片区60个村的产业发展规划。农村低保和扶贫开发两项制度衔接工作稳步推进，根据省级扶贫新标准（2300元），准确识别低保、扶贫对象，并对识别出来的贫困人口全部建档立卡，实行动态管理，对低保对象做到应保尽保、扶贫对象应扶尽扶，完成全县84905人贫困人口建档立卡工作。在玉峰镇团结村、肖家沟村、葡萄店村及象山镇白角滩村、永乐村、青龙村、施家坝村、永南坝村的两镇八村启动实施了整村连片扶贫开发项目，修建了通组道路6.42公里，户间路5.32公里，水渠2.59公里，整治塘堰8口，维护建设提灌站3处，硬化堰坝0.25公里，硬化院坝6512.3平方米，新村集居点六棱块2072平方米，整修因“9·10”洪灾损毁的码口、公路、桥梁、堡坎5处；改造贫困农民危房45户5320平方米，更换彩瓦、挂瓦条等48户91025平方米；按照“农企股份合作”的方式，采取保底分红的利益联结机制的模式，在汇强油脂公司的帮助下，发展油菜种植10000亩。2012年12月组建成立“大英县扶贫和移民工作局”，为县人民政府直属事业单位（大委编发〔2012〕74号），建县以来的县农业局与县农村扶贫开发工作合署办公格局结束，县农业局不再从事农村扶贫开发工作。

【农业机械推广】 积极争取市、县财政配套累加补贴，全力实施农机化推进工程，推动大英县农业机械总量持续增长。2012—2013年新增耕种收机械842台（套），主要农作物综合机械化水平达38.5%，提高4个百分点。培训拖拉机驾驶员26期517人，开展农机使用安全培训4期，培训400人。年检各型拖拉机310台，查处违法违规行为为20起，河边、金元成功创建省级农机平安示范乡镇，象山、玉峰、智水成功创建市级农机平安示范乡镇。

【农业自然灾害和救灾】 2012年7月3日08时至7月4日10时，大英县普降暴雨，全县平均降雨151.2毫米，其中蓬莱镇（县城区）、河边镇、金元乡、卓筒井镇雨量分别达到276、254、273、232毫米。7月6日20时至9日08时，再次遭受暴雨袭击，平均雨量130毫米以上。9月10日，再一次遭暴雨袭击，全县平均降雨196.8毫米，其中象山镇达327.1毫米、河边镇达288.1毫米、回马镇达257.4毫米，郪江最大洪峰流量达到2400立方米/秒，比有历史记载的1981年高出220立方米/秒，农业生产遭受重大损失。2012—2013年农作物病虫、草、鼠害发生面积分别为237.85万亩、194.7万亩，有效防治面积分别达到232.65万亩、191.1万亩，挽回粮食、油料、水果、蔬菜、棉花等作物产量分别为29402.4吨、23171.5吨，挽回损失率分别达到7.04%、5.2%，病虫草鼠害的实际损失率分别为0.92%、0.8%。两年共发布植保情报25期，组织专家进行重大病虫害防治会商6次，同省、市、相邻区县植保站电子交流病虫信息120余次，全县主要病虫害发生预报准确率均达95%以上；共采购生物导弹10000枚、捕食螨13万袋、纹曲宁2000公斤、禾生绿源450公斤、诱蚜黄板20万张、杀虫灯200盏、机动喷雾器240台等物资；共推广蔬菜病虫绿色防控面积10000亩，水果（甜橙、油桃）病虫绿色防控面积35000亩，水稻、玉米等粮食作物病虫绿色防控面积28400亩；建立了“大英县小麦条锈病、蚜虫防控省级示范区”、“大英县水稻稻瘟病防治示范区”、“大英县蔬菜病虫害绿色防控示范区”、“大英县柑橘（甜橙）病虫害绿色防控示范区”等病虫防治示范区，全县农作物病虫、草、鼠害防治示范作用显著。

（张家权）

林　业

【概况】　2012—2013年，全县林业工作坚持“生态优先、产业为重、保护为主、民生为本”的总体要求，按照“生态建设产业化、产业发展生态化”的总体取向，高举生态林业、民生林业两大旗帜，大力加强工程建设，强力推进产业发展，着力管护森林资源，全力确保生态安全，在助推县域经济科学发展、跨越发展、绿色发展中，实现了林业双增目标，2013年，全县森林覆盖率已达到37.3%。经过2年艰苦努力，全县林业工作呈现四大特点：一是“三强三提”重生态，生态文明建设取得新成效；二是“三重三抓”强产业，林业产业发展呈现新变化；三是“三严三保”管资源，森林资源管护开创新局面；四是“三视三问”惠民生，机关效能建设增添新动能。2012—2013年县林业局先后被县委、县政府表彰为全县“先进集体”、“四好班子”，省林业厅评为“全省林业系统先进集体”、“全省森林资源管理先进集体”，省绿化委员会授予大英县“四川省绿化模范县”，大英县荣获由联合国环境基金会表彰的“杰出绿色生态城市”。

【生态文明建设】　认真组织实施了国家退耕还林工程、天然林保护工程、配套荒山造林工程、碳汇造林工程、造林补贴工程、森林抚育工程、植被恢复工程等一批林业重点项目。全县林业生态建设力度加大，城乡绿化水平大幅提升，生态承载能力显著增强，夯实了大英绿色发展的生态基底。强力推进工程实施，提升生态建设水平；强力推进城乡绿化，提升人居环境质量；强力推进创模工作，提升绿色创建档次。营造林5.45万亩（2012年营造林2.2万亩、2013年营造林3.25万亩），零星植树255万株（2012年零星植树125万株、2013年零星植树130万株），改造低效林2.15万亩（2012年低效林改造1万亩、2013年低效林改造1.15万亩）；新增森林面积908公顷（2012年新增森林面积358公顷、2013年新增森林面积550公顷），新增森林蓄积14.37万立方米（2012年新增森林蓄积面积2.1万立方米、2013年新增森林蓄积12.27万立方米）；天保工程森林管护9.9501万亩（2012年、2013年各9.9501万亩），巩固退耕还林成果4.61万亩（2012年、2013年各4.61万亩），完成退耕还林专项建设1.4973万亩（2013年）；道路绿化147公里（2012年道路绿化70公里、2013年道路绿化77公里），水系绿化江河渠系15.5公里（2012年水系绿化8公里、2013年水系绿化7.5公里），水库塘堰240亩（2012年水库塘堰120亩、2013年水库塘堰120亩），农村四旁2.52万亩（2012年农村四旁1.43万亩、2013年农村四旁1.09万亩），二台土以上撂荒地1683亩（2012年）。

【林业产业发展】　坚持“科学规划、合理布局、突出重点、确保投入”的发展思路，通过搞规划、争项目、引业主、建基地、带农户，强力推进现代林业产业发展。重视资金积聚，狠抓要素保障；重视示范引领，狠抓基地建设；重视结构调整，狠抓产业构建。争取中省市资金4627.51万元（2012年争取中、省、市资金2627.51万元、2013年争取中、省、市资金2000万元）；建设高效经济林2.3万亩（2012年建设高效经济林1.5万亩、2013年建设高效经济林0.8万亩），林产业示范片8个（2013年），建设花卉苗木基地0.41万亩（2012年建设花卉苗木基地0.2万亩、2013年建设花卉苗木基地0.21万亩），林下资源开发种植0.42万亩、养殖0.55万亩（2012年林下资源开发种植0.3万亩、养殖0.25万亩、2013年林下资源开发种植0.12万亩、养殖0.3万亩）；林业总产值16.2238亿元（2012年林业总产值7.8238亿元、2013年林业总产值8.4亿元），生态旅游收入3.75亿元（2012年生态旅游收入1.65亿元、2013年生态旅游收入2.1亿元），农民人均增收136元（2012年农民人均收入增收76元、2013年农民人均收入增收60元）。

【森林资源管护】 严防森林火灾，确保林业资源安全。坚持以责任落实、法规宣传、队伍组建、隐患排查、科学扑救、案件查处为着力点，在抓好常年森林防火工作的基础上，集中打好了春节、清明期间森林防火攻坚战，森林火灾控制在0.1‰以内。严防森林病虫害，确保林业生态安全。围绕虫情普查、病害防治、检疫检验等工作重点，强化林业虫害生物防治工作，成灾率在3‰以内。严管森林资源，确保林业生产安全。坚持管理不越位、审批不违规、监管不乏力、许可不放宽，切实加强森林资源管理；严格林木采伐审批，加强木材加工企业管理，强化林地征占用监管，完成县级林地保护利用规划，报批林地征占用7宗；加大林业执法力度，从严从重打击涉林违法犯罪行为，由于保持了林业执法高压态势，全县没有发生涉林刑事案件，行政案件查处率95%以上。

（孔华珍）

畜牧食品工作

【概况】 2012年以来，大英县畜牧食品工作按照“促发展、保安全、转作风、惠民生”工作思路，以创建工作为抓手，大力实施“五化联动”，千方百计抓好畜牧生产发展，全力推动产业提质增效，坚持不懈筑牢安全防线，不遗余力实施惠民富民，畜牧经济稳定增长，畜牧保障日益坚固，畜牧形象显著提升，畜牧民生持续改善，大英县成功创建为国家级生猪养殖标准化示范区，成功跻身全省现代畜牧业发展重点县行列，省级食品安全示范县通过初检，动物重大疫病防控延伸绩效考核代表市顺利通过省检，现代农业科技示范园区完成总规。

【畜牧经济】 2012年，全县实现牧业产值13.06亿元，占农业总产值的40.6%；全县农民人均畜牧业纯收入1278元，畜牧业助农人均增收87元。2013年，全县实现牧业产值14.58亿元，占农业总产值的43.7%；全县农民人均畜牧业纯收入1540元，畜牧业助农人均增收262元。

【畜牧生产发展】 立足大畜牧、大产业、大发展，实施招大引强、抓大扶强、巩固提升和引领带动，实行“招商引龙头，龙头建基地，基地连大户，大户带小户，小区聚散户”，推行“龙头企业+专合组织+适度规模养殖户”发展模式，2012年全县完成畜牧招商引资项目6个，新发展年出栏生猪50头以上适度规模养殖户229户，改扩建生猪标准化规模养殖场9个，新建标准化畜禽养殖小区7个，全县出栏猪、牛、羊、兔、家禽分别达81万头、1.1万头、11.8万只、210万只和690万只，肉、蛋、奶总产量分别达89360吨、23000吨和2300吨；2013年，全县新引进畜牧龙头企业2家，新建500头种羊基地2个、百万只土鸡基地1个、标准化养殖小区9个，新发展年出栏生猪50头以上规模户209户、存栏100只羊规模户24户、100头牛规模户7户，全县出栏生猪、肉牛、肉羊、家禽、兔分别达75万头、0.95万头、11.8万只、638万只、210万只，出产肉类7.64万吨。

【标准化建设】 严格按照省市畜禽标准化建设标准和要求，整合生猪标准化养殖场、生猪调出大县、菜篮子工程等项目资源，积极推进畜禽标准化规模养殖场和小区建设，全县建成生猪标准化农户场18个、养殖小区5个，成功创建部省级标准化示范场（小区）3个，大英以96分的高分成功创建为国家级生猪养殖标准化示范区。

【养殖污染治理】 实施“规划先行、源头管控，分门别类、标本兼治，有的放矢、集中整治，种养结合、生态发展”多措并举，整合全国生猪调出大县、生猪标准化养殖场建设、大型沼气建设等项目资金，推动养殖污染治理纵深开展，妥善处理温氏回马猪场污染问题，关闭高污染养殖企业5家，限时整改环保不达标适度规模场43个，推广生物发酵床零排放、猪—沼—果—田、猪—沼—藕—鱼和鸽—猪—鱼—沼等循环模式，实现种养结合，生态发展，夯实了大英县畜牧业生态发展、绿色发展、可持续发展基础，为遂宁创建国家环保模范城市作出了积极贡献。

【品牌建设】 把绿色、无公害和有机产品申报认证作为产业提档升级重要举措来抓，坚持品牌建设与动物防疫和畜产品安全挂钩，大力开展“三品一标”认证和复查换证，全县共创无公害畜产品品牌7个、有机畜产品品牌2个，“鑫燕”牌野鸡和野鸡蛋获市绿博会名优土特产称号，“鑫燕”商标被评为全国百佳农产品品牌，“新生态”荣获市级知名商标，进一步提升了大英绿色畜牧品牌知名度。

【产业化经营】 创新畜牧专合组织发展，全县新发展专业合作社16个，规范发展22个，建设家庭农场6个；组建成立大英县生猪产业协会，吸纳会员71户；创新农户与企业利益联结机制，大力推广正大托管模式，全县有28个生猪自繁自养规模场全面纳入托管；重点推广“龙头+协会+农户”的温氏模式，发展合作养殖户173户，户均年出栏生猪700头，年纯收入10万元以上，温氏模式“五统一保”发展经验在遂宁全市和四川全省推广。

【动物防疫】 在全县设立11个动物卫生监督分所，专门履行动物卫生监督职责。坚持“预防为主”工作方针，严格按照“五统一”，着力实施“五强化”，全面实现“五不漏”，扎实开展春秋两季动物集中防疫，2012年全县共计免疫各类畜禽730.05万头（只），应免动物免疫率达100%，抗体检测合格率达85%以上，春、秋季动物防疫工作均名列遂宁市第一；2013年，全县共计免疫牲畜口蹄疫90.44万头、猪瘟78.03万头、猪蓝耳77.67万头、禽流感386.4万羽、鸡新城疫192.5万羽，所有畜禽做到了应免尽免、不留空当和死角，抗体合格率达80%以上，春、秋防工作名列遂宁市前茅。实施“管免灭”综合防制，2012年全县共计免疫犬只30551只，免疫密度达98.77%，发放犬只牌3.2万套，扑杀犬1322只；2013年全县共计免疫犬30022只，免疫率96.7%，狂防工作继续保持零发病、零感染“双零”目标。积极开展奶牛“两病”检测，检测率、合格率达100%；强化动物疫病监测和流行病学调查，随机抽测免疫抗体合格率85%以上，达到部级标准。

【动物检疫】 在全县11个乡镇建设26个检疫申报点，完善检疫软硬件设施建设，确保检疫工作到场到点到户到畜禽到产品；实行官方兽医驻场，检疫证明使用率达90%以上；严格检疫申报，全面落实产地检疫，申报率和受理率达100%；严格定点屠宰驻场检疫，切实加强同步检疫监督，产地检疫率、屠宰检疫率和耳标回收率均达100%；强化市场督查，严格执行“四不一处理”规定，严禁病害畜禽及其产品流通和销售，保障了全县人民吃上“放心肉”，喝上“放心奶”。

【畜产品安全监管】 在全县建立11个畜产品质量安全监管站，专门履行畜产品安全监管职责；实行官方兽医驻场，严格落实“五员一点”监控措施，定人定岗定责，全面推行检疫电子出证，强化投入品安全监管，强化养殖过程管控，强化检疫监督，加大检测力度，开展拉网式检查，进行专项清理整顿，规范执法监督行为，实施有案子、有处理、有罚金“三有”措施，查处畜产品安全案件快、准、狠、多，“瘦肉精”、三聚氰胺、黄曲霉素检测结果全部为阴性，呋喃唑酮、呋喃它酮检出值为0，收缴假劣兽药26.2公斤、不合格饲料30公斤，查处案件16件，其中2008年以来一直被农业部追查的“远洋”饲料公司在大英县被查获，实现了对生产主体告知（约谈）率、培训率、承诺率，全县动物及其产品检疫申报率和受理率、产地检疫率、屠宰检疫率和耳标回收率、检疫电子出证率、病害动物及其产品无害化处理率等11个100%，有效维护了畜禽产品安全，保障了人民身体健康。

【抗洪救灾】 2012—2013年，全县相继遭受3次历史罕见的特大暴雨袭击，畜牧业损失惨重，直接经济损失总计达5000万元。畜牧系统爱心捐款4.8万元，无害化处理洪灾死亡猪4130头、死亡小畜禽3.57万只，彻底消除疫情根源和安全隐患；组织专业消毒队深入开展“烧杀灭”工作，使用消毒液8吨，消毒面100%，有效防止疫病传播和疫情流行；扎实开展“千名干部下灾区”活动，采取人员帮扶、资金帮扶和项目帮扶等方式帮助回马镇夏家沟村实现灾后重建，共计出动帮扶人员90人次，落实到位帮扶资金2万元，清掏淤泥40吨，修复水毁便桥1座，加固道路1.5公里，消毒27600平方米。

【科技兴牧】 开展“四下乡”、“畜牧科技周”、“食品安全宣传周”和畜牧电影进农家活动，采取专栏、展板、灯箱、标语、培训等形式推动畜牧科技进村入户；建立“科技特派员”和“科技人员联系卡”制度，实行结对帮扶；采取“请进来，走出去”等方式，广泛开展畜牧生产、动物防疫、养殖污染治理等集中培训，提高农户养殖水平，增加畜禽养殖效益，改善养殖环境。全县共计落实科技人员150名，联系农户1500户，开展科技指导3000人次，开展各类培训20场次，培训农户4000人次，发放畜牧科技资料16000份（册），加快了科普兴牧和畜牧富民步伐。基层畜牧科技推广体系建设以96分的高分通过省级验收。

【畜牧民生建设】 认真落实惠民政策，发放能繁母猪补贴资金300万元，参保能繁母猪8.5万头、育肥猪20万头、奶牛300头，足额兑现畜禽无害化处理补助资金232万元，有效缓解了养殖资金困难；编报各类畜牧项目10个，争取到位中省项目资金3900万元，依托项目资金大力建设畜牧民生工程，积极发展适度规模养殖，使畜牧成果惠及千家万户，全县共计新发展年出栏生猪100头以上养殖户176户，户均增收1万元以上。完成食品安全民生工程抽检样品15个，快速检测品样本3700头份。创新助农增收机制，大力推广温氏“五统一保”模式和齐全“四六开零风险养殖”模式，在市场行情低迷，周边地区养猪户普遍亏本的情况下，大英县合作养殖户生猪头均纯利润仍然保持在150元左右，省畜牧局专程走进大英调研“温氏模式”并在全省推广该模式。

（李　勇）

水务工作

【概况】 2012—2013年，大英水务工作以发展现代设施农业为契机、以深化改革为动力、加快发展为根本、项目建设为重点，坚持建设管理并重、防汛抗旱并举，强化水资源调度管理，稳步推进节水型社会建设，全县水利工作呈现“保障有力、抗灾有效、发展加快、管理加强”的良好态势，谱写了水利发展与改革的新篇章。2012—2013年，全县新建整治渠道197.1公里，完成新增和恢复蓄引水能力1280万立方米，新增恢复改善灌溉面积5.46万亩，建设村镇供水工程4处，整治病险水库3座，新建维修塘坝、水窖126处、新建水池64处、维修泵站13座。新建堤防工程7.1公里，综合治理水土流失面积15平方公里，完成水产品1.5万吨，实现产值3.21亿元。

【祥凤寨水库建设】 2011年8月，委托省水利院德阳分院承担祥凤寨水库工程的勘测设计工作。2012年8月，完成了水库坝址（渠线）选择、正常蓄水位选择及施工总布置专题报告，2012年9月，省水利厅审查批复了三个专题报告。随后，移民安置规划大纲及规划、水工程规划同意书、行洪论证、水资源论证、规划选址、环境影响评价、水土保持方案、地质灾害评估、压覆矿产资源评价、文物调查勘探评估、土地预审、节能评估等全部专题报告已通过各级主管部门的审查批复。根据各专题报告审查意见，2013年10月，完成了工程可研报告，经省水利厅组织审查，以川水函〔2013〕2144号文出具了审查意见，经水利部长江委复核，以长规计〔2014〕34号文出具了审核意见；2013年12月，可研报告已上报省发改委，并通过审查、批复。

祥凤寨水库是遂宁市“六大兴市计划”中的重点项目，也是《西南五省（自治区、直辖市）重点水源工程近期建设规划》和《四川省十二五大中型水库建设规划》的重点项目。工程由水库枢纽工程、县城供水工程和灌区工程三部分组成。水库设计最大坝高25.0米，正常蓄水位309.5米，相应库容2002万立方米，水库总库容4530万立方米。项目按2013年第三季度价格水平，省水利厅审定工程总投资86847.16万元，其中枢纽工程投资66563.73万元，县城供水工程投资10674.80万元，灌区工程投资9608.63万元。工程建成后，可解决灌区1.83万亩农田灌溉用水，解决大英县城区、灌区集镇群众生产、生活用水，对保障县城供水安全，支撑大英经济社会持续发展，具有十分重要的作用。

【第五批小农水重点县建设】 大英县紧紧把握第五批中央财政小型农田水利重点县建设申报的有利时机，在全省96个县参与竞争立项情况下，由于遂宁市、大英县领导及部门高度重视，准备充分，大英县再次争取全市唯一第五批小农水重点县，该项目计划三年总投资13230.8万元，其中，可争取国家无偿补助资金达7000多万元，2013年度项目区涉及隆盛镇16个村，涉及总人口2.2956万人，辖区面积4.98万亩，耕地面积2.641万亩，其中：田1.112万亩，土1.529万亩，有效灌溉面积1.65万亩。

项目实施后，能有效改善农业生产条件，实现效益新增节水能力53.0万方，新增灌溉面积0.69万亩，改善灌溉面积1.53万亩，新增节水灌溉面积1.44万亩，农业生产能力大幅提高，实现新增粮食生产能力194万公斤，新增经济作物产值280万元，有效推进了全县农业生产的快速稳定发展。

【老城区郪江防洪治理工程】 大英县县城老城区郪江防洪治理工程新建堤防2676.2米，起于拟建唐家嘴大桥桥墩，沿郪江左岸经布兰桑艺术大桥、火井沟、奔山沟至下游成南高速公路大桥止，河道清淤总长度1200米，清淤范围从死海大桥至火井大堰。新修河堤采用带平台复式斜坡堤，平台以上采用生态护坡。

设计防洪标准20年一遇，工程等级为Ⅳ等。工程批复总投资2225.21万元。

工程于2013年1月30日开工，7月30日竣工。项目完工后，将与现成原有防洪设施组成带状防洪体系，确保了两岸城区段近10万人民群众的生命财产安全，极大地优化了城市环境，有力地推动大英城市建设和经济发展。

【蓬莱镇郪江防洪治理工程】 大英县蓬莱镇郪江防洪治理工程，位于大英县小郪河左右岸，新建堤防轴线总长1977.9米，清淤总长2700米。工程设计防洪标准10年一遇，工程等级为Ⅴ等。工程批复总投资1297.62万元。目前到位资金 845 万元，其中中央专项补助资金 800 万元，地方配套资金 45 万元。

工程计划 2013 年 1 月 30 日开工，当年 7 月 30 日竣工。

项目完工后，将与原有防洪设施和郪江防洪设施组成封闭防洪体系，确保了两岸城区近 10 万人民群众的生命财产安全，极大地优化了城市环境，有力地推动大英城市建设和经济发展。

【江关嘴水库除险加固工程】 江关嘴水库位于大英县金元乡，距金元乡 4.5 千米，大坝建在涪江水系郪江支流白家堰河上，水库设计总库容 57.37 万立方米，正常库容 40.84 万立方米，死库容 13.16 万立方米。该水库是一座以农业灌溉为主，兼有防洪、水产养殖等综合效益的年调节小（二）型水库。水库大坝建成于 1974 年 12 月。

水库经过安全鉴定结论为防洪标准低，坝高不能满足防洪要求。江关嘴水库被省、市于 2012 年列入小（二）型重点水库除险加固项目，于 2012 年 3 月 28 日经省水利厅批复了初步设计，工程审批总投资 278.81 万元。

为了搞好除险加固工作，在县水务局的精心领导下，相关股室努力下，项目于 2012 年 11 月 8 日完成项目招标工作，于 2012 年 12 月 5 日开工，2013 年 5 月完工。工程共完成了前坡加固、坝顶加高、放水设施整治、溢洪道加宽、衬砌等主体工程；同时完成进库公路、管理房、观测等附属设施工程。工程完成后，提高了防洪能力、泄洪能力、增加了上游坝坡的稳定、保障了工程管理，有效地消除了水库安全隐患方。确保了水库 0.25 万亩设计灌溉面积用水需要，肩负了为下游 0.4 万人提供生活饮用水和下游 2 万余人的生命财产安全任务。

【水土流失综合治理工程】 大英县 2012 年按上级要求，积极编制完成了大英县 2012 年省级财政水土保持专项资金寸塘口小流域水土流失综合治理项目规划，于 2012 年 9 月通过省水保局、省财政厅审查批复，项目按照《四川省人民政府办公厅关于以民办公助方式推进财政支农项目建设的意见》（川办发〔2010〕53 号）文件要求，项目推行“民办公助，先建后补”的建设管理模式进行项目建设管理。

该项目于 2012 年 11 月 13 日开工，2013 年 5 月全面完工，共治理水土流失面积 10 平方公里，项目核心区在河边镇马尖坡村、玉峰镇河中井村实施，坡改梯 86.29 公顷，经果林 53.07 公顷，封禁治理 77.85 公顷，保土耕作 685.96 公顷，总投资 321.55 万元，通过综合治理，寸塘口小流域水土流失得以有效控制，减少水土流失面积 5.75 平方千米，每年增产粮食 3.88 万千克。通过治理，年均新增蓄水效益 29.3 万立方米。通过治理，新增水保林和经果林面积 149.9 公顷，森林覆盖率提高了 4.0%，进一步改善了生态环境，减少了水土流失。通过治理，粮食增产 3.88 万公斤。改善了农业生产条件，确保粮食稳产增收，为国家粮食安全做出了积极贡献。

【农村饮水安全工作】 为提高农村饮水安全保障，切实改善水源条件，全县分别在星花、五五、寸塘口水库修建三座农村集中供水站，工程计划总投资 11029.8 万元，可解决 19.2 万人农村饮用水安全人口。2012—2013 年全县在建农村饮水安全工程主要修建了星花、五五等两座集中供水站铺设供水干管 50 千米，工程总投资 4416 万元，解决了 13.9 万人农村饮水安全人口，两座供水站日供水约 4000 方。

【五小水利工程建设】 2012—2013 年大英县小型农田水利建设主要项目有 2012 年“追加五小水利”工程和 2013 年小农水重点县项目，完成投资 5738.8 万元。完成新建整治渠道 140.41 千米，改造泵站 46 处，整治石河堰 34 处，新建蓄水池 169 口，整治山坪塘 93 座。

通过两年建设，实现新增灌面 0.857 万亩，恢复灌面 0.27 万亩，改善灌面 1.88 万亩，增加补灌面积 0.043 万亩，新增节水灌溉面积 1.67 万亩，新增节水能力 225.8 万方，新增粮食生产能力 0.26 万吨，新增经济作物产值 306.5 万元。

【城乡环境综合治理工作】 把城乡环境综合治理与保护“母亲河”、提升县城形象相结合。为了还采和湖一湖碧水，认真做好了县城区河道环境日常保洁和突击清理工作，清理水面漂浮物及边坡垃圾 800 多吨，确保了县城河道干净整洁；与疾控中心一道对 9 个乡镇水厂及农村安全饮水集中供水站进行了水质抽检，确保饮用水安全；把城乡环境综合治理与新农村建设和水利工程建设相结合，以“小农水”重点县项目建设为契机，发动场镇居民积极性，顺利实施天保、金元场镇河道治理，大力改善了场镇环境。

【水利普查工作】 按照国务院的统一安排，积极组织开展全县水利普查工作。落实了专兼职人员和办公场所，添置办公设备，并积极筹措资金，保证水普工作正常开展。加强对各镇乡普查工作的指导与督促，及时掌握台账建设动态，对调查对象名录进行了全面的审核汇总，并请市水普办对调整对象名录予以审核，对审核过程中发现的问题及时反馈到各单位予以修正，确保了水普工作顺利进行。截至 2013 年底，普查对象登记收集上报、空间数据外业采集，普查表预填写，现普查录入、采集数据录入、标绘上图工作等工作已全面结束。

（白　波）

扶贫移民

【概况】 2013 年 2 月成立大英县扶贫移民局，为县政府直属事业单位。其主要职能职责为贯彻执行国家扶贫开发和大中型水利水电工程移民迁建安置、后期扶持的方针、政策和法律、法规，拟订有关具体政策措施并组织实施。内设综合股、扶贫开发股、移民后期扶持股。

大英扶贫移民工作紧紧围绕“新型工业县、优秀旅游城、生态示范区”战略定位，按照“扶贫攻坚、富裕农民、安居乐业、造福移民”的工作思路，切实抓好扶贫开发、移民迁建安置和后期扶持等工作，两年共争取到位中省项目资金 4957.93 万元，完成扶贫解困 20581 人，直发直补及项目扶持 13439 人，核减移民 52 人。大英县代表遂宁市接受四川省扶贫开发领导小组对 2012 年扶贫开发工作进行了全面考核，考核结果为 A 级，名列全省第一，2012 年 12 月，蓬莱镇吊脚楼村获得四川省委省政府表彰十年扶贫开发先进集体。

【农村低保和扶贫开发两项制度】 按国家扶贫标准（年人均纯收入 2300 元），在全县 11 个乡镇、296 个行政村中确定并录入农村扶贫户 46144 户，农村扶贫户人数 79169 人，农村扶贫低保户 3091 户，农村扶贫低保户人数 5723 人，五保户户数 11 户，五保户人数 13 人，共涉及贫困人口 84905 人。

【农村扶贫开发十年规划（2011—2020）】 根据《中国农村扶贫开发纲要（2011—2020 年）》和《四川省农村扶贫开发纲要（2011—2020 年）》，选择贫困程度最深（水库淹没区、旱片死角区、边远落后区）、贫困人口最多、道路水利等基础设施差、产业发展滞后、当地干群参与扶贫开发积极性高的贫困村为本次规划的重点扶贫村。全县确定了 60 个市级重点贫困村和 12 个县级重点贫困村作为新一轮全县扶贫开发的主战场。根据规划，全县到 2020 年，稳定实现 84905 个贫困人口“两不愁、三保障”（不愁吃、不愁穿，保障其义务教育、基本医疗和住房）；贫困区域农民人均纯收入增长幅度高于全县平均水平，基本公共服务主要领域指标接近全县平均水平，扭转发展差距扩大趋势；实现“两个转变”，即：贫困村向新农村、小康村转变，贫困户向宽裕户、小康户转变，与全县同步达到全面建设小康社会目标。

【扶贫解困】 按照“大扶贫”的工作思路，坚持专项扶贫、社会扶贫、产业扶贫相结合，认真开展了连片扶贫开发、移民扶贫开发、劳务扶贫开发及“挂、包、帮”等扶贫开发，2012—2013年完成扶贫解困20581人。

【连片扶贫开发】 通过项目整合，2012—2013年共投资8700万元，其中：财政扶贫资金补助1600万元，整合项目资金5500万元，农户自筹1600万元，完成象山镇的白角滩村、青龙滩村、永乐村、施家坝村、永南坝村，玉峰镇的团结村、肖家沟村、葡萄店村，隆盛镇的杜家寨村、单山子村、五一村、张家沟村、五家桥村、白林村、白寨村、道祖村16个贫困村的连片扶贫开发。新修水泥路20公里，整治水毁道路堡坎11处，新修灌溉渠道3.6公里，新建山坪塘、蓄水池等12处，新建提灌站1处，农房改造57户，建成新村聚居点2处。

【劳务扶贫】 2013年，争取劳务扶贫培训资金40万元，完成农村贫困劳动力培训500人，实现就业率达95%以上。

【移民安置规划】 2013年编制完成祥凤寨水库建设征地移民安置规划报告。祥凤寨水库工程枢纽工程及水库淹没建设征地共涉及大英县和射洪县的4个乡镇20个行政村94个村民小组，其他水利工程区涉及大英县2个乡镇14个村。农村移民规划生产安置人口2043人，搬迁安置人口67户280人。祥凤寨水库正常蓄水位309.5米。

【移民后期扶持】 全县移民后期项目扶持涉及4个镇19个村93个村民小组，2012—2013年兑现移民直发直补资金1335.12万元，项目扶持277.56万元。受益移民群众达11000多人，库区移民群众生活水平得到逐步提高。水库区基础和移民安置区基础设施进一步完善。两年共争取库区基金项目资金976万元，改建、整治硬化村道17.5公里，整治渠道4.4公里，整治山坪塘1座，提灌站改造3座，甜橙栽植1200亩并配套蓄水池12口，进一步改善了库区生产生活条件。

【信访维稳】 开通信访热线，严格规范信访工作，认真做好群众来访和干部下访工作，共接待贫困村民及移民来信来访3件，办结3件，解决了信访人急需解决的问题和困难，确保了贫困村、库区和移民安置区社会稳定，无一例违法违规上访以及再访案件发生。

【扶贫专业合作社】 创新扶贫方式，组建扶贫专业合作社。由汇强油脂公司出资640万元，玉峰镇团结村、肖家沟村、葡萄店村及象山镇白角滩村、青龙滩村、施家坝村、永南坝村、永乐村等8个村每个村出资20万元，组建大英县玉象扶贫油料专业合作社，以8个扶贫村为核心基地发展油菜籽生产，由汇强油脂公司提供优良种子、农技咨询等惠农扶农服务，当油料专业合作社当年收益高于10%时，按出资比例分配，低于10%时，汇强油脂公司对扶贫村补足10%实行保底分红。油料专业合作社的组建并顺利运作，对发展大英县油料产业提供了新的动力，由过去的输血式扶贫方式改变为现在的造血式扶贫方式，使扶贫新村能够自己造血，实现脱贫致富，变贫困村为社会主义新农村。该合作成为全省首个扶贫专业合作社，其“农企股份”合作运行模式成为全省典型来推广。

（向　军）

气象服务

【概况】 依据遂宁市气象局与大英县人民政府2008年签订的协议，于2012年正式步入归口管理轨道。2012—2013年，大英县气象服务工作紧紧抓住体制调整的契机，坚持“公共气象、安全气象、资源气象”的发展理念，牢固树立大局意识、责任意识和服务意识。以“四个能力”建设为主线，紧紧围绕大英经济社会发展的需求和率先基本实现气象现代化为目标，充分发挥气象事业对经济建设和社会发展的前瞻性作用，取得了应对极端气象灾害、有效防灾减灾和推动气象事业加快发展的良好实效，在基础业务、气象服务、依法行政、科技服务、基础设施建设等方面都取得了较好成绩，为建设“新型工业县、优秀旅游城、生态示范区”作出了积极的贡献。

【气象基础设施和现代化建设】 2012—2013年，大英气象基础设施建设取得了突破性进展。一是按照建设西部一流台站的基本要求，高标准规划建设大英国家气象观测站与业务用房项目，项目于2012年11月正式开工，至2013年底，已完成主体建设任务，国家到位资金359万元。同时，严格按照基本建设项目管理规定，加强资金、质量、安全、进度、档案的管理，确保实现了预期目标。二是山洪地质灾害非工程措施气象预警平台建设有序推进，已到位国家补助资金38.96万元，购买了6要素移动气象自动站、改建了2处6要素区域自动站，为气象预警平台增添了电脑、打印机、复印机等办公设备。三是积极争取上级主管部门投资30余万元，完成了第一、二批山洪地质灾害自动雨量观测站建设任务，全县新建了11个山洪雨量站。至此大英县已建成12处区域自动站、11处山洪雨量站、1处交通气象站及1处土壤水分观测自动站，进一步完善了大英县气象监测网络，提高了气象防灾减灾能力。

【气象服务】 气象服务工作。一是在省、市气象局的业务指导下，根据本地区气候特点，及时发布各类天气预报，预报准确率在85%以上。每年通过手机短信发送天气预报上千万次。二是两年来，积极做好气象服务工作，为县党政领导决策、防御自然灾害、重点工程建设、招商引资和县内重要活动提供了科学的依据。如2012年“9·10”特大暴雨、2013年严重冬春连旱、2013年“6·30”特大暴雨等重大天气过程，均提前跟踪预报，及时实地调查，并通过各种途径开展服务，减轻了灾害损失，起到了防灾减灾的参谋作用。针对各个季节，开展了天气气候对农业生产的影响分析。制作了《2012年度气候评价》、《2013年度气候评价》、《旱情监测报告》等专题气象服务材料50余篇，及时报送县党政领导及相关部门，为领导决策提供了科学依据。三是组织力量对大英县气象灾害应急预案进行了修订完善，并由县政府办公室出台了《大英县气象灾害应急预案（2013年修订）》（大府办函〔2013〕204号），提高了气象灾害防范、处置能力。四是加强气象防灾减灾应急工作。购买了一套6要素应急移动气象站，圆满完成了2013年全县危化企业抢险救援应急演练任务，受到县政府通报表彰。五是及时整编各种气象要素，为全县重点工程建设、招商引资企业项目论证无偿提供气候资料。

为农服务“两个体系”建设。一是大力推进“气象灾害应急准备认证”的社会管理职能建设。积极协调、指导全县各镇乡完成了认证申请材料的上报工作，回马镇、智水乡成为全市首批“气象灾害应急准备工作达标单位”。二是加强农村气象信息员队伍建设，全县11个乡镇均设立了气象协理员，所有村都设立了农村气象信息员，并将所有气象信息员纳入决策气象服务平台，无偿为他们提供天气预报、天气实况等信息。

人工增雨。大英县十年九旱，针对旱情，严密监测天气变化情况，抓住有利时机开展人工增雨作业。2013 年大英县遭遇了严重冬春连旱，农田干裂、禾苗干枯，部分地区人畜饮用水出现困难，大英县积极争取争取省人影指挥中心在大英上空实施飞机增雨作业，同时市、县气象部门组织联动，在大英县境内开展人工增雨作业，有效缓解了旱情。

气象防灾减灾。一是县人民政府将气象防灾减灾工作纳入政府考核，2013 年县政府印发了《关于进一步加强气象防灾减灾工作的通知》，明确了 2013 年气象防灾减灾重点工作及考核细则，成立了以分管农业副县长为组长、各相关单位为成员单位的大英县应对气象灾害领导小组。各镇乡根据实际情况，均出台了应对气象灾害领导小组。二是高度重视，努力增强气象服务的敏锐性、主动性和紧迫性。近年来大英县频繁遭遇极端天气袭击，阶段性暴雨、高温天气突出，洪涝明显，灾情严重。在 121 短信、党政网等气象信息发送渠道基础上，陆续开通了决策气象服务手机短信平台、新浪、腾讯微博。及时向县委、县政府领导、县人大、政协分管领导、各乡镇领导、防汛指挥部成员单位负责人、中型水库负责人、地质灾害隐患点责任人、全县规模企业负责人及县城各社区书记、主任等发布各类天气预报、预警、雨情通报等信息。2013 年“6·30”特大暴雨期间，在一天之内发布气象信息近 10000 条次。

【气象科技服务】 切实履行以防御雷电灾害为重点的社会管理职能，加强新建工程的防雷风险评估、设计审核、施工监督和竣工验收，确保避雷装置与主体工程“三同时”落实到位。进一步规范行政许可运行机制，2013 年 7 月气象服务工作正式入驻政务中心窗口，为群众办事提供便利。狠抓安全生产不放松。以石化、易燃易爆、学校等为重点，与安监、住建、教育密切合作，将年度检测纳入安全生产目标考核，每年都对全县易遭雷击的高层建筑、电力设施、信息网络、监控系统、医院、学校、宾馆和易造成群死群伤的烟花爆竹及危险化学物品生产、储存场所、重要文物、企业等进行全面的防雷装置年度检测，重点行业避雷装置检测率达到 100%。同时帮助支持有关企业、单位完善防雷措施，并协助组织实施，消除安全隐患。2 年来，开展防雷装置设计审核、竣工验收共计 129 件，年度检测 240 余次。每年汛前都对人工影响天气作业车辆、火箭发射装备进行了全面检测、检修、维护，确保了人工影响天气未出现一例安全事故。加强氢气球施放活动的安全监督管理。严格执行氢气球施放单位和从业人员的资质和资格审核制度，杜绝了违规施放活动，避免了氢气球安全事故发生，为全县重要会议、重大庆典、重点工程建设等营造了安全和谐、喜庆祥和的氛围。

（林　红）

镇乡概况

蓬莱镇

【概况】 蓬莱镇是大英县的县城所在地，是大英县的政治、文化、经济中心。全镇辖区面积134平方公里，辖红旗、古柏、寸塘口、红林、太吉、火井等6个农村办事处，49个行政村，406个农业合作社，71119人。截至2013年底，全镇地区生产总值从2011年末的15.27亿元增至16.11亿元，增长5.5%；社会固定资产完成投资从2011年末的3.27亿元增至5.28亿元，增长61.5%；农民人均纯收入从2011年末的6454元增至8948元，增长38.64%。两年以来，蓬莱镇党委政府在大英县委县政府正确领导下，各级部门的大力支持下，基层党建稳步推进，环境治理初见成效，招商引资全面完成，场镇建设日趋完善，新农村示范片打造成效明显，社会事务更是不断收获各级好评。共获省、市、县表彰奖励29项，年终考核位居全县前茅。

2012—2013年蓬莱镇经济社会发展主要指标

项目	单位	各年度实绩	
		2012年	2013年
地区生产总值	亿元	15.71	16.11
粮食总产量	万吨	4.4	3.8
肉类总产量	万吨	0.986	0.981
全社会消费品零售总额	亿元	5.8	6.2
全社会固定资产完成投资	亿元	4.55	5.28
地方财政一般预算收入	亿元	0.075	0.085
地方财政一般预算支出	亿元	0.075	0.085
年末金融机构存款余额	亿元	3.72	3.86
年末金融机构贷款余额	亿元	1.75	1.83
城镇居民人均可支配收入	元		

续表

项目	单位	各年度实绩	
		2012 年	2013 年
农民人均纯收入	元	7905	8948
中学在校学生数	人	788	769
小学在校学生数	人	5268	5186
学龄儿童入学率	%	98.9	99.2
广播综合覆盖率	%	100	100
电视综合覆盖率	%	99.7	99.7
新型农村合作医疗制度参合率	%	100	100
卫生机构	个	1	1
病床位	张	150	150

【农业产业化】 依托地域优势，到2013年底，蓬莱镇已初步形成九大养殖基地（生猪养殖场4个、养鸽场3个、特色水产养殖场1个、生态鹅养殖场1个）和八大种植基地（油桃基地、甜橙基地、蔬菜基地、苗木花卉基地、林下经济基地、薄壳核桃基地、木耳基地、粮油基地）。业主蒋先军在梓潼村、碑垭村、黑滩子村投资3700余万元，新建2460亩特色种植基地园区。主打甜橙、蔬菜、油桃种植，预计2014年实现超万亩的建设计划。以甜橙基地为依托，积极利用林下空地，围绕梓潼村、壕子口村、吊脚楼村建成4000亩的冬瓜、西瓜林下种植。两年以来，蓬莱镇加大对桅杆坝村、吊脚楼村200亩薄壳核桃管护力度，进行了高换品种改良，进一步提高了产品质量，增加农民收入。

继聚之源农业、成大农业、森福农业之后，2012年，以杨逢军、陈跃全、陈方应等本土“王家元”式的村党支部书记为代表，蓬莱镇形成了生猪、甜橙、核桃、水产等“一村一品”专业村8个，发展年出栏商品猪50头以上的标准化规模养殖户50户，森福养殖有限公司于9月顺利通过农业部组织的国家级标准化示范场验收，成大养殖场10月通过了四川省《无公害畜产品产地认证》。2013年，蓬莱镇新发展温氏、齐全生猪养殖大户7户，年存栏达到3000头，出栏8000头。新发展年出栏生猪50头以上养殖专业户22户，牛羊养殖专业户10户。升级改造加速，投资50万元，将高桐村170亩养鱼基地进行了升级改造，并配套修建渠系2公里；加大了对泉水村150余亩鱼塘改造。

因城市升级改造的需要，在原有基础上的太吉村民族风情岛、胜景生态园已远远不能满足现实需要，两年以来，蓬莱镇新建5A级农家乐2家、4A级农家乐4家，七桥村澎湖新村、海天园林、金湾村观光农家乐示范片已形成初具规模，全镇林业生态旅游荣获全省林业生态旅游百佳乡镇称号。

【招商引资】 在建立健全了招商引资工作激励机制和协调服务机制后，2012年，种植业园区、畜牧产业园区、水产养殖园区等农业产业化进程加快，黑玉米、黑水稻等黑色农产品，油桃等产业得到了加强。全镇经济社会发展顺利完成了县委、县政府下达的任务和镇党委、政府的既定目标。2013年，签约项目13个，总投资2亿元，占年度目标任务的286%。一是引进莲藕种植大户在桅杆坝村投资1000万元进行莲藕种植。二是大英县盛品果业有限公司进一步加大甜橙基地扩园建设，在碑垭村、黑滩子村投资2000万元进行基地扩园。三是引进业主在金湾村投资2000万元进行观光农家乐示范片升级打造，引进业主在七桥村投资500万元旅游观光农家乐。四是两位业主分别在高桐村、梓潼村投资500万元建生猪养殖场。

【农村基础建设】 蓬莱镇严格按照“因村制宜，突出特色，改善环境，促进发展”的原则，按照“五位一体”、“七区配套”的要求，围绕“农村发展、农业增效、农民增收”的目标，2012年，在蓬乐路沿线新建桅杆坝村、吊脚楼村两个农村聚集小区，分别新建42户和36户的新村示范片，2013年8月底实现入住。与重点区域的3600余户农户签订了门前“三包”责任书，对太吉、桅杆坝、幸福等村420余户进行风貌塑造，刷白外墙41942平方米，院坝硬化25423平方米，户间路硬化5685平方米，环境绿化47处，新建垃圾屋38个。蓬莱镇“五十百千”工程顺利通过验收，梓潼村、吊脚楼村、七桥村成功被省评为省级优美示范村庄，全镇“省级优美示范村庄”达到了5个。2013年蓬莱镇启动了泉水村2、5、6、7社78户3个新村聚居点建设，七桥村1社20户新村聚居点建设，为加快打造新农村，提升人居品味奠定了坚实基础。通过“一事一议”的途径，村民投工投劳等方式新建通村公路10公里；新建山坪塘、集雨节灌池86处；整治维修山坪塘、蓄水池228口；维修灌溉渠系35公里，使农业基础设施建设得到了进一步夯实。

【城乡环境治理】 在高起点、高规格、高要求的原则下，蓬莱镇大力实施新村建设“258”规划，对山、水、田、林、路综合治理。投入了30余万元对城乡结合部46户乱搭乱建、危房、土坯房进行了拆除，对25户农房进行了风貌整治。对蓬乐路、蓬天路、桂竹路现有的58座垃圾屋进行了升级改造，提升了回收垃圾和不回收垃圾的处理能力，并解决了垃圾屋成为新的垃圾源的难题。在蓬乐路、射大路重点位置新建了5座标准化垃圾屋，使蓬莱镇垃圾屋分布更合理。每月都开展3—4次集中治理活动，共出动人员2000余人次，清理垃圾近200吨，清除“牛皮癣”500余处，清理河内浮漂、白色垃圾40余吨。

【民生工程】 2012年，低保户1591户2211人，增加了94户177人，仅1—6月就发放低保金100余万元；资助农村五保、低保、精神病人、优抚对象参加新农合率达100%，发放医疗救助金20万元、发放临时生活救助10万元。对县城规划区内五凤村5社共59户173人符合条件的失地农民全部纳入互助保障。2013年，全镇共有低保户1619户2231人，仅1—6月就发放低保金111.621万余元；共有五保户308户，其中集中供养156户，分散供养152户，县福利中心14户。资助农村五保、低保、精神病人、优抚对象参加新农合率达100%，发放医疗救助金34.3万元、发放临时生活救助10万元。将县城规划区内五天星村8、9社93户316人符合条件的失地农民全部纳入互助保障。

【信访维稳】 为畅通群众诉求渠道，有效化解社会矛盾，维护社会稳定，完善了处理机制。2012年，实现了信访“三零”目标。尤其是凉湾、火井、水井等村拆迁安置工作中，针对矛盾焦点，认真研究并主动处理，实现了平安拆迁。完善了《防汛预案》、《地质灾害防治预案》等，并以此为运转机制完成对重点企业及重点区域的监管。2013年，实现了信访“三零”目标。尤其是青龙坡村、太吉村、余粮村等村拆迁安置工作中，认真研究，及时处理拆迁中出现的各类矛盾，实现了平安拆迁、和谐拆迁。

【党建工作】 在不断加强党建工作的基础上，结合蓬莱镇农村工作实际，以党建综合示范带建设为重点，突出“王家元”式村干部的引导培养，抓好带头人建设；广泛开展以干群增收入，推动“能人治村”、集体增资产，推动“项目强村”、班子增活力，推动党群连心的“三增三推”活动；突出大学生村官队伍和村干部后备力量建设，拓宽农村基层干部来源渠道；突出流动党员服务管理和青年农民党员发展工作；突出“挂、包、帮”和政策扶持力度，解决村级组织“没钱办事”难题；突出开展建制村“三分类、三升级”活动；全面实行“四议两公开一监督”工作方法，进一步提高村级民主自治科学化水平。全镇呈现出村级发展有思路、致富有方法、村民得实惠、组织能认可、整体有提升的全新景象。2013年上半年，全镇查处干部1人，督查通报4人。实行奖励奖惩、出勤考核等制度，促进大学生村干部在基层健康成长。全面开展“双培双带”活动，2013年“七一”新发展党员45名，培养入党积极分子245名。

【征地拆迁】 蓬莱镇党委、政府沿着“服务县城、服务群众”的工作主线，公平、公正、公开执行拆迁安置政策，依法合理地解决了拆迁安置难题。在每一处拆迁以前都制定了实用性、操作性强的实施方案，做到有法可依、有章可循、有据可查。2012年以来，对火井村、水井村、天星村等1393户，4690余人进行了安置拆迁，拆迁房屋面积98000余平方米，并平稳地完成天星村3240余人的分房安置工作，得到大英县委、县政府的高度肯定。2012年蓬莱镇还对文化产业园区、郪江新城、大英县第二水厂选址地点进行和谐拆迁，共签订拆迁安置协议1703户，涉及安置人口3600人，拆迁房屋面积159954平方米，为大英县城市拓展建设提供了必要的基础条件。

2013年，在大英县委、县政府的统一安排部署下，蓬莱镇积极为园区拓展、重点项目建设提供服务，先后分别对青龙坡村1、2、3社，太吉村2、3、6社，火井村5社，梨子坝村1、2社，余粮村2、3社等进行了征地拆迁安置。镇党委、政府狠抓拆迁不放松，抽派多名镇村干部，争抓工作日，放弃节假日，确保了拆迁工作有序推进，确保了光华学院、中华梦幻谷、粮食物流园等一大批重点项目的顺利施工进场。

【特大洪灾】 2012年9月10日，大英县境内普降暴雨，从凌晨4时许到下午16时许，总雨量323.8毫米，郪江最大洪峰流量达到2400立方米/秒，比有历史记载的1981年高出220立方米/秒。暴雨致全镇17986人受灾，1人失踪，1人死亡，紧急转移15人，农作物绝收3728亩，受灾5325亩，提灌站受损112座，农业直接经济损失3498.68万元，农房受损1485户，倒塌583户，严重受损268户，基础设施大量毁损。

鉴于此种情况，蓬莱镇党委政府高度重视，于10日下午2时正式启动《蓬莱镇应急抢险预案》，通过电话方式组织镇村、办事处干部三级联动，一方面与县应急办取得联系，一方面所有领导立即分片区查看灾情，另外镇武装部组织民兵预备役到太吉风情岛、寸塘口水库、红林片区抢险救灾，最大限度地挽回群众损失。灾情稳定后，镇社事办第一时间收集灾情，镇村建所组织专业队伍现场探勘，蓬莱镇积极向民政、住建等部门争取资金330.4万元，清除村级公路塌方123处1030立方米，疏通水系1240米，垒筑路基堡坎600米。修复整治村级公路360处12437米。对受灾严重的9个提灌站、24处堰塘、1500米堡坎、10公里村道路进行了修复，农房集中重建24户，集中重建点1个，分散重建396户。2013年5月前全面完成了灾后重建。

2013年6月29日晚，遂宁市再次遭受特大暴雨，此次暴雨范围广、强度大、降水时空密集，最大雨量达到588.7毫米，雨量创历史极值。灾情发生后，镇党委、政府高度重视，采取扎实有效的措施奋力抗洪救灾，成立“6·30”灾后重建领导小组。截至7月3日全镇受灾人口20000人，转移安置人口150人，全镇房屋倒塌60余间，村级活动室部分受损5处，设备受损45处，远程教育站点45处部分受损，粮食作物受灾面积5883亩，经济作物受灾3630亩，冲毁堰塘14处，提灌站设施受损7处，此次灾害造成直接经济损失3000余万元。灾情发生后，蓬莱镇组织国土、村建、派出所、农业服务中心对全镇16处地质灾害隐患点、6处砖厂、1处民爆仓库、1处炸药库和辖区内的渡口、渡船以及寸塘口水库进行了一次安全隐患大检查，对检查出的问题及时制定整改措施，2013年12月底基本完成了灾后重建。

（刘　江　胡　贻）

隆盛镇

【概况】　隆盛镇紧邻大英县城，地处郪江之畔，成南高速、达成铁路、明隆旅游公路横贯全境，是遂宁市现代畜牧产业大基地示范镇，全县工业园区拓展区和现代农业示范区。全镇辖区面积106.5平方公里，其中耕地3065公顷。下辖5个总支，50个行政村，2个社区居委会，516个农业合作社，场镇面积1.3平方公里。2013年末，共有20204户，人口87300人（非农业人口7525人），人口出生率8‰，自然增长率2.3‰。两年来，隆盛镇党委、政府在县委、县政府的正确领导下，全面贯彻落实党的十八大精神，坚持“工业拓展新区、现代农业新镇、生态示范集镇”战略定位，以招商引资、项目建设、现代农业、征地拆迁、场镇开发、党建创优为工作思路，深化两化互动，统筹城乡发展，创新社会管理，保障改善民生，在“绿色、现代、和谐、文明、美丽”新隆盛的实践探索中取得显著成效，引入了江苏道桥机械、天丹药业、滋宁药业、十陵鸡场等10多家规模企业，2013年人均纯收入8856元。

2012—2013年隆盛镇经济社会发展主要指标

项目	单位	各年度实绩	
		2012年	2013年
地区生产总值	亿元	8.3239	9.7709
粮食总产量	万吨	4.4087	3.9948
肉类总产量	万吨	1.0329	1.3552
全社会消费品零售总额	亿元		
全社会固定资产完成投资	亿元	1.152	2.279
地方财政一般预算收入	亿元	0.1855	0.1855
地方财政一般预算支出	亿元	0.2499	0.2499

续表

项目	单位	各年度实绩	
		2012 年	2013 年
年末金融机构存款余额	亿元	4. 3293	5. 077
年末金融机构贷款余额	亿元		
城镇居民人均可支配收入	元		
农民人均纯收入	元	8328	8856
中学在校学生数	人	1469	1573
小学在校学生数	人	2289	2351
学龄儿童入学率	%	100	100
广播综合覆盖率	%	99. 5	99. 7
电视综合覆盖率	%	99. 6	99. 7
新型农村合作医疗制度参合率	%	100	100
卫生机构	个	2	2
病床位	张	108	102

【农业经济】 坚持用抓工业的理念抓农业，用发展旅游的理念发展农村，土地向业主和大户集中，实现农民向农业产业化工人的就地转变，整体打造 1. 3 万亩以道地药材、特色水果、有机农业、现代观光农业和珍稀林木为主的五大特色农产品基地，探索“园区+企业+基地+家庭农场+农户”的运行管理模式，实现规模效益，带动农民致富。同时，引进隆跃公司、广茂祥公司等 9 名业主在农业园区核心区青坪村、赵坝村和土门垭村等 13 个村租赁土地 10599. 04 亩，规划建设道地药材种植基地、QQ 农场等项目，园区产业已初具规模，实现了郪江左岸花果飘香，右岸绿树成荫，群众增收致富。

【新农村建设】 坚持“规划先行、加快实施、统筹推进”的原则，注重传承历史文化，突出地域特色，2012 年，投资 386 万元对成南高速沿线的长滩寺村、达成铁路沿线的永明村的 160 户农房实施了风貌塑造。加快新村综合体建设，2013 年，完成赵坝村 21 户农房风貌塑造，在快捷通道沿线和农业园区核心区启动打造 11 个新村聚居点，配套农民安置与产业发展，群众生活水平得到极大提升。

【招商引资和项目建设】 引进规模以上现代农业项目 4 个，引进遂宁市中天公司开发犀牛新村、永逸集团投资建设药香小镇；顺利签约投资 8000 万元的江苏道桥机械项目；投资 3000 万元的长滩寺乡村旅游一期工程顺利竣工；投资 1200 万元的供水及基础设计建设项目进展顺利，建成后将彻底改善场镇居民几十年饮水质量差的问题。成功举办隆盛籍成功人士座谈会，通过招商引资和人才回引撬动和开发镇内基础性资源，全面激发了镇域经济发展活力。

2012 年，以“5+2”、“白+黑”的工作方式，开展石长村、席家沟村征地拆迁工作。签订拆迁协议 421 户，为工业园区扩区拓园提供 2000 余亩土地。先后组织 680 余人次干部参与梁家坝以及滨河路等重点建设项目的场平工作，2500 余亩土地场平现已顺利进场施工；先后组织 260 余人次干部参与沪蓉高速遂宁开放式服务区租地场平工作，为中腾能源、沪蓉高速遂宁服务拓展区主体项目GOGOMALL等重点工程顺利开工作出了积极贡献。

2013年，工业园区拓区扩园、快捷通道、农业园区建设三大重点项目涉及隆盛境内。通过领导全体上阵，干部全员参与和“5+2”、“白+黑”的工作模式，深入宣传发动，努力破解被拆迁户生产生活出路问题，实现了征迁速度快和群众满意度高的双赢。2013年全镇征地拆迁涉及8个村，68个社，1716户，房屋面积217862.2平方米，征地3392.5亩，流转土地1.3万亩，迁坟3560座。其中：工业园区扩区拓园涉及2个村，6个社，已拆除650户，房屋57143平方米，征地2000余亩，迁坟523座；沪蓉高速遂宁服务区拓展区建设涉及1个村，1个社，已拆除50户，房屋4831平方米；快捷通道建设涉及7个村，35个社，已拆除550户，房屋54004.2平方米，征地1132.5亩，迁坟735座；现代农业园区建设涉及4个村，25个社，已拆除413户，房屋94860平方米，流转土地1.3万亩，迁坟1614座；犀牛石新村建设涉及1个村，1个社，已拆除50户，房屋7024平方米，征地260亩，迁坟38座。通过阳光拆迁、和谐拆迁，确保了各项重点工程建设顺利进行。在犀牛新村建设中，由于安置方案细，政策宣传透，拆迁机具进场时，群众自发组织燃放鞭炮，震耳欲聋的鞭炮声创造了隆盛拆迁史的奇迹。

【小城镇建设】 坚持“规划先行、融城发展”，紧扣城郊型乡镇、工业拓展区特点和现代农业园区建设，先后委托重庆大学城市规划设计院、四川城市规划设计研究院等专业机构，高起点、高标准对隆盛场镇、犀牛新村、邻里中心进行系统规划。坚持场镇开发与新村建设有机结合，建设犀牛石新村，项目占地260亩，功能涵盖文教、医疗、便民服务、安置房、商业开发。总体设计绿色低碳，修建35米的星光大道，建设区内道路全部先硬化再黑化，路灯一律采用太阳能路灯，强弱电下地，配套建设雨污分流管网，环卫设施、公共服务设施齐全，全城电子监控全覆盖，街道风貌美观统一，建设雨水收集网络，充分运用牌坊、雕塑等展示本土文化。2013年底，新村已完成土地场平，医院、学校等机构及道路基础设施即将开工建设；加大场镇管理力度，成立了交警执勤室、城管中队，聘请4名协警，营造良好道路交通和社会治安秩序。

【社会事业】 低保审定严格规范，各项惠农资金按时发放，新农合参合率达100%，农村危房改造1098户，劳务输出34793人，劳务输出总收入3.53亿元，新增就业503人，再就业124人，困难人员就业21人。为38名妇女办理妇女创业小额贷款，共计304万元。失地群众购社保参保人数达3580余人。充分发动社会爱心人士，募捐善款12万元、物资2万元，先后为5名患大病重病群众送去14000元慰问金。农村文化日益繁荣。农家书屋、村通广播实现50个村全覆盖。教育事业长足进步。坚持“文化强镇”的发展理念，加大对教育投入，适龄儿童入学率、中小学在校学生巩固率均达100%。

（刘　胜）

回马镇

【概况】 回马镇位于大英县东北部，涪江、郪江交汇于此，东与蓬溪县红江镇相望，南靠船山区桂花镇，北邻射洪县沱牌镇。2013年，全镇面积54.1平方公里，其中耕地11419.33公顷。辖18个村，4个社区，216个农业合作社。年末总人口43681人，人口出生率8.78‰，自然增长率2.49‰。两年来，回马镇工业园正式成立，成功引进重庆柯恩公司投资80亿元建设光碳产业园；深入推进“六五普法”；在市美术馆成功举办“长江之水天上来”回马镇书画展；完成《回马镇总体规划修编》和《控制性详细规划》，新建金竹街道路1200米；引进驭祥考训项目，一期投资4600万元，占地241亩；在长江坝片区发展蔬菜产业11000亩，新增国家级专业合作社1个；成功抗击了“9·10”、“6·30”二次特大暴雨。

2012—2013年回马镇经济社会发展主要指标

项目	单位	各年度实绩	
		2012年	2013年
地区生产总值	亿元	16.3597	19.6169
粮食总产量	万吨	3.24	3.05
肉类总产量	万吨	0.33	0.39
全社会消费品零售总额	亿元	2.8609	3.3
全社会固定资产完成投资	亿元	3.58	2.57
地方财政一般预算收入	亿元	0.105	0.15
地方财政一般预算支出	亿元	0.105	0.15
年末金融机构存款余额	亿元		
年末金融机构贷款余额	亿元		
城镇居民人均可支配收入	元		
农民人均纯收入	元	8358	9618
中学在校学生数	人	598	487
小学在校学生数	人	1460	1080
学龄儿童入学率	%	99.86	99.98
广播综合覆盖率	%	95	95
电视综合覆盖率	%	72	73
新型农村合作医疗制度参合率	%	95	95
卫生机构	个	1	1
病床位	张	45	50

【农业经济】 2012年，全镇蔬菜种植大户29户，蔬菜种植面积和土地流转面积双破万亩；成功申报辣椒、萝卜、苦瓜等3个无公害农产品；建成以温氏集团、光明兔业为代表的规模化养殖基地20余个，年出栏生猪6万头、肉兔、肉鸡、白鹅等其他畜禽约79万只；新增3个农民专业合作社，发展和引进农产品加工企业2个，实现了农副产品加工产业链的延伸，走上了农业产业化发展道路。

2013年，依托长江坝发展大棚蔬菜11000亩，引进特色养殖业3个，栽种特色经果林1500亩；完成退耕还林阶段验收200亩；支持温氏集团、金泉兔业等规模化养殖发展，新发展规模养殖户28户，年出栏生猪6.21万头、肉牛0.08万头、肉羊1.21万只、肉兔27.3万只、家禽60.46万羽；发展农民专业合作社2个，辐射带动周边农户350余户，助农人平增收520元。

【工业经济】 2012年，回马工业园正式成立，标志着回马的发展进入全县一盘棋；工业园区一期用地全面解决，场平、基础设施顺利推动，园区实现了当年规划、当年招商、当年落地、当年动工的良好开局；进一步加大工业企业服务力度，促进工业企业和谐发展，协调解决用地、劳资纠纷82起，成功创建省级劳动关系和谐乡镇；全镇工业企业达42户，形成了以石油化工、新型建材、饲料兽药、造纸为代表的特色产业，累计实现产值17.29亿元，增长23.5%；实现工业增加值4.57亿元，增长21.7%；工业企业吸纳农村剩余劳动力1200人，实现农民增收433元/人；实施工业项目技改、续建7个，完成投资2.68亿元，增长33.7%。

2013年，全力做好回马工业园建设土地征收、房屋拆迁、安置补偿等服务工作，完成土地流转、征用2200余亩，房屋拆迁62户、迁坟300余棺，协调处理阻工行为50余起，为园区建设“用地、环境、秩序”三大保障提供坚实支撑；工业企业服务能力和水平进一步提升，成功创建省级劳动关系和谐乡镇；淘汰关停了高污染、高耗能、低效益的企业4家，实现了工业经济绿色健康可持续发展；充分发挥工会联合会的作用，在全镇34家企业推行工资集体协商制度，切实维护了工人群体的利益。

【镇村规划】 2012年，先后制定优化了《回马镇小城镇开发建设发展规划》、《回马建材园发展规划》、《回马镇新农村建设发展规划》、《回马镇农业产业化发展规划》、《回马镇农村危房改造建设规划》、《回马镇城乡一体化发展规划》、《回马镇生态城镇建设发展规划》等，为全镇各项建设提供了科学合理的指导蓝图。

2013年，完成《回马镇总体规划修编》和《控制性详细规划》，对镇区规模和性质、功能分区、交通体系、地下管网、绿地系统、空间发展方向等作出了调整；完成《回马金竹新城》、《综合农贸市场》、《新农村聚居点》等规划。

【基础设施及新农村建设】 2012年，实施农业配套项目15个，完成了对枯井村、永和村等8个村山坪塘的维修加固；硬化了枯井村、郪江村、梨园村、光明村等通村道路18.9公里；新打机井320眼、维修机井600眼；8个村实施了“一事一议”项目，投资总额370万元；完成了12个村卫生室改造工程；110户农村危旧房改造和6个村的安全饮水工程顺利竣工；向上争取50万元，改造加固了14处危桥。城镇建设方面。全年完成旧房改造2.2万平方米，开工居民楼建设3万平方米，竣工2处1.2万平方米；新建街道2条1500米，竣工600米；镇政府办公楼主体工程即将封顶，金马豪庭顺利启动；全年补栽行道树木480株、新增绿化1200平方米，新增环卫设施78套。环境治理方面。全年拆除郪口、回马不规范遮阳棚25处、整治下水道260余米、完成街面屋顶改造5处、拆除公路违章建筑3处、制止占道经营1125起、查处撒漏车辆113辆；进一步巩固了户集、村收、镇运的垃圾处理模式，集中清运各类垃圾1000余吨；不断强化了对工农业污染和生活污水的治理，开展了截污纳管、河道治理、畜禽圈养等工作，关闭关停违法生产企业3户，停产整改企业2户；完成了涪江村、光明村、枯井村、金竹村、芦林沟村等6个村农村环境综合治理项目规划设计；成功创建生态家园3500余户，市级生态村11个。

2013年，城镇改造。小城镇建设总投资超过8000万元。完成金竹街道路建设、配套工程；完成弱电下地7.7公里；完成4000平方米的便民服务中心建设；完成商住开发4万平方米；恒信市场改建、扩建项目主体工程全面完成，新增建筑面积1.1万平方米；投资60万元进行镇文化站改造、扩建，增加电影院等公共服务设施；储备临园大道升级改造、场镇风貌塑造、金竹新城、现代农贸市场、贾岛街建设、污水处理厂等项目。新村建设。结合实际，在中南部以国道247线为轴打造占地5.4平方公里的新农村建设示范区，在光明村规划布局新农村示范聚集点，新建58户，改建13户，建筑面积10941.2平方米；光明村驭祥考场全面建设，一期工程占地241.5亩，总建筑面积106193平方米，总投资4600万元，建成后可达每日1200人的考试训练规模。农村基础设施建设。新建垃圾压缩站投入使用，确保场镇和农村垃圾及时清运；硬化通村联网公路28.3公里，整治渠系2700米，整治山坪塘7处，塘堰渠系淘淤7000立方米；更换损毁环卫设施100余套，建设农村污水处理设施3个；新建群众文化广场1个；新增耕种收机械7台；改造机电提灌站33/603（台/千瓦）。

【招商引资和项目建设】 2012年，全年组织开展招商引资活动40余次，提供有效招商引资信息12条；成功引进重庆柯恩公司投资80亿元建设光碳产业园；重庆客商投资2.6亿元兴建新材料微车部件生产线；春雷黑玉米合作社投资1200万元建设黑玉米种植基地1400亩，建黑玉米加工厂房1800平方米；引进客商投资300万元兴建泥鳅养殖基地项目。

2013年，完成招商信息8条，引进标准化汽车考训场、新型建材生产、新能源汽车、综合农贸市场建设、城镇改造、金竹街北片区商贸开发项目，协议引资5.08亿元，到位资金1.54亿元；引进规模化特色化种养殖项目3个。

【社会事业】 公益事业推进顺利。加快推进了全镇4所学校11处危房改造工作；改造升级了村级卫生室12个，镇村公共卫生服务体系得到不断完善；全面落实了计生家庭各项奖励扶助政策，提高了计生服务水平，圆满完成了各项人口与计划生育指标，全镇“计生三结合”工作代表全县接受了省市计生部门的检查验收，受到了省市高度好评；顺利完成了原三元化工职工宿舍长达10年之久的电网改造工程，农村“三电”保护工作得到了进一步强化。社会保障更加完备。全镇新农合、新农保参保率均稳定在95%以上；低保、五保资金发放到位；对困难群众进行困难救助，累计发放各类救助金448万元、救灾款62万元；全面推行重度残疾人集中和“五保老人”集中供养工作，为全镇1362名残疾人提供了“量体裁衣”式服务；开展妇女两癌筛查3000余人次；举办各类招聘会4次，推荐就业岗位1500余个；全镇企业职工合同签订率达99.9%，企业工资集体协商合同签订率达95%，成功创建省级劳动和谐关系乡镇。平安创建巩固提升。深化了食品药品安全监管体系，实现了全镇食品药品安全事故零发生；建立完善了全镇工矿企业安全隐患台账，督促整改安全隐患68处；开展无毒乡镇创建工作，成功通过省级无毒乡镇的验收；规范设立了重管办，对全镇重点车辆及驾驶人员建档建册进行统一管理，开展安全培训8次，累计培训400余人次，最大程度地减少了交通安全事故的发生。

【特大洪灾】 2012年“9·10”洪灾，回马镇24小时降雨量达256.3毫米，强降雨导致双江社区、临园大道四分之一的门面进水；临园大道高速路口处被洪水冲损，导致省道205线道路交通暂时中断；金竹村状元桥被大水淹没、护栏被冲垮；全镇农作物受灾面积1203公顷；房屋损坏882间，严重损坏房屋121间，水利设施损毁5处，山体滑坡40余处，公路冲毁50余米，部分村村道中断10余处，受灾人口39200人，直接经济损失3526万元。灾中坚持“领导带头，力量下沉”、“生命第一，民生优先”、“沉着应对，有效抗洪”、“发动群众，抗灾自救”的工作原则，灾后检查“防灾、疏导、救助”六字工作方针深入开展灾后救助工作，以最快的速度恢复了正常生产生活秩序，将损失降到了最低。

2013年“6·30”洪灾，回马镇24小时降雨量230毫米，7月1日连续强降雨，两天过程降雨量达320毫米。镇域基础公益设施、住房、工矿企业和农业遭受严重损失，受淹村（社区）22个，受灾人口28500人，紧急转移安置人口102人，直接经济损失802万元。其中：公路受损约计5公里，严重损坏房屋13户27间，粮食作物受灾面积7050亩，畜禽圈舍损坏178平方米，死亡畜禽4头，饲草料损失215.3吨。回马镇牢牢把握“迅速反映、靠前指挥”、“安全为重，为民服务”、“协力配合，有效抗洪”、“发动群众，共渡难关”的抗洪抢险精神，发出预警信息达20余条，防范灾害小常识10余条，排查地质灾害点200余处，转移群众100多人，处置应急突发事件60件次，第一时间打通应急车道，出动632人次及时处置应急突发事件100余件次，两江沿岸、低洼地区内涝积水抽排200余亩。将灾害损失降到最低，确保尽快恢复了正常的生产生活秩序。

（李婷婷）

玉峰镇

【概况】 大英县玉峰镇地处遂宁与德阳交界处，距大英县城13公里。全镇辖区面积64.9平方公里，耕地面积32807亩，辖33个行政村、3个社区居委会，267个村民小组，总人口47738人。成南高速公路、达成铁路、成渝高速铁路贯穿全境。

两年来，玉峰镇坚持“农业稳镇、商贸活镇、文化兴镇、基础强镇、产业富镇”的工作思路，以民生为根本、以项目建设为依托、以重点工程为突破、以组织建设为保障，把强农、富镇作为发展主线，立足镇情，开拓创新，攻坚克难，全镇经济社会实现了又好又快发展。

2012—2013年玉峰镇经济社会发展主要指标

项目	单位	各年度实绩	
		2012年	2013年
辖区面积	平方公里	66.7	66.7
耕地面积	亩	32807	32807
村委会	个	33	33
村民小组	个	267	267
年末总人口	人	47004	47738
人口出生率	‰	7.7	9.2
人口自然增长率	‰	2.2	2.5
地区生产总值	万元	95000	108000
第一产业增加值	万元	49164	54080
第二产业增加值	万元	38946	44961
第三产业增加值	万元	6890	8959
农业总产值	万元	32004	35221
种植业	万元	5332	5865
林业	万元	647	713

续表

项目	单位	各年度实绩	
		2012 年	2013 年
畜牧业	万元	25123	27635
渔业	万元	902	1008
粮食总产量	吨	26162	24423
油菜籽产量	吨	2457	2476
棉花产量	吨	373	373
肉类总产量	吨	5672	4448
猪肉	吨	3950	3384
牛、羊肉	吨	536	282
禽肉	吨	1186	782
全社会固定资产完成投资	万元	12500	8950
地方财政一般预算收入	万元	681	692
地方财政一般预算支出	万元	758.9	796.8
农村居民人均纯收入	元	7694	8462
“新农合”参合率	%	98	98.5
文化中心	个	1	1
卫生机构	个	1	1
病床位	张	20	35
卫生技术人员	人	8	16

【农业经济】 2012 年，大力发展畜牧产业，与温氏集团、隆生集团、齐全集团强强联手，在玉峰镇的八德桥村、蒲家沟村、石滩垭村、梁家坝村、肖家沟村、玉峰村建立起生猪养殖基地，总面积达 100 亩，年出栏生猪 10000 头。在四口湾村、团结村、罗家沟村、玉峰村种植油桃面积达 1400 余亩，实现油桃总产 200 万公斤，全年总收入 500 余万元。在葡萄店村、双古磨村种植薄壳核桃 800 余亩。在梁家坝村、水阁村、石滩垭村、蒲家沟村种植油桐 4000 亩。2013 年，狠抓农业生产。在葡萄店村、玉峰村、八德桥等村发展蔬菜产业，面积达 1700 亩。依托“千亿斤粮食生产项目、百亿斤粮食生产项目”在梁家坝村、水阁村、石滩垭村、浅垭子村大力发展粮食规模化种植，大力开展农业专业合作社标准化建设，规范建设专业合作社 8 个，不断强化对农业生产的产供销全程服务。狠抓新品种新技术推广，规范改制，推广水稻、小麦、油菜良种 70 吨，规范改制面积 6500 亩。扎实推进测土配方成果转化，印发配方施肥建议卡 1200 份，推广配方肥料 320 吨，科学施肥面积达 33168 亩。2013 年全镇粮食总产 2.55 万吨，油菜总产 2138 吨，棉花总产 369 吨。

【新农村建设】 2012 年，坚持“规划先行、加快实施、统筹推进”的原则，大力实施肖家沟村8社、9社新农村聚居点建设全面完工。全年实现农村危房改造120户，新建农村沼气池400口，卫生厕所1000口，铁路沿线风貌整治投资130万元改造农房63户。

【招商引资】 2012年，投资1000万元的以水稻制种和中药材种植为主的成都鑫全鑫商贸有限责任公司；玉峰籍成功人士还乡投资8000万元在玉峰镇得鱼沟村建设的以名贵苗木种植、珍稀野生动物养殖和独具西南民族特色的高档休闲度假山庄铭贵山庄；投资600万元的循环农业基地以名优种鱼繁养为主的农业龙头企业红光渔业养殖公司全面投产。2013年，全镇上下狠抓大项目的招商引资，通过进一步研究政策，搞好服务，践诺履约，以诚招商，以信留商，使投资者进得来、留得住、能发展。引进大英县铭贵木业有限公司在得鱼沟村投资6000万元建设占地8亩的红木家具厂、红木家具展览馆和雕刻艺术作品展示馆；引进大英共创农业开发有限公司在葡萄店村发展特色林下种养殖业；引进中江康柏蔬菜专业合作社在全镇种植榨菜2000亩。

【项目建设】 2013年，在科学编制场镇总规和控规的基础上，坚持规划引领，针对全镇经济社会发展中最需要解决的问题和最容易着手的区域，围绕小城镇建设、新农村建设和农业产业发展确定并实施了“十个重点项目”。一是以实施小城镇建设为契机，规划建设44.3公顷的新场镇，带动场镇新、老片区开发，优化场镇空间布局，提高综合承载能力。已启动投资1600万元、长1.2公里、宽22米的幸福大道建设；二是投资4000万元、总面积3.2万平方米的安置房建设项目；三是通过统一规划设计和集中使用项目资金，投资600万元实施场镇环境综合整治项目，包括雨污分流、污水处理厂、压缩式垃圾中转站建设，已于2013年10月投入使用；四是投资400万元实施肖家沟村级活动阵地建设、农房风貌改造、大型集中供水厂建设项目；五是在得鱼沟村实施新建39户、改建23户的新农村聚居点建设项目；六是投资500万元，落实全镇10个村、18公里村道路建设项目；七是通过招商引资，成功引进投资6000万元、占地8亩的得鱼沟村红木家具厂生产项目；八是投资700万元集大雁养殖、孔雀养殖、苗木种植于一体的葡萄店村大雁养殖基地项目；九是投资500万元新建优质苗木种植基地项目；十是投资400万元，规划建设占地2000平方米的活禽交易市场项目。十大重点项目的实施，有力改善了场镇环境，促进了玉峰经济社会快速发展。

【基础设施建设】 2012年，全镇共投资430万元，硬化通村（社）公路20.6公里；争取上级资金350万元，整治修复四五水库左右干渠13公里，干渠掏淤53公里；积极筹划红智提灌站改造项目；投资240万元实施场镇雨污分流工程，有效改善了场镇居民的生产生活环境；修复因“9·10”特大洪灾冲毁的堤坝、水渠42公里。2013年，广泛发动群众，结合“一事一议”政策，全镇共投资500万元，硬化村（社）道路18公里；积极向上争取资金，新建整治渠道4公里，治理水土流失面积5平方公里。投资260万元积极筹划并启动红智提灌站改造；投资580万元大力实施加强郪江流域环境连片整治；修复因“6·30”等洪灾冲毁的提灌设施2个，水渠2612米，堰塘2口，堰坎203米，田坎3769米，道路2137米，房屋78间，场镇管网150米。

【党建和社会事业】 2012年，整合资源通过自筹资金、争取项目资金投资24万元新规划建设肖家沟村村级活动室，投资7.4万元建设梁家坝村村级活动室，建成4个农家书屋。强化校园周边环境特别是网吧的治理和学校安全检查力度，建立健全警校共育机制，教育教学环境得到改善。在元旦节、元宵节、“三八”妇女节、“五四”青年节、“六一”儿童节、“七一”建党节、“十一”国庆节等节日里都开展了文艺演出，丰富了群众文化生活。2013年，在玉峰中学和小学新建了学生食堂，推进了中小学营养餐试点工程。积极向上争取资金在玉峰中学新建学生宿舍，在玉峰小学新建一所公立幼儿园。成立了玉峰镇开心艺术团，12月1日开心艺术团远赴成都名人酒店献艺，获得了社会各界的强烈反响。加强对农家书屋和村级文化活动室的管理和指导，发挥其文化室的作用。全面贯彻《文物保护法》，做好文化市场的协管工作。加强文艺骨干和文化人才的培训工作。

（唐壁坤）

河边镇

【概况】 大英县河边镇位于东经105°03′26″—105°10′20″，北纬30°25′47″—30°32′22″。地处大英县西南方，东与大英县卓筒井镇、蓬莱镇寸塘口相邻；南与遂宁市安居区莲花乡接壤；西与内江市乐至县盛池乡、中和乡相连；北与德阳市中江县永丰乡接壤，紧靠大英县智水乡、玉峰镇。距大英县城25公里，距遂宁城区78公里，距乐至县城35公里，距四川省会成都145公里。人民政府驻河边镇裕河街1号。2013年，全镇辖区面积96.2平方公里，总耕地面积3173.8公顷，其中水田1168.2公顷，土2005.7公顷。辖5个总支，46个行政村，2个社区，450个村（居）民小组。年末总人口7.3万人1.78万户，其中城镇人口0.98万人，农业户1.7万户，农业人口6.4万人，人口出生率7.6‰，自然增长率2.3‰。两年来，河边镇党委、政府紧紧围绕县委、县政府“新型工业县、优秀旅游城、生态示范区”的发展战略和镇“柠檬产业大镇、中心示范重镇”的目标定位，以建设社会主义新农村为主线，以“农业增效、农民增收、农村稳定”为目标，实现全镇经济社会快速、健康、全面、协调发展。2012年被遂宁市老龄工作委员会评选为“市级敬老模范乡镇”，镇老体协被四川省老体协评选为“四川省先进老体协 ”。2013年河边镇敬老院成功创建为“国家民政部三星级示范敬老院”。

2012—2013年河边镇经济社会发展主要指标

项目	单位	各年度实绩	
		2012年	2013年
地区生产总值	亿元	5.6216	5.9626
粮食总产量	万吨	3.6932	3.7854
肉类总产量	万吨	0.4134	0.4236
全社会消费品零售总额	亿元	4.8555	5.6090
全社会固定资产完成投资	亿元	0.8	1.6
地方财政一般预算收入	亿元	0.18	0.17
地方财政一般预算支出	亿元	0.18	0.17
年末金融机构存款余额	亿元	3.8582	5.3181
年末金融机构贷款余额	亿元	0.9813	1.5771
城镇居民人均可支配收入	元	17222	18900

续表

项目	单位	各年度实绩	
		2012 年	2013 年
农民人均纯收入	元	7432	8621
中学在校学生数	人		
小学在校学生数	人	3002	2057
学龄儿童入学率	%	100	100
广播综合覆盖率	%	100	100
电视综合覆盖率	%	100	100
新型农村合作医疗制度参合率	%	95.3	95.44
卫生机构	个	1	1
病床位	张	75	60

【农业经济】 2012 年，粮食作物种植面积 11.21 万亩，实现粮食总产 3.81 万吨；玉米种植面积 2.92 万亩，实现总产 1.19 万吨；水稻种植面积 3.85 万亩，实现总产 1.85 万吨。进一步巩固白柠檬、荣仙柚示范基地，加大品牌创建，申报绿色食品，重点打造高品质的品牌。全镇共种植白柠檬 358.56 亩，2.1 万株，年产量 4 吨；种植尤力克 2426.36 亩，9.8 万株，年产量 204 吨。新建优质白柠檬基地近 3000 亩，在蓬乐路、河马路两旁打造独具特色的“优质白柠檬”绿色走廊；种植荣仙柚及漳州柚 1848.32 亩，5.9 万株，年产量 146 万公斤。2012 年 9 月，在八里总支下埝村、星花总支星花村进行了全市范围内农村集体建设用地使用权流转试点，此次流转共涉及 1673.95 平方米土地，流转价款共计 112.9 万元。

2013 年，大力推广农业新技术，传统种植稳步增长，特色农业规模初显。一是全镇粮食播种面积 10.4 万亩，实现粮食总产 3.78 万吨，油菜高产创建 1 万亩。全面推广旱育秧栽秧技术、农作物病虫综合防治技术、全面测土配方施肥技术。二是强抓产业示范和品牌创建，在打造柠檬老基地的基础上全年又新发展柠檬基地 3000 亩，为成功打造“柠檬产业大镇”奠定了坚实基础。同时，积极申报白柠檬地理标志及柠檬绿色产品认证，进一步推进“河边柚”品牌全面上档升级，传统农业转型升级速度逐步加快。

【新农村建设】 2012 年，完善了全镇通村水泥路，基本实现了村级道路全覆盖的目标。全年建设村道联网路 26.5 公里，实施公路安全保障工程 0.4 公里；大兴农田水利等基础设施建设。新建（维修）机耕便民道 36 公里，实施病险水库除险加固 2 座，整治山坪塘 1 口，新建蓄水池 5 口，新增有效灌溉面积 0.32 万亩，整治水渠 38 处共 8.2 公里，安砌条石 510 方，土方 1.9 万方，维修提灌站 12 处。

2013 年，完成农村能源建设沼气建池 70 口；整治渠道 46 处、电灌站 16 处、涵洞 2 个、石河堰 1 处；掏淤渠道 146 公里；水库、石河堰、山坪塘正常蓄水达到 1423 万方。

【招商引资和项目建设】 2012 年，集中约谈公司 12 个，引进各类项目 5 个，其中，成功引进投资 1000 万元以上的项目 2 个，分别是四川省恒升丽景房地产开发有限公司投资7000万元在河边镇裕河街建设面积为3.6万平方米的花园式小区和大英县富鑫柠檬开发有限公司投资5000万元在于家寨、大马口、望五里等村续建5000亩白柠檬示范基地。大力发展生态种养结合项目，引进福建业主投资3亿—5亿元，利用全镇荒山发展风景树木种植、野鸡养殖等项目；引进慈孝竹种植项目，在上埝村、下埝村、青云村及花竹林村征地1600亩进行种植，改善河边生态环境。

2013年，对项目工作实行包保责任制，对已签约项目、待开工项目和在建项目，实行一个项目一个班子成员、一支专门队伍全程跟踪服务，力争签约项目早开工，开工项目早投产，投产项目早达效。全年共约谈公司15个，引进各类项目10个，有效信息2条，成功引进投资1000万元以上的项目5个。英伦风情小镇建设项目推进有力，项目位于河边场镇附近的望五里村1社，占地面积58873.9平方米、小区居住847户、总建筑面积105141平方米、住宅面积88992平方米、商铺面积16149平方米、停车位120个。铜鼓新村聚居点建设项目进展良好。认真贯彻县委、县政府实施新农村聚居点建设申报制政策，依托星花水库优势资源，结合全域旅游理念，高起点规划了铜鼓村新村聚居点。农业种植项目硕果累累。新发展白柠檬3000亩，目前已完成土地流转，栽植果苗2000亩。引进绵竹种植项目，利用荒山发展竹业，完成4000亩竹苗栽种及相关基础设施建设；其他重点项目协调发展。抓好农技推广大楼、黄金水岸、河边美景、河边印象三期、农村公路建设项目等重点工程，通过项目实施进一步带动镇域经济发展和产业链延伸。

【场镇建设和环境综合治理】 2012年，新建垃圾屋6个，配备垃圾清运手推车16辆；投入资金3万元添置标准果皮箱60个；投入资金3万元规范各类车辆停放点，整治农村客运车辆秩序，做到统一地点、统一管理；投入资金10万元完善公共场所配套设施；联系房地产开发商新建农贸市场1个，完善农贸市场功能1处；投入资金1.5万元清掏维修阴沟0.4公里，清掏维修支斗渠、毛渠1.5公里；投资60万元建设压缩式垃圾中转站1个，为全县乡镇建设的第一座压缩式垃圾中转站。

2013年，投入15万元，硬化人行道路面650平方米，新建和改造场镇排水口10处，疏通排水排污管道150米；投入4.4万元，新增路灯22盏；投入12.5万元，栽植高规格行道树800株，新植绿化树500平方米；投入20余万元新聘请环卫工人10名；投入5.6万元在蓬乐路沿线新增标准化垃圾屋10个；投入5.6万元添置场镇垃圾桶20个；投入60万元新建小型污水处理池10个。投入资金130余万元清运河道堵塞物100余吨，清除河流两岸悬挂物10余吨，清理河道8公里，疏通下水道15处，清理污水沟300米，清除牛皮癣、标语千余条，清除卫生死角1000余处，清除建筑垃圾等800余吨，疏通排水800多米，拆除乱搭乱建43处，整治乱停乱放270余次，镇村面貌得到了极大改善。

【社会事业民生保障】 2012年，综治维稳工作，开展了“大走访”活动，共计发放连心卡和调查表6000余份，收集群众意见建议89条。排查出各种矛盾纠纷248件，调处248件，调处成功率为100%。镇领导共接访来访群众143批733人次，领导干部带案下访13起，解决问题13起。民政工作。在全县率先开展了“阳光低保”专项整治行动，坚持公开、公平、公正，做到应保尽保，坚决清理出不够享受低保待遇的人。全年全镇低保户由1426户下降到现在的1020户，减少了39.80%，人数从以前3626人下降到1847人，减少了96.31%；全年共救助优抚对象18人次、发放医疗救助1.38万元，低保和其他困难对象88人次、发放医疗救助2.25万元。农业保险。全年实现对全镇6.7万亩土地的保险保护，建立健全政策性农业保险工作长效机制，全年落实玉米保险达3.04万亩，油菜保险1.81万亩，水稻保险1.85万亩。政策性补贴。全年落实粮食直补资金59.64万元，粮食综合直补447.36万元，油菜补贴49.57万元，其他良种补贴76.75万元，退耕还林资金96.56万元，落实家电下乡补贴和摩托车下乡补贴101.5997万元。就业促进工程。全年新增城镇就业227人，城镇失业人员再就业61人，城镇就业困难人员再就业10人，农民实用技术培训3万人次，新型农民培训540人，转移输出农村劳动力3.1652万人次，实现劳务收入3.2508亿元，同期增长129%，带动了全镇经济社会快速发展。

2013年，大力抓好民生工程，促进社会事业和谐发展。城镇新增就业人数150人；农村劳动力转移输出3.6万人；实现劳务收入2.5亿元；教育事业蓬勃发展，河边镇标准化幼儿园竣工投入使用；民生民计保障有力，完成了259户农村危房改造，借助“一事一议”财政奖补政策，通过筹资筹劳开展村级公益事业建设，共确定了13个村17个项目，总投入514.2万元，筹劳折资147.3万元，财政奖补147.3万元；计划生育工作扎实推进，落实计生“三结合”帮扶对象305户，征收社会抚养费250万元；民政工作稳步推进，开展农村低保清理工作，共取消死亡及脱贫家庭52户96人，实施农村和城镇困难群众医疗救助，共救助优抚对象5人次、发放医疗救助2433元，低保和其他困难对象90人次、发放医疗救助171173元，成功迎接省三星级敬老院创建工作检查。大调解工作协调发展，深入开展经营性矛盾纠纷排查调处工作，全镇各村（社区）共排查出各种矛盾纠纷133件，其中镇大调解中心成功调解重大矛盾纠纷3件；加强刑释解教人员安置帮教工作，全年刑释解教人员183人，重新犯罪率为零。

（蒋智斌）

象山镇

【概况】 象山镇位于大英县西北方，距县城18.5公里，总面积为53.8平方公里。东连射洪县涪西镇；南接永乐的石滩垭，与火井相连；西靠中江的普兴；北临黄莲的地黄垭，直达三台。东西长14公里，南北宽17.5公里。2013年，全镇面积53.8平方公里，其中耕地1671.4公顷。辖20个村，1个社区，11个农业合作社。年末总人口3.48万人，人口出生率9.75‰，自然增长率3.24‰。两年来，象山镇在大英县委、县政府的正确领导下，坚持“农业特镇、商贸重镇、文化强镇、社会和谐新镇”的战略目标不动摇，牢牢把握“高位追赶、跨越发展”的工作基调，以“招大引强、服务提升”为重点，以作风建设为抓手，以开展基层组织建设年活动为契机，着力实施“项目攻坚、环境创优、小城镇建设提速、和谐社会创建、党建创新”五大工程，奋力实现“创先争优”，为建设“新型工业县、优秀旅游城、生态示范区”添砖加瓦。到2013年底，全镇实现国民生产总值4.57亿元；财政税收完成360万元，增长37%；全镇固定资产非工项目投资总额完成1.2亿元，占任务数的176%；实现人均纯收入9342元，同比增长1218元。

2012—2013年象山镇经济社会发展主要指标

项目	单位	各年度实绩	
		2012年	2013年
地区生产总值	亿元	4.23	4.57
种植业	亿元	0.2567	0.2567

续表

项目	单位	各年度实绩	
		2012 年	2013 年
林业	亿元	0.0199	0.0201
畜牧业	亿元	0.3648	0.1824
渔业	亿元	0.0073	0.0078
粮食总产量	万吨	2.11	3.44
肉类总产量	万吨	0.469	0.368
全社会消费品零售总额	亿元	0.765	0.81
全社会固定资产完成投资	亿元	0.921	1.191
地方财政一般预算收入	亿元	0.081	0.0645
地方财政一般预算支出	亿元	0.081	0.0645
年末金融机构存款余额	亿元	—	—
年末金融机构贷款余额	亿元	—	—
城镇居民人均可支配收入	元	8695	9844
农村居民人均纯收入	元	7953	9545
普通中学学生数	人	1123	1020
小学在校学生数	人	—	—
学龄儿童入学率	%	98.7	99.2
广播综合覆盖率	%	98	98.5
电视综合覆盖率	%	100	100
“新农合”参合率	%	92.8	88.7
卫生机构	个	1	1
病床位	张	30	30

【农业经济】 象山镇大力发展现代农业，2012 年，在永南坝村新建无公害蔬菜辣椒基地 1000 亩，新发展年出栏 50 头以上规模养殖户 20 户，完成年目标任务 125%，发展温氏齐全模式养殖户 8 户，完成率 100%，新建畜禽标准小区 1 个，规模发展畜牧专合组织 1 个，新发展其他畜禽养殖户 3 户，养梅花鹿种鹿 3 户。出栏生猪 4.57 万头，出栏肉牛 0.09 万头，出栏小家禽 4545 只，出栏肉兔 1458 只，完成率均 100%。农民人均畜牧业增收达百元以上。全年共争取国家“一事一议”财政奖补资金 150 余万元，修建农村公路 20 条 14 公里；改造中低产田 5000 亩，建设高标准农田 5000 亩，充分利用川中项目新建修建渠系 7350 米；全镇共建立沼气池 243 口；完成危房改造 30 户和户办工程 7 户；整治渠道 0.5 公里，放水沟 2 处，排洪渠 2 处，硬化堰塘坝埂 9.5 米，人民渠掏淤 5650 米，维修改造电力提灌设备 65 台/970 瓦；全年共输出劳动力 14061 人，定向输出劳动力 16 人，向县内企业输送劳动力 39 人，实

现劳务收入1.29亿元；全面完成农业政策性保险工作，其中能繁母猪保险452头，育肥猪保险2447头，种植业保险水稻4200亩、玉米5000亩、油菜4324亩，共交保险费8.5万元。

2013年，新发展年出栏生猪50头以上养殖户40户，完成任务250%；发展温氏、齐全养殖户6户，完成任务100%；建温氏标准化猪场1个，存栏1000头；新建畜禽标准化小区1个，发展畜牧专合组织1个；新发展肉牛养殖户3户，完成生猪出栏4.96万头，任务数100%，出栏肉牛800头，任务数100%，出栏肉羊1.01万只，任务数100%，出栏小家禽62.37万只，任务数100%，出栏肉兔15.63万只，任务数100%。农民人均畜牧业增收达100元。发展现代农业优质蔬菜基地1000余亩，永南坝村、牟家沟村发展薄壳核桃2600亩，桥头村、马蹄埡村发展西瓜500余亩。争取国家“一事一议”财政奖补资金180万元，新修建农村公路11条9.7公里，堰塘1口；农村户用沼气池实施60口；完成农村危房改造395户；整治渠道1.2公里，堰塘3口，新建提灌站3处，设施技改3处；农业政策性保险工作进展良好，实现能繁母猪保险2984头，育肥猪保险7560头，种植业保险全覆盖；有序推进了“三项工作”（农村集体土地上房屋登记确权、农村土地承包经营权确权、农村宅基地确权）的确权办证工作。

【招商引资和项目建设】 一是引进大英县象山镇宏发生态养猪场投资600万元，租地200余亩；二是继续做好引进总投资3000万元的成都茂禾农业科技有限公司在永乐施家坝和青龙滩建设中药材基地工作；三是引进省农科院粮棉研究所在白角滩村种植优质棉花500亩；四是引进浙江业主在马蹄埡村、桥头村建立的西瓜种植基地续建至500余亩；五是引进业主在长圆村发展水蜜桃扩种至800亩；六是引进美亿禾种植专业合作社在永南坝租地3000亩建设蔬菜基地，项目计划投资1300余万元进行反季节性蔬菜种植。

【小城镇建设】 象山镇以“招大引强、服务提升”为重点，着力实施小城镇建设提速，多次聘请规划、建设、水利等方面的专家，从实际出发，对场镇建设做总体规划，将人文概念、产业特色融入其中，提出“一心一带两轴七片”的总体规划，一心是指交通街和富乐街之间的城镇，镇域经济文化中心，集合了政府、商业中心的公共设施用地，一带指郪江的城镇沿岸一带。

2013年，象山镇依托大英县祥凤寨水库建设的契机，在郪江河畔象山村及桥头村交界地带，通过招商引资的方式引进承建单位，倾力建设商贸繁荣、公共服务齐全的镇区商业综合体，打造象山城镇地标。该项目被列为2013年遂宁市级重点商贸流通项目、遂宁市委市府“六大兴市计划”。项目一期占地56亩，二期占地80余亩，一期总投资1.2亿元。到2013年底已完成投资3000余万元，建设生态河堤及滨江路1公里，整理土地200亩，存量建设用地80亩，实现土地经营收入3600万元。

象山镇星级综合市场及滨河路项目秉承统一规划、合理布局、综合开发、配套建设的基本原则，结合象山的经济发展和生态环境等客观条件，修建河堤、堡坎及10米宽黑化滨江道路各1公里；修建滨河绿化带8000平方米；修建8000平方米的星级综合农贸市场1处、休闲文化广场2处、570米商业步行街1条；建设高品质商住小区约3.5万平方米，精心绘就了小城镇建设蓝图，建成后将提升场镇整体品位，改善象山人居环境。

【特大洪灾】 2012年9月10日，象山镇遭遇特大暴雨，8个多小时雨量达327毫米。致使农作物大面积受灾，耕地、林地冲毁无数，农房倒塌数百间，新增重大地质灾害点31处，部分群众生命财产安全受到威胁，道路桥梁毁损严重，出入境道路全部中断，供电、光纤、通讯线路瘫痪，天然气管道爆裂，自来水厂机房被淹，水、电、气、通讯全部中断，象山场镇几成孤岛。面对灾情，象山镇党委、政府及时组织发动镇村干部、民兵预备役和群众积极投入抗洪抢险救灾工作中，将洪灾损失尽可能降到最低程度。暴雨当天及时启动了抗洪抢险应急预案，成立了抗洪抢险指挥部，全面负责此项工作的组织、领导、指挥和协调等，同时实行镇领导干部包片和工作干部包村负责的责任制。全镇干部一律取消公休假和双休日，24小时在镇上待命，把“灾情不解除，干部不休假”作为一项铁的纪律，要求干部出满勤，全身心投入到抗洪抢险工作中。9月10—11日组织镇村干部和民兵预备役人员对低洼地点居住的住户、地质灾害点危及的住户、倒房户及危房户的人员进行了紧急撤离和安置，共转移安置群众394人，并妥善解决了吃、穿、住的问题。9月11—13日，在通讯和道路中断的情况下，组织镇村干部走村入户排查灾情和险情，据统计全镇农作物受灾面积达6296亩，绝收面积达429亩，冲毁耕地664亩，林地330亩，房屋倒塌或已成危房不能住人共计622间，242户，受损房屋784间，351户，镇辖公路路基被冲毁或被塌方阻断共计27公里，损毁桥梁7座，提灌设施被淹16处，渠系被毁23公里，田坎冲垮15602米，损坏广播、光纤线路、供电线路共计45000米，倒电杆共计138根，变压器基座冲毁4座，损毁通信基站5座。塌方467处，严重地质灾害点31处。对31处重大地质灾害点设立了新的警示标志，实行领导干部包总支，工作干部包村，村干部包点的工作责任制，落实了监测人员和监测责任，明白两卡发放到位，加强对地质灾害点的值守监测和预警，制定了应急方案，做好了抢险队伍及物资准备。对危房住户全部转移安置并设立了警示标志；对被冲毁或受损道路、桥梁危险段设立警示标志，设置障碍，安排人值守，指挥车辆绕行。组织自来水厂、象山供电组、天然气公司、电信部门、网络公司等抢修受损线路和设备，至13日，自来水、天然气、通讯信号全面恢复；至22日，全镇80%的区域恢复了供电、广播和光纤电视。要求各村（社区）组织力量清理村道路塌方。协调县交通局对受损的县道路桥梁及道路进行抢修，车站大桥已完成抢修工作，24日已通车，至此火象路和夏团路全面通车，群众正常的生活秩序得以恢复。积极推进灾后重建，分别制定了全镇农房重建方案和长园村新村聚集点建设方案，组建了强有力的长园村新农村聚集点建设领导小组。到2013年底，长园村新村聚集点已建立完毕，40户受灾群众已迁入新居。

（岳桐颐）

卓筒井镇

【概况】 卓筒井镇地处大英县西南方。东邻河边镇，西邻蓬莱镇，北邻安居区步云乡，距离大英县城14公里，辖区面积47.3平方公里，其中耕地1519公顷，辖22个行政村、1个社区，215个农业合作社，2013年，全镇总人口35412人，人口出生率3‰，自然增长率1.9‰。近两年来，卓筒井镇党委、政府在大英县委、县政府的正确领导下，在县级各部门的大力支持配合下，按照“规划先行、建设跟进、注重特色、做优产业”的发展思路，努力打造“中国最具特色的主题旅游小镇”，全面改善基础设施，美化场镇环境，调整农业产业，发展乡村旅游，提高农民收入，有效推进全镇经济和社会各项事业稳步发展。

2012—2013年卓筒井镇经济社会发展主要指标

项目	单位	各年度实绩	
		2012年	2013年
地区生产总值	亿元	8.4	8.8
粮食总产量	万吨	1.91	2.99
肉类总产量	万吨	6.58	6.73
社会消费品零售总额	亿元	0.44	0.51
全社会固定资产完成投资	亿元	1.41	1.53
地方财政一般预算收入	亿元	0.07	0.08
地方财政一般预算支出	亿元	0.019	0.06
年末金融机构存款余额	亿元	0.098	0.11
年末金融机构贷款余额	亿元	0.05	0.53
城镇居民人均可支配收入	元	7486	8451
农村居民人均纯收入	元	7512	8150
中小学生在校人数	人		
小学在校学生数	人	1466	1425
学龄儿童入学率	%	99.5	99.9
广播综合覆盖率	%	97.9	98
电视综合覆盖率	%	99.6	99.7
"新农合"参合率	%	96.8	97
卫生机构	个	1	1
病床位	张	20	23

【农业经济】 2012年4月，引进大英县万禾蔬菜专业合作社投资3000万元，在东坡村建设钢架蔬菜大棚基地1465亩，计划2013年以"合作社+农户"的模式在全镇发展海椒种植业，实现订单农业1万亩以上。按照"更新观念、注重宣传、增强力量、狠抓落实、顺应市场、错峰发展、提档升级、增强信心"的理念，2012年，新栽植3000亩，全镇桃区面积达到4500亩。下大力气巩固原有三个村（三兴、安乐、桅杆屏）1500亩的建设成果，全镇共出产桃子500万斤，农民仅该项收入为400万元，在家果农人均增收3000元。全镇产业发展优势进一步凸显。

【小城镇建设】 2012年5月，通过投资73万元聘请成都理工大学规划编制卓筒井镇总体规划；投资285万元聘请英国奥本辛斯公司规划编制了卓筒井镇城市核心区修建性规划，经县规委会原则通过，为关昌村改河工程、卓旅公司开发场镇东部新区奠定基础。

2013年8月，卓筒井镇坚持立足生态优势，彰显文化特色，科学生成项目，提升土地价值的创新做法，充分挖掘卓筒井镇历史、文化、景观、农业潜力，规划涵盖5个行政村，总面积达2205亩的小城镇建设。通过盘活存量用活增量，破解土地难题，争取土地指标60.6亩，以建设平台公司（四川卓旅投资开发有限公司）为开发主体，打开了卓筒井镇的发展大门，为卓筒井镇新型城镇化建设奠定了坚实基础。2013年8月15日，中共四川省委常委、省纪委书记王怀臣在中共遂宁市委书记杨洪波等的陪同下到卓筒井镇调研新型城镇化建设做法，并给予高度评价。

【招商引资和项目建设】 2012年6月，卓筒井镇顺利推进投资6000万元的全市干部教育培训中心建设，完成投资500万元的镇中心校教学设施改造工程。投资1402万元完成长1729米、宽12米的大顺路道路建设工程及行道树栽植，新修桥梁一座，排水、排污管道安装到位。投资150万元建成4200平方米人工湿地及基础设施、植物采购栽植，日处理污水达500—1000立方米；投资120万元建设漫水桥改造工程；投资200万元，推进卓白路改造工程。

【新村建设】 新农村建设亮点突出。2013年6月，卓筒井镇坚持“政府主导、农民主体”原则，按照统一规划设计、统一供地调剂、统一建设管理、统一公共配套、统一聘请监理及施工员的工作方式，投资5000万元建设立山、铜盆寨、骑龙寨等3个市级新农村。

【党建工作】 2012年8月，卓筒井投入20万元打造村干部集中办公区，通过强化村干部管理，制定村干部逢场日集中办公制度，提高干部为民办事效率，有效提升党委政府公信力。2013年3月，为进一步密切联系服务群众，建立维权护农文件超市，及时公开法律法规、惠民政策，保障群众能及时掌握最新政策，为群众办事提供政策咨询。

【社会事业】 新建和改扩建校舍4300平方米，全镇中小学入学率达到100%。公共卫生服务体系不断健全，新建和改扩建医疗卫生用房2150平方米。文体广电事业快速发展，建成农家书屋9个及镇综合文化站，农村广播电视实现村村通。人口计生工作被评为全国计生协会先进乡镇和全国计划生育依法行政示范乡镇。全面落实粮食直补、退耕还林、家电下乡等强农惠民政策，全面完成16项民生工程建设，认真落实农村医疗救助政策、救灾救济补助和残疾人培训，完成危房改造目标任务。城乡居民最低生活保障实现应保尽保，城乡困难家庭医疗救助工作更加完善，各项优抚政策落实到位。

（李兴明）

天保镇

【概况】 天保镇位于四川大英县东南边陲，距县城12.5公里，辖区面积51.6平方公里。2013年，全镇人口31047人，其中农村人口28705人，非农业人口2342人。辖2个社区居委会，21个行政村，215个村民小组，有耕地20771亩，其中田6176亩，塘堰188口。共有通村通畅公路117.5公里。五保157人，低保989人，其中农村低保969人，外出务工14701人，在家现有劳动力3435人。两年来，天保镇强化项目和招商引资，加快基础设施建设和农业产业化进程，全面完成了场镇改造和河道治理工程，修建通村公路50公里，集中整治塘堰18口，维修渠系30公里，新建农村沼气池568口，完成改水改厕200余座，成功获得“省级优美示范乡镇”、“省级卫生镇”等荣誉。

2012—2013 年天保镇经济社会发展主要指标

项目	单位	各年度实绩	
		2012 年	2013 年
地区生产总值	亿元	2.7850	2.9240
粮食总产量	万吨	2.1642	2.1850
肉类总产量	万吨	0.4560	0.5820
全社会消费品零售总额	亿元	0.8920	0.9655
全社会固定资产完成投资	亿元	1.5263	1.6527
地方财政一般预算收入	亿元	0.0820	0.0850
地方财政一般预算支出	亿元	0.0865	0.0892
年末金融机构存款余额	亿元		
年末金融机构贷款余额	亿元		
城镇居民人均可支配收入	元	12460	14560
农民人均纯收入	元	7443	8819
普通中学在校学生数	人	960	790
小学在校学生数	人	1368	1160
学龄儿童入学率	%	100	100
广播综合覆盖率	%	100	100
电视综合覆盖率	%	100	100
新型农村合作医疗制度参合率	%	97	98
卫生机构	个	1	1
病床位	张	45	50

【农业经济】 加大农民专合组织培育力度，创建农业专合组织 4 个。发展薄壳核桃 700 亩，香樟 900 亩，建成绿色蔬菜基地 300 亩，发展稻田种藕 1000 亩。发展特色香桂 1500 亩，栾树 700 亩，建成绿色蔬菜基地 2000 亩，发展稻田种藕 1000 亩。借助温氏集团，培育年出栏生猪 1000 头以上的规模养殖户大户 28 户。引进投资 500 万元，圈存种养 500 头的波尔多山羊养殖大户 1 户。引进年出栏 5000 只商品兔的养殖大户 1 户。新成立农民专业合作社 3 个。

【新农村建设】 采取“政府主导、农民主体、社会广泛参与”的新农村建设方针，通过规划设计、公开招投标等方式，全面启动投资 1200 万元的李广沟村新农村综合体建设，预计建成后的新农村将集商铺、办公、休闲、娱乐于一体。

【招商引资和项目建设】 树立全民招商的工作理念，加大招商引资督查考核力度。引进投资 600 万元的为民蔬菜种植基地建设项目 1 个；引进投资 1100 万元生态循环养殖建设项目 1 个；引进投资 600 万元的波尔山羊养殖基地建设项目 1 个。引进投资 1200 万元的桅杆坪村胡建中生猪养殖小区建设项目 1 个。

按照县委提出的“规划实施年、项目落地

年”的总体要求，精心策划、包装、储备项目，加大项目申报、跟踪和争取力度。引进投资600万元的小农水建设项目1个，引进投资1500万元的新建星级农贸市场项目1个，引进投资1.2亿元的温氏集团天保种猪场建设项目、投资1500万元的土地整理项目、投资1070万元的35千伏安变电站建设项目、投资400万元的污水处理设施建设项目和投资400万元的垃圾中转站建设项目各1个。

【场镇建设】 总计投入1000万元对场镇30000平方米立面风貌进行了全面塑造，水、电、气、电信等管网全面实行地埋，对场镇6000平方米的人行道全面铺设了彩砖，添置垃圾零时投放设施30个，对场镇1公里的过境河道进行了彻底整治，铺设污水管道2000余米，解决了以前污水直排，河道脏乱差的现象。对河道栏杆进行了修葺，对空地进行了绿化、硬化、美化。在场镇栽植行道树200余株；统一制作店招店牌300余个。

投入100余万元对柏桂场镇立面风貌、店招店牌、道路、水系等进行集中整治。加大天保场镇的日常管理，在场镇下游投入800万元集中建设污水处理设施和垃圾中转站，彻底解决了场镇污水横溢、垃圾乱堆的问题，成功创建成省级环境优美示范场镇。

【社会事业】 “新农合”参合率达98%。加强对就业人员的培训，进一步规范城乡低保程序，实行动态管理，切实做到“应保尽保，应退尽退”。及时足额发放退耕还林、粮食补贴和良种补贴，积极组织农民参加农业政策性保险，有效化解了农业风险。全面落实计划生育奖励扶助政策，人口自然增长率控制在2.83‰以内。加快推进省级卫生镇创建力度，成功创建成省级卫生镇。进一步完善村议事委员会和社区网格管理工作，在村设置议事委员会委员215名、在社区公开推选网格管理员5名，进一步加强对党务、政务、村务的监督管理，协调处理群众的诉求，全面推进基层民主化进程。

【特大洪灾】 2012年“9·10”洪灾。天保镇降雨量达325毫米，全镇受灾人员4530人，无人员伤亡；受损农房57户142间，倒塌8户15间；粮食作物受灾面积1862亩，成灾面积620亩，绝收面积230亩，经济作物受灾面积260亩，成灾面积135亩，绝收面积62亩；生猪死亡25头，水产养殖受灾面积230亩，受损13.5吨；损毁渠系860米，石河堰86米，山坪塘15口；提灌设施损毁3台180千瓦；电力损毁变电站1台，电路4条；交通损毁道路650米，桥梁6座；地质灾害中山体滑坡11处，崩塌2处。经概算，全镇直接经济总损失360.52万元。救灾期间，镇党委成立了抗洪救灾信息小组，随时收集最新灾情，了解重灾区，及时做好上传下达工作，做好应急处置，完善了应急方案，对重点部位设立了专门的应急预案，组建了30人的民兵应急分队，随时待命。抓好值班值守，认真落实领导带班、干部值班制度，要求值班人员24小时保持通讯畅通，加强了对安全、应急等突发情况的处置力度。灾后，组织镇村干部、党员群众清除村级公路上的塌方17处630方，疏通水系360米，垒筑路基堡坎243米，已修复公路路面262米，维修加固田埂76处430米，已维修加固堰塘堤坝23处120米；对各受损农户进行进一步梳理和思想疏通工作，确保全镇各项工作顺利开展，没有产生因灾的群体矛盾纠纷事件。

2013年“6·30”洪灾。天保镇降雨量达340.7毫米，是全县降雨量较大的乡镇之一。全镇受灾人员5673人，无人员伤亡；受损农房50户134间，倒塌45户93间；粮食作物受灾面积2242亩，成灾面积827亩，绝收面积358亩，经济作物受灾面积248亩，成灾面积166亩，绝收面积97亩；生猪死亡60头，水产养殖面积280亩，18吨；损毁渠系1378米，石河堰100米，山坪塘23口；提灌设施损毁5台，270千瓦；电力损毁变电站2台，电路3条；交通损毁道路950米，桥梁8座；地质灾害中山体滑坡13处，崩塌1处。经概算，全镇直接经济总损失485.24万元。灾情发生后，镇党委政府高度重视，立即迅速启动抗洪抢险应急预案，全镇领导干部、村三职干部、大学生村官全部到岗到位，及时安排部署，组织力量全力开展抗洪抢险工作。灾后，组织镇村干部、党员群众清除村级公路上的塌方15处745方，疏通水系300米，垒筑路基堡坎264米，修复公路路面170米。维修加固田埂63处420米，维修加固堰塘堤坝20处100米。对8座损坏冲毁的桥梁重建方案进行了全面设计，修复工作正加紧实施，10月底前全面通车。另外，全面恢复灾后生产，截至8月底，帮助群众抢收水稻140亩、玉米127亩，抢种（播种）秋菜280亩。

（陈丽娟）

金元乡

【概况】 金元乡位于大英县境东南边陲，与安居区常理乡、观音乡接壤，地域呈月季花状，因境内有金簪桥和古庙园通寺而得名。2013年，金元乡辖金元、江平2个总支，23个行政村和1个街道社区，辖区面积57.8平方公里，总人口33552人。金元历史文化厚重，境内有空洞坡、天台山、金山寺、叶氏祠堂、河包田古墓群等自然景观和历史文化遗迹14处。地下蕴含丰富的石油、天然气资源，西南油气田公司探明并建有蓬莱6井。

2012—2013年，乡党委、政府团结带领全乡人民，紧扣“强基础、兴产业、惠民生、树形象”主线，推动金元又好又快发展，实现了水泥路村村通、社社通，蔬菜和银柳种植、肉牛和山鸡养殖、生猪规模养殖等特色种养业蓬勃发展，全乡农民人均纯收入达到9267元，近三年年均增长15%。2013年4月，被遂宁市人民政府表彰为“农村道路交通安全管理工作先进单位”，2013年7月，被四川省农业厅和省安全生产监督管理局表彰为“全省平安农机示范乡镇”，2013年9月，被四川省安委会表彰为“省级道路交通安全示范乡镇”。

2012—2013年大英县金元乡经济社会发展主要指标

项目	单位	各年度实绩	
		2012年	2013年
粮食总产量	万吨	3.8	3.5
肉类总产量	万吨	1.3	1.8
全社会消费品零售总额	亿元	1.82	1.97
全社会固定资产完成投资	亿元	0.38	0.62
地方财政一般预算收入	亿元	0.07	0.1
地方财政一般预算支出	亿元	0.07	0.1
年末金融机构存款余额	亿元	1.21	1.34
年末金融机构贷款余额	亿元	0.8	0.76
城镇居民人均可支配收入	元	7135	8023
农民人均纯收入	元	7024	7896

续表

项目	单位	各年度实绩	
		2012 年	2013 年
中学在校学生数	人		
小学在校学生数	人	890	794
学龄儿童入学率	%	100	100
广播综合覆盖率	%	100	100
电视综合覆盖率	%	100	100
新型农村合作医疗制度参合率	%	95	98
卫生机构	个	1	1
病床位	张	19	19

【项目建设】 科学确定“十大重点建设项目”，科学制定方案、分解任务、落实责任、解决问题，强化要素保障，项目建设扎实推进。一是肉牛养殖家庭农场建设项目，按照省级标准化养殖场要求，建成400亩养牛场主体工程和80%的附属工程，购进优质奶牛150头，集中流转土地1200亩种植牧草、粮食，形成种养结合、循环利用生态养殖模式。二是高笋堰生猪养殖专业村建设项目，年出栏生猪突破1万头，专业合作社覆盖范围内90%农户饲养生猪30—50头，户均收入达到6万元以上。三是建成小林垭村银柳基地100亩。四是金元嘉园房地产开发项目，完成规划设计等前期工作，2014年即将开工建设。五是金元场镇基础设施改造项目，完成施工设计、设备订购和场镇主街杆线改造，金元嘉园至敬老院路灯安装完毕。六是圆通寺新村聚居点建设项目，完成总体规划编制、一期施工图设计、旧房拆除、青苗补偿、场地初评和建房户定金收取，通过比选方式确定施工方，全面进入施工阶段。七是金元村和转角楼村环境整治项目，实施农房风貌改造91户，其中，金元村53户、转角楼村38户，硬化户间道路4.2公里、院坝3000平方米，修建水渠1500米。八是农村危房改造项目，改造农村危房450户。九是“6·30”特大洪灾恢复重建项目，修复道路3170米、堡坎1800平方米、桥梁13处，除险加固小型水库1座。招商引资和项目争取成效明显，引进投资500万元以上农业产业化项目1个。成功争取到遂宁市农投公司5个村土地集中整理项目、四川省环保厅6个村农村环境连片治理等重点项目。

【民生工程】 坚持从解决人民群众最关心、最直接、最现实的利益问题入手，从大力发展农村公路、夯实农业基础设施、恢复灾后重建等入手，着力实施十六项民生工程。新建高标准蓄水池20口，堰塘61口，维修改造水渠25公里，新建农村户用沼气池200口；完成“两池六改”920户；建成农村公路36.86公里，水泥公路实现“村村通”，6个村达到“社社通”。

【社会管理】 加强和创新社会管理工作。增加社会管理服务的积极性、主动性，强化党委领导、政府负责、社会协同、公众参与的社会管理格局，加强大调解中心建设，快速解决和回复12345政府热线案件，满意和基本满意率达95%以上。加强矛盾纠纷和信访突出问题排查处置力度，信访总量明显下降。严格落实安全、维稳和防邪工作领导责任制和责任追究制，杜绝发生重大安全、稳定事故，保持全乡大局安定有序。

【组织建设】 加大对干部队伍的管理和培养，通过村（社区）党支部换届选举，公推直选党支部书记24人，回引致富带头人3人，优化了村（社区）干部结构。邀请县委组织部、县纪委领导和县级优秀村支部书记对全乡工作干部和新一届村支部书记进行了培训。制定《关于加强党委、政府自身建设的决定》，自觉规范党委政府领导依法行政、廉洁自律、自我约束等行为；制定实施党代会年会制度，成功召开金元乡六届二次党代会。制定完善了《金元乡工作干部管理考核办法》和《工作干部管理规章制度（补充通知）》，进一步完善了干部出勤值班、议事例会、公务接待、财务管理、工作绩效、限时办结、责任追究等方面规章制度。

（胡子书）

通仙乡

【概况】 通仙乡位于大英县城东北部，距县城11公里，东与隆盛镇接壤，南靠蓬莱镇，西邻象山镇，北依射洪县，辖区面积30.94平方公里，辖11个行政村，104个农业合作社，两个场镇，两个社区居委会，两所九年制义务教育学校，耕地面积0.97万亩，总人口1.4万人，全乡总户数4899户。境域内山高沟狭，工业发展相对滞后，产业主要以种养殖业为主，属典型的纯农业乡。全乡生态环境保护良好，植被茂盛，森林覆盖率达到了38.6%。

通仙乡党委政府牢固树立“敬民、知民、为民、富民”的工作理念，坚持“生态农业乡、休闲养生地、精品小集镇”三个定位，按照“规划引领、基础配套、产业带动、民生优先”的工作思路，全面推进经济社会稳步发展。2012年，被大英县委县府表彰为“四好班子”。2013年，通仙乡盛通花椒专业合作社荣获“省级示范农民合作组织”称号。

2012—2013年通仙乡经济社会发展主要指标

项目	单位	各年度实绩	
		2012年	2013年
辖区面积	平方公里	30.94	30.94
耕地面积	亩	9709	9709
村委会	个	11	11
村民小组	个	104	104
年末总人口	人	14127	14189
人口出生率	‰	9.7	8.3
人口自然增长率	‰	1.3	1.1
地区生产总值	万元	1424.4	1638.5
农业总产值	万元	14244	14523
种植业	万元	2630	3580

续表

项目	单位	各年度实绩	
		2012 年	2013 年
林业	万元	304	337
畜牧业	万元	9264	10131
渔业	万元	433	475
粮食总产量	吨	11713	10658
油菜籽产量	吨	885	912
棉花产量	吨	97	97
肉类总产量	吨	2535	2124
猪肉	吨	1440	1393
牛、羊肉	吨	376	201
禽肉	吨	719	467
全社会固定资产完成投资	万元	11002	5580
地方财政一般预算收入	万元	482.57	491.32
地方财政一般预算支出	万元	482.57	314.26
农村居民人均纯收入	元	7361	8456
“新农合”参合率	%	97	98
文化中心	个	1	1
卫生机构	个	1	1
病床位	张	16	16
卫生技术人员	人	23	23

【农业经济】 在全乡粮食作物逐年稳步增长的基础上，大力发展生态农业，进一步推进农业产业化。一是创建绿色品牌，扩大种植效益。2013 年“通仙牌九叶青花椒”申报了绿色食品认证，即将获得绿色食品证书。同时引进业主聘请技术人员指导农民加强管护，花椒亩产达到 500 斤以上。二是打造千亩竹海，推广竹柳种植。引进业主，在通仙桥村、洋溪村、三溪口村、普陀村四个村种植兰竹，投资 500 万元建设 2000 亩竹柳种植基地，打造千亩竹海旅游观光基地。三是发展专合组织，构建供销网络。2012 年全乡成立了省农民专业合作社 1 个、市级农民专业合作社 3 个。2013 年全乡出栏生猪达到 2.3 万头、肉牛 1000 头、家禽 36.01 万只。四是推广农业技术，保障增产增收。积极推广测土配方施肥、水稻旱育秧、病虫绿色综合防控、玉米地膜覆盖等现代农业技术，助力全乡农业增产增收。

【小城镇及新农村建设】 通仙乡按照科学规划、准确定位的原则大力推进精品小集镇和新农村建设。一是场镇建设。完成全县首个实施的彩色现浇人行道 1200 平方米、安装路灯 25 盏、店招店牌 5600 多平方米、雨污分流下水道 600 米、栽植桂花树 60 余棵，大大提升了通仙场镇形象。二是新农村建设。总户数 30 户、占地21亩的井湾村3社新农村聚居点于2012年10月动工兴建，于2013年8月全面完工，获得了县领导和群众的高度认可。华严村新农村聚居点建设于2013年8月动工，占地20亩，总户数15户，预计2014年6月全面竣工。

【招商引资和项目争取】 通仙乡以引进大项目和有助于形成产业聚集、产业升级的项目为重点，进一步加大招商引资和项目争取力度。2012年以来引进占地2000亩的竹柳生态种植基地1个，总投资1400万元；引进大英县蜀鑫食品有限公司投资6500万元在县工业园区建牛肉加工厂；引进成都新都区利民园装卸服务队投资1500万元建造2000亩花椒基地；引进业主投资1500万元，建设占地面积1000亩的通仙竹苑项目；整合资源，积极向上争取土地“双挂钩”项目资金500余万元；争取国土整理项目120余万元在井湾村实施土地整理；通仙盛通花椒专业合作社争取到2012年现代农业产业专合组织推进项目资金50万元。

【社会民生】 2013年，全乡发放低保金184080元，对全乡大病医疗救助对象实施救助总金额共计95043元，慰问灾民、五保户、特困户、贫困学生、贫困党员、贫困少数民族等百余户，发放慰问金、米、油等物资共计54600余元；选送5名合格青年应征入伍，慰问优抚对象13人，发放慰问金3000元；实施森林资源管护164848.7亩，森林生态效益补偿12622.3亩，森林生态效益补偿金发放12.3万元，发放退耕还林补助资金54.7万元；对全乡7个地质灾害点制定了应急避险预案，发放了避险明白卡，落实了监测人员，保障了群众的人身安全。

【抗洪救灾】 2012年9月10日，通仙乡遭遇特大暴雨，累计降雨量超过330毫米，交通、电路、通讯中断，群众生命财产安全受到严重威胁。通仙乡党委、政府立刻启动应急预案，组织全乡干部奋战在抗洪抢险一线。在通仙桥出现桥面漫水危险时，乡、社区干部冒着生命危险撤除栏杆，保住了百年古桥，千方百计将灾害损失降到最低。“9·10”特大洪灾给全乡经济社会带来了严重的影响，共造成全乡1人死亡，8100人不同程度受灾，房屋受损120户228间，受灾农作物面积2798亩，损毁道路1341米，水渠656米，堰坝223米，塘库堰19个，桥梁14座，全乡直接经济损失高达6730.6万元。通仙乡党委、政府带领全体乡村干部积极开展灾后重建，组织群众投工投劳，积极向上争取资金610万元，通过全乡上下共同努力，截至2013年末所有损毁基础设施修复、重建完毕，成效显著，得到省、市、县领导高度肯定。

【综治维稳】 2012年乡党委政府全面落实信访工作责任制，开展领导干部大接访和大调解中心集体办公接待群众活动，共接访群众5件（起）11人次，深入开展矛盾纠纷排查活动，运用各种手段强力化解各类大小矛盾纠纷83起，处置信访交办案件5件，办结率达100%。实现了重大节日和重要会议“三零”目标。2013年，以创建“和谐通仙”、“平安通仙”为主题，以“打防结合，预防为主”为工作方针，切实履行“保一方稳定，促一方发展”的政治责任，抓好群防群治工作，实行巡逻值班和零报告制度，成为大英县四个无毒乡镇之一。全年共排查各类矛盾纠纷101起，调处结案101件，矛盾纠纷调处率达100%。

【党建工作】 加强流动党员管理，建立流动党员台账，建立了成都流动党员服务站。加强非公企业和新经济组织党建工作，建立了企业联合党支部、仙丰农牧党支部和花椒协会党支部，将辖区内的3家企业和花椒协会纳入了党的指导和关怀。全面落实党风廉政建设和反腐败工作责任制，推进廉政文化建设，切实筑牢干部反腐倡廉思想防线。

（刘恒卓）

智水乡

【概况】 智水乡位于大英县西南，距县城20公里，辖区面积15.6平方公里。西邻德阳市中江县永丰乡，南靠大英县河边镇，东、北与大英县玉峰镇接壤。全乡辖6个行政村，1个社区，75个合作社。2013年末，全乡总户数3129户，总人口10650人，耕地面积8963亩，林地面积5374亩。2013年，全乡实现工农业总产值8987万元，固定资产投入4700万元，农民人均纯收入8666元。全乡水资源以自然蓄水为主，马力河途经3个村16个农业合作社，植被丰茂，生态环境较好，是久负盛名的绿色生态之乡。

2012—2013年智水乡主要经济指标情况表

项目	单位	各年度实绩	
		2012年	2013年
全乡总面积	平方公里	15.6	15.6
耕地面积	公顷	597.6	597.6
村委会	个	6	6
村民小组	个	75	75
年末总人口	人	10370	10403
人口出生率	‰	9	6
人口自然增长率	‰	3	0
地区生产总值	亿元	1.7	2.02
农业总产值	亿元	0.6487	0.467
种植业	亿元	0.2567	0.2567
林业	亿元	0.0199	0.0201
畜牧业	亿元	0.3648	0.1824
渔业	亿元	0.0073	0.0078
粮食总产量	吨	6937	6603
油菜籽产量	吨	746	752
棉花产量	吨	96	96
水果产量	吨	220	220
肉类总产量	吨	2155	1129
猪肉	吨	1142	581
牛、羊肉	吨	183	92

续表

项目	单位	各年度实绩	
		2012 年	2013 年
禽肉	吨	776	402
水产品	吨	243	26
社会消费品零售总额	亿元	0.19	0.21
全社会固定资产完成投资	亿元	0.38	0.46
城乡居民人均可支配收入	元	7895	9097
农民居民人均纯收入	元	7357	8666
普通中学学生数	人	987	996
小学在校学生数	人	385	381
学龄儿童入学率	%	98.9	99.1
广播综合覆盖率	%	98	98.5
电视综合覆盖率	%	99.4	99.5
“新农合”参合率	%	95.4	97
公共图书馆	个	7	7
文化馆	个	1	1
卫生机构	个	1	1
病床位	张	12	16
卫生技术人员	人	21	16

【农业经济】 2012—2013 年，乡党委、政府在抓好传统种植结构的同时，积极发展小米辣、薄壳核桃、猕猴桃等特色经济作物，全面带动农民增收，促进农民致富。

2012 年，投资 40 万元建设占地 50 亩的有机农业示范基地；成立智发小米辣专业合作社，最大限度保护小米辣种植户的利益。以佳和养猪协会为示范的生猪养殖业，带动全乡出肥 500—1000 头的养殖大户达到 28 户，50—100 头的标准化养殖户达 390 户，年出栏肥猪达 3 万头以上，生猪养殖业成为农民增收的重要支柱产业。2013 年，小米辣种植覆盖 6 个村、75 个合作社，种植户达 873 户，全年种植面积达 1271 亩。新增 1 个 500 亩薄壳核桃种植基地，苗木成活率达 80%。引进成都蒲江九仙果品专业合作社投资 500 万元，流转土地 500 亩，种植猕猴桃、春芥、丑柑等优质水果。坚持“政府引导、群众主体”的原则，全面建成有机农产品蔬菜种植示范基地 1 个、水产品养殖示范基地 1 个、有机农产品示范户 25 户。

【农业基础设施和场镇建设】 2012 年，投资 241 万元新建社道水泥公路 7 条 6.7 公里。整治塘堰 7 口，屯水田 2 口，提灌站 1 个；投资 40 万元新修河堤堡坎 1 处。投资 30 万元，改建百家桥村村级活动室 1 个。投资 20 万元，修建村级卫生室 4 个。投资 360 万元的乡行政服务中心、投资80万元的文化站、投资50万元的学府街道管网建设、投资100万元的智永大桥和黄果堰大桥、投资30万元的乡初中围墙建设、投资30万元的乡邮政服务中心和畜牧兽医站、投资600万元的智尚苑小区全部顺利竣工。2013年，全乡紧紧抓住项目建设这一关键，着力改善全乡基础设施。全年新建山坪塘2口、整治8口，新增蓄水能力1.1万方，完善提灌设施3处、整治渠系7.9千米，消除旱片死角49亩。投资350万元，建成智水村、鲤鱼浸村、斩龙垭村共9.8公里社道路。投资1000万元，加固C级危房31户，拆除新建D级危房119户，已竣工108户。投资400万元加强基层阵地组团建设，已完成百家桥村、斩龙垭村村级组织活动阵地项目、派出所迁建项目、便民服务中心建设项目、行政服务中心配套建设项目。投资400万元的斩龙垭新农村聚居点已通过县规委会审批，已完成新建6户，改造10户已开工建设。投资600万元的场镇基础设施建设项目、投资500万元的场镇内河整治项目、投资600万元的农贸市场、投资800万元的学府街开发建设项目、投资500万元的智水村新农村聚居点建设项目均已完成前期工作，即将全面动工建设。

【安全维稳】 强化安全生产意识，严格落实管理责任，两年间实现安全生产“零死亡”。狠抓信访工作，严格落实“村干部包案责任负责制”和责任追究制，对所包案件要做到“四定五包”，四定即定领导、定部门、定方案、定时限；五包即包调处、包化解、包稳控、包结案、包接返。坚持责任不落实不放过，工作不到位不放过，隐患不排除不放过。

【党风廉政建设】 加强队伍建设，扎实开展“中国梦”主题教育活动，提升广大党员干部的凝聚力、向心力。严格执行党风廉政建设责任制，落实“一岗双责”。进一步完善制度建设，以健全的制度保障党风廉政建设工作规范运作。认真落实中央八项规定，坚持领导干部述职述廉制度、个人收入和重大事项报告制度，积极开展党务公开，创造透明、公正、清廉的工作局面，坚持不懈抓好教育，进一步筑牢反腐倡廉的思想道德防线。

（张　欣）

附　录

大英县2012—2013年度获市（厅）及以上表彰的先进单位

获奖单位	获奖时间	获奖称号	授奖单位
大英县	2013.11	杰出绿色生态城市	联合国环境规划基金会，中国、香港、澳门、台湾环境保护协会
大英县	2013.8	国家级生猪养殖标准化示范区	国家标准化管理委员会
大英县	2013	畜牧科技推广工作获2011—2013年度全国农牧渔业丰收奖、农业技术推广成果奖	国家农业部
大英县	2012.5	国家免费孕前优生健康检查项目试点县	国家人口计生委、财政部
大英县	2013	第三届省级文明城市	中共四川省委、四川省人民政府
大英县	2012.2	四川省绿化模范县	四川省绿化委员会
大英县	2013.4	四川省环境保护模范县	四川省人民政府
大英县	2012.11	四川省餐饮服务食品安全示范县	四川省食品药品监督管理局
大英县	2013.1	确定为2013—2015年“全省现代农业、现代畜牧业建设重点县”	四川省人民政府
大英县	2013.1	确定为“沼气化县”	四川省人民政府
大英县	2012.4	全省“三农”工作先进县	中共四川省委农村工作委员会
大英县	2013.4	全省“三农”工作先进县	中共四川省委农村工作委员会
大英县	2013.6	无毒害县	四川省禁毒委
大英县	2012.1	全省粮食生产先进集体	四川省农业厅、省人社厅
大英县	2013.7	全省第二批阳光计生行动示范单位	四川省人口计生委
大英县	2012.3	全省首批人口计生依法行政示范县	四川省人口计生委

续表

获奖单位	获奖时间	获奖称号	授奖单位
县人民政府	2012. 1	四川省旅游标准化示范单位	四川省旅游产业发展领导小组
县人民政府	2013. 1	省级食品安全示范创建单位	四川省食品安全委员会
县人民政府	2012. 1	2010—2011 年度无偿献血达标单位二等奖	遂宁市人民政府
县政协	2013. 10	2013 年度全省政协新闻宣传工作先进单位	政协四川省委员会办公厅
县工业集中发展区	2013. 7	被列为四川省“51025”重点产业园区培育计划	四川省人民政府
县工业集中发展区	2013. 10	被确定为四川省（第二批）新型工业化产业示范基地	四川省经济和信息化委员会
县文化产业园区	2012. 3	被确定为全省 26 个重点发展特色文化产业园之一	四川省人民政府
县志办	2013. 12	四川省地方志系统先进集体	四川省人社厅、四川省地方志编纂委员会
县安监局	2013. 4	2012 年度隐患排查治理工作先进单位	遂宁市人民政府
县安监局	2013. 2	2012 年度安全生产政务信息先进集体	四川省人民政府安委办
县惠民帮扶中心	2012. 5	四川省工会帮扶工作先进单位	四川省总工会
县财政局	2012. 3	2011 年度会计管理工作三等奖	四川省财政厅
县财政局	2012. 9	“两基”工作先进单位	中共遂宁市委、遂宁市人民政府
县财政局	2012. 9	2011 年度农业综合开发资金决算编报工作三等奖	四川省农发办
县财政局	2012. 9	2011 年度财政支出绩效评价工作良好单位	四川省财政厅
县财政局	2012. 11	2006—2010 年全市“五五”普法先进集体	中共遂宁市委、遂宁市人民政府
县财政局	2012. 11	2011 年度部门决算工作三等奖	四川省财政厅
县财政局	2012. 11	2011 年度预算执行分析工作三等奖	四川省财政厅
县财政局	2012. 11	2011 年度全省财政总决算工作三等奖	省财政厅
县财政局	2012. 11	农户科学储量专项建设先进单位	四川省粮食局、省财政厅
县财政局	2012. 12	市级最佳文明单位	中共遂宁市委、遂宁市人民政府
县财政局	2012. 12	2012 年度财政投资决算及报表编报先进单位	四川省财政厅
县财政局	2013. 9	2012 年农业综合开发资金决算编报工作一等奖	四川省财政厅
县财政局	2013. 9	2013 年度土地治理项目计划编制工作二等奖	四川省农发办
县财政局	2013. 11	2012 年度部门决算工作三等奖	四川省财政厅

续表

获奖单位	获奖时间	获奖称号	授奖单位
县财政局	2013. 11	2012 年全省财政总决算工作三等奖	四川省财政厅
县财政局	2012	2011 年度政策性农业保险工作种植业保险工作先进集体	遂宁市人民政府
城东社区管委会	2013	2012—2013 年无偿献血组织工作先进单位	遂宁市人民政府
火车站社区	2012. 12	全国综合减灾示范社区	国家民政部
唐家湾社区	2013. 12	全国综合减灾示范社区	国家民政部
朝阳社区	2012. 3	被命名为省级科普示范社区	四川省科学技术学会
火车站社区	2013. 12	第四批全国人口和计划生育基层群众自治示范村居称号	中国计划生育协会
卓筒井镇	2012. 4	四川省城乡环境综合治理工作环境优美示范镇	中共四川省委、四川省人民政府
蓬莱镇幸福村、桅杆坝村、玉峰镇肖家沟村、隆盛镇黄土岭村	2012. 4	四川省城乡环境综合治理环境优美示范村庄	中共四川省委、四川省人民政府
天保镇	2013. 8	成功创建为四川省 2012 年度环境优美示范乡镇	中共四川省委、四川省人民政府
隆盛镇长滩寺村、永明村、犀牛石村、玉峰镇得鱼沟村、卓筒井镇吴家桥村、蓬莱镇马栏村、泉水村、回马镇临江村、河边镇于家寨村、通仙乡盛水村等 10 个村庄	2013. 8	成功创建为全省 2012 年度环境优美示范村庄	中共四川省委、四川省人民政府
县畜牧局	2012. 12	全省畜牧科技促进年工作一等奖	四川省畜牧食品局
县畜牧局	2013. 4	市级文明单位	中共遂宁市委、遂宁市人民政府
县畜牧局	2013. 12	全省畜禽监测工作二等奖	四川省畜牧食品局
县地税局	2012	工作管理考核优秀单位	四川省地方税务局
县地税局	2012	四川省“三八红旗集体”	四川省妇女联合会
县地税局	2012	四川省巾帼文明岗	四川省妇女联合会
县地税局	2013	档案工作规范化管理省一级单位	四川省档案局
县地税局	2013	全国巾帼文明岗	全国妇联
蓬莱镇	2012. 5	遂宁市 2011 年城乡环境综合治理先进集体	遂宁市人民政府
蓬莱镇	2012. 8	遂宁市创先争优先进基层党组织	中共遂宁市委
蓬莱镇武装部	2012. 10	2011 年征兵工作先进单位	遂宁市人民政府、遂宁军分区

续表

获奖单位	获奖时间	获奖称号	授奖单位
蓬莱镇武装部	2013.1	民兵战备值班分队建设先进单位	遂宁军分区司令部
蓬莱镇	2013.1	全市普法依法治理工作先进集体	遂宁市法制建设领导小组
蓬莱镇吊脚楼村	2013.6	“两个体系”暨“量服”工作示范乡镇和村（社区）	四川省人民政府
蓬莱镇吊脚楼村	2013.7	四川十年扶贫开发工作先进集体	中共四川省委、四川省人民政府
蓬莱镇泉水村	2013.11	第一批全国村庄规划示范村庄	国家住房和城乡建设部
智水乡	2012.12	四川省社会主义新农村建设档案工作示范乡	四川省档案局
智水乡气象信息站	2013.10	气象防灾减灾信息服务、农村经济综合信息服务乡镇示范站	中共四川省委农村工作领导小组办公室、四川省气象局
卓筒井镇	2012.1	第一批全国人口和计划生育依法行政示范乡镇	国家人口计生委
卓筒井镇骑龙寨村	2012.2	四川省绿化示范村	四川省绿化委员会
卓筒井镇	2012.3	扶贫开发工作先进集体	中共遂宁市委、遂宁市人民政府
卓筒井镇	2012.7	五五普法先进集体	中共遂宁市委、遂宁市人民政府
卓筒井镇立山村	2012.9	全省创先争优先进基层党组织	中共四川省委
卓筒井镇三兴村计划生育协会	2012.12	四川省计划生育协会先进集体	四川省人口计生委
隆盛镇	2012.8	遂宁市民兵工作先进集体	遂宁市人民政府、遂宁军分区
隆盛镇	2012.9	四川省曲艺乡镇	四川省曲艺家协会
隆盛镇平安寨村	2012.12	2012年全国示范农家书屋	国家新闻出版总署
隆盛镇	2012.12	遂宁市劳动关系和谐乡镇	中共遂宁市委办公室、市人民政府办公室
隆盛镇	2013.2	四川省经济强镇	四川省发改委、住建厅、环保厅
县工商局	2013.1	全省工商系统信息化工作先进单位	四川省工商局
县公安局蓬莱第一派出所	2012.10	全国执法示范基层所队	国家公安部
县公安局	2012.3	“三项重点工作”及“三项建设”优秀项目二等奖	四川省公安厅
县公安局看守所	2012.3	2011年度“全省优秀公安监管支队”	四川省公安厅
县公安局	2012.4	执法涉案人员非正常死亡工作先进集体	四川省公安厅
县公安局	2012.12	全省公安机关执法规范化建设先进单位	四川省公安厅
县公安局经侦大队	2012.12	“破案会战”集体二等功	四川省公安厅
县公安局禁毒大队	2013.5	2012易制毒化学品专项整治先进单位	四川省禁毒办

续表

获奖单位	获奖时间	获奖称号	授奖单位
县公安局蓬莱第一派出所	2013. 11	全省公安基层基础工作先进基层所队	四川省公安厅
县环保局	2012	“十一五”四川省环境统计工作先进集体	四川省环保厅
大英县纪委监察局、大英县卓筒井镇纪委	2013. 1	四川省先进基层纪检监察组织	四川省纪委、省监察厅、省人社厅
县交运局	2013. 1	2012年市长热线办理工作先进单位	遂宁市人民政府
县教育局	2012. 7	2007—2012年度四川省“留守学生（儿童）关爱行动”先进集体	中共四川省委办公厅、四川省人民政府办公厅
县教育局	2012. 9	“两基”工作先进单位	中共遂宁市委、遂宁市人民政府
县教育局	2012. 10	“五五”普法先进集体	中共遂宁市委、遂宁市人民政府
县教育局	2012. 1	无偿献血组织工作先进集体	遂宁市人民政府
县教育局	2012. 1	民族团结进步模范集体	遂宁市人民政府
县教育局	2012. 5	第十二届少年百科知识竞赛优秀集体	四川省教育厅少年百科知识主委会
县教研室	2012. 5	2012全国初中数学联赛小学数学奥林匹克组织奖	四川省数学会
县教育局	2013. 4	第二十八届四川省青少年科技创新大赛“基层优秀组织奖”	省科学技术协会、省教育厅、省科学技术厅、省环境保护厅、省体育局、中国共产主义青年团四川省委员会、省妇女联合会、省知识产权局
县教师培训中心	2013. 5	2013年四川省小学数学竞赛“优秀组织奖”	四川省数学会
县教育局	2013. 7	第二十届全国青少年爱国主义读书教育活动“组织优秀奖”	全国青少年爱国主义读书教育活动组织委员会
县教育局	2013. 4	四川省中小学实验教学示范学校	四川省教育厅
县养鹅协会、县鑫燕野鸡养殖科普示范基地	2012. 6	科普惠农兴村示范协会和示范基地	中国科协、国家财政部
县科协	2012. 6	全国科普惠农兴村先进单位	中国科协
县寸塘口种植养殖技术协会	2013. 6	科普惠农兴村科普示范协会	中国科协、国家财政部
县土鸡养殖协会	2013. 4	科普惠农兴村示范协会	四川省科协、省财政厅
县寸塘口水果协会	2013. 10	科普惠农兴村示范协会	四川省科协、省财政厅
中国死海	2013. 8	四川旅游金熊猫奖	四川省人民政府
县计生局	2012. 1	四川省2011年度人口计生统计信息工作优秀单位	四川省人口计生委

续表

获奖单位	获奖时间	获奖称号	授奖单位
卓筒井镇	2012.1	第一批全国人口和计划生育依法行政示范乡镇称号	国家人口计生委
县计生局	2013.7	2012 年度人口计生统计信息工作优秀单位	四川省人口计生委
蓬莱镇计划生育协会、卓筒井镇三兴村计划生育协会	2013.1	四川省计划生育协会先进集体称号	四川省人力资源和社会保障厅、四川省人口和计划生育委员会、四川省计划生育协会
县计生局	2013.5	全省计划生育“三结合”工作先进集体	四川省人口和计划生育领导小组
县人社局	2013.1	四川省人力资源和社会保障系统先进集体	四川省人力资源和社会保障厅
县人社局	2013.7	四川省敬老文明号	四川省老龄委
县审计局	2013.12	2013 年全省宣传通联工作成绩突出单位	四川省审计厅
县水务局	2012.12	四川省防汛抗旱先进集体	四川省防汛抗旱指挥部、省人社厅
县司法局	2012.7	“五五”普法先进集体	中共遂宁市委、市人民政府
县司法局	2013.1	市级文明单位	中共遂宁市委、市人民政府
县司法局	2013.1	2006—2010 年全省法制宣传教育先进单位	中共四川省委、省人民政府
县统计局	2013.1	县级统计机构规范化建设示范单位	四川省统计局
团县委	2013.12	四川省留守学生（儿童）工作先进集体	四川省人力资源和社会保障厅、共青团四川省委、四川省妇女联合会
县卫生局	2013.1	全省爱国卫生先进集体	四川省人社厅、省爱卫会
县疾控中心	2013.6	优秀县（区）级疾病预防控制中心	四川省中国—默沙东艾滋病合作项目办公室
县疾控中心	2013.1	市级文明单位	中共遂宁市委、市人民政府
县人民医院、县疾控中心	2013.3	艾滋病检测实验室室间质量考评优秀单位	省卫生厅
县人民医院	2013.4	遂宁市创新成果二等奖	遂宁市人民政府
县供销社	2012.12	2012 年度全省供销社系统指导发展农民专业合作经济组织先进单位	四川省供销社
县供销社	2013.11	全国供销合作社系统县级供销合作社统计工作典型示范单位	中华供销总社
县国土局、蓬莱国土资源服务所	2013.12	全省国土系统“两整治一改革”工作先进单位	四川省国土资源厅
县国土局	2013.12	获全省国土系统矛盾纠纷排查化解稳控“百日攻坚”专项行动先进集体称号	四川省国土资源厅
县国土局	2013	获全省国土系统 2013 年“厅长信箱”来信办理工作先进集体称号	四川省国土资源厅

续表

获奖单位	获奖时间	获奖称号	授奖单位
四川省大英中学	2012. 2	四川省绿化模范单位	四川省绿化委员会
县林业局	2013. 12	四川省林业系统先进集体	四川省人力资源和社会保障厅、四川省林业厅
农业局	2012. 3	地方农业财务决算编报工作先进单位二等奖	四川省农业厅
农业局	2012. 3	农业基本建设项目报表编报工作先进单位二等奖	四川省农业厅
农业局	2012. 3	全市扶贫开发“先进集体”	中共遂宁市委、市人民政府
农业局	2012. 2	最佳文明单位	中共遂宁市委、市人民政府
县文广局团委	2013. 5	2012 年度四川省五四红旗团支部	共青团四川省委
县版权局	2013. 7	2012 年度查处侵权盗版案件有功单位三等奖	国家版权局
县信访局	2012. 12	全省信访系统“创先争优·能力建设活动”先进集体	四川省信访局
县群工局	2013. 7	全国“两会”期间全省信访工作先进集体	中共四川省委办公厅、省人民政府办公厅
县总工会	2013. 8	2013 年度《中国工运》宣传通讯工作先进集体优秀奖	中华全国总工会研究室
县人民医院	2012. 3	模范职工小家	四川省总工会

大英县 2012—2013 年荣获全国、省、市劳模名单

获奖年份	姓名	何时获得 何种荣誉称号	荣誉称号待遇归类
2012 年	刘仲权、廖天光、唐勇、刘阳、郝明友、彭志军、梁艳君、吴艳、旷绍元、李雪梅、谭华等 11 名同志	遂宁市第四届劳动模范	市劳模

大英县 2012—2013 年度获市（厅）及以上表彰的先进个人

姓名	获奖时间	获奖称号	授奖单位	工作单位
申长兴	2012. 6	四川省 2012 年度“5·12”防灾救灾大演练先进个人	中共四川省委办公厅	县人民政府
胡志勇	2012	全国就业先进工作者	国务院	县人社局

续表

姓名	获奖时间	获奖称号	授奖单位	工作单位
熊敏燕	2012.9	全省密码系统创建"三个一流"竞赛活动汉字录入竞赛一等奖	四川省密码工作领导小组办公室	县委办
唐红辉	2013.1	2012年度调研工作先进个人	中共四川省委政策研究室	县委办
成麒麟	2013.10	2013年度全省政协新闻宣传工作先进个人	政协四川省委员会办公厅	县政协
王世坤	2013.10	2013年《四川政协报》优秀通讯员	政协四川省委员会办公厅	县政协
宋　羽	2013.2	2012年度安全生产政务信息先进个人	四川省人民政府安委办	县安监局
吴　慧	2013.8	2013年度四川省安全生产月活动先进个人	四川省人民政府安委办	县安监局
张朝光	2012	我身边的好税官	四川省地方税务局	县地税局
陈中华	2013	四川省地方税务局"服务明星"	四川省地方税务局	县地税局
肖云福	2013.1	2012年全省工商行政管理系统整治利用合同格式条款侵害消费者合法权益专项行动先进个人	四川省工商局	县工商局
杨华奎	2013.5	2013年全省工商系统"红盾春雷"行动先进个人	四川省工商局	县工商局
钟陆军	2012.3	2012年度"全省优秀公安监所所长"	四川省公安厅	县公安局
陈怡平	2012.4	执法涉案人员非正常死亡工作先进个人	四川省公安厅	县公安局
肖　红	2012.4	2011年度"清剿火患先进个人"	四川省公安厅	县公安局
易庆武	2012.11	全省优秀人民警察	四川省公安厅	县公安局
易庆武	2012.11	个人二等功	四川省公安厅	县公安局
李劲松	2012.11	个人二等功	四川省公安厅	县公安局
陈建生	2012.12	"天府迅雷"先进个人	四川省公安厅、省烟草专卖局	县公安局
唐林洪	2012.12	全省公安基层基础工作先进民警	四川省公安厅	县公安局
唐林洪	2012.12	个人三等功	四川省公安厅	县公安局
冷　林	2012.12	个人二等功	四川省公安厅	县公安局
赵　威	2012.2	2011年度吸毒人员动态管控工作先进个人	国家禁毒办	县公安局
唐光前	2013.3	2012年全国缉枪治爆专项行动成绩突出个人	国家公安部	县公安局
刘应学	2013.5	中国好人	中宣部、中央文明办	县公安局
段勇强	2013.1	全省烟草市场集中打假先进个人	四川省公安厅、省烟草专卖局	县公安局
郭　伦	2013.1	四川省政法系统先进个人	四川省政法委、省人社厅	县公安局
刘永生	2013.7	个人二等功	四川省公安厅	县公安局

续表

姓名	获奖时间	获奖称号	授奖单位	工作单位
段勇强	2013. 8	全省公安机关首届文秘写作大比武理论调研三等奖	四川省公安厅	县公安局
蒋　华	2013. 10	优秀带兵局长	四川省公安厅	县公安局
段勇强	2013. 11	全省公安基层基础建设工作先进民警	四川省公安厅	县公安局
雷　兵	2013. 12	2012 年度全省公安机关“好文章”三等奖	四川省公安厅	县公安局
周　昊	2013	2013 年度环境污染责任保险试点工作先进个人	四川省环保厅	县环保局
陈　林	2013. 1	四川省优秀先进基层纪检监察干部	四川省纪委、省监察厅、省人社厅	象山镇
吴雪梅	2013. 1	四川省计划生育协会先进个人	四川省人社厅、省人口和计生委、省计划生育协会联合会	县计生局
徐昌荣	2011. 9	全国模范司法所长荣誉称号	国家司法部	县司法局
王　宁	2013. 1	四川省司法行政系统先进个人	四川省人社厅、省司法厅	县司法局
胡德勇	2013. 12	全国“模范人民调解员”荣誉称号	司法部	县司法局
李志平	2012. 12	全国企业“一套表”联网直报先进个人	国家统计局	县统计局
胡长青	2013. 12	投入产出调查先进个人	四川省统计局	县统计局
陈志贵	2012. 6	遂宁市民族团结进步模范个人称号	中共遂宁市委、市人民政府	县委统战部
樊珍芳	2012. 6	遂宁市民族团结进步模范个人称号	中共遂宁市委、市人民政府	县民宗局
王北龄	2012. 1	无偿献血组织工作先进个人	遂宁市人民政府	县红十字会
蒲正烈	2012. 1	无偿献血先进个人	遂宁市人民政府	县卫生局
苏朝安	2012. 8	创先争优先进个人	四川省卫生厅	县卫生局
吕仕银	2013. 1	爱国卫生先进个人	四川省人力资源和社会保障厅、省爱国卫生运动委员会	县疾控中心
颜新华	2012. 11	四川省集体林权制度改革先进个人	四川省林业厅、省人社厅	县林业局
杨鹏飞	2012. 2	四川省建设长江上游生态屏障先进个人	四川省人民政府	县林业局
陈兴学	2012. 1	四川省农业系统先进个人	四川省人社厅、省农业厅	县农业局
陈兴学	2012. 3	农业农村工作先进个人	中共遂宁市委、市人民政府	县农业局
陈兴学	2012. 3	政策性农业保险先进个人	遂宁市人民政府	县农业局
黄玉全	2013. 12	四川省“扫黄打非”工作先进个人	四川省“扫黄打非”工作领导小组、省人社厅	县文广局
何桂英	2013. 4	全省工会系统先进工作者	四川省总工会	县总工会

中共大英县委办公室 大英县人民政府办公室关于编辑出版《大英年鉴》（2012—2013）的通知

大委办〔2014〕22号

各镇乡党委和人民政府，各园区、社区党工委、管委会，县委各部委，县级各部门，县属各企事业单位：

根据《国务院地方志工作条例》和《四川省地方志工作条例》规定，县委、县政府决定编辑出版《大英年鉴》（2012—2013）（以下称《大英年鉴》），现将有关事项通知如下。

一、强化领导，落实责任

各责任单位务必高度重视，成立编写领导小组，制定写作方案，落实人员、经费，按时按质完成编辑任务。县政府督查室将对年鉴资料报送情况进行督查，并对不报送资料、未按时报送资料或编辑资料不符合要求的单位通报批评，并扣减年度目标分。

二、认真编辑，确保质量

各责任单位要按照要求系统收集整理反映本行业、本单位2012年1月1日至2013年12月31日之间事业发展的全部资料，以条目形式认真撰写稿件，一个条目一个主题，同一内容按年记叙，既要有主要成就和工作特色，也要有经验教训和存在问题。要严把内容政治关、史实关、保密关，实事求是反映本单位大事要事，突出亮点特色，确保稿件质量。入鉴资料要以具体事实和数据为依据，记述的事实和数据应反复核实，确保稿件内容全面、客观、准确。

三、资料报送要求

各单位报送稿件需署编写人员姓名，经单位主要领导审核签字并加盖公章，同时提供2012年1月至2013年12月单位大事记、副科职及以上领导名单（姓名、性别、职务、任免职时间）、获市（厅）级及以上表彰的先进集体和个人名单，单位主要领导工作照片、班子成员照片和重要工作照片及文字说明。所有资料于2014年5月10日前连同电子文档报送《大英年鉴》编辑部（县政府一楼县志办，联系电话：7823116；邮箱：757818120@qq.com）。

附件：1.《大英年鉴》编辑提纲及责任单位（略）

2.《大英年鉴》入刊图片任务表（略）

中共大英县委办公室
大英县人民政府办公室
2014年3月20日

图书在版编目（CIP）数据

大英年鉴. 2012～2013 / 大英县地方志办公室
编. -- 北京 : 中国文史出版社, 2015.4
ISBN 978-7-5034-6252-8

Ⅰ. ①大… Ⅱ. ①大… Ⅲ. ①大英县－2012～2013－
年鉴 Ⅳ. ①Z527.14

中国版本图书馆 CIP 数据核字(2015)第 068102 号

责任编辑：**窦忠如**
封面设计：**天隆文化**

出版发行：中国文史出版社
网　　址：www.wenshipress.com
社　　址：北京市西城区太平桥大街 23 号　**邮编：**100811
电　　话：010-66173572　66168268　66192736（发行部）
传　　真：010-66192703
印　　装：四川和乐印务有限责任公司
经　　销：全国新华书店
开　　本：889×1194
彩插印张：11　　**正文印张：**20
字　　数：500 千字
版　　次：2015 年 5 月北京第 1 版
印　　次：2015 年 5 月第 1 次印刷
定　　价：260.00 元
